Franzbach
Geschichte der spanischen Literatur

Martin Franzbach

Geschichte der spanischen Literatur im Überblick

Philipp Reclam jun. Stuttgart

Universal-Bibliothek Nr. 8861
Alle Rechte vorbehalten
© 1993 Philipp Reclam jun. GmbH & Co., Stuttgart
Durchgesehene und bibliographisch ergänzte Ausgabe 2002
Satz: Lihs GmbH, Medienhaus, Ludwigsburg
Druck und Bindung: Reclam, Ditzingen
Printed in Germany 2002
RECLAM und UNIVERSAL-BIBLIOTHEK sind eingetragene Marken
der Philipp Reclam jun. GmbH & Co., Stuttgart
ISBN 3-15-008861-5

www.reclam.de

Inhalt

B. *Epoche Philipps II. (1556–1598)*

III. 17. Jahrhundert (Barock)

E. *Neuere Tendenzen in der spanischen
   Literatur (seit 1975)*

Vorwort

Die vorliegende *Geschichte der spanischen Literatur im Überblick* will in konzentrierter Form Studierenden und Liebhabern der spanischen Literatur ein zuverlässiger Leitfaden zu Epochen, Schriftstellern, Schriftstellerinnen und Werken sein. Die sachlichen und methodischen Schwierigkeiten, gerade bei der Darstellung der spanischen Literatur, sind dem Kenner nur allzu vertraut. Die katalanische und galicische Literatur hätten eine gesonderte Behandlung verdient. Selbstverständlich sind bekannte katalanische (Llull, March u. a.), galicische (R. de Castro) und lateinamerikanische (Darío, Huidobro u. a.) Autoren und Autorinnen dort berücksichtigt, wo sie für die spanische Literatur von Bedeutung waren. Ein Kriterium für die Aufnahme der Literaturproduzenten und -produzentinnen war die überwiegende Abfassung ihrer Werke in kastilischer Sprache, selbst wenn bei Exilautoren und -autorinnen (z. B. Arrabal, Castillo, Semprún) gelegentlich Ausnahmen gemacht wurden. Die Kanonbildung orientiert sich an subjektiven Kriterien und an der Umfangsbegrenzung, jedoch sollte der Mut zu eigenen Neuentdeckungen immer erhalten bleiben. Auf vier Grundzüge wurde bei diesem Buch besonderer Wert gelegt:

1. auf die sozialgeschichtlichen und literatursoziologischen Epocheneinführungen, ohne welche die spanische Literatur besonders großen Mißverständnissen ausgesetzt ist;

2. auf komparatistische Beziehungen (Stoff- und Rezeptionsgeschichte), die Spaniens Beitrag zur Weltliteratur deutlicher als bisher hervorheben sollen;

3. auf Textproben in Übersetzungen (bei Gedichten meist zweisprachig), die den Stoff auflockern und die Schriftsteller und Schriftstellerinnen mit ihrem Werk anschau-

licher charakterisieren sollen (alle nicht gekennzeichneten Übersetzungen sind vom Verfasser);

4. auf eine kritisch ausgewählte Epochen- und Autorenbibliographie, bei der aus praktischen Gründen deutschsprachige Titel reichlicher zitiert sind. Denn die Beschaffung der ausländischen Literatur dürfte oft sehr zeitraubend sein. Bei größeren Arbeiten wird man ohnehin in Spezialbibliotheken und in der Bibliothek des Ibero-amerikanischen Instituts (IAI), Potsdamer Str. 37, 10785 Berlin, recherchieren müssen. Das IAI verfügt über ca. 760 000 Bände, 4400 laufende Zeitschriften, eine umfangreiche Kartensammlung, ein Bildarchiv, eine Phonothek und ein Zeitungsausschnittarchiv seit 1930.

Der Verfasser ist sich der Doppeldeutigkeit und Unsicherheit in manchen Einteilungs- und Wertungsfragen bewußt. Nicht zuletzt mußte aus didaktischen Erwägungen eine angemessene Übersicht angestrebt werden, die manche Härte entschuldigt.
Wenn durch diese Einführung die Neugierde auf eigene Lektüre geweckt und in bescheidenem Umfang auf Forschungslücken hingewiesen ist, wird dieses Buch einen wichtigen Sinn erfüllt haben. Die Bibliographie wurde im April 1992 abgeschlossen. Text und bibliographische Angaben wurden im April 2002 durchgesehen und aktualisiert.

Martin Franzbach

Allgemeine Auswahlbibliographie

Enzyklopädie

Enciclopedia universal ilustrada europeo-americana, [insges. bisher] 116 Bde., mit Jahressuppl., Barcelona 1908–2000 [nach dem Verlag die ESPASA CALPE genannt; die Zuverlässigkeit der einzelnen Artikel ist unterschiedlich, jedoch ist das Werk als erste Informationsquelle auch für entlegenere Gegenstände unentbehrlich].

Bibliographien

J. Simón Díaz, Bibliografía de la literatura hispánica, [bisher] 16 Bde., Madrid ²1960–1994 [teilw. erw. Aufl. der einzelnen Bde.; chronolog. Autorenbibliogr., bisher bis 17. Jh., Buchstabe P]; J. Simón Díaz, Manual de bibliografía de la literatura española, Madrid ³1980 [Auswahlbibliogr. von rund 27000 Titeln mit Autoren- und Sachindex, reicht bis 1977]; P. Jauralde Pou, Manual de investigación literaria. Guía bibliográfica para el estudio de la literatura española, Madrid 1981 (BRH III,48) [nützliche, komm. Auswahlbibliogr.]; C. Strosetzki (Hrsg.), Bibliographie der Hispanistik in der Bundesrepublik Deutschland, der Deutschen Demokratischen Republik, Österreich und der deutschsprachigen Schweiz, 4 Bde., Frankfurt a. M. 1988–99 [verzeichnet Publikationen seit 1978]. Vgl. auch die Kulturseiten und Rezensionen aktueller Neuerscheinungen in der Tageszeitung EL PAÍS (Madrid/Barcelona), in Fachzeitschriften wie Iberoamericana (Frankfurt), Iberoromania (München), Romanistisches Jahrbuch (Hamburg), Hispanorama. Rundbrief des Dt. Spanischlehrerverbands (Nürnberg), Tranvía (Berlin), Nueva Gaceta, Ínsula, El Urogallo (alle Madrid) u. a.

Literaturgeschichten und Literaturlexika

Gesamtdarstellungen und Lexika:

G. Bleiberg / J. Marías [u. a.], Diccionario de la literatura española, Madrid [4]1972; H. Flasche, Geschichte der span. Lit., 3 Bde., Bern [u. a.] 1977–89 [positivistischer Materialfriedhof, reicht bis 1950]; J. M. Díez Borque (Hrsg.), Historia de la literatura española, 4 Bde., Madrid 1980; F. Rico (Hrsg.), Historia y crítica de la literatura española, 9 Bde., Barcelona 1979–99 [8 Suppl.-Bde.]; C. Blanco Aguinaga / J. Rodríguez Puértolas / I. M. Zavala, Historia social de la literatura española (en lengua castellana), 2 Bde., Madrid [3]2000 [erster Versuch einer Sozialgeschichte der span. Lit. mit krit. komm. bibliogr. Angaben]; R. O. Jones (Hrsg.), Historia de la literatura española, 5 Bde. [span. Lit.], Madrid 1983–85 [unterschiedliche Aufl. der Einzelbde.]; P. Ward (Hrsg.), Diccionario Oxford de literatura española e hispano-americana, Barcelona 1984; J. L. Alborg, Historia de la literatura española, [bisher] 5 Bde., Madrid [2]1986–96 [bis Romantik]; W. Jens (Hrsg.), Kindlers neues Literaturlexikon, 20 Bde., 2 Suppl.-Bde., München 1988–98 [Autorenartikel und Werkinterpretationen mit Bibliogr. zur ersten Information]; J. García López, Historia de la literatura española, Barcelona [20]1990 [informative und illustrative Einf., die sich auch gut zum Wiederholen eignet]; P. González de Mendoza Mera, Diccionario de temas de literatura española, Madrid 1990 [anregendes Motivlexikon]; H. U. Gumbrecht (Hrsg.), *Eine* Geschichte der span. Lit., 2 Bde., Frankfurt a. M. 1990 [Postmoderne für Feinschmecker]; C. Strosetzki (Hrsg.), Geschichte der span. Lit., Tübingen 1991 [Studienbuch];   I. M. Zavala (coord.), Breve historia feminista de la literatura española (en lengua castellana), 6 Bde., Barcelona/Madrid 1993–2000; H.-J. Neuschäfer (Hrsg.), Span. Literaturgeschichte, Stuttgart/Weimar [2]2001; H. Stenzel, Einführung in die span. Literaturwissenschaft, Stuttgart/Weimar 2001.

Gattungsgeschichten

F. Ruiz Ramón, Historia del teatro español, 2 Bde., Madrid
⁵1983; K. Pörtl (Hrsg.), Das span. Theater. Von den Anfängen
bis zum Ausgang des 19. Jh.s, Darmstadt 1985; V. Roloff /
H. Wentzlaff-Eggebert (Hrsg.), Der span. Roman vom Mittelalter bis zur Gegenwart, Stuttgart/Weimar ²1995; V. Roloff / H.
Wentzlaff-Eggebert (Hrsg.), Das span. Theater. Vom Mittelalter
bis zur Gegenwart, Düsseldorf 1988.

Deutsch-spanische Kulturbeziehungen

K. Vossler, Die Bedeutung der span. Kultur für Europa,
in: DVjs 8 (1930) 33–60, 402–417; H. Tiemann, Das span.
Schrifttum in Dt. von der Renaissance bis zur Romantik, Hamburg 1936 [Quellenwerk, das auf reichem bibliogr. Material be-
ruht]; H. Kehrer, Dt. in Spanien. Beziehung, Einfluß und Abhängigkeit, München 1953; E. Schramm, Die Einwirkung der
span. Lit. auf die dt., in: W. Stammler [u. a.], Dt. Philologie im
Aufriß, Bd. 3, Berlin [u. a.] ²1960, Sp. 147–200 [Gesamtüberblick
mit ausführlichen Lit.-Hinw.]; G. Hoffmeister, Spanien und
Dt. Geschichte und Dokumentation der lit. Beziehungen, Berlin
1976 (Grundlagen der Romanistik, 9) [Grundzüge der Wechsel-
beziehungen mit Blick auf Lateinamerika].

Anthologien

R. Grossmann, Span. Gedichte aus acht Jahrhunderten, Bremen
1960 (Slg. Dieterich, 237) [zweispr. Ausg. mit Einf.]; W. Krauss,
Die Welt im span. Sprichwort, Leipzig ²1975 (Reclam Bibliothek, 208) [zweispr. Ausg.]; H. Hinterhäuser (Hrsg.), Spanien
und Europa. Texte zu ihrem Verhältnis von der Aufklärung bis
zur Gegenwart, München 1979 (dtv 2913); A. Theile / W. Peiser
(Hrsg.), Span. Erzähler vom 14. bis 20. Jh., Zürich 1979; Span.
Lyrik von der Renaissance bis zum späten 19. Jh., ausgew., übers.
und komm. von H. Felten und A. Valcárcel, Stuttgart 1990
(RUB 8610) [zweispr. Ausg.]; Span. Lyrik des 20. Jh.s, ausgew.,
komm. und hrsg. von G. Siebenmann und J. M. López, Stuttgart
1985 (RUB 8035) [zweispr. Ausg.].

Metrik

R. Baehr, Span. Verslehre auf hist. Grundlage, Tübingen 1962
(Sammlung kurzer Lehrbücher der romanischen Sprachen
und Literaturen, 16; span. Übers. Madrid 1970, BRH III,25);
T. Navarro Tomás, Métrica española. Reseña histórica y descrip-
tiva, Madrid/Barcelona ⁴1974.

Sozialgeschichte

Gesamtdarstellungen und Lexika:

F. Soldevila, Historia de España, 8 Bde., Barcelona ³1972–73 [anschauliche Sozialgeschichte mit reichem Bildmaterial, die auf jahrzehntelangen Quellenstudien beruht]; M. Artola (Hrsg.), Historia de España Alfaguara, 7 Bde., Madrid 1973 (Alianza Universidad, 37, 40, 43, 44, 46, 49, 51) [versch. Aufl. der einzelnen Bde.; moderne Sozialgeschichte Spaniens mit zahlreichen statistischen Angaben]; J. Vicens Vives (Hrsg.), Historia social y económica de España y América, 5 Bde., Barcelona 1974 [letzte Ausg.; umfassende Sozialgeschichte Spaniens und Lateinamerikas bis zum Anfang des 20. Jh.s]; G. Bleiberg (Hrsg.), Diccionario de historia de España, 3 Bde., Madrid 1979; H. Heine, Geschichte Spaniens in der frühen Neuzeit 1400–1800, München 1984; K.-J. Ruhl (Hrsg.), Spanien-Ploetz. Span. und portug. Geschichte zum Nachschlagen, Freiburg/Würzburg 1986; M. Artola (Hrsg.), Enciclopedia de historia de España, 5 Bde., Madrid 1988–91; M. Tuñón de Lara (Hrsg.), Historia de España, 12 Bde., Barcelona ³1990; P. Vilar, Spanien. Das Land und seine Geschichte von den Anfängen bis zur Gegenwart, Berlin 1990; W. L. Bernecker [u. a.], Spanien-Lexikon. Wirtschaft, Politik, Kultur, Gesellschaft, München 1990; W. L. Bernecker / K. Dirscherl (Hrsg.), Spanien heute. Politik, Wirtschaft, Kultur, Frankfurt a. M. ³1998; W. L. Bernecker / H. Pietschmann, Geschichte Spaniens. Von der frühen Neuzeit bis zur Gegenwart, Stuttgart/Berlin/Köln ³2000; P. Schmidt (Hrsg.), Kleine Geschichte Spaniens, Stuttgart 2002 (RUB 17039).

I

11.–15. Jahrhundert (Mittelalter)

1. Charakteristik der Epoche in Spanien

Historischer Überblick

Vorrömische Zeit (bis 218 v. Chr.):

Die ersten menschlichen Spuren auf der Pyrenäenhalbinsel datieren aus der Altsteinzeit (500 000 Jahre v. Chr.). Prähist. Höhlenmalereien in der Cueva de Altamira, Prov. Santander, etwa 15 000 Jahre alt, zeigen Tierabbildungen und deuten auf Jägersippen. Seit dem 8. Jh. v. Chr. Handelsniederlassungen der Phönizier (Cádiz, Málaga, Gibraltar u. a.) und Griechen (Ampurias u. a.), die auf die indoeuropäischen Kelten, auf Tartessier und Iberer stießen. Seit Ende des 6. Jh.s v. Chr. Karthagerreich, das seit 218 v. Chr. von den Römern besiegt wurde. Punische Kriege (264–146 v. Chr.). 219 v. Chr. berühmte Belagerung und Zerstörung von Sagunt durch Hannibal.

Römische Zeit (218 v. – 409 n. Chr.):

Die völlige Eroberung der Pyrenäenhalbinsel ist erst unter Kaiser Augustus (19 v. Chr.) gegen den erbitterten Widerstand der keltiberischen Bevölkerung abgeschlossen. Provinzen: Lusitania im Westen (Portugal), Baetica (Hispania ulterior) im Süden (Andalusien), Tarraconensis (Hispania citerior) im Norden und Osten. Spanier sind die Kaiser Trajan, Hadrian (aus Italica bei Sevilla), Theodosius, die Dichter und Philosophen Seneca (Vater und Sohn aus Córdoba), Lukan (Neffe Senecas), Martial (aus Bilbilis bei Calatayud), Quintilian (aus Calahorra bei Burgos). Bereits nach dem Konzil von Nicäa (325 n. Chr.) sind die Spanier orthodoxe

Athanasianer (Glauben an die Wesensgleichheit zwischen
Christus und Gott). Christliche Dichter aus Spanien sind
Iuvencus, Prudentius, Eurosius. Untergang der Römerherr-
schaft in der Völkerwanderungszeit.

Westgotenzeit (409, Königreich erst 507–711):

Die Westgoten vertreiben die Alanen aus Portugal, die Van-
dalen, die nach Afrika weiterziehen, aus Südspanien, die Sue-
ben aus dem Nordwesten und Süden. Berühmte Gestalt des
westgotischen Erzbischofs Isidor von Sevilla (um 560–636),
der in 20 Büchern eine Enzyklopädie des Wissens seiner Zeit
hinterließ (*Etymologiae*, auch *Origines* genannt). Staatsreligion wurde der christliche Glaube (589). König Roderich
verlor Leben und Land in der Schlacht am Guadalete (711)
gegen die Araber, die erst durch den Sieg Karl Martells bei
Poitiers (732) am weiteren Vordringen nach Europa gehin-
dert wurden.

Araberzeit (711–1492):

Wechselnder Landbesitz der Araberreiche, Dynastien der
Omaijaden, Almoraviden, Almohaden, Nasriden u. a. und
der Christenreiche. Kulturelle Hochblüte in den Kalifaten:
Philosophen Averroes (Ibn Rušd aus Córdoba, 1126–98),
Avicebron (Salomo ibn Gabirol aus Málaga, 1020–58, eigentlich jüdischer Dichter und Philosoph), Ben Halevi
(Jehudah ha-Lewi aus Tudela, 1075–1141, jüdischer Dichter
und Philosoph), Maimonides (Moše ben Maimon aus Córdoba, 1135–1204, jüdischer Philosoph). Um das Jahr 1000
politische und wirtschaftliche Beziehungen zwischen den dt.
Ottonenkaisern und den Arabern. Religiöse Toleranz der
Araber gegenüber den sog. *mozárabes* (Christen unter arabischer Herrschaft). Religionsfreiheit der Araber (*mudéjares*)
in den von Christen eroberten Gebieten.
Die langsame *Reconquista* (Wiedereroberung) wurde durch
den Zerfall der Araber in zahlreiche untereinander rivalisie-

rende Einzelherrschaften (Taifa) begünstigt. Beginn mit der legendären Schlacht des letzten Westgotenkönigs Pelayo bei Covadonga (722) in Asturien. Karl der Große gründete Ende des 8. Jh.s nach der Niederlage gegen die Basken in der Schlacht im Tal von Roncesvalles (778, Roland!) in den span. Westpyrenäen die Span. Mark im heutigen Katalonien. Eroberung Valencias durch den Cid (1094). Bedeutender Pilgerweg im Mittelalter nach Santiago de Compostela, zum angeblichen Grab des Apostels Jakobus, der nach einer Legende aus dem 7. Jh. in Spanien gepredigt haben soll. Im Mittelalter teilweise noch vor Rom und Jerusalem der bekannteste Wallfahrtsort. Ideologische Förderung des Kreuzzugsgedankens. Seit 9. Jh. Santiago Schutzpatron Spaniens im Kampf gegen die Araber, Santiago Matamoros (Santiago, der Maurentöter). Schlachtruf: »Santiago y cierra España« (»Feste druff!«). Santiago war auch Schutzpatron der Pilger mit ihrer Jakobsmuschel und ihrem Pilgerstab.

Entstehung und teilweise Vereinigung der christlichen Reiche Asturien, Navarra, León, Aragón (Eroberung des Königreichs Neapel 1443, das bis 1504 unter aragonesischer, bis 1713 mit Sizilien zusammen unter span. Herrschaft bleibt), Kastilien (das durch seine Eroberungspolitik unter den span. Reichen allmählich die Führung übernimmt), Katalonien (vom 12. bis 14. Jh. mächtiger Seefahrerstaat im Mittelmeerraum). Nach Heirat des Königs Ferdinand von Aragón mit Königin Isabella von Kastilien (»Katholische Könige«) 1479 politische Vereinigung der Kronen zum heutigen Spanien. Viele regionale Probleme gehen nicht zuletzt auf diese frühe gewaltsame Vereinigung zurück.

Kulturelle Einflüsse

Römische Einflüsse:

Sprache, Ordnungsbegriffe, kodifiziertes Recht. Vermittlung
der griechischen Kultur. Die antike Kultur ist während des
ganzen Mittelalters auf der Pyrenäenhalbinsel präsent, ihr
bestimmender Einfluß beginnt aber erst mit der Renaissance
(seit dem 15. Jh.).

Germanische Einflüsse:

Die Westgoten haben nur geringe sprachliche Spuren hinter-
lassen (einige Ortsnamen), weil sie sich gegen die eroberten
Stämme isolierten. Das germanische Element in der kastilischen Heldenepik erklärt sich wahrscheinlich aus franz. Vermittlung.

Arabisch-orientalische Einflüsse:

Bedeutende Spuren in Sprache (etwa 4000 Ausdrücke) und
Lit. bis zum 14. Jh. Die Übersetzerschule von Toledo (12. bis
13. Jh., Höhepunkt unter Alfons dem Weisen) vermittelt dem
übrigen Europa die neuesten Erkenntnisse der arabischen
Naturwissenschaften, Medizin, Jurisprudenz, Philosophie,
Lit. (bes. Lyrik, Enzyklopädie, Erzählungen, Fabeln), Archi-
tektur u. a.

Provenzalische Einflüsse:

Blütezeit der Troubadourlyrik im 12. und 13. Jh. am Hof
Alfons des Weisen, bes. in galicisch-portug. Sprache. Durch
die Albigenserkriege (1209–29) vertriebene provenzalische
Minnesänger kommen nach Katalonien und nach Portugal.

Französische Einflüsse:

Einflüsse über die Pilgerstraße nach Santiago de Compostela
zum Grabe des Heiligen Jakobus (»camino francés«). Franz.

und indirekt germanische Spracheinflüsse. Durchgreifende
Reformen der span. Geistlichkeit und des Klosterwesens,
bes. durch die franz. Mönche aus der Benediktinerabtei von
Cluny (um 1020). Die Benediktiner führen die romanische
Baukunst, die Zisterzienser die Gotik ein. Franz. Kathedral-
stil (teilweise ausländische Meister). Franz. Ritter kommen
ins Land, nehmen an der *Reconquista* teil und erhalten dafür
Grundbesitz (Villa Franca). Span. Adlige heiraten franz.
Prinzessinnen.

Italienische Einflüsse:

Im 15. Jh. (in der span. Frührenaissance) Einflüsse des it. Humanismus am kastilischen Hof. Fürstenhof von Johann II.
(1419–54) und Mäzenatentum nach it. Vorbild. It. Humanisten in Spanien, z. B. L. Marineo Siculo. Übers. einiger
Werke von Dante, Boccaccio, Petrarca ins Span. und Katalanische.

Gesellschaftsstruktur

Adel und Geistlichkeit sind die beiden privilegierten Stände
(Steuerfreiheit, eigene Gerichtsbarkeit u. a.). Seit dem 14. Jh.
tritt als dritter Stand das aufstrebende Bürgertum hinzu. Der
Geburtsadel ist königstreu (condes, ricos hombres). Der
niedere Adel steht im Dienst des hohen, weil er durch die
Reconquista nur geringe Einkünfte hat. Adel und Geistlichkeit sind Träger des kulturellen Lebens.

Bildungswesen

Erste Universitätsgründungen im 13. und 14. Jh.: Palencia
(1208), Salamanca (1239), Valladolid (1346). Europäische
Vergleichszahlen: Bologna (1119), Prag (1348, älteste Univer-

sität im damals dt. Reichsgebiet). Die Universitäten tragen während des Mittelalters aristokratischen Charakter. Ihr Besuch ist Privileg des Adels, der Geistlichkeit und allenfalls des gehobenen Bürgertums.

Aufkommen der Buchdruckerkunst in Spanien gegen Ende des 15. Jh.s. Um 1473 gibt es bereits eine Druckerei in Zaragoza. Die erste Inkunabel (Wiegendruck vor 1500) erscheint in Valencia, *Les trobes en lahors de la Verge Marie* (1474). Meist dt. Buchdrucker: Hagenbach, Spindeler, Ungut, Cromberger, Paul von Köln u. a.

Literaturgeschichten und Anthologien: W. Giese, Anthologie der geistigen Kultur auf der Pyrenäenhalbinsel (Mittelalter), Hamburg / Berlin 1927 [mit Erl. und Glossar]; W. Krauss, Das tätige Leben und die Lit. im mittelalterlichen Spanien, Stuttgart 1929; L. Pfandl, Span. Literaturgeschichte. Bd. 1: Mittelalter und Renaissance (1923), Nachdr. Hildesheim 1972 [mehr nicht ersch.]; A. D. Deyermond, Historia de la literatura española. La Edad Media, Barcelona 1973; F. López Estrada, Introducción a la literatura medieval española, Madrid ⁵1983 (BRH III,4); R. Menéndez Pidal, Dichtung und Geschichte in Spanien. Aufsätze und Vorträge, Leipzig 1984; W. Mettmann (Hrsg.), La littérature dans la Péninsule Ibérique aux XIVᵉ et XVᵉ siècles, Bd. 1, Fasz. 4/5, Bd. 2, Fasz. 4, Heidelberg 1985 (GRLMA 9); W. Mettmann, Die volkssprachliche apologetische Lit. auf der Iberischen Halbinsel im Mittelalter, Opladen 1987; J. Rodríguez Puértolas (Hrsg.), Poesía de protesta en la edad media castellana. Historia y antología, Madrid 1988 (BRH VII,25).

Sozialgeschichte

Allgemeindarstellungen: A. Castro, España en su historia. Cristianos, moros y judíos, Buenos Aires 1968 [Symbiose zwischen christlicher, islamischer und jüdischer Kultur als Grundzug der span. Geschichte]; A. Barbero / M. Vigil, Sobre los orígenes sociales de la Reconquista, Barcelona 1974; A. Mackay, La España de la Edad Media. Desde la frontera hasta el Imperio (1000–1500), Madrid 1980; M. A. Ladero, Das Spanien der Katholischen Könige. Ferdinand von Aragon und Isabella von Kastilien (1475–1515), Innsbruck 1992.

Geschichte der Araber in Spanien: W. Hoenerbach (Hrsg.), Islamische Geschichte Spaniens, Zürich 1970; J. Vernet, Die span.-arabische Kultur in Orient und Okzident, Zürich / München 1984; C. Sánchez Albornoz, La España musulmana según los autores islamitas y cristianos medievales,

2 Bde., Madrid ⁷1986; W. M. Watt, Der Einfluß des Islam auf das europäische Mittelalter, Berlin 1988; T. Glick, Cristianos y musulmanes en la España medieval, 711–1250, Madrid 1991.

Geschichte der Juden in Spanien: M. Kayserling, Die Geschichte der Juden in Spanien und Portugal, Berlin 1861; M. Kayserling, Biblioteca española-portugueza-judaica. Dictionnaire bibliographique des auteurs juifs, de leurs ouvrages espagnols et portugais (1890), Nachdr. New York 1971; J. L. Lacave / M. Armengol, Sefarad, Sefarad, La España judía, Barcelona 1987; F. Heymann, Tod oder Taufe. Die Vertreibung der Juden aus Spanien und Portugal im Zeitalter der Inquisition, hrsg. und eingel. von J. H. Schoeps, Frankfurt a. M. 1988 [der Verf. wurde 1942 in Auschwitz ermordet; das Ms. Vortragsreihe Amsterdam 1940]; V. Marcu, Die Vertreibung der Juden aus Spanien, München 1991 [Erstaufl. 1942, Zeitparallelen!).

2. Sprachentwicklung auf der Pyrenäenhalbinsel

Die Romanisierung auf der Pyrenäenhalbinsel erfolgte seit etwa 218 v. Chr.

a) den Ebro aufwärts (Tarraconensis), hauptsächlich durch römische Legionssoldaten (sermo rusticus, Vulgär-, Volkslatein),
b) in der Baetica (Andalusien), Gründung von Rhetorenschulen.

Allgemeine Sprachverteilung auf der Pyrenäenhalbinsel bis etwa 10. Jh.:

a) Vulgärlatein als Umgangssprache, 884 durch Karl den Kahlen empfohlen,
b) Mozarabische Dialekte in den von den Arabern beherrschten Gebieten, zweispr. Zone,
c) Latein als schriftliche Kanzlei- oder Amtssprache bis zur Aufhebung durch Ferdinand den Heiligen (um 1250).

Seit dem 10. Jh. entwickelten sich die Dialekte, wobei die Sprachgrenzen nicht immer mit den politischen Grenzen identisch sind: Galicisch, Leonesisch, Kastilisch-Navarre-

sisch-Aragonesisch, Katalanisch. Daraus haben sich mit dem
Spanischen (aus dem Kastilischen, *castellano*), Portugiesi-
schen (aus dem Galicischen) und Katalanischen (mit eigenen
Dialekten) seit dem 12./13. Jh. drei selbständige romanische
Sprachen mit eigenen Literaturen entwickelt. Daneben lebt
noch heute im Norden das Baskische (mit eigenen Dialekten), die einzige in Westeuropa erhaltene vorindogermani-
sche Sprache (Verwandtschaft mit den kaukasischen Sprachen).
Spanisch als Muttersprache wird von rund 300 Mio. Menschen (Stand 1997) in 21 Staaten in vier Erdteilen gesprochen.
Es ist damit nach Chinesisch, Englisch und Hindi die viert-
größte Weltsprache. Die Bedeutung des Span. wird weniger
im Mutterland (rund 40 Mio. Muttersprachler) als in den
20 Nationalstaaten in Lateinamerika deutlich. Auch in Äqua-
torial-Guinea, in Israel (1,1 % Judenspanisch) und auf
den Philippinen wird Spanisch gesprochen. In den USA ist
Spanisch inzwischen erste Fremdsprache (1980: 12,6 Mio.
als *home language*) mit eigener institutionalisierter Kultur
(Chicanos, Kubaner, Puertorikaner u. a.), vor allem in den
Großräumen Miami und New York.

Lit.: K. Baldinger, Die Herausbildung der Sprachräume auf der Pyrenäenhalbinsel, Berlin 1958 [verb. und erw. span. Übers. Madrid 1963; Forschungsbericht und Versuch einer Synthese]; R. Lapesa, Historia de la lengua española, Madrid 1981 [Standardwerk, in dem die Entwicklung der
span. Sprache im Detail und im Überblick gezeigt wird]; R. Menéndez
Pidal, Orígenes del español. Estado lingüístico de la Península Ibérica
hasta el siglo XI, Madrid ⁶1986; H. Berschin [u. a.], Die span. Sprache.
Verbreitung, Geschichte, Struktur, Ismaning bei München ²1995;
A. Tovar, Einführung in die Sprachgeschichte der Iberischen Halbinsel.
Das heutige Spanisch und seine hist. Grundlagen, Tübingen ³1989.

A.

11. Jahrhundert

3. Anfänge der Lyrik

a) Jarchas (richtige Umschrift: ḫarǧa): Bezeichnung der span.-arabischen gemischten Schlußstrophe (finida) einer bestimmten Gattung (muwaššaḥ) arabischer oder hebräischer (meist Liebes-)Lyrik. Sprachliche Mischformen: klassisches Arabisch mit Flexionsendungen, Umgangssprache. Entdecker der Oxforder Hebraist Samuel M. Stern (1946). Ungefähre Datierung der etwa 50 bisher bekannten Jarchas: erste Hälfte des 11. Jh.s. Damit die älteste bekannte Lyrik der romanischen Literaturen. Thematische und stilistische Übereinstimmungen zwischen Jarchas und portug.-galicischen *cantigas de amigo* (Lieder an den Geliebten). Beispiel für multikulturelle Gesellschaft. Problemreiche Jarchas-Forschung erst in den Anfängen.

Textbeispiele nach *Les chansons mozarabes*, Hrsg. S. M. Stern, Oxford 1964:

Tan t'amaray, tan t'amaray	Ich werde dich so sehr lieben,
ḥabīb tan t'amaray	ich werde dich so sehr lieben,
Enfermaron welyos (cuidas?)	Freund, ich werde dich so sehr lieben.
Ya dolen tan male.	Krank wurden Augen (heilst du sie?),
	sie schmerzen nun so sehr.
Garid vos, ay yermanellas,	Sagt Ihr, ach Schwestern,
com contenir a meu male?	wie halte ich mein Übel zurück?
Sin al-ḥabīb non vivireyu,	Ohne den Freund werde ich nicht leben,
advolarey demandare.	ich werde mich beeilen, ihn zu suchen.

b) Zéjel (richtige Umschrift: zaǧal): den muwaššaḥ verwandte Gattung, aber nicht in Klassisch-, sondern in Vulgärarabisch. Einfluß bis ins 17. Jh. Variables Reimschema: a-a, b-b-b, a usw. Einreimiges Tristichon mit Kehrreim und einem vierten Reim wie der Kehrreim.

zéjel nach Gil Vicente (Wende 15./16. Jh.):

> Dicen que me case yo:
> no quiero marido, no.
> Mas quiero vivir segura
> n'esta sierra a mi soltura,
> que no estar en aventura
> si casaré bien o no.
> Dicen que me case yo:
> no quiero marido, no.

> Aus: J. García López, Historia de la literatura española, Barcelona [20]1990, S. 40.

Man sagt, daß ich heiraten soll:
ich will keinen Mann, nein.
Lieber will ich in Sicherheit leben
in diesem Gebirge, ganz ungezwungen,
als mich auf ein Abenteuer einzulassen,
ob ich gut oder nicht heirate.
Man sagt, daß ich heiraten soll:
ich will keinen Mann, nein.

c) Provenzalische Elemente: portug.-galicische Troubadourlyrik, in *Cancioneiros* gesammelt. Teilweise am kastilischen Hofe Alfons' des Weisen gedichtet, wobei das Portug.-Galicische nicht als Fremdsprache empfunden wurde.
d) Span. Elemente: urspan. Formen der Volkslyrik, die sich z. Tl. bis zum heutigen Tage erhalten haben: *mayas* (Mailieder), *cantares de vela* (Wächterlieder), *serenatas* (Liebeslieder), *villancicos, serranillas* (Gelegenheitslyrik), *canciones* (Festgedichte) u. a.

Textbeispiel für einen anonymen *villancico* aus dem 15. Jh.:

> Tres morillas me enamoran
> en Jaén,
> Axa y Fátima y Marién
> Tres morillas tan garridas
> iban a coger olivas,
> y hallábanlas cogidas
> en Jaén,
> Axa y Fátima y Marién.
> Y hallábanlas cogidas,
> y tornaban desmaídas
> y las colores perdidas,
> en Jaén,
> Axa y Fátima y Marién.
> Tres moricas tan lozanas,
> tres moricas tan lozanas
> iban a coger manzanas
> a Jaén,
> Axa y Fátima y Marién.

Ach, ich lieb drei Maurenmädchen
in Jaén:
Ascha, Fátima, Marién.
Ach, drei Maurenmädchen gingen
sich im Hain Oliven pflücken,
doch es war nichts einzubringen
in Jaén:
Ascha, Fátima, Marién.
Doch es war nichts einzubringen,
und so standen sie erschrocken,
was sie wohl zu tun anfingen
in Jaén:
Ascha, Fátima, Marién.
Ach, drei Maurenmädchen kichern,
ach, drei Maurenmädchen kichern:
»Wollen uns die Äpfel sichern
in Jaén!«
Ascha, Fátima, Marién.

Übers. R. Grossmann, Span. Gedichte aus
acht Jh., Bremen: Schünemann, 1960, S. 69.

Ausg.: Les chansons mozarabes. Les vers finaux (kharjas) en espagnol dans les muwashshas arabes et hébreux, Hrsg. S. M. Stern, Nachdr. Oxford 1964 [Text, Vorw., Anm., Glossar]; Corpus de poesía mozárabe (Las ›Harga-s‹ andalusíes), Hrsg. J. Solá-Solé, Barcelona 1973.

Lit.: W. Mettmann, Zur Diskussion über die literaturgeschichtliche Bedeutung der mozarabischen Jarchas, in: RF 70 (1958) 1–29; K. Steger, Die bisher veröffentlichten Hargas und ihre Deutungen, Tübingen 1960 (ZfrPh. Beih. 101); M. Frenk, Las jarchas mozárabes y los comienzos de la lírica románica, México 1975; R. Hitchcock, The ›Kharjas‹, a critical bibliography, London 1977; J. M. Solá-Solé, Las jarchas romances y sus moaxajas, Madrid 1990 (Persiles, 201); E. García Gómez (Hrsg.), Las jarchas romances de la serie árabe en su marco, Madrid ²1991.

B.

12. Jahrhundert

4. Heldenepik (Cantares de gesta)

Ursprungstheorien

Französischer Ursprung: wegen zeitlich früherer franz. Epik (Rolandslied um 1100) Einflüsse über den »camino francés«, die Pilgerstraße nach Santiago de Compostela. Vertreter dieser These bes. Gaston Paris und Eduardo de Hinojosa. Umstritten ist heute nur noch die Ausschließlichkeit des franz. Ursprungs der span. Heldenepik.

Germanischer Ursprung: über die Heldenepik der Westgoten, die durch Jordanes, den Geschichtsschreiber der Goten (6. Jh.), bezeugt ist. Gemeinsamkeiten mit der span. Epik, z. B. in der Darstellung des Feudalsystems. Verfechter des germanischen Ursprungs (neben franz. Einflüssen) war Ramón Menéndez Pidal.

Arabisch-andalusischer Ursprung: Gemeinsamkeiten in der Mischung des Volkstümlichen und Feierlichen, in der realistischen und idealisierenden Darstellung. Vertreter dieser Ursprungstheorie waren Julián Ribera und Américo Castro. Diese Hypothese, die auf schwachen inhaltlich-formalen Füßen steht, wird heute weitgehend abgelehnt.

Schriftliche Tradition der anonymen span. Heldenepik, die von Spielleuten (*juglares*) vorgetragen wurde, in der ursprünglichen Form nur im *Poema de Mio Cid*, im *Poema de Fernán González*, im *Cantar de Rodrigo* und im fragmentarischen *Cantar de Roncesvalles*. Die frühe span. Epik war mit Sicherheit umfangreicher, weil man Stoffkreise (Zyklen) aus den Prosafassungen späterer Chroniken (13.–15. Jh.) rekonstruieren kann.

Chronologie (nach Menéndez Pidal):

a) Anfänge (bis um 1140): Beginn unbestimmt, etwa 10. Jh., kein franz. Einfluß, z. B.: *Don Rodrigo, Fernán González, Los siete infantes de Lara, Cerco de Zamora*.

b) Blütezeit (um 1140–1236): Franz. Einfluß möglich. Epen: *Poema de Mio Cid, Cantar de Roncesvalles, Bernardo del Carpio, Crónica del Tudense*.

c) Bearbeitungen (1236 – um 1350): Prosafassungen in Chroniken.

d) Dekadenz (bis Anf. 15. Jh.): Auflösung in Episoden: *Cantar de Rodrigo*. Beginn der ersten Romanzyklen.

Lit.: M. de Riquer, Los cantares de gesta franceses. Sus problemas en relación con España, Madrid 1952; R. Menéndez Pidal, La Chanson de Roland y el neotradicionalismo. Orígenes de la épica románica, Madrid 1959; W. Mettmann, Altspan. Epik. Ein Forschungsbericht, in: GRM N. F. 11 (1961) 129–153.

Poema de Mio Cid (dt. *Gedicht vom Cid*; nach Menéndez Pidal entst. um 1140, überliefert in fragmentarischer Kopie eines Per Abbat von 1307, Erstdruck Madrid 1779). Ältestes span. Schrift- und Literaturdenkmal, anonym. 3731 unregelmäßige, meist assonierende Verse. Drei Teile (*cantares*): 1. *Cantar del destierro* (V. 1–1085): Verbannung des Cid durch König Alfons VI. wegen angeblicher Tributunter-

schlagung. Die Gattin des Cid, Doña Jimena, und seine beiden Töchter Doña Elvira und Doña Sol bleiben im Kloster
Cardeña zurück. Der Cid überlistet in Burgos die beiden
habgierigen Juden Raquel und Vidas. Er siegt in mehreren
Gefechten über die Araber. 2. *Cantar de las bodas* (V. 1086
bis 2277): Der Cid erobert Valencia. Heirat der Töchter des
Cid mit den Infanten von Carrión, die auf die Beuteschätze
des Cid begierig sind. 3. *Cantar de la afrenta de Corpes*
(V. 2278–3731): Der Cid zähmt einen Löwen, vor dem sich
die ängstlichen Infanten versteckten. Rache der neidischen
und beleidigten Infanten: Nach Entkleidung und Auspeit-
schung lassen sie die Töchter des Cid allein im Eichenwald
von Corpes zurück. Die Infanten werden auf den *Cortes*
(Staatsgerichtshof) in Toledo im Duell besiegt und zu Verrä-
tern erklärt. Versöhnung des Cid mit dem König. Vermäh-
lung der Töchter des Cid mit den Infanten von Navarra und
Aragón.
Aneignung von Wirklichkeit: allgemein hist.-geographische
Treue: Rodrigo Díaz aus Vivar bei Burgos (gest. 1099),
Beiname *Cid*, span.-arabisch für *sayyid* (Herr); Versöhnung
mit dem König (im Jahre 1087); Eroberung von Valencia (im
Jahre 1094). Rolle des Ehrbegriffs in den Beziehungen zwischen Herr und Vasall. Politische Grundmotive: Kampf
zweier Anschauungen und Länder (Islam – Christentum, Rivalität Kastilien – León). Soziales Grundmotiv: Spannungen
zwischen Adel (Infanten) und Kleinadel (Cid).
Idealisierung: leicht idealisierte Personen (der Cid als Held
und Vasall) und etwas idealisierte Darstellung der Geschichte
(kleine Tageskämpfe werden zu weitreichenden politischen
Ereignissen).
Vergleich mit den franz. chansons de geste: Gemeinsamkeiten
in epischen Floskeln (z. B. plorer des oilz = llorar de los oios
= weinen). Übereinstimmung in Parallelismen und Gebets-
form. Abweichungen in Rechtsgebräuchen. Im *Poema de
Mio Cid* spielen die Frauengestalten eine größere Rolle,
während sie im Rolandslied bis auf die Klage Aldas weitge-

hend fehlen. Das Rolandslied geht von einem aristokratisch-konventionellen, der *Poema de Mio Cid* dagegen von einem bürgerlich-realistischen Weltbild aus (Petriconi).
Metrik: unregelmäßige Silbenzahl; die Verse sind durch Assonanz (abschnittweiser Gleichklang der letzten betonten Vokale der Verse) miteinander verbunden. Es ist noch ungeklärt, ob sich hinter der unregelmäßigen Silbenzahl ein absichtliches rhythmisches oder ein anderes Prinzip verbirgt.

Textprobe: Der Cid reitet nach Cardeña, um sich von seiner Familie zu verabschieden (V. 232–241):

> Tornavas don Martino a Burgos   e mio Çid aguijó
> pora San Pero de Cerdeña   quanto pudo a espolón,
> con estos cavalleros   quel sirven a so sabor.
> Apriessa cantan los gallos   e quieren crebar albores,
> quando llegó a San Pero   el buen Campeador;
> el abbat don Sancho,   cristiano del Criador;
> rezaba los matines   abuelta de los albores.
> Y estava dona Ximena   con çinco dueñas de pro,
> rogando a San Pero   e al Criador:
> »Tu que todos guías   val a mio Çid el Campeador.«

> Don Martín kehrte nach Burgos zurück, und mein Cid ritt
> spornstreichs nach San Pedro de Cardeña
> mit den Rittern, die ihm zu Diensten sind.
> Schon krähen die Hähne, und die Morgenröte will
>   hervorbrechen,
> als der tapfere Campeador nach San Pedro gelangte;
> der Abt Don Sancho, ein rechtschaffener Christ
> las die Frühmesse bei Anbruch der Morgenröte.
> Da war Doña Jimena mit fünf ehrenwerten Damen
> und bat Sankt Petrus und den Schöpfer:
> »Du, der Du alle leitest, beschütze meinen Cid, den
>   Campeador.«

Europäische Wirkungsgeschichte des Cid-Stoffes: In Spanien Nachahmung im *Poema de Fernán González* (um 1250), Prosafassungen in Chroniken (13./14. Jh.); auf einem ver-

lorengegangenen *Cantar de Rodrigo* (14. Jh.) beruhte ein
Romanzenzyklus (gesammelt von Sepúlveda, 1551), der die
Liebesgeschichte zwischen dem jungen Cid und Jimena in
den Vordergrund stellte. Im 17. Jh. wurde der Stoff Gegenstand der span. Epik und Dramatik. Das Doppeldrama von
Guillén de Castro, *Las mocedades del Cid* (1618) und *Las
hazañas del Cid* (1618), wurde das unmittelbare Vorbild für
die berühmte Dramatisierung von Corneille, *Le Cid* (1637),
in welcher der psychologische Konflikt zwischen Liebe und
Ehre im Mittelpunkt stand. Danach zahlreiche Nachahmungen des Corneille-Stücks. Neue Impulse durch die Romantik; in Deutschland Herders Cid-Romanzenzyklus (1805),
der auf einer franz. Prosabearbeitung (Couchut, 1783) beruhte; in Spanien die Dramatisierungen von Hartzenbusch,
La jura en Santa Gadea (1844) u. a.; in Frankreich Lebrun,
Le Cid d'Andalousie (1825), V. Hugo in *La légende des siècles* (1859–1883), Opernfassung von Massenet (1885).

Ausg.: Hrsg. R. Menéndez Pidal, 3 Bde., Madrid [4]1964–69 [grundlegende
krit. Ausg.; Grammatik, Glossar, Text]; CC 24 [Textabdruck R. M. P.,
Vorw., Fußkomm., Glossar].
Lit.: H. Petriconi, Das Rolandslied und das Lied vom Cid, in: RJb. 1
(1947/48) 215–232; R. Menéndez Pidal, La España del Cid, 2 Bde.,
Madrid [5]1956 [dt. Übers., 2 Bde., München 1936–37]; K.-H. Bender, Die
christlich-maurischen Beziehungen im *Cantar de Mio Cid*. Eine Untersuchung zur Historizität und Rezeption des Cantar, in: Iberoromania
N. F. 11 (1980) 1–30; M. E. Lacarra, El poema de Mio Cid. Realidad
histórica e ideología, Madrid 1980; E. Frenzel, Cid, in: E. F., Stoffe der
Weltlit. Ein Lexikon dichtungsgeschichtlicher Längsschnitte, Stuttgart
[6]1983, S. 125–129 (KTA 300); A. Deyermond, *El Cantar de Mio Cid* y la
épica medieval española, Barcelona 1987; C. Rodiek, Sujet – Kontext –
Gattung. Die internationale Cid-Rezeption, Berlin 1990 (Komparatistische Studien, 16).
Deutsch: Übers. H.-J. Neuschäfer, München 1964 (Klassische Texte des
romanischen Mittelalters in zweispr. Ausg., 4); Übers. F. Eggarter, RUB
759 [Anm. und Nachw. A. Thierbach].

C.

13. Jahrhundert

5. Gelehrtendichtung (Mester de Clerecía)

Dichterschule des 13. und 14. Jh.s, von Gonzalo de Berceo (1195?–1264?) bis Pero López de Ayala (1332–1407). »Mester de clerecía« bedeutete »ministerio« oder »ocupación de hombres cultos« (Beschäftigung gebildeter Leute). Das Hauptziel war die Popularisierung christlich-antiken Gedankenguts, das von Spielleuten dem ungebildeten Volk vorgetragen wurde. Didaktische Absicht. Regelmäßiges Versmaß: *cuaderna vía* = vier einreimige Alexandriner; Fortleben bis in die moderne span. Lyrik (z. B. bei A. Machado). Bevorzugte Themen waren Heiligenviten, christliche Legenden, Erzählungen aus der Antike. Außer Thematik und Metrik gab es keine festen Grenzen zwischen Troubadour- und Gelehrtendichtung. »Mester trago fermoso, non es de ioglaría / mester es sen peccado, ca es de clerezía / fablar curso rimado por la quaderna vía / a sílavas cuntadas, ca es grant maestría« (»Ich habe eine schöne Beschäftigung; sie gehört nicht zu den Spielleuten; es ist eine sündenfreie Beschäftigung, denn für gebildete Leute gehört es sich, in der *cuaderna vía* Verse mit abgezählten Silben zu machen, denn es ist ein großes Kunststück«), heißt es im *Libro de Alexandre* (entst. um 1240). Dagegen behauptete noch Menéndez Pelayo, die Werke des »mester de clerecía« seien nur für die Lektüre bestimmt, während der »mester de juglaría« in erster Linie Vortragsdichtung gewesen sei. Neben *cantares* (Heldenepik, Kriegsberichte) und *libros de caballerías* (Ritterromane) waren in Spanien die *mesteres* die bevorzugte Lektüre während des Mittelalters.

Gonzalo de Berceo (1195? Berceo, Logroño–1264? ebd.). Erster, dem Namen nach bekannter span. Dichter. Bene-

diktinermönch. Laiengeistlicher im Kloster San Millán de la
Cogolla (Prov. Rioja), einem bedeutenden Kulturzentrum
des Mittelalters.
Marienlyrik: Milagros de Nuestra Señora. – Loores de Nuestra Señora. – El planto que fizo la Virgen el día de la Pasión
de su Fijo Jesuchristo.
Heiligenviten: San Millán. – Santa Oria. – Santo Domingo de
Silos.
Verschiedenes: El martirio de Sant Laurencio. – El sacrificio
de la misa. – De los signos que aparecerán ante el juicio. Drei
liturgische Hymnenparaphrasen.
Milagros de Nuestra Señora (dt. *Wunder unserer Lieben
Frau*; 1. Hälfte 13. Jh.). 25 Marienlegenden symbolisch-alle-
gorischen Inhalts. 711 vierzeilige Alexandriner-Strophen mit
gleichem Reim (*cuaderna vía*). Fast vollständige Übereinstimmung mit einem lateinischen Manuskript in der Bibliothek von Kopenhagen, das mit den *Milagros* wahrscheinlich
auf eine gemeinsame Quelle zurückgeht. Abhängigkeitsverhältnis zu den *Miracles de la Sainte Vierge* von Gautier de
Coincy noch umstritten. Berühmte naturallegorische Einleitung, in der die grüne Wiese die Jungfrau Maria, die spru-
delnden Quellen das Evangelium, die Vögel die Stimmen der
Seligen bedeuten. Patriarchalische Welt voller Gnade und
Güte, schlichter Gläubigkeit und feinen Humors, in der sich
der Dichter wohl fühlte. Weitere volkstümliche Züge: realistische Darstellung, bildhafter Stil, Lokalkolorit. Bekannte
Wunderlegenden wie z. B. El niño judío (Das Judenkind), La
iglesia robada (Die geraubte Kirche), El clérigo ignorante
(Der dumme Geistliche).

Ausg.: Obras completas, Hrsg. B. Dutton, 5 Bde., London 1975–84 [krit.
Ausg.]; Milagros, Hrsg. A. García Solalinde, CC 44.
Lit.: R. Lanchetas, Gramática y vocabulario de las obras de G. de B., Ma-
drid 1900; R. Becker, G. de B.s *Milagros* und ihre Grundlagen, Diss. Straß-
burg 1910 [lat. Quellenmanuskript in der Bibliothek von Kopenhagen],
Xerokopie Ann Arbor, London 1979; E. Lorenz, B. der »Naive« (Über die
Einleitung zu den *Milagros de Nuestra Señora*), in: RJb. 14 (1963)

255–268; M. Franzbach, Die *Planctus Mariae Virginis* von G. de B. und Jacopone da Todi, in: CN 27 (1967) 95–108.

Libro de Apolonio

(dt. *Apollonios-Roman*; entst. um 1235/ 1240). Anonymer Abenteuerroman in 624 *coplas* um Apollonius, König von Rhodos. Spiegelung der ritterlichen Welt und ihrer Ideale (Sport, Rittertugenden, Ehrkonflikt).

Ausg.: Estudios, ediciones, concordancias, Hrsg. M. Alvar, 3 Bde., Madrid 1976.
Lit.: J. Artiles, *El Libro de Apolonio, poema español del siglo XIII*, Madrid 1976 (BRH II,239).

Libro de Alexandre

(dt. *Das Alexanderbuch*; entst. um 1240). Erstes Kunstepos, über 10 000 Verse. Fabulöse Lebensgeschichte Alexanders des Großen. Zahlreiche Anachronismen. Gelehrtes Lexikonwissen. Verfasserfrage noch strittig. Hauptquelle: Gautier de Châtillons *Alexandreis*. Einflüsse auf den *Poema de Fernán González*, den *Libro de buen amor* u. a.

Ausg.: Hrsg. R. S. Willis, Princeton/Paris 1934.
Lit.: R. S. Willis, The relationship of the Spanish *Libro de Alexandre* to the *Alexandreis* of Gautier de Châtillon, New York ²1965; A. Gier, Zum altspan. *Libre de Alexandre*, in: ZfrPh. 97 (1981) 172–183.

Poema de Fernán González

(dt. *Gedicht von Fernán González*; entst. um 1250/66). Heldentaten des Fernán González, einer hist. Gestalt der *Reconquista* aus dem 10. Jh., »qui castellanos de subjugo legionensis dominationis dicitur extrasisse« (»der die Kastilier aus dem Joch der Herrschaft der Legion herausgezogen haben soll«) (*Crónica Najerense*, Mitte 12. Jh.). Nach einer leonesischen Chronik war der Graf Fernán González von der Infantin Doña Sancha nach einem Eheversprechen aus Gefängnishaft freigekommen. Lehrhafte Tendenz. Grundlage ist wahrscheinlich ein verlorengegangener *cantar de gesta*. Prosafassung in der *Crónica general* Alfons des Weisen. Im 14. Jh. wurde die Thematik von Lope de Vega (*El Conde Fernán González*) und Rojas Zorrilla (*La más hidalga hermosura*) dramatisiert, noch später in der span. Romantik.

Ausg.: Hrsg. R. Menéndez Pidal, in: R. M. P., Reliquias de la poesía épica española, Madrid 1951, S. 34–180 [krit. Ausg.]; Hrsg. A. Zamora Vicente, CC 128.
Lit.: I. F. v. Dyherrn, Stylkrit. Untersuchung und Versuch einer Rekonstruktion des *Poema de Fernán González*, Leipzig 1937.

6. Anfänge der Prosa

Alfons der Weise (Alfonso X el Sabio) (1221 Toledo – 1284 Sevilla). Sohn Ferdinands III. des Heiligen. Während des Interregnums (1256–73) in Deutschland 1257 zum Kaiser des Heiligen Römischen Reiches Dt. Nation gewählt, weil er der Sohn Beatrix' von Schwaben war. Als Staatsmann innen- und außenpolitisch glücklose Regierungszeit. Um so berühmter als Förderer der Wissenschaften. »Dumque coelum considerat observatque astra, terram amisit« (»Während er den Himmel betrachtete und die Sterne beobachtete, verlor er die Erde«; Ausspruch des Historikers J. de Mariana). Schöpfer der kastilischen Kunstprosa.

Vermittler zwischen abendländischer und orientalischer Kultur. Gründete bedeutende Übersetzerschule von Toledo, die zu einem christlich-jüdisch-islamischen Kulturzentrum ersten Ranges wurde. Brückenschlag für die arabische Philosophie nach Europa. Wegbereiter des Averroismus (Glaube, daß die Vorstellungen der Religion nur allegorische Verhüllungen der philosophischen Wahrheiten seien). In vielem dem bedeutendsten mittelalterlichen katalan. Philosophen, Theologen und Dichter Ramón Llull (1235?–1315) verwandt, der unter den Muslimen als Missionsprediger starb (Anreger der wissenschaftlichen Orientalistik; durch seine *Ars Magna* Vorläufer der modernen Logistik).

Historische Werke:

(Primera) crónica general (dt. *Erste allgemeine Chronik*; begonnen um 1270, beendet 1280). Beginn der nationalsprachlichen Geschichtsschreibung. 1. Teil: Geschichte der Urbevölkerung bis zur Ankunft der Araber (711). 2. Teil (unter Sancho IV. endgültig um 1289 vollendet): *Reconquista* bis Herrschaft Ferdinands III. Quellen: Bibel, antike (Sueton, Ovid, Lukan u. a.) und mittelalterliche (Toledano, Tudense) Autoren, Epen (zahlreiche Prosafassungen verlorengegangener *cantares de gesta*), arabische Historiker. Der 2. Teil enthält auch Einschübe aus alten Epen und Romanzen.

Grande e general estoria (dt. *Große und allgemeine Geschichte*); Fragmentarisches Monumentalwerk, das von der Schöpfung der Welt bis zum Anfang des Neuen Testaments reicht. Großangelegter Versuch einer Universalgeschichte.

Juristische Werke:

Siete Partidas (dt. *Die sieben Gesetzbücher*; entst. 1251/56). Gesetzessammlung auf der Grundlage des Römischen Rechts. Teile: religiöses und kirchliches Leben, Herrscherpflichten und -rechte, Justizverwaltung, Eherecht, Verträge, Testamentswesen, Verbrechen, Strafen. Das Kastilische wird als offizielle Amtssprache anerkannt, um das kodifizierte Rechtswesen zu vereinheitlichen. Die Umsetzung dieser Gesetze erfolgte erst später gegen den Widerstand des Adels.

Naturwissenschaftliche Werke u. a.:

Libros de saber de astronomía (dt. *Bücher über die Wissenschaft der Astronomie*). Teilweise Übers. aus dem Arabischen. Anhang: *Tablas alfonsíes*: im Mittelalter in ganz Europa verbreitete Stern- und Kalenderkonstellationen nach dem ptolemäischen System.

Lapidario (dt. *Mineralienbuch*; 1279 beendet). Buch über Steine und Mineralien, nach arabischen Quellen. Mischung aus Wissenschaft und Aberglauben.

Libros de los juegos de ajedrez, dados y tablas (dt. *Bücher zum Schachspiel, Würfel- und Brettspielen*; 1283 beendet). Übers. aus dem Arabischen. Durch 150 teilweise ganzseitige Miniaturen von großem kulturhist.-künstlerischen Wert.

Dichterisches Werk:

Cantigas de Santa María (dt. *Marienlieder*). Höfische Marienlyrik (427 Lieder) im Gegensatz zu den volkstümlichen Marienlegenden Berceos. Größtenteils von Alfons dem Weisen selbst in galicisch-portug. Sprache gedichtet. Kostbare Miniaturen in vier Codices (Escorial, Florenz). Hauptquellen: Vincenz von Beauvais, *Speculum historiale*, Gautier de Coincy, *Miracles de la Sainte Vierge*. Etwa 30 weitere, Alfons dem Weisen zugeschriebene *cantigas* im *Cancioneiro da Vaticana* und in der Liedersammlung *Colocci-Brancuti*.

Ausg.: (Primera) crónica general, Hrsg. R. Menéndez Pidal (NBAE 5); (Grande e) general estoria, 2ª parte, Hrsg. A. García Solalinde [u. a.], 2 Bde., Madrid 1957–61; Cantigas de Santa María, Hrsg. W. Mettmann, 3 Bde., Madrid 1986–89.

Lit.: W. Freiherr von Schoen, A. X. von Kastilien. Ein ungekrönter dt. König, München 1957; W. Mettmann, Stand und Aufgaben der Alfonsinischen Forschungen, in: RJb. 14 (1963) 269–293; F. Rico, A. el Sabio y la General Estoria, Barcelona 1972; H.-J. Niederehe, Die Sprachauffassung A. d. W.: Studien zur Sprach- und Wissenschaftsgeschichte, Tübingen 1975 (ZfrPh. Beih. 144); G. Bossong, Probleme der Übersetzung wissenschaftlicher Werke aus dem Arabischen in das Altspan. zur Zeit A. d. W., Tübingen 1979; H. U. Gumbrecht / D. Tillmann-Bartylla (Hrsg.), La littérature historiographique des origines à 1500, Heidelberg 1990 (GRLMA XI,2).

Übersetzungsprosa

Libro de Calila e Dimna (dt. *Buch von Calila und Dimna*; übers. um 1251). Didaktische Übers. orientalischer Fabeln des persischen Arztes Barzuyeh (6. Jh.) über das Arabische. Stoffquelle für R.Llull, Juan Manuel, Arcipreste de Hita u.a.

Ausg.: Hrsg. J. E. Keller / R. White Linker, Madrid 1967 [krit. Ausg.].
Lit.: A. Hottinger, Kalila und Dimna. Ein Versuch zur Darstellung der arabisch-altspan. Übersetzungskunst, Bern 1958.

Sendebar o Libro de los engaños e asayamientos de las mujeres (dt. *Sendebar oder Buch von den Betrügereien und Verwegenheiten der Frauen*; übers. um 1253). 26 didaktisch-novelleske Erzählungen orientalischen Ursprungs. Einfluß der *Disciplina clericalis*, einer weitverbreiteten lateinischen Fabelsammlung des jüdisch-span. Rabbiners Pero Alfonso (um 1100), der später zum Christentum konvertierte.

Ausg.: Hrsg. J. E. Keller, Chapel Hill 1958.

Historia Troyana (dt. *Trojanische Geschichte*; um 1270). Übers. des *Roman de Troie* von Benoît de Sainte-Maure.

Lit.: A. Mussafia, Über die span. Versionen der *Historia Troyana*, in: Sitzungsberichte der Kaiserlichen Akademie der Wissenschaften, Wien [1871], S. 39–62.

D.

14. Jahrhundert

7. Erzählliteratur

Don Juan Manuel (1282 Escalona, Prov. Toledo – 1349? Córdoba). Enkel König Ferdinands III., Neffe Alfons' des Weisen. Seine Mutter, Beatrix von Savoyen, war Französin. Seine Großmutter, Beatrix von Schwaben, war Deutsche. Die kastilische Dynastie der *Reconquista* hatte zahlreiche europäische Verbindungen. Aktive Teilnahme an den Araber- und Adelskämpfen während der Regierung Ferdinands IV. und Alfons' XI. Vielseitiger Hofmann, der neben seiner politischen Tätigkeit Kurztraktate über Jagd, Waffen, Religion, Liebe, Fürsten- und Rittererziehung schrieb. Sein Werk spiegelt die Widersprüche des Feudalsystems, die Auseinandersetzungen zwischen Adel und König und das Aufkommen der Handelsbourgeoisie in den Städten wider.
Libro de Patronio o Conde Lucanor (1335 beendet, 1575 ersch.). Erstes Auftreten der Gattung der Novelle in Spanien. Europäische Vergleichsdaten: Boccaccio, *Il Decamerone*, entst. 1349/53, Chaucer, *The Canterbury Tales*, entst. 1387. Fünfteilige Prosasammlung, von welcher der erste bedeutendste Teil aus 50 Erzählungen besteht. Der Graf Lucanor bittet bei verschiedenen Anlässen seinen Diener Patronio um Rat, der seine Antworten mit Erzählungen illustriert. Am Schluß ist jeweils in einem Distichon (sechs- und fünffüßiger Vers) die lehrhafte Tendenz zusammengefaßt. Frage und Antwort beziehen sich häufig auf den moralischen und materiellen Besitz. Themen aus der span.-arabischen Geschichte (bes. *Reconquista*), allgemein-orientalische Ereignisse (vor allem Kreuzzüge), persisch-indische Fabeln. Unerschöpfliche Stoffquelle für Shakespeare (*Der Widerspenstigen Zähmung* folgt »El mancebo que casó con una mujer muy fuerte y muy

brava«), Ruiz de Alarcón, Tirso de Molina, Calderón de la Barca, Cervantes (»El retablo de las maravillas« folgt »Los burladores que hicieron el paño«), La Fontaine, Andersen u. a.

Ausg.: Obras completas, Hrsg. J. M. Blecua, Madrid 1982; El Conde Lucanor, Hrsg. R. Ayerbe, Madrid 1982 [krit. Ausg.].
Lit.: R. Ayerbe-Chaux, El Conde Lucanor. Materia tradicional y originalidad creadora, Madrid 1975; J. Rodríguez-Puértolas, J. M. y la crisis castellana del siglo XIV, in: J. R.-P., Literatura, historia, alienación, Barcelona 1976, S. 45–69; K.-W. Kreis, Don J. M. und die dominikanische Denktradition: Zur Struktur und Bedeutung des *Exemplo Quinto* aus *El Conde Lucanor, o Libro de los enxiemplos del Conde Lucanor et de Patronio (1335),* in: GRM N. F. 35 (1985) 279–300.
Deutsch: Der Graf Lucanor, Übers. J. von Eichendorff (erstmals 1840), Zürich 1983 [Nachw. und Anm. A. Steiger].

8. Satire

Arcipreste de Hita, Juan Ruiz (1283? Alcalá de Henares–1351?). Wenig zuverlässige biogr. Nachrichten. Aus unbekannten Gründen etwa 13 Jahre lang Gefangener auf Befehl des Erzbischofs von Toledo. Synthese zwischen *juglar* und *clérigo.*
Libro de buen amor (dt. *Buch von rechter Liebe;* um 1330/40, ersch. 1790). Liebestraktat mit didaktisch-moralischer Absicht (1728 Strophen) in autobiogr. Form. Hauptquellen wahrscheinlich arabische (Ibn Ḥazm, gest. 1063, *Das Halsband der Taube*) und lateinische (*Pamphilus,* 12. Jh.). Bildhafte Sprache mit vielen Sprichwörtern. Mit dem Begriff des »buen amor« grenzt sich der Arcipreste gegen die Liebe der Troubadoure ab. Nach der damaligen Liebeskasuistik vollzog sich die höfische Liebe des Ritters in vier Stufen: Der Ritter hegt eine Leidenschaft, ohne sie zu offenbaren; er wird von der Dame zu einem Geständnis ermuntert; er wird zum Liebesdienst angenommen; er wird erhört.
Die durchgängige Resignation kann als Ausdruck der Machtlosigkeit des niederen Klerus und seiner wachsenden Verelendung gedeutet werden.

Erzählschichten:

a) Episoden: enxiemplos, fábulas, apólogos, z. B. Königswahl der Frösche, Kupplerin Trotaconventos (Vorläuferin der Celestina), Schlacht zwischen Don Carnal und Doña Cuaresma. Realistische Darstellung des Alltagslebens.

b) Moralisch-satirische Didaktik: Invektiven gegen Todsünden, gegen Tod (60 Jahre vor dem *Ackermann aus Böhmen* von Johannes von Saaz!), ironisches Lob der »dueñas chicas« (kleinen Frauen). Der Humor mildert Ironie, Satire, Pessimismus. Pikareske Einzelzüge.

c) Geistliche und weltliche Lyrik (Marienlieder, *serranillas*). Es gibt auch eine Theaterfassung von M. Criado de Val u. d. T. *Doña Endrina* (Madrid 1960).

Textprobe (*coplas* 1606, 1608, 1609, 1612):

> Von den Eigenschaften, welche die kleinen Damen haben
> 1606. Ihr Herren, ich will euch meinen Vortrag kürzen, denn immer gab ich mich mit einer kleinen Predigt zufrieden, und mit einer kleinen Dame und mit kurzen Worten; denn das Wenige und doch gut Gesagte hält sich im Herzen: [...].
> 1608. Die Liebe richtete die Bitte an mich, ich solle die Kleinen preisen, ich solle von ihrem Edelmut sprechen, und ich will nun über sie sprechen. Ich werde euch von kleinen Damen erzählen, und ihr sollt es als Scherz auffassen: sie sind kalt wie der Schnee und brennen heißer als das Feuer;
> 1609. Wenn sie auch kalt von außen sind, so sind sie glühend in der Liebe: im Bett sind sie Freude, Spiel, gefällig und lächelnd; im Haus sind sie klug, anmutig, ruhig, tüchtig: noch viel mehr werdet ihr dort finden, worauf ihr eure Aufmerksamkeit wohl richten sollt [...].
> 1612. So wie in einer kleinen Rose viel Farbe ist, und in sehr wenig Gold ein hoher Preis und großer Wert, wie in wenig Balsam großer Wohlgeruch liegt: so liegt in einer kleinen Dame sehr großer Genuß.
>
>   Übers. H. U. Gumbrecht, Libro de buen amor, München: Fink, 1972, S. 420–423.

Ausg.: Hrsg. J. Joset, CC 14, 17; Hrsg. J. Corominas, Madrid 1967 (BRH IV,4) [krit. Ausg.].
Lit.: L. Spitzer, Zur Auffassung der Kunst des A. de H., in: ZfrPh. 54 (1934) 237–270; U. Leo, Zur dichterischen Originalität des A. de H., Frankfurt a. M. 1958 (Analecta Romanica, 6); J. Raed, A. de H. precursor del renacimiento. Su significación económico-política y social, Buenos Aires 1975; J. Rodríguez Puértolas, J. R. A. de H., Madrid 1978 (Escritores de Todos los Tiempos, 4); V. Reynal, Las mujeres del A. de H. Arquetipos femeninos medievales, Madrid 1991.
Deutsch: Hrsg./Übers. H. U. Gumbrecht, München 1972 (Klassische Texte des romanischen Mittelalters in zweispr. Ausg., 10).

Pero López de Ayala (1332 Vitoria – 1407 Calahorra). Wegbereiter des span. Humanismus. Aristokratischer Hofmann. Wichtige Staatsämter unter Pedro I. (dem Grausamen), Enrique II., Juan I., Enrique III. Großkanzler von Kastilien (1398). Bedeutender Historiker: vier Kaiserchroniken (als didaktische Exempla) von Pedro I (modernisiert von Prosper Mérimée, *L'histoire de don Pèdre Ier*), Enrique II., Juan I., Enrique III. (fragmentarisch). Traktate über Vogeljagd. Übers. von Livius, Boethius, Isidor von Sevilla, Gregor dem Großen, Boccaccio, Guido Colonna.
Rimado de Palacio (entst. 1383?/1403?). Sammelbezeichnung für erbauliche, religiöse Verssatire, rund 8200 Verse, meist in *cuaderna vía*. Inhalt: Tugenden, Laster, Selbstbeichte (1. Teil), Gesellschaftskritik, Vorschläge zur Regierungskunst (2. Teil), Marienlyrik (3. Teil), Übers. und Paraphrase moralisch-religiöser Themen (4. Teil). Bitterernster, beißender Spott. Pessimistische Anklagen und düstere Moralpredigten.
Ausg.: Crónicas, Hrsg. R. Rosell, BAE 66, 68; Libro rimado del Palacio, Hrsg. J. Joset, 2 Bde., Madrid 1979.
Lit.: H. Petriconi, Mérimées *Histoire de Don Pèdre Ier* in ihrem Verhältnis zur Chronik A.s und zur Geschichte, in: VKR 1 (1931) 26–44; M. García, Obra y personalidad del Canciller A., Madrid 1983; A. Gier, Neuere Publikationen zu P. L. de A., in: ZfrPh. 102 (1986) 377–389.

9. Der Ritterroman

Quellen:

a) Karolingischer Sagenkreis: abenteuerliche Taten Karls des
   Großen und seiner Paladine;
b) Bretonischer Sagenkreis: Artus und die Ritter der Tafel-
   runde. *Amadís de Gaula.*

Die Heldenepen kommen als Hintergrund der Ritterromane
nicht in Frage, weil sie sich in realistisch-volkstümlicher
Darstellung eng an die Geschichte anlehnen und weil die
Handlung sich in einem bestimmten geographischen Raum
abspielt. Themen der Ritterromane: Ritterabenteuer, Heldentaten, Kampf gegen Unrecht, Verteidigung des Schwachen. Siege über Phantasiegestalten; Liebesauffassung: meist
scheue Verehrung einer Dame.

Periodisierung:

I. 1300–1400

Verlorene Urfassung des *Amadís de Gaula,* in Portugal oder
in Spanien. Erwähnungen des Romans bei López de Ayala,
Pero Ferrús und in der portug. *Crónica de Don Pedro de Me-
neses* (ersch. 1454) von Gomes Eanes de Zurara, in der als
Verf. Vasco de Lobeira genannt wird. Dagegen versichert der
franz. Übers. Herberay des Essarts (ersch. 1540–48), die ursprüngliche Fassung sei pikardisch. Die folgenden Werke
sind als Vorläufer zu betrachten.

Historia del caballero Cifar (dt. *Geschichte vom Ritter
Cifar*; 1299–1304). Umfangreiche Klerikerarbeit in drei
Büchern mit 229 Kapiteln. Verf. wahrscheinlich Ferrant Mar-
tínez. Im Mittelpunkt steht ein politisch-moralischer Traktat.
Die Heldengestalt des Heiligen Eustachius ist der griech.
Legende von den 14 Nothelfern entnommen. Das span.

Element vertritt der tapfere Schildknappe Ribaldo, der später zum Ritter geschlagen wird.

Ausg.: Hrsg. C. P. Wagner, Ann Arbor 1929.

Gran conquista de ultramar (dt. *Die große Eroberung in Übersee*; 13./14. Jh.). Kreuzzugsroman in mehr als 1100 Kapiteln mit zahlreichen weitschweifigen Episoden. Wahrscheinlich Übers. eines unbekannten franz. Originals. Mögliche Hauptquelle die Übers. von Wilhelm von Tyrus' *Historia rerum in partibus transmarinis gestarum* (um 1150) ins Franz.

Ausg.: BAE 44.

II. 1400–1480

Fast völliges Verschwinden des *Amadís*-Romans. Neuer griech.-byzantinisch-orientalischer Motivkreis, von Italien über Frankreich nach Spanien vermittelt.

Libro del paso honroso defendido por el excelente caballero Suero de Quiñones (dt. *Buch vom Paß, der würdig von dem hervorragenden Ritter Suero de Quiñones verteidigt wurde*; 1434). Vielgelesene wahre Rittergeschichte. Von dem Notar Pero Rodríguez de Leña als Beglaubigung eines Turniers verfaßt. Steht wegen ihres Realitätsgehalts außerhalb der Gattungsgeschichte und ist nur publikumssoziologisch bedeutsam.

Ausg.: New York 1902 [Faks.-Ausg.].
Lit.: H. Baader, Die lit. Geschicke des span. Ritters Suero de Quiñones, in: Abhandlungen der geistes- und sozialwiss. Klasse der Mainzer Akademie der Wiss. und der Lit., Nr. 7 (1959).

III. 1480–1600

Blütezeit der Ritterromane (*libros de caballerías*). Serie der *Amadís*-Romane und ihrer Fortsetzungen. Übers. und Bearbeitungen in ganz Europa bis gegen Ende des 18. Jh.s. Verbot der Ausfuhr von Ritterromanen nach Lateinamerika. Die Entwicklung der Ritterromane ist unbedingt zum Verständnis des *Don Quijote* (1605–15) notwendig.

Amadís de Gaula (dt. *Amadís de Gaula*; entst. vor 1492, ersch. 1508). Verf. der vier Bücher unbekannt. Der Hrsg. Garcí Rodríguez (oder Ordóñez) de Montalvo (gest. vor 1505) behauptet, die ersten drei Bücher korrigiert, das vierte übersetzt und verbessert zu haben. Nach S. Gili Gaya hat der Hrsg. den verlorenen Ur-Amadís um moralische, patriotische, religiöse und phantastische Elemente erweitert. Stofflich dem franz. Artusroman verpflichtet.

Inhalt: Geburt, Erziehung, erste Abenteuer des Amadís, des illegitimen Sohns von König Perión de Gaula und der Prinzessin Elisena von England. Frühe Liebe des Amadís in Schottland zur Prinzessin Oriana. Diese Liebe ist – neben den Abenteuern mit Rittern, Riesen und Zauberern auf der ganzen Welt – das Hauptthema des Romans. Berühmte Episoden: Verzauberung durch Arcalaus, Abenteuer auf der Liebesinsel, Buße auf der »peña pobre« (vgl. die Parodie im *Don Quijote*). Großer Bucherfolg. Im 16. Jh. mehr als 20 Ausg. (Buch 1–4) und zahlreiche Übers. in die wichtigsten europäischen Sprachen.

Fortsetzungen:

Rodríguez de Montalvo, *Sergas de Esplendián* (5. Buch, 1510), Páez de Rivera, *Don Florisando* (6. Buch, 1510), *Lisuarte de Grecia* (7. Buch, 1514), J. Díaz, *Segundo Lisuarte* (8. Buch, 1526), F. de Silva?, *Amadís de Grecia* (9. Buch, 1530?–35), F. de Silva, *Don Florisel de Niquea* (10. Buch, 1532), F. de Silva, *Don Rogel de Grecia* (11. Buch, 1535), P. de Luján, *Don Silves de la Selva* (12. Buch, 1546). Serie der *Palmerines* (1511–48). Allzu langatmige Nachahmungen des *Amadís*.

Wirkungsgeschichte:

Spanien: Karl V., Teresa de Jesús, I. de Loyola u. a. waren begeisterte Leser der Ritterromane. Cervantes' *Don Quijote* ist Parodie und Ritterroman zugleich. Der *Amadís* bleibt im *Don Quijote* (I,6) als einziger Ritterroman von der Bücherverbrennung durch den Pfarrer verschont.

Frankreich: Durch die lat. geschriebene *Argenis* (1621) des Engländers Barclay Blütezeit im 17. Jh. bei Gomberville, La Calprenède, Mlle de Scudéry u. a.

Italien: Nachahmer im 16. Jh. Boiardo, Ariost, Tasso, im 17. Jh. Marini, Loredano, Biondi u. a.

Deutschland: Die dt. Übers. des *Amadís* nach dem Franz. (Frankfurt a. M. 1569–98) trug wesentlich dazu bei, bes. dem heroisch-galanten Roman als einer eigenen Literaturgattung in Dt. Geltung zu verschaffen (Fischart, Lohenstein, Wieland, Goethe, Ausläufer im Räuberroman bis zur Romantik).

England: Übers. und Nachahmungen bis Scott, Anfang 19. Jh.

Ausg.: Libros de caballerías españoles, Hrsg. F. Buendía, Madrid 1954; *Amadís,* Hrsg. E. B. Place, 4 Bde., Madrid 1959–69 [umfangreiche Bibliogr. und Anm.].
Lit.: H. Thomas, Las novelas de caballerías españolas y portuguesas, Madrid 1952 [wichtige Gesamtdarstellung]; H. Weddige, *Die Historien vom A. auss Franckreich.* Dokumentarische Grundlegung zur Entstehung und Rezeption, Wiesbaden 1975; J. M. Cacho Blecua, A.: heroísmo mítico cortesano, Madrid 1979.
Deutsch: Amadís von Gallien. Nach alten Chroniken überarb., erw. und verb. durch Garcí Ordóñez de Montalvo im Jahre 1508. Hrsg. und übers. von F. R. Fries, Übertr. der Gedichte von E. Wesemann, 2 Bde., Stuttgart ³1981.

E.

15. Jahrhundert

10. Hofliteratur

Cancionero de Baena (dt. *Liederbuch von Baena*; um 1445 gesammelt von dem Juden Juan Alfonso de Baena, ersch. 1851). Lyrikanthologie. 576 Gedichte von 54 Dichtern und 10 Anonyma. Sprache entsprechend der politischen Situation fast einheitlich kastilisch. Nach Themen (Liebes-, Religions-, moralisierende Lyrik) und Metrik können drei Schulen unterschieden werden: galicisch-portug. (Macías, Ferrús, Villasandino, von dem fast ein Drittel aller Gedichte des *Cancionero* stammt), kastilische (Sánchez de Talavera u. a.), it. Bes. Einfluß der Allegorien Dantes auf den »Dezir de las siete virtudes« des gebürtigen Genuesers Micer Francisco Imperial.

Cancionero de Lope de Stúñiga (dt. *Liederbuch des Lope de Stúñiga*; Mitte 15. Jh.). Letzte große höfische Liederhandschrift. Lyrik vom Hof des span. Vizekönigs Alfons V. von Aragón (gest. 1458) in Neapel (Eroberung 1443). Bes. großer it. humanistischer Einfluß. Gedichte von Lope de Stúñiga, Carvajal (oder Carvajales) u. a.

Ausg.: Cancionero de Baena, Hrsg. J. M. Azáceta, 3 Bde., Madrid 1966 [krit. Ausg.]; Cancionero de Lope de Stúñiga, Hrsg. F. del Valle / S. Rayón, Madrid 1872.
Lit.: P. Le Gentil, La poésie lyrique espagnole et portugaise à la fin du Moyen Age. Les théories et les sources, 2 Bde., Rennes 1949–52; J. Steunou / L. Knapp, Bibliografía de los cancioneros castellanos del siglo XV y repertorio de sus géneros poéticos, 2 Bde., Paris 1975–78.

Marqués de Santillana, Iñigo López de Mendoza (1398 Carrión de los Condes, Prov. Palencia – 1458 Guadalajara). Hervorragende Gestalt der span. Frührenaissance. Sein Vater war der Admiral Diego Hurtado de Mendoza, sein Onkel der Geschichtsschreiber Pérez de Guzmán. Erfolgreicher Diplomat und Heerführer. Kämpfte zeitweilig gegen König Juan II. und begünstigte den Sturz der Hofschranze Álvaro de Luna (1453). Büchersammler und vielbelesener Humanist, der außer seiner Muttersprache Lat., Franz., It., Provenzalisch, Portug. und Katalan. beherrschte. Regte Übers. der Werke von Homer, Plato, Vergil, Ovid und Seneca an. Verf. von didaktisch-moralistischen Verstraktaten und kleineren Prosaschriften.

Carta proemio al Condestable don Pedro de Portugal (dt. *Vorwort und Brief an den Kronfeldherrn Don Pedro von Portugal*; entst. 1445/49). Prosavorw. als Widmung zu seiner Lyrik. Die erste wiss. Darstellung der romanischen Literaturen und der erste Entwurf einer span. Poetik. Überblick über die span., portug.-galicische, katalan., franz. und it. Lit. Definition der Lyrik als »fingimiento de cosas útiles, cubiertas o veladas con muy fermosa cobertura« (»Erdichtung von nützlichen, verhüllten oder verdeckten Dingen [= Inhalt] unter sehr schöner Decke [= Form]«). Wertskala der Lyrik: sublime (Dichtung der Antike), mediocre (Dichtung in Vulgärsprachen), infimo (Romanzendichtung).

Lyrik:

a) Gelehrte Lyrik: Vorbilder sind Antike (Mythologie; span. Neologismen nach dem Lat., z. B. locuela, fúlgido) und it. Lyrik: erster Versuch, Themen (Petrarkismus) und Metrik der it. Lyrik des Quattrocento in Spanien heimisch zu machen. 42 Sonette »fechos al itálico modo« (»nach Art der Italiener gedichtet«).
b) Volkstümliche Lyrik: canciones, decires, serranillas (Liebeslieder) nach provenzalisch-galicischen Mustern.
c) *Comedieta de Ponza* (dt. *Kleine Komödie von Ponza*; entst. 1444). Trauerode auf die Niederlage Alfons' V. und der Infanten in der Seeschlacht bei der Insel Ponza gegen die Genuesen (1435). Boccaccio und Fortuna trösten die Gattinnen

der Verlierer. 120 *coplas de arte mayor*, die typische Strophenform der allegorischen Lyrik des 14./15. Jh.s, ursprüngliches Versmaß 9–14 Silbler, hier 8 daktylische Zwölfsilbler mit Reimschema a b b a a c c a.

Ausg.: Obras, Hrsg. J. Amador de los Ríos, Madrid 1852 [krit. Ausg.]; Canciones y decires, Hrsg. V. García de Diego, CC 18; Poesías completas, Hrsg. M. Durán, 2 Bde., Madrid 1984–87.
Lit.: R. Lapesa, La obra literaria del M. de S., Madrid ²1963.

Juan de Mena (1411 Córdoba – 1456 Torrelaguna bei Madrid). Studium in Córdoba, Salamanca und Rom. Sekretär und Hofchronist bei Juan II. Enge Freundschaft mit dem Marqués de Santillana, Villena u. a.
El laberinto de Fortuna o Las trescientas (dt. *Das Labyrinth der Fortuna oder Die Dreihundert*; 1444 beendet, ersch. um 1485). 297 (später 300) *coplas de arte mayor.* Der Dichter sieht im Glaspalast der Fortuna drei Räder (Vergangenheit, Gegenwart, Zukunft), von denen jedes sieben Kreise enthält, die von den sieben Planeten (Mond, Merkur, Venus, Apoll, Mars, Jupiter, Saturn) beeinflußt sind. In jedem Kreis wohnen hist. belegbare Gestalten aus der Vergangenheit und Gegenwart. Einflüsse bes. von Dante, Lukan und Vergil. Zeitkritik und zahlreiche Anspielungen auf die span. Geschichte und Klassische Mythologie. Vielgelesenes Buch bis weit ins 17. Jh. hinein.
La coronación (Mitte 15. Jh.). Allegorisches Gedicht über die fiktive Dichterkrönung des Marqués de Santillana auf dem Parnaß.

Ausg.: El laberinto de Fortuna, Hrsg. J. M. Blecua, CC 119; La coronación, Hrsg. A. Pérez Gómez, Cieza 1964 [Faks.-Ausg.].
Lit.: M. R. Lida de Malkiel, J. de M., poeta del prerrenacimiento español, México ²1984.

Jorge Manrique (1440 Paredes de Nava, Prov. Palencia – 1479 Schloß Garci-Muñoz, Prov. Cuenca). Sohn des Grafen Don Rodrigo. Tod im Kampf um die Wahrung der Thronrechte für Isabella von Kastilien. Neffe von Gómez Manrique

(1412?–90?), dessen »Coplas por el contador Diego Arias de Ávila« als ein Vorbild für die folgenden *coplas* galten.

Las coplas por la muerte de su padre (dt. *Strophen auf den Tod seines Vaters*; entst. 1476, ersch. 1494). Todeselegie und Ruhmlied auf den verstorbenen Vater. 40 *coplas* (jeweils 4 Terzette) in »pie quebrado« (»gebrochener Vers«, beliebig alternierende acht- und viersilbige Verse), die in feierlich-majestätischer Kadenz dahinfließen. Persönlicher Schicksalsschlag Anlaß für tiefe christlich-philosophische Reflexionen. Im Gegensatz zu der satirischen *Danza de la muerte* (Anfang 15. Jh.) pessimistische und melancholische Haltung gegenüber dem Tod. Die Philosophie spendet Trost für die Flüchtigkeit und Vergänglichkeit alles Irdischen. Von der Nachwelt vielbewunderte *coplas*: Montemayor hat sie glossiert, Camões nachgeahmt, Lope de Vega gepriesen; Übers. des nordamerikanischen Romantikers Longfellow (1833) ins Englische.

Berühmter Anfang der Coplas:

Recuerde el alma dormida,	Erwache, schlummernde Seele,
abiue el seso e despierte	sammle deine Gedanken
contemplando	und betrachte,
cómo se passa la vida,	wohin sich das Leben stehle
cómo se viene la muerte	und wie wir zu Grabe wanken,
tan callando,	sachte, ja sachte:
quán presto se va el plazer,	Wie rasch die Freude schwindet,
cómo, después de acordado,	die nichts als Bitterkeit
da color;	und Schmerz gebar,
cómo, a nuestro parescer,	und jeder im Herzen empfindet,
qualquiere tiempo passado	daß doch die alte Zeit
fué mejor.	die beste war.

Übers. R. Grossmann, Span. Gedichte aus acht Jh., Bremen: Schünemann, 1960, S. 33.

Ausg.: Obras, Hrsg. A. Serrano de Haro, Madrid 1986; Cancionero, Hrsg. A. Cortina, CC 94.

Lit.: E. R. Curtius, J. M. und der Kaisergedanke, in: ZfrPh. 52 (1932) 129–152; H. Petriconi, Villons Ballade und M.s Coplas, in: ZFSL 59 (1935) 343–360; P. Salinas, J. M. o tradición y originalidad, Barcelona

1974: A. Serrano de Haro, Personalidad y destino de J. M., Madrid ²1975 (BRH II,93); K. R. Scholberg, Introducción a la poesía de G. M., Madison 1984.
Deutsch: Übers. E. R. Curtius, in: RF 58 (1944) 1–7.

Gesellschaftssatire

Coplas del Provincial (dt. *Strophen des Ordensprovinzials*). Anonyme Hofsatire auf die Standesgesellschaft und auf Enrique IV.

Coplas de ¡Ay Panadera! (dt. *»Ach Bäckersfrau«-Strophen*). Anonyme Adelssatire.

Coplas de Mingo Revulgo (dt. *Strophen des Mingo Revulgo*; entst. um 1464). Anonyme Eklogensatire. Mingo Revulgo ist eine Symbolgestalt aus dem Volke.
Ausg.: Provincial, Hrsg. R. Foulché-Delbosc, in: RH 5 (1898) 255–266; Ay Panadera, Hrsg. V. Romano García, Madrid 1963; Mingo Revulgo, Hrsg. L. de la Cuadra Escrivá de Romaní, Madrid 1963 [Faks.-Ausg.]; H. del Pulgar, Letras. Glosas a las coplas de Mingo Revulgo, Hrsg. J. Domínguez Bordona, CC 99.

Danza de la Muerte (dt. *Totentanz*; Anfang 15. Jh.). 79 anonyme *coplas de arte mayor*. Dialoge des Todes mit 33 Standesvertretern (Papst, Kaiser, Arzt, Bauer u. a.). Asketisch-moralische Absicht und Gesellschaftskritik. Noch ungeklärt die erstaunlich späte Fassung eines Totentanzes auf der Pyrenäenhalbinsel.
Ausg.: Hrsg. H. Bermejo Hurtado / D. Cvitanovic, Bahía Blanca 1966.
Lit.: F. Whyte, The dance of death in Spain and Catalonia, Baltimore 1931; A. D. Deyermond, El ambiente social e intelectual de la *Danza de la muerte*, in: Actas del III Congreso Internacional de Hispanistas, Méjico 1970, S. 267–276.

11. Volksromanzen

Anonyme, kurze, sprunghafte, volksliedartige Verserzählungen span. Ursprungs. *Romance* von lat. *romance fabulari*: das in der romanischen Volkssprache Erzählte. Erstes Auftauchen im 15. Jh. Die Einzeldrucke (*pliegos sueltos*) wurden im 16. Jh. in umfangreichen *Romanceros* und *Cancioneros* gesammelt, z. B. im *Cancionero general* (Hrsg. H. del Castillo, 1511), *Cancionero de romances* (Hrsg. M. Nucio, Antwerpen o. J., berühmtester *romancero*, zahlreiche Auflagen im 16. Jh.), von Jacob Grimm für seine Romanzensammlung *Silva de romances viejos*, Wien 1815 genutzt, *Romancero general* (Kunstromanzen, 1600).

»Die Geschichte der span. Romanzen ist weit davon entfernt, klar und eindeutig, frei von Zweifeln und Problemen zu sein« (L. Pfandl). Zu den noch nicht endgültig geklärten Problemen gehört die Ursprungsfrage. Milà i Fontanals und sein Schüler Menéndez Pelayo behaupteten: Die Romanzen waren kollektiv gesungene Heldenepik; R. Foulché-Delbosc u. a.: Die Romanzen waren individuell im 15. Jh. entstandene Dichtungen, die nur stoffliche Gemeinsamkeiten mit den alten Heldensagen haben. Ein großer, unvereinbarer Gegensatz zwischen Epos und Romanze ist die Metrik. Während das Versmaß des span. Epos unregelmäßig ist, folgt die span. Volksromanze dem Achtsilbler.

Ein weiteres Problem liegt in der Definition der Begriffe »Volksdichtung« und »Volkstümlichkeit« (vgl. den Aufsatz Brechts, *Volkstümlichkeit und Realismus*, 1938). Menéndez Pidal unterscheidet zwischen der Kategorie des »Volkstümlichen« und des »Traditionellen«. »Jedes Werk, das wegen seiner besonderen Verdienste allen insgemein gefällt, häufig nachgesungen wird und sich eine genügend lange Zeit in der Publikumsgunst erhält, wird ein volkstümliches Werk [...]. Das Wesen des Traditionellen geht [...] über die bloße Rezeption oder Übernahme einer Dichtung durch das Volk hinaus [...]; sein Wesen besteht in der kontinuierlichen Ausfor-

mung der Dichtung durch die Schaffung von Varianten«
(R. Menéndez Pidal, *Dichtung und Geschichte in Spanien.
Aufsätze und Vorträge*, Leipzig 1984, S. 27 f.).

Einteilung (nach Menéndez Pelayo):

a) Hist. Romanzen. Zersungene Heldenepik, »episches
   Trümmerfeld« (H. Morf). Epische Themen: König Rodrigo, Bernardo del Carpio, Graf Fernán González, Infantes de Lara, Cid, später Maurenromanzen (Kämpfe der
   Reconquista).
b) Romanzen des karolingisch-bretonischen Sagenkreises.
   Im Mittelpunkt Roland, Karl der Große, Artusrunde.
c) Novelleske Romanzen sentimentalen Inhalts.
d) Lyrische Romanzen mit Liebeshandlung.

Wirkungsgeschichte:

Aufkommen der Kunstromanze (Blütezeit mit Lope de
Vega, Góngora, Quevedo) im 16./17. Jh. mit neuen Typen
(pastorale, mythologische, religiöse, burleske Romanzen).
Die Volksromanzen wurden in zahlreiche *comedias* des *Siglo
de Oro* eingearbeitet. Wiederentdeckung der Originalfassun-
gen über teilweise franz. Vermittler durch die dt. Romantik:
Herder, Grimm, Brüder Schlegel, Goethe, Hegel, Wolf, Dep-
ping, Diez, Brentano u. a. Bereits vorher waren Gleim und
seinem Kreis die Kunstromanzen (Góngora) und auch die
Volksromanzen bekannt, deren literarhist. Wert im 18. Jh.
jedoch noch nicht erkannt wurde. Spätere Belebung der
Romanze durch Byron, Southey, Scott, V. Hugo. In Dt. imi-
tierten E. Geibel und P. Heyse (*Span. Liederbuch*, 1852) span.
Romanzen. Heine parodierte die Form der Romanze im
antiromantischen Sinne (*Romanzero*, 1851 u. a.). F. García
Lorca (*Romancero gitano*, 1928) bereitete die Erneuerung
der Romanze vor, die im Span. Bürgerkrieg auf republikanischer Seite zur beliebtesten Gattung wurde. Die alten span.

Volksromanzen werden mit zahlreichen Veränderungen noch heute bes. von den Sephardim (Nachkommen der im 15. Jh. aus Spanien vertriebenen Juden) gesungen.
Beispiel einer kurz nach 1460 entst. Grenzkriegsromanze (*romance fronterizo*), die für den späten, versöhnlichen Geist der *Reconquista* bezeichnend ist.

Romanze von Fajardo

Saß einmal der Maurenkönig   mit Fajardo überm
Spiele,
überm Schachspiel mit Fajardo,   dessen graden Sinn er
liebte.
Lorca war Fajardos Einsatz,   und des Königs
Almería.
Und er nahm ihm seinen Läufer,   mit dem Turm ihm
Schach zu bieten:
»Mein ist Lorca, deine Stadt, nun!«   rief der König
triumphierend.
Doch Fajardo gab zur Antwort,   merket wohl, was er
erwidert:
»Sachte, sachte, mein Herr König,   sei mit weniger
zufrieden,
magst du zehnmal sie gewinnen,   wär sie nie doch dein
geblieben:
drinnen sind viel edle Ritter,   und die hätten dich
vertrieben!«
Sprach darauf der Maurenkönig,   merket wohl, was er
erwidert:
»Lassen wir das Spiel, Fajardo,   gerne geb ich mich
zufrieden;
denn ihr seid ein wackrer Ritter,   und kein Trotz kann
euch besiegen.«

Übers. R. Grossmann, Span. Gedichte aus acht Jh., Bremen: Schünemann, 1960, S. 49.

Ausg.: Primavera y flor de romances, Hrsg. M. Menéndez Pelayo, 3 Bde., Madrid 1945 [Grundlage bildet die Slg. von F. J. Wolf und K. Hofmann, 1856]; Romancero general, Hrsg. A. Durán, BAE 10,16 [Slg. des 19. Jh.s]; Span. Romanzen, Hrsg. L. Pfandl, Halle 1933 [Slg. romanischer Übungstexte, 21; mit gut informierendem Vorw. und ausführlichen Anm.].

Lit.: M. Ohlischlaeger, Die span. Romanze in Dt., Diss. Freiburg i. Br. 1926; A. Rodríguez-Moñino, Las fuentes del Romancero General, 12 Bde., Madrid 1957–71; U. Böhmer, Die Romanze in der span. Dichtung der Gegenwart, Diss. Bonn 1965; U. Knoke, Die span. »Maurenromanze«. Der Wandel ihrer Inhalte, Gehalte und Ausdrucksformen zwischen dem Spätmittelalter und dem Beginn des Barock, Diss. Göttingen 1966; R. Menéndez Pidal, Romancero hispánico (hispano-portugués, americano y sefardí). Teoría e historia, 2 Bde., Madrid ²1968; A. Rodríguez-Moñino, Manual bibliográfico de cancioneros y romanceros impresos durante el siglo XVII, Madrid 1977–78.
Deutsch: Volkslieder und Romanzen der Spanier, Übers. E. Geibel, Berlin 1843; Span. Liederbuch, Übers. E. Geibel / P. Heyse, Berlin 1852 [Vertonungen von H. Wolf].

12. Prosa

Didaktik

Enrique de Villena (1384 Cuenca – 1434 Madrid). Trug als Alchimist und Magier schon zu Lebzeiten zur Legendenbildung um seine Person bei. Dichterische Gestaltungen seines abenteuerlichen Lebens von Ruiz de Alarcón, Rojas Zorrilla, Quevedo u. a. Villena übersetzte Vergil (1427–28, erste Übers. der *Aeneis* in einer Volkssprache) und Dantes *Divina Commedia*. Sein *Arte de Trovar* (entst. 1423) ist die erste span. Metrik, die in der Tradition katalan. und provenzalischer Dichtungslehren steht.

Los doce trabajos de Hércules (dt. *Die zwölf Arbeiten des Herkules*; beendet 1417, ersch. 1483). Allegorisch-didaktisches Werk, ursprünglich in katalan. Sprache. Deutung der zwölf Arbeiten des Herkules unter vier Aspekten: schriftliche Tradition, allegorische Verwandlung, krit. Wahrheitsanalyse, moralische Anwendung auf die damalige Gesellschaft.

Ausg.: Trabajos de Hércules, Hrsg. M. Morreale, Madrid 1958 [ausführliche Einl.]; Tratado de la Consolación, Hrsg. D. C. Carr, CC 208.
Lit.: E. Dorer, H. von V., ein span. Dichter und Zauberer, in: ASNSL 77 (1887) 129–144; E. de Aguirre, Die *Arte de trovar* von E. de V., Diss. Köln 1968.

Arcipreste de Talavera, Alfonso Martínez de Toledo (1398 Toledo – 1470? ebd.). Schatzverwalter und später Kaplan der Kathedrale von Toledo. Seit 1436 Erzpriester von Talavera, danach Erzdechant von Toledo.

Corbacho o Reprobación del amor mundano (dt. *Riemenpeitsche oder Die Verwerfung der weltlichen Liebe*; 1498). Vierteiliger Moraltraktat voll Gesellschaftskritik und Zeitironie: Sündenlehre, frauenfeindliche Satire in der Tradition von Boccaccio *Corbaccio* (1354/55), Liebes- und Temperamentenlehre, Verteidigung des freien Willens (*libre albedrío*). Hauptquelle für die ersten beiden Teile ist die *Reprobatio amoris* von Andreas Capellanus. Zahlreiche Beispiele aus dem Alten Testament, aus der Antike, aus der mittelalterlichen Sage und aus der damaligen Zeit machen das Werk zu einer kulturhist. Quelle ersten Ranges. Der *Corbacho* und die *Celestina*, die ein Jahr später erschien, sind wichtige Vorläufer einer realistischen span. Prosa.

Ausg.: Corbacho, Hrsg. M. de Riquer, Barcelona 1949; Vidas de San Ildefonso y San Isidro, Hrsg. J. Madoz y Moleres, CC 134 [Übers. aus dem Lat.].
Lit.: E. von Richthofen, A. M. de T. und sein *Corbacho*, ein kastilisches Prosawerk des 15. Jh.s, in: ZfrPh. 61 (1941) 417–537; E. M. Gerli, A. M. de T., Boston 1976.

Roman

Diego de San Pedro (1437? Peñafiel? – 1498). Lyriker und Erzähler, über den wenig bekannt ist, obwohl er einflußreiche Staatsämter bekleidete.

Cárcel de amor (dt. *Liebesgefängnis*; 1492). Tragischer Liebesroman, größtenteils in Briefform. Schilderung der unglücklichen Liebesabenteuer von Leriano (Tod durch Selbstmord) und Laureola. Motive aus der provenzalischen Minnelyrik, der it. Novellistik (Boccaccio, *Fiammetta*), dem höfischen Roman (Gralssage) und den Spielmannsepen. Bedeutender Einfluß auf die *Celestina*. Großer europäischer Bucherfolg bis ins 17. Jh. als Liebesbrevier für Hofleute.

Ausg.: Obras completas, Hrsg. K. Whinnom, 3 Bde., Madrid 1985; Obras, Hrsg. S. Gili Gaya, CC 133; Cárcel de amor, Hrsg. I. A. Corfis, London 1987 [krit. Ausg.].
Lit.: F. Márquez Villanueva, *Cárcel de amor*, novela política, in: RdO 41 (1966) 185–200; R. Langbehn-Rohland, Zur Interpretation der Romane des D. de San P., Heidelberg 1970; G. Hoffmeister, D. de S. P. und Hans Ludwig von Kufstein. Über eine frühbarocke Bearbeitung der span. Liebesgeschichte *Cárcel de amor*, in: Arcadia 6 (1971) 139–150.

Geschichtsschreibung

Das große Vorbild sind die Chroniken des Großkanzlers López de Ayala (2. Hälfte des 14. Jh.s), in denen zum erstenmal eine systematische, geordnete und lebendige Darstellung der Tatsachen angestrebt ist. Deshalb sind die zahlreichen Königschroniken des 14. und 15. Jh.s nicht nur Geschichtswerke, sondern auch Literaturdenkmäler. Erst im 15. Jh. – relativ spät im Vergleich zur bereits lange blühenden portug. Historiographie – treten die wiss. Sammlg. und genaue Analyse des Materials in den Vordergrund.

Fernán Pérez de Guzmán (1376?–1460? Batres? Prov. Toledo). Neffe des Großkanzlers López de Ayala und Onkel des Marqués de Santillana.
Generaciones y semblanzas (dt. *Familien- und Lebensgeschichten*; 1512). Hofbiographien aus der Zeit von Enrique III. und Juan II., enthalten u. a. die Vitae von López de Ayala, Villena, Á. de Luna. Die Geschichte bedeutet dem Chronisten nicht nur Kriegs-, sondern auch Geistesgeschichte.
Ausg.: Hrsg. R. B. Tate, London 1965 [krit. Ausg.]; Hrsg. J. Domínguez Bordona, CC 61.
Lit.: N. del Castillo Matheu, Breve análisis de las *Generaciones y semblanzas* de F. P. de G., in: Thesaurus 33 (1978) 422–445.

Hernando del Pulgar (1436? Pulgar, Prov. Toledo – 1493?). Diplomat und Hofchronist im Dienst der Katholischen Könige.

Claros varones de Castilla (dt. *Berühmte Männer von Kastilien*; 1486). Kurzbiographien aus der Zeit von Juan II. und Enrique IV., enthalten u. a. die Lebensbeschreibungen der Katholischen Könige, Rodrigo Manriques und des Marqués de Santillana. P. verband die Porträttradition Plutarchs mit humanistischer Bildung und Gelehrsamkeit.

Ausg.: Claros varones, Hrsg. J. Domínguez Bordona, CC 49.

13. Anfänge des Dramas

Vor dem 15. Jh. bestand wahrscheinlich eine religiöse Tradition, wie sie in dem ältesten Fragment eines geistlichen Spiels von 147 Versen, dem *Auto de los Reyes Magos* (Ms. Wende 12./13. Jh.) überliefert ist. In seinen Ursprüngen auf das 13. Jh. geht auch das *Misteri d'Elx* zurück, ein anonymes katalan. Mysterienspiel, das noch heute regelmäßig in der Basilika von Santa María in Elche aufgeführt wird. Es berichtet von Mariä Himmelfahrt und Krönung. Möglicherweise hat ein lat. Schultheater bestanden. Von Gómez Manrique (1412–90) sind zwei szenische Darstellungen überliefert: Die *Representación del Nacimiento de Nuestro Señor*, die mit realistischer und allegorischer Darstellung bis zur Passionsgeschichte Christi reicht. Die *Lamentaciones fechas para Semana Santa* gehören dagegen in die Gattung der Marienklagen. Sie betonen stärker das lyrische Element und bieten noch wenig dramatische Handlung.

Noch spärlicher ist die schriftliche Überlieferung für das weltliche Theater. In den *Siete Partidas* (I, 6[34]) wurden den Geistlichen »juegos de escarnio« (burleske Satiren) untersagt. Schwache dramatische Andeutungen finden sich in den Dialogen der *Coplas* und der *Danza de la muerte*. Die *Momos* (Dialogszenen allegorischer Gestalten) von Gómez Manrique können als Vorläuferinnen des späteren weltlichen Pastoraldramas gelten.

Ausg.: Auto de los Reyes Magos, Hrsg. S. Pestana, Lisboa 1965.
Lit.: W. Studervant, The Misterio de los Reyes Magos: Its position in the development of the mediaeval legend of the three kings, Baltimore 1927; C. Rodríguez, El teatro religioso de Gómez Manrique, in: Religión y Cultura 27 (1934) 327–342.

14. Celestina

Celestina (1499). Lesedrama in Prosa. Gattungszugehörigkeit ist umstritten: Drama (M. R. Lida de Malkiel u. a.), Dialog (S. Gilman), psychologischer Roman (U. Leo).
Ausgaben: Burgos 1499 (Inkunabel) und Sevilla 1501 (16 Akte). Titel: *Comedia de Calisto y Melibea.* Es scheint aber einen Archetyp gegeben zu haben, da es heißt: »con los argumentos nuevamente añadidos« (»mit den neu hinzugefügten Inhaltsangaben«). In der Ausg. Sevilla 1501 Brief des Verlegers Alonso de Proaza an einen Freund und Akrostichon (Anfangsbuchstaben der Verszeilen ergeben ein Wort), nach dem der Verf. des 2. bis 16. Akts Fernando de Rojas (1465? Puebla de Montalván – 1541 Toledo), ein Sohn getaufter Juden (*judíos conversos*) war, später Rechtsanwalt, der den Text in 2 Wochen Semesterferien geschrieben haben soll. Trotz zahlreicher scharfsinniger Versuche ist das Autorproblem der *Celestina* (Anzahl der Verf., Einschübe) noch nicht zufriedenstellend gelöst. Ausg. Sevilla 1502 u. d. T. *Tragicomedia de Calisto y Melibea* (dt. *Tragikomödie von Calisto und Melibea*), 21 Akte, neues Vorw., tragische Wendung ab Kap. 14, Ausg. Valencia 1514 mit 22 Kapiteln die vollständigste. Titel *Celestina* erstmals in der it. Übers. Venedig 1519.
Inhalt: Calisto, ein adliger Jüngling, gelangt auf der Falkenjagd in den Garten der schönen Melibea, Tochter eines reichen Hidalgo, und verliebt sich auf den ersten Blick in die junge Frau. Da Melibea sich spröde zeigt, nimmt Calisto auf den Rat seines Dieners Sempronio die Kupplerdienste der

alten Celestina zu Hilfe. Als Hausiererin erlangt Celestina Zutritt zu Melibea. Bald darauf wird Celestina von den habgierigen Dienern Calistos ermordet. Bei einem nächtlichen Treffen im Garten Melibeas fällt Calisto im Dunkeln von der Leiter und bricht sich das Genick. Melibea stürzt sich in tiefer Verzweiflung vor den Augen ihres Vaters von einem Turm. Handlungsorte wahrscheinlich Toledo oder Salamanca.

Quellen: Es muß sich um sehr belesene Verf. gehandelt haben, die sich gut auskannten in der biblischen, antiken (Plautus, Terenz, Vergil, Ovid, Persius u. a.), mittelalterlichen (*Pamphilus* u. a.), it. (bes. Petrarca, Boccaccio) und span. (Arcipreste de Hita, San Pedro, Juan de Mena u. a.) Tradition.

Die Morallehren der Antike und des Mittelalters kreuzen sich mit den rauhen Gesetzen des Frühkapitalismus: Tauschprinzip, Rolle des Geldes, Warencharakter der Gefühle, Fetischismus. Gefühle wie Liebe, Eifersucht, Neid oder Haß werden einerseits als kalkulierbar und interessenorientiert eingestuft, andrerseits bleiben sie irrationalen Folgen unterworfen. In den verschiedenen Tätigkeiten der Celestina spiegelt sich noch die einheitliche Problemwelt des Mittelalters mit ihren ritualisierten Lösungsversuchen im sozialen Bereich; aber die aufkommende arbeitsteilige Welt des Kolonialzeitalters hält schon ihren profitreichen Einzug. Ins Mittelalter weist die exemplarische Moral, die sicher auch eine Konzession an die Inquisition ist: der Tod als Warnung für alle »ver-rückt« Liebenden (Einflüsse Petrarcas, *De remediis utriusque fortunae*, 2. Buch, entst. 1354–66). In die Renaissance deutet der Sieg des Gefühls über den Verstand, wie er in Melibeas selbstbestimmtem Freitod aus Liebe deutlich wird; der konventionelle Weg ins Kloster kommt nicht einmal in Frage.

In Sprache und Stil Typisierung der Figuren: volkstümliche Dienerdialoge mit vielen Sprichwörtern; gelehrte, mit Latinismen und Neologismen befrachtete Reden der Standespersonen.

Wirkungsgeschichte:

Im Dichterkatalog seines Spätwerks *Viaje del Parnaso* (1614)
bemerkte Cervantes kritisch zur *Celestina*: »Libro al parecer
divi –, si encubriera más lo huma – « (»Meiner Meinung nach
ein göttliches Buch, wenn es mehr das Menschliche ver-
hüllte«). Zahlreiche Übersetzungen, im dt. Kulturkreis die
erste Übers. überhaupt aus dem Span. vom Augsburger
Christof Wirsung 1520, verbessert 1534, lat. Übers.von dem
dt. Barockhumanisten C. von Barth, 1624. In Spanien Einfluß auf spätere Werke, z. B. Lope de Vegas *Dorotea* (1632).
Im 20. Jh. zahlreiche Bearbeitungen und moderne Opern-
und Theaterfassungen, z. B. die lyrische Oper von F. Pedrell
(1903), das Drama von L. Escobar und H. Pérez de la Ossa
(1959) und im dt.sprachigen Bereich die *Celestina*-Oper von
K.-H. Füssl mit dem Textbuch des österreichischen Theater-
wissenschaftlers H. Lederer (1976).

Beginn der Gartenszene im 14. Akt:

> MELIBEA. Spät kommt der Herr, auf den wir warten. Was
> glaubst du oder vermutest du, wo er ist, Lucrecia?
>
> LUCRECIA. Daß er aus einem triftigen Grund verhindert
> ist und daß es nicht in seinen Händen liegt, eher zu
> kommen, gnädiges Fräulein […].
>
> SOSIA. Stell die Leiter an, Tristan, dies ist der beste Platz,
> obwohl er hoch ist.
>
> TRISTAN. Steig hoch, Herr! Ich will mit dir gehen, weil
> wir nicht wissen, wer drinnen ist. Man spricht gerade.
>
> CALISTO. Bleibt, ihr Narren, ich will allein hinein, denn
> ich höre meine Geliebte.
>
> MELIBEA. Es ist deine Sklavin, es ist deine Gefangene, die
> dein Leben mehr als ihr eigenes schätzt. Ach, mein
> Geliebter, spring nicht von so hoch herab, denn ich
> sterbe, wenn ich es sehe; steig doch langsam die Leiter
> herunter; kommt nicht so schnell!
>
> CALISTO. Ach, himmlisches Bild! Ach, kostbare Perle,
> vor der die Welt häßlich ist! Ach, meine Geliebte und
> mein Ruhm! Ich halte dich in meinen Armen und

glaube es nicht. Ich bin vor Freude so verwirrt, daß ich
meine ganze Freude nicht fühlen kann.

Ausg.: Hrsg. M. Marciales, 2 Bde., Urbana / Chicago 1985 [krit. Ausg.;
Rekonstruktionsversuch einer verschollenen *editio princeps*]; Hrsg. J. Ce-
jador y Frauca, CC 20,23; Ed. y estudio de J. Lobera, G. Serés, P. Díaz-
Mas, C. Mota, Í. Ruiz Arzálluz, F. Rico, Barcelona 2000 [hervorragend
kommentierte und bibliographierte Ausg.].
Lit.: M. Bataillon, *La C.* selon Fernando de Rojas, Paris 1961; A. Castro,
La C. como contienda literaria (castas y casticismos), Madrid 1965;
M. R. Lida de Malkiel, La originalidad artística de *La C.*, Buenos Aires
²1970; E. Leube, Die C., München 1971 (Analysen und Monographien, 5)
[Lit. im Dialog]; J. A. Maravall, El mundo social de *La C.*, Madrid ³1976
(BRH II,80); M. Criado de Val (Hrsg.), La C. y su contorno social, Bar-
celona 1977; J. Ferreras-Savoye, La C. ou la crise de la société patriarcale,
Paris 1977; S. Gilman, La España de Fernando de Rojas, panorama intelectual y social de *La C.*, Madrid ²1978; J. C. Arce, Melibea no quiere ser
mujer, Barcelona 1991.
Deutsch: Ain hipsche Tragedia von [...] einem Ritter Calixtus und ainer
edlen Junckfrwen Melibia genannt [...] Celestina, Übers. C. Wirsung,
Augsburg 1920, Nachdr. mit Holzschnitten von H. Weidlitz, hrsg. und
eingel. von K. V. Kish und U. Ritzenhoff, mit einem Vorw. von W. Mettmann, Hildesheim [u. a.] 1984; Übers. und Nachw. F. Vogelgsang. Mit 66
Radierungen und Aquatinten von P. Picasso, Frankfurt a. M. 1989 [limi-
tierte Aufl.]; dass. [ohne Abb. in Originalgröße], Frankfurt a. M. 1990.

II

16. Jahrhundert (Renaissance)

15. Charakteristik der Epoche in Spanien

Die Kultur des 16. und 17. Jh.s in Spanien wird unter dem Begriff des *Siglo de Oro* (*Goldenes Zeitalter*, richtiger: *Siglos de Oro*) zusammengefaßt. Die zeitliche Abgrenzung ist unterschiedlich. Das Ende wird meist mit Calderóns Tod (1681) angesetzt.

Historischer Überblick

Ereignis- und folgenreiches Jahr 1492: 2. Januar: Eroberung Granadas, Ende der *Reconquista*. 31. März: Vertreibung der Juden (Sephardim), Verlust von rund 1 Mio. Menschen, zum Teil der geistig-wirtschaftlichen Elite des Landes. 1497 Vertreibung auch aus Portugal. Heute gibt es weltweit noch etwa 3 Mio. Sepharden, von denen rund 300 000 Spanisch sprechen (meist in Israel). 12. Oktober 1492: Landung des Kolumbus in Amerika. Jahrestag noch heute in vielen spanischsprachigen Ländern als (früher »Día de la Raza«) »Día de la Hispanidad« gefeiert und 1992 mit großem finanziellen und propagandistischen Aufwand offiziell in Szene gesetzt.

Im Vertrag von Tordesillas (bei Valladolid) wurden 1494 durch einen Schiedsspruch Papst Alexanders VI. alle bisher entdeckten und noch zu entdeckenden Gebiete durch eine Demarkationslinie von Pol zu Pol 370 Meilen westlich der Kapverdischen Inseln nach Osten den Portugiesen zugesprochen; die andere Hemisphäre fiel an die Spanier. Seit 1526 Consejo de Indias (Indienrat) in Sevilla, oberste Gesetzgebungs- und Verwaltungsbehörde für Kolonialfragen.

Die Strategien des span. Kolonialismus in Lateinamerika liefen auf eine Fortsetzung der Traditionen der *Reconquista* auf der Iberischen Halbinsel hinaus. Die neuen Länder wurden zentralistisch regiert: Vizekönigshöfe mit eigener Rechtsprechung in Mexiko, Lima, Bogotá und Buenos Aires. Stadt-Land-Gefälle mit den bekannten Konsequenzen der Unterentwicklung. Privilegierung von Krone, Adel und Klerus. Auf religiösem Gebiet Fortsetzung der Kreuzzugs- und Glaubenskriegs-Ideologie. Von der Kurie abgesegneter Missionsauftrag der Kirche. Dieser Transmissionsriemen reichte bis zur *cruzada (Kreuzzug)* Francos gegen den »Weltbolschewismus« im Span. Bürgerkrieg. Auf wirtschaftlichem Gebiet Einführung des *encomienda*-Systems (*encomendar* = anvertrauen) mit *repartimiento* (Verteilung von indianischen Arbeitskräften zur Zwangsarbeit an den *encomendero* (Sorge für geistliches und leibliches Wohl). Sklaven- und seit etwa 1720 Plantagenwirtschaft mit Monokultur (verhängnisvolle Folgen bis heute!), bes. im karibischen Raum und in Brasilien. Jahrhundertelanger Dreieckshandel mit Menschen und Waren zwischen Europa, Afrika und Amerika, an dem alle Kolonialnationen mitverdient haben. Offizielle Abschaffung der Sklaverei zuletzt 1888 in Brasilien.

In seinem berühmten Kapitel über die sog. ursprüngliche Akkumulation charakterisierte Karl Marx im *Kapital* (1867) dieses System folgendermaßen: »Die Entdeckung der Gold- und Silberländer in Amerika, die Ausrottung, Versklavung und Vergrabung der eingebornen Bevölkerung in die Bergwerke, die beginnende Eroberung und Ausplünderung von Ostindien, die Verwandlung von Afrika in ein Geheg zur Handelsjagd auf Schwarzhäute bezeichnen die Morgenröte der kapitalistischen Produktionsära. Diese idyllischen Prozesse sind Hauptmomente der ursprünglichen Akkumulation. Auf dem Fuß folgt der Handelskrieg der europäischen Nationen, mit dem Erdrund als Schauplatz. Er wird eröffnet durch den Abfall der Niederlande mit Spanien [...]« (MEW XXIII, 779).

Karl V. (Regierungszeit 1516–56, davon nur 7 Regierungsjahre in Spanien verbracht): In Spanien als Habsburger Kö-

nig Karl I., in Dt. seit 1519 als römisch-dt. Kaiser Karl V.;
1530 Kaiserkrönung in Bologna durch den Papst. Idee der
span.-katholischen Universalmonarchie. Herrscher über
»ein Reich, in dem die Sonne nicht untergeht«. Cortés erobert Mexiko (1519–21), Pizarro erobert Peru (1531–33).
Luther verweigert vor Karl V. auf dem Reichstag zu Worms
die Widerrufung seiner Lehre (1520). Aufstand der *Comuneros* (1520–22), der Stadtstände, die ihre Sonderrechte
(*fueros*) verteidigten und Karl V. an den Rand einer Niederlage brachten; allerdings überzogene Interpretation als erste
bürgerliche Revolution der Weltgeschichte. Vier erfolgreiche
Kriege gegen Franz I. von Frankreich (1521–44). Sieg des
span. Heeres und Gefangennahme des franz. Königs bei
Pavia (1525). Erstürmung und Plünderung Roms (*Sacco di
Roma*, 1527). Im Jahre 1556 zog sich Karl V. von den Regie-
rungsgeschäften zurück und starb zwei Jahre später im Kloster San Jerónimo de Yuste am Fuß der Sierra de Guadalupe
(Extremadura).
Philipp II. (Regierungszeit 1556–98): Spanien auf dem
Höhepunkt seiner Macht. Festigung des monarchischen
Gedankens. Gegen Ende des Jh.s zunehmende Isolierung
gegenüber Europa. Konzil von Trient (1545–63) in drei
Sitzungsperioden im Bemühen um eine Reform der katholischen Kirche. Beginn der Gegenreformation, die Spanien
als Verteidiger der politisch-katholischen Tradition in eine
Reihe blutiger, langwieriger Kriege in Europa zieht. Krieg
gegen Frankreich (1556–59). Frankreich verzichtet auf seine
Ansprüche in Italien und Burgund. Aufstand der christiani-
sierten Araber (*moriscos*) und ihre teilweise Ausrottung
(1568–70). Freiheitskampf der Niederlande (1568–1648).
Der Herzog von Alba greift mit span. Militärmacht ein. Hinrichtung der Grafen Egmont und Hoorn (1568) als Hoch-
verräter. Die Union der sieben nördlichen (calvinistischen)
Provinzen sagt sich unter Führung von Wilhelm von Ora-
nien in Utrecht von Spanien los und erklärt sich für un-
abhängig (1581). Ihre Anerkennung als Republik erst im

Westfälischen Frieden (1648). Seesieg bei Lepanto (1571) am Eingang zum Golf von Korinth der Flotte der Heiligen Liga (Venedig, Papsttum, Spanien) unter dem Kommando von Juan de Austria (Stiefbruder Philipps II.) über die türkische Flotte, deren Seeherrschaft im Mittelmeer damit gebrochen war, in der größten Galeerenschlacht der Geschichte. Personalunion Spaniens mit Portugal (1580–1640). Vernichtung der »unbesiegbaren Armada« durch die Engländer und durch schwere Herbststürme (1588). »Ich schickte meine Schiffe nicht, daß sie gegen die Stürme kämpften« (Philipp II.). Seitdem geht die span. Vorherrschaft zur See allmählich auf England und Holland über.

Inquisition: Die kirchlichen Zwangsmaßnahmen gegen Häretiker (Ketzer) seit dem 4. Jh. (Höhepunkte Albigenserkriege 1209–29) gewannen ihre institutionell wirksamste Form in der span. Inquisition (1478 in Kastilien, 1834 offizielle Abschaffung!) auf Erlaß der Katholischen Könige mit Zustimmung von Papst Sixtus VI., um die Einheit von Glauben und Nation zu wahren. Doppelte Aufgabe: 1. Überwachung des Schrifttums, die der Inquisition den Vorwurf geistiger Unterdrückung eintrug. *Indices librorum prohibitorum* in Spanien seit 1551. Daher zahlreiche Nachdrucke verbotener span. Bücher in den Niederlanden u. a. 2. Überwachung des religiösen Lebens. Prozesse gegen »falsche« Konvertiten, Sektierer (*alumbrados*), Juden (*marranos*), Protestanten (1557 in Sevilla 129, 1558 in Valladolid 55 Hinrichtungen), allgemein gegen sog. Hexen (*brujas*). Prozeß aufgrund anonymer Anzeigen, Geheimhaltung von Anklägern und Zeugennamen, Foltern (»vexatio dat intellectum« = »Quälen gibt Verstand«). Strafvollstreckung durch Vermögensentzug, Gefängnis, Exil oder *Autodafé* (*actus fidei* = Glaubensakt), öffentliches Verbrennen, Erwürgen usw. Zentralisiertes System, Mischung aus Zivil- und Klerikalgericht. Haupttribunal (*La Suprema*) in Madrid unter dem vom König im Namen des Papstes ernannten Generalinquisitor. Die Inquisition war keine Urheberin der Dekadenz, aber ein wichtiges Symptom für den

Niedergang Spaniens (Kamen). Sie übte größere Kontrolle auf die wiss. (bes. Medizin und Naturwiss.) als auf die schöngeistige Lit. aus. Durch ihre Atmosphäre der Angst und ihre Folgen lähmte sie weite Bereiche des Alltagslebens und der Kultur.

Leyenda negra (»Schwarze Legende«): allgemeine öffentliche Meinung in Europa, in der sich alle antikatholische und antispan. Polemik konzentrierte. Ursprünge in den politischen und religiösen Maßnahmen der Habsburger zur Wahrung der Reichseinheit. Hauptangriffspunkte: Inquisition, Ausbeutung der überseeischen Kolonien (Kritik des Bischofs B. de las Casas an Mißständen der span. Kolonialherrschaft), Adels-, Glaubens-, Erobererstolz und Hochmut, übertriebenes Ehrgefühl des Spaniers. Später Höhepunkt im 18. Jh. durch die Frage des franz. Enzyklopädisten Masson (1782): »Mais que doit-on à l'Espagne? Et depuis deux siècles, depuis quatre, depuis dix, qu'a-t-elle fait pour l'Europe?« (»Aber was verdankt man Spanien? Was hat es für Europa nach zwei, nach vier, nach zehn Jahrhunderten getan?«) (in der *Encyclopédie méthodique*, Artikel »Espagne«, Bd. 1 der *Géographie Moderne*, Paris 1782, S. 554–568). Nach dem verlorenen span.-kubanischen-nordamerikanischen Krieg (1895–98) verband sich die »Leyenda negra« bei der »Generation von 1898« mit dem Mythos von der Dekadenz der lateinischen Rasse.

Gesellschaftsstruktur im 16. und 17. Jh.

Klare Klassenunterschiede:

Klerus: zahlreiche Privilegien auf allen Gebieten. Die Schriftsteller waren oft Priester und Ortsgeistliche, ohne auf ihr weltliches Leben zu verzichten (z. B. Lope de Vega).

Adel: Hochadel (etwa 100 Granden, Geburtsadel); mittlerer Adel (*caballeros*, Mitglieder der vier Ritterorden von Montesa, Alcántara, Santiago und Calatrava, Verdienstadel durch

Ernennung); niedere *hidalgos* (Kontraktion aus *hijo de algo*, Geburts- und Verdienstadel). Seit dem Ende der *Reconquista* war die militärische Aufgabe der *hidalgos* erloschen. Unsterblich sind die lit. Gestalten des verarmten *hidalgo* im *Lazarillo de Tormes* (1554) und in der Verkörperung des Don Quijote (1605–15).

Bürgertum: war der Stadtrechte (*fueros municipales*) weitgehend beraubt. Aufstand der Stadtstände (*Comuneros*) (1520–22) zwang Karl V., alle seine Kräfte auf Spanien zu konzentrieren, um einen Bürgerkrieg zu verhindern. Innerhalb des Bürgertums neue Gruppe der Akademiker (*letrados*), vgl. Cervantes, *El licenciado vidriera* (1614).

Militär: Berufssoldatentum selten, Söldnerarmee.

Bauern: im Mittelalter geachteter Stand, im 17. Jh. ruiniert durch die Wanderherden (Mesta) und den Aufkauf des Bodens durch Adel und Majoratsherren, die durch die Kolonien reich geworden waren.

»*Lumpenproletariat*«: Unterschicht (*vulgo*) und organisiertes Verbrechertum (germanía). Milieu der *novela picaresca*, eigenes Rotwelsch; farbenreiche Schilderung bei Cervantes, *Rinconete y Cortadillo* (1614).

Einwohnerzahl bis Ende 16. Jh. etwa 8,5 Mio. Danach Verringerung bis 1717 auf etwa 7,5 Mio. Anstieg bis Ende 18. Jh. auf etwa 10,5 Mio.

Bildungswesen

Aufblühende Universitäten, vor allem Alcalá de Henares (1509 durch den Kardinal Cisneros gegründet). Mittelpunkt des Humanismus. Meisterwerk der *Biblia Políglota Complutense* (oder *de Alcalá*), 6 Bde., 1514–17, Synopse des aramäischen, hebräischen, griech. und lat. Textes. Fortsetzung in der achtbändigen *Biblia Políglota de Amberes* (1569–72) unter Leitung des berühmten Orientalisten Arias Montano. In der scholastischen Tradition Salamancas (1239 gegründet) leugnen die Professoren trotz der Entdeckung Amerikas durch Kolumbus die Kugelgestalt der Erde. Das Schulwesen in den städtischen Lateinschulen war seit 1534 fest in den Händen der Jesuiten.

Es gab noch keinen Schriftstellerstand. Der Autor mußte sich Gönner und Mäzene suchen. Niedrige Auflagenziffern der Titel. Der Verf. pflegte sein Manuskript mit Privileg dem Drucker oder dem Buchhändler gegen eine bestimmte Summe zu verkaufen. Cervantes z. B. erhielt für seine *Novelas ejemplares* (1614) 1600 *reales* und 24 Freiexemplare. Jedes Buch bestand aus: Titelblatt, Widmung, Vorrede, Approbation, Privileg (Urheberschutz gegen Nachdruck), Taxe (fester Verkaufspreis).

Problematik des Begriffs Renaissance

Bedenken wegen der Anwendung des Begriffs Renaissance auf Spanien (H. Morf, V. Klemperer): Im Gegensatz zum übrigen Europa stelle die Renaissance in Spanien keinen Bruch mit dem Mittelalter dar; Spanien habe keine Reformation gekannt und sich daher nicht vom dogmatischen Denken befreit; Spanien sei in der Renaissance ein kulturelles Anhängsel Italiens gewesen. Gegenargumente bes. durch Pfandl und Hatzfeld: Spanien habe keinen heidnischen, sondern einen christlichen Humanismus erfahren. Einige Besonderheiten der span. Renaissance:

1. Kein Bruch mit dem Mittelalter. Die Tradition verbindet sich mit dem neuen Gedankengut des it. Humanismus, der daher in Spanien nicht so folgenreich wie im übrigen Europa war, z. B. ungebrochene religiöse Tradition (Askese, Mystik), volkstümlich-nationale (Heldenepen, Romanzen) und gelehrt-europäische Strömungen (antike Mythologie, Schäferdichtung) verlaufen oft in demselben Werk nebeneinander.

2. Praktische Orientierung des Humanismus im Dienst der Bibelexegese. Vgl. Grammatik und Wörterbücher Nebrijas und die mehrsprachige Bibel von Alcalá de Henares.

3. Erasmismus. Einfluß von Werken und Gestalt des Erasmus von Rotterdam (1465–1536), der eine Reform der katholischen Kirche und Beendigung des Schismas anstrebte. Seit etwa 1520 beträchtliche Wirkung der Werke Erasmus' auf das gesamte span. Kulturleben, z. B. auf die *novela picaresca*. Briefwechsel der Brüder Valdés und des J. L. Vives mit Erasmus. »Si los [libros] leen muchos, como me dicen que pasa, quitará a los frailes mucho de su antigua tiranía« (»Wenn viele, wie man mir sagt, die Bücher lesen, wird es den Mönchen viel von ihrer alten Tyrannei entziehen«; Brief von J. L. Vives an Erasmus 1527 über den Erfolg von dessen Schriften in Spanien). Die Werke des Erasmus wurden nach dessen Tod (1536) in Spanien indiziert. Der Einfluß wurde allmählich durch die Gegenreformation (das Tridentiner Konzil) und ihre Folgen abgewendet.

Literarhistorische Periodisierung

Frührenaissance (15. Jh.): intensive politische und personelle Beziehungen zwischen Spanien und Italien. Sizilien und Neapel gehörten seit 1443 zur Krone von Aragón. Italien war in Stadtstaaten zerrissen, nur im Kirchenstaat souverän. An den it. Höfen eigene *cancioneros* (Liedersammlungen), it. und span. Dichter. Große span. Kolonie in Rom. Spanier studieren in Bologna, u. a. der berühmteste Humanist seiner Zeit, Elio Antonio de Nebrija. Meist jedoch persönliches Interesse an it. Kultur, z. B. beim Marqués de Santillana.

Hochrenaissance (1. Hälfte des 16. Jh.s, Regierungszeit Karls V.): an Europa orientierte geistige Freizügigkeit, in der Einflüsse des Erasmismus deutlich sind. Alle berühmten span. Schriftsteller des 16. Jh.s sind als Soldaten, Diplomaten, Sekretäre, Studenten o. ä. einige Zeit in Italien gewesen oder standen in Briefwechsel mit den führenden it. Humanisten ihrer Zeit. Andererseits it. Diplomaten (Bedeutung des venezianischen Gesandten und Dichters Andrea Navagero für die span. Lyrik; Einführung it. Versmaße und Themen durch

Boscán) und andere it. Gelehrte in Spanien, z. B. Lucio Marineo Siculo (1460–1533), der zwölf Jahre lang in Salamanca lehrte, Historiograph am Hof der Katholischen Könige war und unter Karl V. seine *Memorabilia* (1530) vollendete; oder Pedro Mártir de Anglería (span. Namensform) (1459–1526), Kolonial- und Hofchronist, *Decadas de Orbe Novo* (entst. 1511–16).

Spätrenaissance (2. Hälfte des 16. Jh.s, Regierungszeit Philipps II.): Gegenreformation. Wachsende geistig-politische Abkapselung und Erstarrung Spaniens gegenüber Europa.

Literaturgeschichte: L. Pfandl, Geschichte der span. Nationallit. in ihrer Blütezeit (1929), Nachdr. Hildesheim 1967 [span. Übers. Barcelona ²1952]; K. Kohut, Las teorías literarias en España y Portugal durante los siglos XVI y XVII, Madrid 1973; M. Chevalier, Lectura y lectores en la España de los siglos XVI y XVII, Madrid 1976; M. Bataillon, Erasmo y España. Estudios sobre la historia espiritual del siglo XVI, México [u. a.] ³1979; M. L. Salstad, The presentation of women in Spanish Golden Age literature. An annotated bibliography, Boston (Mass.) 1980; A. Prieto, La poesía del siglo XVI, 2 Bde., Madrid 1984–87; K. und R. Reichenberger, Das span. Drama im Goldenen Zeitalter. Ein bibliogr. Handbuch. El teatro español en sus Siglos de Oro. Inventario de bibliografías, Kassel 1989; J. A. Maravall, Teatro y literatura en la sociedad barroca, Barcelona ²1990; O. Mazur, Breve historia del teatro español anterior a Lope de Vega, Madrid 1990.

Anthologien: Narraciones de los siglos de oro. Erzählungen aus dem goldenen Zeitalter, Übers. E. Brandenberger, München 1989 [Beratung und Nachw. A. del Hoyo; zweispr. Ausg.]; G. Berkenbusch (Hrsg.), Klassiker der span. Sprachwissenschaft. Eine Einführung in die Sprachwissenschaft des 16. und 17. Jh.s. Quellentexte, Kommentare, Bibliographie, Bonn 1990 (Hispanistik in Schule und Hochschule, 19).

Sozialgeschichte: M. Menéndez Pelayo, Historia de los heterodoxos españoles, 8 Bde., Buenos Aires 1945–46 [mehrere Neuaufl.]; J. van Klaveren, Europäische Wirtschaftsgeschichte Spaniens im 16. und 17. Jh., Stuttgart 1960; J. Höffner, Kolonialismus und Evangelium. Span. Kolonialethik im Goldenen Zeitalter, Trier ³1972; J. A. Maravall, Estado moderno y mentalidad social. Siglos XV a XVII, 2 Bde., Madrid 1972; L. Pfandl, Span. Kultur und Sitte des 16. und 17. Jh.s. Eine Einführung in die Blütezeit der span. Lit. und Kunst, Kempten 1924, Nachdr. Hildesheim / New York 1972 [span. Übers. Barcelona 1929]; M. de Fernandy, Philipp II. Größe und Niedergang der span. Weltmacht, Wiesbaden 1977; K. Brandi, Kaiser Karl V. Werden und Schicksal einer Persönlichkeit und eines Weltreichs (1937), Frankfurt a. M. 1986; M. Defourneaux, Spanien im Goldenen Zeitalter. Kultur und

Gesellschaft einer Weltmacht, Stuttgart 1986; R. Carande, Carlos V y sus banqueros, 3 Bde., Barcelona ³1990.

Inquisition und Leyenda Negra: S. Arnoldsson, La leyenda negra. Estudios sobre sus orígenes, Göteborg 1960; M. Franzbach, Inquisition und Bücherzensur im span. Siglo de Oro, in: M. F., Krit. Arbeiten zur Literatur- und Sozialgeschichte Spaniens, Frankreichs und Lateinamerikas, Bonn 1975, S. 9–24; H. Kamen, Die span. Inquisition. Verfolgung und Vertreibung, München ²1980 (dtv 605); A. Márquez, Literatura e Inquisición en España (1478–1834), Madrid 1980 (Persiles, 124); B. Bennassar, Inquisición española: Poder político y control social, Barcelona 1984; J. Juderías, La leyenda negra. Estudios acerca del concepto de España en el extranjero (1914), Madrid 1986.

Ehrbegriff und Reinheit des Blutes: A. Castro, De la edad conflictiva. I. El drama de la honra en España y en su literatura, Madrid ²1963; A. A. van Beysterveldt, Répercussions du souci de la pureté de sang sur la conception de l'honneur dans la »Comedia Nueva« espagnole, Leiden 1966; H. Weinrich, Mythologie der Ehre, in: M. Fuhrmann (Hrsg.), Terror und Spiel. Probleme der Mythenrezeption, München 1971, S. 341–356 (Poetik und Hermeneutik, 5); H.-J. Neuschäfer, »El triste drama del honor«. Formas de crítica ideológica en el teatro de honor de Calderón, in: H. Flasche (Hrsg.), Hacia Calderón. Segundo Coloquio Anglo-germano, Hamburgo 1970, Berlin / New York 1973, S. 89–108; J. A. Maravall, Poder, honor y élites en el siglo XVII, Madrid 1979; A. A. Sicroff, Los estatutos de limpieza de sangre. Controversias entre los siglos XV y XVII, Madrid 1979; E. Frenzel, Die verletzte Gattenehre, in: E. F., Motive der Weltlit. Ein Lexikon dichtungsgeschichtlicher Längsschnitte, Stuttgart ³1988, S. 219–238 (KTA 301).

A.

Epoche Karls V. (1516–1556)

16. Lyrik

Einfluß it. Kunstlyrik, bes. Petrarcas, bestand seit dem 15. Jh. (z. B. Marqués de Santillana). Systematische Nachahmung und schulbildender Einfluß aber erst nach dem Gespräch des venezianischen Gesandten und Dichters Andrea Navagero mit Juan Boscán in Granada im Som-

mer 1526: »Estando un día en Granada con el Navagero [...] me dijo por qué no probaba en lengua castellana
sonetos, y otros artes de trovas usadas por los buenos
autores de Italia; [...] más aún, me rogó que lo hiciese«
(»Als ich eines Tages in Granada mit Navagero war [...],
sagte er mir, warum ich nicht in kastilischer Sprache Sonette und andere Gedichtformen versuchte, die von den
guten Schriftstellern Italiens verwendet wurden; [...]
mehr noch, er bat mich, es zu tun«; Brief Boscáns an die
Herzogin von Soma). Seitdem Übernahme it. Versformen
und Themen in die span. Lyrik.

Metrik:

Alle italianisierende Lyrik verwendet den it. Elfsilbler (en-
decasílabo) als Grundvers; die traditionelle Lyrik bleibt
beim Achtsilbler (span. Nationalvers, Hauptmetrum der
Romanzen und der *comedia*) und beim Zwölfsilbler (häufig in *poesía culta*). Übernahme it. (Sonett, Ottaverime, Ter-
zett, Lira, Kanzone, Silva u. a.) und antiker (Ode, Ekloge,
Elegie, Epistel) Strophenformen in die span. Lyrik.

Merkmale der span. Renaissancelyrik:

a) Veränderte Liebesauffassung in petrarkistischer Tradition. Die Liebe als unerfülltes Sehnen im Konflikt zwischen Verstand und Gefühl. Hinzu tritt die Vergeistigung
der Liebe unter Einfluß des Neuplatonismus. Frühe Vermittlung durch den katalan. Lyriker Ausiàs March (1395?
bis 1462?).
b) Die Natur ist noch stilisierte, topologische Staffage in
antiker Tradition (Theokrit, Vergil, Horaz), jedoch zeichnet sich z. B. schon bei Garcilaso de la Vega ein persönliches Naturerlebnis ab.
c) Die antike Mythologie wird ohne die moralisch-allego-
rische Verkleidung des Mittelalters wiedergegeben. Die
Hauptquelle bleiben Ovids *Metamorphosen*.

Literarhistorische Bedeutung:

Die span. Lyrik des 16. Jh.s bildet einen wichtigen Übergang zwischen der Lyrik des Mittelalters und des Barocks. Zwar ist sie, abgesehen von Garcilaso de la Vega und Fray Luis de León, arm an großen Persönlichkeiten, aber sie bereitet durch die Übernahme der it. Versmaße und Strophenformen und durch Abkehr von der moralisierend-didaktischen Lyrik des Mittelalters Formen und Inhalte der Barocklyrik vor. Die it. und traditionellen span. Formen verbinden sich in Lyrik und Dramatik im 17. Jh. zu stets neuen Variationen, die aber immer einheitlich und originell wirken. Die Themen der Renaissancelyrik bleiben im Barock häufig ähnlich (das Thema des *carpe diem*, Genieße-den-Tag, wird z. B. zur Vergänglichkeit des *desengaño*), jedoch tritt der Erlebnis- und Bekenntnischarakter (z. B. beim Naturempfinden) deutlicher hervor. Wenn viele mit der span. Lyrik des *Siglo de Oro* heute hauptsächlich die Namen Góngora, Quevedo und Lope de Vega verbinden, die teilweise auch die span. Lyrik des 20. Jh.s beeinflußten, liegt das nicht zuletzt daran, daß diese Barockdichter auch in anderen Gattungen zu europäischer Berühmtheit gelangten.

Italianisierende Dichter

Juan Boscán (zwischen 1487/92 Barcelona – 1542 ebd.). Aus dem aufstrebenden katalan. Bürgertum. Lebte am Hof der Katholischen Könige und war Erzieher des Herzogs von Alba. Reisen nach Italien in offizieller Mission, wo er Garcilaso de la Vega kennenlernte, mit dem ihn eine lebenslange Freundschaft verband. Glückliches häusliches Leben im großen Freundeskreis. Auch Übers. von B. Castigliones Fürstenspiegel *Il Cortegiano* (1528), span. Übers. Barcelona 1534, ein Werk, das für die span. Lit. sehr einflußreich wurde, vgl. B. Gracián, *El discreto* (*Der Weltmann*, 1646).

Las obras (postum 1543). Dichterisch weniger bedeutend, bes. im Vergleich mit Garcilaso de la Vega. Kurzformen traditioneller Lyrik: 92 Sonette, 10 canciones in Elfsilblern; umfangreiche Poetisierung der unglücklichen Liebesgeschichte von Hero und Leander.

Ausg.: Obras poéticas, Hrsg. M. de Riquer [u. a.], Barcelona 1957 [krit. Ausg.].
Lit.: M. Morreale, Castiglione y B. El ideal cortesano en el Renacimiento español, 2 Bde., Madrid 1959; A. J. Cruz, Imitación y transformación. El petrarquismo en la poesía de B. y Garcilaso de la Vega, Amsterdam / Philadelphia 1988.

Garcilaso de la Vega (1501/03 Toledo – 1536 Nizza). Typ des weltläufigen Hofmanns, der im Sinne des Renaissanceideals Kriegstaten (*armas*) und Schriftstellerei (*letras*) miteinander zu verbinden suchte. Im Gegensatz zu Boscán adliger Herkunft. Weitgereister Kenner Italiens, wo er Freundschaft mit den Dichtern des Cinquecento pflog. Santiagoritter. Teilnahme an Feldzügen gegen die span. Stadtstände (*comuneros*), gegen die Türken und Franzosen. Wegen einer Familienaffäre 1529 für einige Monate vom Kaiser auf eine Donauinsel verbannt. Starb nach einer schweren Kopfverletzung bei einem Sturmangriff auf Muy (bei Fréjus, Provence) 18 Tage später in Nizza. »Sintió mucho el Emperador esta desgracia: hizo abatir la torre y ahorcar todos aquellos villanos« (»Dem Kaiser ging dieses Unglück sehr zu Herzen: Er ließ den Turm schleifen und alle jene Bauern aufhängen«; J. de Mariana). Berühmt als Persönlichkeit und frühvollendeter Dichter (Oden und Eklogen auf seinen Tod u. a. von Villegas, Sá de Miranda). »Nació sol, murió cometa« (»Er wurde als Sonne geboren; er starb als Komet«; Calderón). Auch die Lyrikergeneration von 1927 zählte ihn zu ihren Vorbildern. Rafael Alberti dichtete:

Si Garcilaso volviera,   Wenn Garcilaso wiederkehrte,
yo sería su escudero;   wäre ich sein Schildknappe,
que buen caballero era.   denn er war ein tüchtiger Ritter.

Las obras (postum 1543, mit dem Gesamtwerk Boscáns zusammen).
40 Sonette, 5 Kanzonen, 3 Eklogen, 2 Elegien, 1 Versepistel, 8 coplas (Kurzgedichte). Berühmte Sonette: »Oh dulces prendas por mi mal halladas« (melancholische Totenklage), »En tanto que de rosa y azucena« (Thema des *carpe diem*). Bekannte Kanzonen: die dritte (Donaukanzone), die vierte (leidenschaftliche Liebe zur Hofdame Isabel Freyre), die fünfte (»A la flor de Gnido«, Liebe zu einer neapolitanischen Hofdame) in der neuen Versform der *lira* (Elf- und Siebensilbler in Fünfzeilern, *quintillas*, beliebig alternierend), die das beliebteste Versmaß bei Fray Luis de León und San Juan de la Cruz wurde.

Anfang der 3. Kanzone, die in der Verbannung auf einer Donauinsel gedichtet wurde:

> Con un manso ruido
> de agua corriente y clara,
> cerca el Danubio una isla que pudiera
> ser lugar escogido
> para que descansara
> quien como yo estó agora, no estuviera
> do siempre primavera
> parece en la verdura
> sembrada de las flores;
> hacen los ruiseñores
> renovar el placer o la tristura
> con sus blandas querellas
> que nunca día ni noche cesan dellas.
>
> Dort, wo mit sanftem Gleiten
> der Donau Flut sich windet,
> liegt eine Insel hell vom Strom umschlossen,
> ein Ort, wie keinen zweiten
> der müde Fremdling findet,
> der gern, doch nicht wie ich, der Ruh genossen.
> Ewigem Lenz entsprossen,
> verstreun sich hier und grüßen

>   die Blumen auf dem Anger;
>   bald fröhlicher, bald banger
>   hör ich den heimlich süßen
>   Gesang der Nachtigallen
>   den Tag hindurch und durch die Nacht erschallen.

>   Übers. R. Grossmann, Span. Gedichte aus
>   acht Jh., Bremen: Schünemann, 1960, S. 76 f.

Ausg.: Obras completas, Hrsg. E. L. Rivers, Columbus (Ohio) / Madrid ²1981; Obras, Hrsg. T. Navarro Tomás, CC 3.
Lit.: R. Lapesa, La trayectoria poética de G., Madrid ³1985; M. Engelbert, G. de la V. – ein unsicherer Spanier, in: K. Garber (Hrsg.), Nation und Lit. im Europa der Frühen Neuzeit, Tübingen 1989, S. 318–328.

Gutierre de Cetina (1520 Sevilla – 1557? México). Soldat in Italien und Hofdichter. Schrieb überwiegend Sonette, aber auch Stanzen, Terzette, Madrigale, Kanzonen und Episteln. Berühmtes petrarkistisches Madrigal (Elf- und Siebensilbler, frei alternierend, freier Reim, später bes. bei Quevedo beliebt): »Ojos claros, serenos, [...]«.

Ausg.: Sonetos y madrigales completos, Hrsg. B. López Bueno, Madrid 1981 (Cátedra, 146).
Lit.: B. López Bueno, G. de C., poeta del Renacimiento español, Sevilla 1978.

Hernando de Acuña (1520 Valladolid – 1580 Granada). Soldat auf vielen Schlachtfeldern Europas und Afrikas. Bekanntes Huldigungssonett »Al Rey Nuestro Señor«, mit dem politischen Glaubensbekenntnis der habsburgisch-katholischen Universalmonarchie: »Un monarca, un imperio y una espada« (»Ein Monarch, ein Reich und ein Schwert«), Schlüsselvers einer ganzen Epoche. Das Gedicht steht in der Tradition der europäischen Tausendjahr-Prophezeiungen (Millenarismus). Übersetzte Teile von Boiardos *Orlando innamorato* und Olivier de la Marches *Chevalier délibéré*.

Al Rey Nuestro Señor

Soneto

Ya se acerca, señor, o es ya llegada
la edad gloriosa, en que promete el cielo
una grey, y un pastor, solo en el suelo,
por suerte a vuestros tiempos reservada.

Ya tan alto principio en tal jornada
os muestra el fin de vuestro santo zelo,
y anuncia al mundo para más consuelo,
un Monarca, un Imperio, y una Espada.

Ya el orbe de la tierra siente en parte,
y espera en todo vuestra monarquía,
conquistada por vos en justa guerra:

que a quien ha dado Cristo su estandarte,
dará el segundo más dichoso día
en que vencido el mar, vença la tierra.

Dem König, unserem Herrn

Sonett

Schon naht sich, o Herr, schon ist gekommen
die glorreiche Zeit, Verheißung des Himmels:
eine Herde nur, ein Hirte in der Welt,
vom Schicksal Deiner Zeit bestimmt.

Dies hohe Wort am heut'gen Tag
weist Dir das Ziel des heil'gen Eiferns,
verkündet der Welt zum größren Trost:
ein Kaiser, ein Reich, ein Schwert!

Schon spürt ein Teil der Erde Deine Macht,
und alles hofft auf Deine Herrschaft,
siegreich erstritten im gerechten Krieg.

Wem Christus seine Banner reicht,
dem schenkt er einen zweiten glücklicheren Tag,
da er, hat er das Meer bezwungen, die Erde bezwingt.

Übers. H. Felten / A. Valcárcel, Span. Lyrik von
der Renaissance bis zum späten 19. Jh., Stuttgart:
Reclam, 1990, S. 120 f.

Ausg.: Varías poesías, Hrsg. L. F. Díaz Larios, Madrid 1982 (Cátedra, 164).
Lit.: W.-D. Lange, Trennungen. Poetologische Tradition, Humanismus und Zeitgeschichte im Werk H. de A.s, in: Span. Lit. im Goldenen Zeitalter. Festschrift für F. Schalk, Frankfurt a. M. 1973, S. 209–228; J. Romera Castillo, La poesía de H. de A., Madrid 1982.

Traditionalisten

Cristóbal de Castillejo (1490? Ciudad Rodrigo – 1550 Wiener Neustadt). Diente dem Hause Habsburg erst als Page, dann als Sekretär König Ferdinands von Böhmen, des Bruders Karls V. und der Kirche (Zisterzienser). Liebes-, Gelegenheits-, Religionslyrik. Lehrgedichte. Traditionelle Form (Achtsilbler), aber teilweise neue Inhalte (Dichter des Stadtlebens und seiner Annehmlichkeiten). Geistreiche satirische Invektive gegen die italianisierenden Dichter Boscán und Garcilaso de la Vega.
Diálogo de las condiciones de las mujeres (dt. *Dialog über die Lage der Frauen*; 1544). Verssatire in 3500 vierzeiligen *coplas* in der Tradition des misogynen Arcipreste de Talavera. Streitgespräch zwischen Fileno, der die Frauen verteidigt, und dem frauenfeindlichen Alethio. Die Inquisition nahm Anstoß an freizügigen Schilderungen adliger Liebesabenteuer, an der Darstellung der moralischen Verwahrlosung in den Klöstern u. a.

Ausg.: Obras completas, Hrsg. J. Domínguez Bordona, CC 72, 79, 88, 91.
Lit.: L. Pfandl, Der *Diálogo de mujeres* von 1544 und seine Bedeutung für die C.-Forschung, in: ASNSL 140 (1920) 72–83; R. Reyes Cano, Medievalismo y renacentismo en la obra poética de C. de C., Madrid 1980.

17. Prosa

Humanistenprosa

Elio Antonio de Nebrija (1441 Lebrija, Prov. Sevilla – 1522 Alcalá de Henares). Nach dem Studium in Salamanca zehnjähriger Aufenthalt in Italien (1460–70). Später Lehrstuhl für Grammatik und Rhetorik in Salamanca. Mitarbeiter an der *Biblia Políglota Complutense* (1514–17) in Alcalá de Henares und Hofchronist (1509). Vielseitig bewandert in Theologie, Jura, Astrologie, Pädagogik und Philologie. Wiedererwecker der lat. Sprache und Kultur in Spanien: »Yo fuí el primero que abrí tienda de lengua latina en España, y todo lo que en ella se sabe de latín se ha de referir a mí« (»Ich war der erste, welcher der lat. Sprache in Spanien Bahn brach, und alles, was man in diesem Land an Latein weiß, muß sich auf mich beziehen«).

Gramática castellana (dt. *Spanische Grammatik*; 1492). Erste systematische Grammatik in einer romanischen Volkssprache. Fünf Bücher über Orthographie, Metrik, Etymologie, Syntax, knappe Einführung für Spanischlernende. In der Terminologie noch stark dem Lat. verpflichtet; dagegen ist die phonetische Beschreibung mit Einschränkungen noch heute gültig. Hauptziele: a) Richtlinien für Sprachstruktur, b) Studium des Lat. erleichtern, c) die Kolonialvölker Spanisch lehren. Kulturpolitisches Ziel: »Siempre la lengua fue compañera del imperio« (»Die Sprache begleitete immer die Herrschaft«). Grammatik und Wörterbuch erschienen im Jahr der Entdeckung Amerikas durch Kolumbus.

Dictionarium latino-hispanicum (dt. *Lat.-span. Wörterbuch*; 1492). Etwa drei Jahre später erschien ein span.-lat. Teil. Beide Teile zusammen etwa 50 000 Stichwörter. Großer Bucherfolg. Im 16. Jh. allein 50 Auflagen in ganz Europa. Bis weit ins 18. Jh. hinein von allen Nachfolgern benutzt.

Ausg.: Gramática castellana, Hrsg. P. Galindo Romeo / L. Ortiz Muñoz, 2 Bde., Madrid 1946 [Faks.-Ausg.]; Hrsg. A. Quilis, Madrid ²1984.

Lit.: E. Asensio, La lengua, compañera del Imperio. Historia de una idea de N. en España y Portugal, in: RFE 43 (1960) 399–413; D. Briesemeister, Das Sprachbewußtsein in Spanien bis zum Erscheinen der Grammatik N.s (1492), in: Iberoromania 1 (1969) 35–55; F. Rico, N. frente a los bárbaros: El canon de gramáticos nefastos en las polémicas del humanismo, Salamanca 1978; V. García de la Concha (Hrsg.), N. y la introducción del Renacimiento en España, Salamanca 1983.

Juan Luis Vives (1492 Valencia – 1540 Brügge). Verbrachte fast sein ganzes Leben im Ausland. Nach dem Studium in Paris Prof. in Brügge, Löwen, Paris und Oxford. Gehörte zum Hofkreis Heinrichs VIII. und stand in enger Verbindung mit Erasmus. Vielseitiges, weitverbreitetes lat. Werk auf den Gebieten der Philosophie, Pädagogik, Religion, Politik, Wirtschaft, Jura usw.

De institutione feminae christianae (dt. *Über die Unterweisung der christlichen Frau*; 1523). *De disciplinis* (dt. *Über die Wissenschaften*; 1531). Pädagogische Hauptschriften, in denen Vives eine Reform des Erziehungswesens, religiös-sittliche Erneuerung und Verinnerlichung, Berücksichtigung der Muttersprache, der Leibeserziehung und eine humane Unterrichtsmethode fordert. Starke Wirkung auf das pädagogische Werk von Bacon, Comenius, Locke, Vico und auf die jesuitische Methodik und Didaktik.

De anima et vita (dt. *Über die Seele und das Leben*; 1538). Hauptwerk. »Vater der modernen empirischen Psychologie«. Vordringliche Erforschung der Eigenschaften und Wirkungen der Seele, nicht ihres Wesens. Ausschließlich biologische Konzeption der Psychologie. Einflüsse auf Descartes und Spinoza. Ortega y Gasset bezeichnete den Text als die erste moderne Theorie der Leidenschaften.

Ausg.: Obras completas, Hrsg. L. Riber, 2 Bde., Madrid 1947–48.
Lit.: A. Bonilla y San Martín, L. V. y la filosofía del Renacimiento, 3 Bde., Madrid 1929 (Nueva Biblioteca Filosófica, 32–34); A. Buck (Hrsg.), J. L. V., Arbeitsgespräch Wolfenbüttel, Hamburg 1982 (Wolfenbütteler Abhandlungen zur Renaissanceforschung, 3).
Deutsch: Über die Gründe des Verfalls der Künste, Übers. W. Sendner [u. a.], München 1990 [lat.-dt. Ausg. mit Komm., Einl. und Bio-Bibliogr.].

Alfonso de Valdés (1490? Cuenca – 1532 Wien). Kaiserlicher Sekretär. Seit 1525 Briefwechsel mit Erasmus von Rotterdam (»erasmiciorem Erasmo« = »erasmischer als Erasmus«). Reisen mit dem Hof nach Dt. und Italien. Starb in Wien an der Pest.

Diálogo de Mercurio y Carón (dt. *Dialog zwischen Merkur und Charon*; 1528–30?). Politisch-religiöse Dialogdiatribe nach dem Vorbild der Satiren Lukians. Verteidigung der Reichspolitik. Wegen der kirchenreformatorischen Ideen im erasmistischen Sinne indiziert. Gewann als Streitschrift gegen die katholische Gegenreformation im 17. Jh. in Dt. aktuelle Bedeutung (anonyme Übers. Amberg 1609 u. a.). Einfluß der Traktatschriften Huttens möglich (H. Tiemann), zumal A. de V. als Sekretär Karls V. am Reichstag zu Augsburg (1530) teilnahm.

Ausg.: Diálogo de Mercurio y Carón, Hrsg. J. Fernández Montesinos, CC 96; Diálogo de las cosas ocurridas en Roma, Hrsg. J. Fernández Montesinos, CC 89.

Juan de Valdés (1495? Cuenca – 1541 Neapel). Humanist, Philologe, Kirchenreformator. Kaiserlicher Sekretär wie sein Bruder Alfonso. Führte den Protestantismus in Neapel ein, wo man innerhalb kurzer Zeit über 3000 Proselyten in Bürger-, Adels- und Kirchenkreisen zählte. Nahm Gedanken Luthers in seinen *Diálogo de Doctrina Cristiana* auf.

Diálogo de la lengua (dt. *Dialog über die Sprache*; entst. um 1535). Lob der Vulgärsprache. Anweisung für korrekten Gebrauch des Spanischen (das Werk war ursprünglich für it. Freunde geschrieben). Zeitgenössische Literaturkritik an Mena, J. Manrique, der *Celestina*, Encina, Torres Naharro, dem *Amadís de Gaula* u. a. Die Sprache des *Diálogo* wirkt völlig natürlich. »Nach Fernando de Rojas und vor Cervantes [hat] keiner wie Juan de Valdés zu dialogisieren verstanden […]« (R. Menéndez Pelayo).

Ciento y diez consideraciones divinas (dt. *Hundertzehn Betrachtungen des Göttlichen*; 1550). Glaubensgespräche, in denen Valdés eine verinnerlichte Religion predigt. »Todo el negocio cristiano está en confiar, creer y amar« (»Die ganze christliche Tätigkeit besteht in Vertrauen, Glauben und Lieben«). Seinerzeit auch im Ausland vielgelesenes Werk.

Ausg.: Diálogo de la lengua, Hrsg. J. Fernández Montesinos, CC 86.
Lit.: B. Voigt, J. de V. und Bermúdez de Pedraza. Zwei span. Sprachgeschichtsschreiber, Bonn 1980; W. Otto, J. de V. und die Reformation in Spanien im 16. Jh., Frankfurt a. M. [u. a.] 1989.

Francisco Delicado (um 1480 bei Córdoba – um 1534 Venedig). Andalusischer Geistlicher, der von 1523 bis zu seinem Tod in Rom und Venedig lebte.
Retrato de la lozana andaluza (dt. *Bildnis der fröhlichen Andalusierin*; entst. 1524, ersch. 1528 in Venedig). Roman in Dialogform unter formalem und inhaltlichem Einfluß der *Celestina*. Sittenbild aus dem damaligen Rom, das erst spät im 20. Jh. als Perle der erotischen Weltlit. entdeckt wurde. Im Mittelpunkt steht die Andalusierin Aldonza de Córdoba, die sich als »Engelmacherin«, Prostituierte und »weise Frau« durchs Leben schlägt. Die Milieuschilderungen des römischen Sündenbabels am Vorabend des *Sacco di Roma* (Plünderung Roms 1527) durch die Spanier stehen – dialektisch gesehen – auch in der Tradition der Befreiung des Menschen der Renaissance von den moralischen Fesseln des feudalen Mittelalters und der kirchlichen Prüderie.

Ausg.: Hrsg. C. Allaigre, Madrid 1985 (Letras Hispánicas, 212) [mit ausführlicher Einl.].
Lit.: B. M. Damiani, *La lozana andaluza*: Bibliografía crítica, in: BRAE 49 (1969) 117–139, Forts. in: Iberoromania 6 (1977) 47–85; J. Goytisolo, Bemerkungen zu *La lozana andaluza*, in: J. G., Dissidenten, Frankfurt a. M. 1984, S. 33–55; P. Brakhage, The theology of *La lozana andaluza*, Potomac (Md.) 1986.
Deutsch: Lozana, die Andalusierin. Eine Reportage in 66 Heften aus dem Rom der Renaissance, Übers. A. Semerau, Nördlingen 1989.

Politisch-didaktische Traktate

Fray Antonio de Guevara (1480? Asturias de Santillana –
1545 Mondoñedo). Aus verarmtem leonesischen Adel. Franziskaner. Einflußreiche Ämter als Prediger, Hofchronist, Inquisitor, Bischof von Guadix (bei Granada) und Mondoñedo
(bei La Coruña). Sein Werk hatte in ganz Europa einen bedeutenden Erfolg, der im einzelnen noch zu erforschen ist.
Einflüsse in Frankreich auf Montaigne, in Dt. auf Grimmelshausen, in England auf den Euphuism (Beitrag zur manieri-
stischen Bewegung).
Reloj de príncipes o Libro áureo de Marco Aurelio (dt. *Für-
stenuhr oder Goldenes Buch des Kaisers Mark Aurel*; 1529).
Politisch-didaktischer Fürstentraktat in Briefform. Berühmte Episode »El villano del Danubio« vom Donaubauern, der
beim römischen Senat die »Wiederherstellung der Menschenrechte« forderte; Quelle für La Fontaine, »Le paysan du Danube«. Durch Übers. in die wichtigsten europäischen Sprachen kam das Buch seinerzeit zu über 100 Auflagen.
Menosprecio de corte y alabanza de aldea (dt. *Verachtung des
Hofs und Lob des Dorfes*; 1539). Moralsatire. Idealisierung
des Landlebens gegenüber der höfischen Gesellschaft. Widmung an den König von Portugal. Durch die lat. Übers. des
Jesuitenpaters Aegidius Albertinus (München 1598) wirkte
das Schlußkapitel (Wie sich der Verf. von der Welt verab-
schiedet!) auf den Schluß des *Simplicissimus* (1669) von
Grimmelshausen.

Ausg.: Reloj de príncipes, Hrsg. R. Foulche-Delbosc, in: RH 76 (1929)
1–319; Menosprecio de corte, Hrsg. M. Martínez de Burgos, CC 29.
Lit.: C. E. Schweitzer, A. de G. in Dt., in: RJb. 19 (1960) 328–375 [krit.
Bibliogr.]; A. Redondo, A. de G. (1480?–1545) et l'Espagne de son temps,
Genf 1976; H. Walz, Der Moralist im Dienste des Hofes: Eine verglei-
chende Studie zu der Lehrdichtung von A. de G. und Aegidius Albertinus,
Frankfurt a. M. [u. a.] 1984.

Hofchronisten

Die Hofchronisten versuchten, die mittelalterliche, meist anonyme Universalgeschichtsschreibung zu überwinden. In ihren Einzelmonographien erstrebten sie die exemplarische Darstellung von Herrschergestalten und Epoche an. Die Historiographie nahm jetzt den Rang einer selbständigen Wissenschaft ein.

Pero Mexía (1497 Sevilla – 1551 ebd.). Als Hofchronist seit 1548 Nachfolger von Fray Antonio de Guevara. Briefwechsel mit Erasmus.
Silva de varia lección (dt. *Wald mannigfacher Belehrung*; 1540, 1554 erw.). Anekdotensammlung. Vorbilder Gellius, *Noctes Atticae* (um 170 n. Chr.) und it. Novellisten. Europäischer Bucherfolg, auch Übers. ins Dt. (Basel 1664, Nürnberg 1669).
Historia del emperador Carlos V. Kaiserchronik bis zur Krönung Karls V. in Bologna durch den Papst (1530).
Historia imperial y cesárea (1545). Versuch einer Universalgeschichte.

Ausg.: Historia de Carlos V, Hrsg. R. Foulché-Delbosc, in: RH 44 (1918) 1–564; Silva, Hrsg. J. García Soriano, 2 Bde., Madrid 1933–34.
Lit.: A. Castro Díaz, Los *Coloquios* de P. M. Un género, una obra y un humanista sevillano del siglo XVI, Sevilla 1977.

Francesillo de Zúñiga (1503 Béjar – 1532 Navarredonda). Hofnarr. Soll nach einem Racheakt, der gegen ihn verübt wurde, mit den Worten gestorben sein: »¡Señora, no es nada, sino que acaban de matar a vuestro marido!« (»Meine Dame, nichts Ernstes, man hat nur eben Euren Mann getötet!«).
Coronica historia (1527). Skandalchronik vom Hofe mit zahlreichen pikanten Histörchen.

Ausg.: Coronica, Hrsg. A. de Castro, BAE 36, S. 9–54.

18. Drama

Juan del Encina (1469? San Silvestre, Prov. Salamanca – 1529? León). »Patriarch des span. Theaters«. Dichter und Komponist. Im Dienst der Herzöge von Alba. Bis zu seinem 50. Lebensjahr mit Unterbrechungen in Rom, während der letzten Lebensjahre als Priester in León. Schrieb die ersten zusammenhängend ausgeführten Theaterszenen. E.s Theater bildet den Übergang vom Mittelalter zur Renaissance. Inhaltlich wird die Moralisierung aufgegeben, formal eine straffere Struktur angestrebt. Religiöses (z. B. *Églogas de Navidad*) und weltliches (z. B. *Églogas de Antruejo*) Theater (13 Stücke). Schrieb auch allegorische Lyrik, Poetik, Reisebeschreibung und übersetzte Vergil.

Ausg.: Obras completas, Hrsg. A. M. Rambaldo, CC 218, 219, 220, 227.
Lit.: B. W. Wardropper, Introducción al teatro religioso del Siglo de Oro. La evolución del Auto Sacramental: 1500–1648, Madrid 1953; D. Lessig, Ursprung und Entwicklung der span. Ekloge bis 1650 mit Anhang eines Eklogenkatalogs, Genf / Paris 1962; H. W. Sullivan, J. del E., Boston 1976.

Lucas Fernández (1474? Salamanca – 1542 ebd.). Musikprofessor. Sein Theater hat das Drama Gil Vicentes beeinflußt, zumal er eine Zeitlang zur Hofkapelle der Königin Maria, der Gattin von König Manuel von Portugal, gehörte.
Farsas y églogas al modo y estilo pastoril y castellano (dt. *Farsen und Eglogen nach Schäferstil und kastilischer Weise*; 1514). Sechs religiöse und weltliche Bühnenstücke. Mittelalterliche Thematik. Darunter am eindringlichsten *Auto de la pasión*, eine pathetisch-realistische Darstellung der Leidensgeschichte Christi.

Ausg.: Farsas y églogas, Hrsg. E. Cotarelo y Mori, Madrid 1929 [Faks.-Ausg.]; Hrsg. M. J. Canellada, Madrid 1976.
Lit.: A. Hermenegildo, Renacimiento, teatro y sociedad. Vida y obra de L. F., Madrid 1975.

Bartolomé de Torres Naharro (zwischen 1480/90 Torre de Miguel Sexmero, Prov. Badajoz – 1524? in Italien). Wenig über sein Leben bekannt. Als Soldat wahrscheinlich in Gefangenschaft in Algier. Später Priester in Rom und Neapel. Aufführungen seiner Stücke vielleicht sogar vor Papst Leo X.

Propalladia (dt. *Erstlinge der Pallas Athene*; Neapel 1517). Das gesamte dramatische (acht Stücke) und lyrische (Satire, Episteln, Romanzen) Werk. Der gräzisierende Titel bedeutet »Erstlinge der Pallas Athene«. Dramen vom Autor selbst in zwei Gruppen eingeteilt: a) *comedias a noticia*, realistisch beobachtete Szenendialoge aus dem Alltagsleben, z. B. »Soldadesca« (Soldatendialoge), »Tinellaria« (Dienergespräche im Speisesaal eines Kardinals), b) *comedias a fantasía*, erfundene Stoffe, z. B. »Himenea« (Heiratskomödie), nimmt in Szenenverknüpfung und dramatischen Situationen bereits Elemente der späteren *comedia de capa y espada* (Mantel-und-Degen-Stücke) vorweg. Alle Texte bestehen aus einer Einführung (*introito*) wie bei Terenz und Plautus, einer Inhaltsangabe und fünf Akten (*jornadas*) in Achtsilblern. Von literarhist. Wert ist der »Proemio«, die älteste Dramentheorie des span. Theaters, in der T. N. als Bühnenpraktiker nur bedingt den aristotelisch-horazischen Vorschriften verpflichtet ist: Definition der *comedia* als »artificio de notables y finalmente alegres acontecimientos por personas disputados« (»geistreiches Kunstwerk bemerkenswerter und schließlich fröhlicher Ereignisse, die von Personen bestritten werden«), Vereinheitlichung der Dramenstruktur (5 Akte), Begrenzung der Personenzahl auf sechs bis zwölf, Begründung der Gattungseinteilung. Bis auf Akt- und Gattungseinteilung setzten sich die übrigen theoretischen Gedanken (glücklicher Ausgang, Personenzahl, Repertoire, Stoff) für mehr als zwei Jh. durch und bestimmten die Eigenart der span. *comedia*.

Ausg.: Hrsg. J. E. Gillet, 4 Bde., Pennsylvania 1943–61 [mit reicher Bibliogr. und Anm.].
Lit.: J. E. Gillet, T. N. and the drama of the Renaissance, Philadelphia 1961 (vgl. Rez. M. Bataillon, in: RoPh 21, 1967, 143–170); J. Lihani, B. de T. N., New York / Boston 1979.

Gil Vicente (1465? Lissabon – 1537? ebd.). Biogr. weit-
gehend im dunkeln. Musiker, Schauspieler, wahrscheinlich
Goldschmied. Verkehrte fast immer in Hofkreisen. Von sei-
nen 44 Stücken sind 11 auf span., 15 auf portug., 18 in beiden
Sprachen zugleich geschrieben. Die näheren Umstände der
Aufführungen seiner Stücke bei Hofe sind unbekannt. Seine
Vorbilder sind in der Antike bei Terenz und Plautus sowie
im frühen it. und span. Theater zu suchen, bes. bei Juan
del Encina. Geistliches (Schäferdialoge, Allegorien, biblische
Stücke) und weltliches Theater.
Don Duardos (dt. *Don Duardos*; entst. 1522). Erstes Ritter-
stück des span.-portug. Theaters. Der Fürst Don Duardos
von England verliebt sich in die Infantin Flérida und verkleidet sich als Gärtner, um sich der Geliebten zu nähern. Flérida
trinkt einen Liebestrank, den Don Duardos ihr anbietet, und
flieht mit ihm nach England. Quelle ist eine Liebesgeschichte
im 2. Buch des span. Ritterromans *Palmerín* (*Primaleón*) von
1516. Als Melodramkantate auch vertont und 1970 in Lissabon uraufgeführt.
Farsa de Inês Pereira (dt. *Farce der Inês Pereira*; Auff. 1523,
ersch. 1562). Farce als Beispiel für das Sprichwort »Lieber einen Esel, der mich trägt, als ein Roß, das mich abwirft.« Die
anspruchsvolle Inês Pereira schlägt anfangs einen Heiratsan-
trag des tölpelhaften Pero Marques aus, kehrt dann aber doch
nach der unglücklichen Ehe mit einem verarmten Edelmann
zu ihrem früheren Bewerber zurück. Realistische zweispr.
Charakter- und Milieudarstellung. Die Uraufführung fand
im Kloster Tomar vor dem portug. Hofe statt.

Ausg. Obras dramáticas castellanas, Hrsg. T. R. Hart, CC 156 [mit Einl.
und Anm.].
Lit.: P. Teyssier, La langue de G. V., Paris 1959; R. Hess, Die Naturauf-
fassung G. V.s, in: PFdGG 5 (1965) 1–64; R. Köhler, Der Einfluß G. V.s
auf das span. Theater des »Goldenen Zeitalters«, Diss. Göttingen 1968;
A. J. Saraiva, G. V. e o fim do teatro medieval, Lisboa ⁴1981.
Deutsch: Neun Stücke, Übers. M. Rapp, Hildburghausen 1868; (Drei)
geistliche Spiele, Übers. M. Kühne, Coimbra 1940.

19. Kolonialgeschichtsschreibung

Die Kolonialchronisten widmeten sich unter strengen kirchlichen und staatlichen Zensurbestimmungen (Wahrung von »Staatsgeheimnissen«!) der Aufarbeitung der Ereignisse in der »Neuen Welt«. Bei der Analyse der Texte ist die jeweilige Intention des Schreibers genau herauszuarbeiten; der Vergleich der Texte untereinander und die Gegenüberstellung mit den Äußerungen aus der »Sicht der Besiegten« (»visión de los vencidos«) erlaubt – auch implizit – das Aufzeigen von Widersprüchen, die Entlarvung der Ideologie und der Strategien des frühen span. Kolonialismus. Dialektisch interpretiert, stellen die Texte im transkulturellen Vergleich auch eine Deutung der damaligen europäischen Verhältnisse dar und spiegeln in ihren besten Vertretern gesellschaftliche Utopien wider, die teilweise bis heute noch nicht eingelöst sind.

Lit.: K.-H. Kohl (Hrsg.), Mythen der neuen Welt. Zur Entdeckungsgeschichte Lateinamerikas, Berlin 1982; W. Reinhard, Geschichte der europäischen Expansion, Bd. 2: Die Neue Welt, Stuttgart [u. a.] 1985; T. Todorov, Die Eroberung Amerikas. Das Problem des Anderen, Frankfurt a. M. 1985; U. Bitterli, *Die Wilden* und die *Zivilisierten*. Grundzüge einer Geistes- und Kulturgeschichte der europäisch-überseeischen Begegnung, München ²1991; F. Niess, Am Anfang war Kolumbus. Geschichte einer Unterentwicklung – Lateinamerika 1492 bis heute, München / Zürich 1991; F. Gewecke, Wie die neue Welt in die alte kam, München ²1992.
Anthologien und Übers.: L. und T. Engl (Hrsg.), Die Eroberung Perus in Augenzeugenberichten, München 1975 (dtv 1100); E. Rodríguez Monegal (Hrsg.), Die Neue Welt. Chroniken Lateinamerikas von Kolumbus bis zu den Unabhängigkeitskriegen. Mit zeitgen. Illustrationen, Frankfurt a. M. 1982 (Suhrkamp Taschenbuch, 811); M. León-Portilla / R. Heuer (Hrsg.), Rückkehr der Götter. Die Aufzeichnungen der Azteken über den Untergang ihres Reiches, Frankfurt a. M. 1986; D. Janik / W. Lustig (Hrsg.), Die span. Eroberung Amerikas. Akteure, Autoren, Texte. Eine komm. Anthologie von Originalzeugnissen, Frankfurt a. M. 1989; C. Strosetzki (Hrsg.), Der Griff nach der Neuen Welt. Der Untergang der indianischen Kulturen im Spiegel zeitgen. Texte, Frankfurt a. M. 1991.

Cristóbal Colón (it. *Christoforo Colombo*; 1451 Genua – 1506 Valladolid). Stammte aus einer Wollweberfamilie und war schon früh auf den Weltmeeren der Handelsschiffahrt zu Hause. Seit 1479 in Portugal auch Kontakte zur Navigationsschule in Sagres (Algarve), die Heinrich der Seefahrer (1394–1460) gegründet hatte und die damals Zentrum der entwickeltsten nautischen und astronomischen Erkenntnisse war. Die Geographen der Antike (Plinius, Strabo, Ptolemäus), die Weltbeschreibungen des Mittelalters, biblische Mythen und Reisebeschreibungen, vor allem Marco Polo (verf. 1298/99), prägten sein Weltbild mit. Nach jahrelangen vergeblichen Bemühungen des Genuesers unterzeichneten die Katholischen Könige am 17. April 1492 den Vertrag von Santa Fe bei Granada (*Capitulaciones de Santa Fe*), in dem Kolumbus freie Hand und finanzielle Unterstützung für seine Fahrt zur Entdeckung des Seewegs nach Westindien gegeben wurde. Zum Profitcharakter des Unternehmens hieß es: »Von allen Waren jedweder Art, seien sie Perlen, Edelsteine, Gold, Silber, Gewürze und andere Dinge, die innerhalb des genannten Admiralitätsbereiches gekauft, getauscht, gefunden und erworben werden, soll Christoph Kolumbus für sich als Gunsterweisung Ihrer Königlichen Hoheiten den zehnten Teil von allem haben, nachdem von den Waren alle Kosten in Abzug gebracht sind, so daß der zehnte Teil des Reingewinns zur freien Verfügung von Kolumbus bleibt und die übrigen neun Zehntel Ihren Hoheiten gehören« (R. Konetzke, Hrsg., *Lateinamerika seit 1492*, Stuttgart 1971, S. 3 f.). Neben wirtschaftlichen Interessen segneten der Papst und die Katholischen Könige auch die Missionsfunktion der Reise und die zu erwartende Bekehrung von Heiden ab.

Die drei Karavellen (Pinta, Santa María, Niña) stachen von Palos de la Frontera (bei Huelva) aus am 3. August 1492 mit 97 Mann Besatzung und 9 Passagieren in See und landeten nach 70tägiger Fahrt am 12. Oktober 1492 bei der Insel Guanahaní (von Kolumbus genannt San Salvador), heute Watling Island, eine der Bahama-Inseln, später auf Kuba und Haïti. Die weiteren Reisen (1493–96, 1498–1500 und 1502 bis 1504) verliefen nicht so erfolgreich, so daß Kolumbus

resigniert, verbittert und vereinsamt durch Intrigen und
Mißerfolge in Valladolid an Gicht starb.

Kolumbus hinterließ außer dem *Diario de a bordo* (1492,
auch *Diario del descubrimiento* genannt) 32 Briefe und Berichte (*cartas y relaciones*) über die 3. und 4. Reise an die Katholischen Könige, an verschiedene andere Persönlichkeiten
und an Verwandte.

Diario del descubrimiento (dt. *Tagebuch der Entdeckung*;
verf. 1492, ersch. 1825/26). Das Bordbuch von der 1. Reise,
das uns in zwei Kopien des Padre B. de las Casas und von
Fernando Colón, dem unehelichen Sohn des Kolumbus,
nach einer weiteren verlorengegangenen Kopie (1493) überliefert ist. Der unsicher tradierte Text ist nicht frei von Lusi-
tanismen, jedoch gilt die Fassung von Las Casas als authen-
tischer.

Der folgende Textauszug schildert die erste Begegnung am
12. Oktober 1492. Er spiegelt schon die beiden Welten wider,
die Unbefangenheit der Indianer und die lauernde Berech-
nung und das Abtaxieren der Verwertbarkeit durch die Eu-
ropäer. Hier ist der ungleiche Tausch schon vorprogram-
miert, der bis heute Kennzeichen der Beziehungen zwischen
der »Ersten« und der »Dritten« Welt ist:

> Alsbald versammelten sich dortselbst zahlreiche Insel-
> bewohner [...]. Da sie uns große Freundschaft erwiesen
> und ich erkannte, daß es Leute waren, die sich besser mit
> Liebe zu unserem heiligen Glauben befreien und beke-
> hren würden als mit Gewalt, gab ich einigen von ihnen ein
> paar bunte Mützen und etliche Glaskugeln, die sie sich
> um den Hals hängten, und allerhand andere Dinge von
> geringem Wert, an denen sie großes Vergnügen fanden,
> und sie waren uns derart zugetan, daß es ein Wunder
> war. Hernach kamen sie zu den Booten geschwommen,
> in denen wir saßen, und brachten uns Papageien und
> Knäuel mit Baumwollfäden, Wurfspieße und viele andere
> Dinge und tauschten sie gegen Dinge ein, die wir ihnen
> gaben, zum Beispiel Glaskügelchen und Glöckchen.
> Kurz gesagt, sie nahmen alles und gaben sehr bereitwillig

von dem, was sie hatten. Aber mir schien, als seien die
Leute sehr arm an allem. Sie gehen allesamt nackt herum,
wie sie ihre Mutter zur Welt gebracht hat, auch die
Frauen, obwohl ich nur eine sah, die noch sehr jung war;
und alle Männer, die ich sah, waren Jünglinge, denn ich
bemerkte keinen, der älter als dreißig Jahre gewesen
wäre: sehr gut gebaut, von sehr schöner Gestalt und sehr
angenehmen Gesichtszügen; ihr Haar war fast so dick
wie das von Pferdeschwänzen und kurz geschnitten: Sie
lassen es vorn nur bis zu den Augenbrauen wachsen, aber
hinten lassen sie einige Strähnen länger wachsen und
schneiden sie niemals ab [...].
Sie tragen keine Waffen und kennen sie auch nicht, denn
ich zeigte ihnen Schwerter, und sie faßten sie an der
Schneide und schnitten sich aus Unwissenheit. Sie haben
überhaupt kein Eisen: Ihre Wurfspieße sind Stöcke ohne
Eisenspitze, und an manchen von ihnen ist vorne ein
Fischzahn befestigt oder etwas anderes. Sie sind durchweg von großer Statur und gut gebaut, ihre Bewegungen
sind anmutig; ich sah einige, deren Körper Spuren von
Verletzungen aufwiesen; durch Gebärden fragte ich, was
es damit auf sich habe, und sie bedeuteten mir, von anderen nahe gelegenen Inseln kämen Leute, die sie mitnehmen wollten, und sie leisteten Widerstand; aber ich
glaubte und glaube auch jetzt noch, daß jene vom Festland dorthin kommen, um sie gefangenzunehmen. Sie
müssen treffliche Diener sein und von gutem Verstand,
denn ich sah, daß sie sehr schnell alles nachsagen konnten, was ich ihnen vorsprach, und ich glaube, man könnte
sie leicht zum Christentum bekehren, denn mir schien,
daß sie keiner Sekte angehören. Wenn es unserem Herrn
gefällt, werde ich bei meiner Abfahrt von hier sechs
Leute für Eure Hoheit mitnehmen, auf daß sie die spanische Sprache erlernen [...].

Schiffstagebuch, Übers. R. Erb, Leipzig ⁶1992, S. 23 f.
(Reclam-Bibliothek, 840).

Wirkungsgeschichte der Gestalt des Kolumbus: Leben und
Werk des Kolumbus haben immer wieder Schriftsteller,
Künstler und Komponisten angeregt. Die früh einsetzende
Mythifizierung (z. B. Anknüpfen an Odysseus) und Mythenzerstörung setzten sich bis in unsere Tage fort. Im
deutschsprachigen Bereich sind die Dramen von H. Kyser
(1929) und die Komödie von W. Hasenclever / K. Tucholsky
(1932) bedeutsam, wenn auch nicht so verbreitet wie P. Clau-
dels zweiteiliges Drama (1930, Komponist D. Milhaud), in
dem der sterbende Kolumbus sein eigenes Lebensepos an
sich vorbeiziehen sieht. Eine amüsante Mythenzerstörung
bringt der Altersroman des Kubaners A. Carpentier, *El arpa
y la sombra* (1979), in dem es um die Seligsprechung des Kolumbus durch die Kirche geht.

Ausg.: Diario del descubrimiento, Hrsg. M. Alvar, 2 Bde., Las Palmas 1976
[paläographische Ausg. mit Einl. und Anm.]; Textos y documentos com-
pletos. Relaciones de viajes, cartas y memorias, Madrid 1984.
Lit.: R. Menéndez Pidal, La lengua de C. C., CA 280; E. Frenzel, Kolum-
bus, in: E. F., Stoffe der Weltlit. Ein Lexikon dichtungsgeschichtlicher
Längsschnitte, Stuttgart ⁶1983, S. 423–428 (KTA 300); G. Granzotto,
Christoph Kolumbus. Eine Biogr., Reinbek bei Hamburg 1988; Acta
Columbina, Hrsg. H.-J. Lope [u. a.], Kassel 1990 ff.; J. L. Barceló F. de la
Mora / J. L. Barceló Mezquita, Summa colombina. Diccionario enciclo-
pédico de C., Madrid 1990; C. Scholz (Hrsg.), Columbus in Bildern und
Dokumenten, Freiburg [u. a.] 1991; S. Wiesenthal, Segel der Hoffnung.
Christoph Columbus auf der Suche nach dem gelobten Land, Berlin 1991
[These von der Unterstützung für die vertriebenen Juden]; R. Beck
(Hrsg.), Die Welt zur Zeit des Kolumbus. Ein Lesebuch, München 1992
(Beck'sche Reihe, 460).
Deutsch: Bordbuch. Mit einem Nachw. von F. Gewecke und zeitgen. Illu-
strationen, Frankfurt a. M. ²1992 (Insel-Taschenbuch, 476); Schiffstage-
buch, Übers. R. Erb, Nachw. J. Hell, Leipzig ⁶1992 (Reclam-Bibliothek,
840).

Fray Bartolomé de las Casas (1474? Sevilla – 1566? Madrid).
Dominikanerpater, der 1502 nach Lateinamerika kam. Sol-
dat, Feldgeistlicher (1513) und *encomendero* auf Kuba. Seine
Lebensaufgabe war es, die Erleichterung der Situation der
Indios bei Hofe durchzusetzen. Dagegen bereute er später
seine Empfehlung, Schwarze aus Afrika zu importieren, um

die Indios vor dem Aussterben zu bewahren. Auf sein Engagement hin erließ Karl V. die Indiengesetze (1542) zum Schutz der Indios, die in der Praxis jedoch kaum wirksam wurden. Bischof von Chiapas (1544). Berühmtes Streitgespräch 1550 in Valladolid zwischen ihm und seinem Widersacher Juan Ginés de Sepúlveda, einem konservativen Vertreter des Amtsklerus. Las C.' Bild ist in der Forschung bis heute umstritten, jedoch sollte dieser Kirchenmann aus den Widersprüchen seiner Zeit bewertet werden: dem fortschrittlichen Missionarsklerus, der immer wieder an die Grenzen der habsburgischen Feudalordnung und der traditionellen Kurie stieß. Als Vorläufer der Befreiungstheologie mit ihrer Option für die Armen wird Las C. heute neu interpretiert. Andererseits prägte er bereits das Bild vom »edlen Wilden« vor, das im 18. Jh. bei Rousseau u. a. zur Utopie zivilisationsmüder Intellektueller wurde.

Historia general de las Indias (dt. *Allgemeine Geschichte Indiens*; verf. 1552–61, ersch. 1875/76). Entdeckungsgeschichte bis 1520, deren hist. Wert heute umstritten ist, aus der aber zahlreiche Chronisten geschöpft haben.

Brevísima relación de la destrucción de las Indias (dt. *Kurzer Bericht über die Zerstörung Indiens*; verf. 1542, ersch. 1552). Schilderung der an den Indios verübten Grausamkeiten der Spanier bei der Eroberung Amerikas. »Vater der Indios«. Propagandaquelle in ganz Europa bis ins 19. Jh. für die Geschichte der »Leyenda negra«. Die Schrift sollte den Indien-Gesetzen von Karl V., die am 20. November 1542 unterzeichnet wurden, Nachdruck verleihen. In hist. Darstellungen über den Befreiungskampf der Niederlande und während des Unabhängigkeitskampfs der Kolonien zu Beginn des 19. Jh.s fanden die Schilderungen von den Grausamkeiten der Spanier teilweise wörtlich Eingang.

Die folgende berühmte Episode von dem Kaziken Hatuey stammt aus dem Kapitel über die Eroberung Kubas im Jahre 1511:

Als die Christen auf der Insel Cuba landeten, floh dieser Cazique sie überall, als einer, der sie kannte, und wehrte sich, wenn sie ihm etwa zu nahe kamen; endlich aber ward er gefangen. Weil er nun vor diesen grausamen und ruchlosen Menschen floh, und sich gegen diejenigen wehrte, die ihn ums Leben zu bringen oder ihn wenigstens nebst allen seinen Leuten und Blutsfreunden bis auf den Tod zu peinigen suchten; so beschlossen sie, ihn lebendig zu verbrennen. Als er bereits an den Pfahl gebunden war, sagte ihm ein Geistlicher vom Orden des heiligen Franciscus, ein gottseliger Mann, der sich dort aufhielt, verschiedenes von Gott und unserem Glauben, wovon der Cazique noch nie das geringste gehört hatte. Der Geistliche suchte sich die wenige Zeit, welche ihm die Henkersknechte verstatteten, so gut als möglich zunutze zu machen, und versicherte ihn endlich, wenn er dasjenige, was er ihm da sage, glauben wolle, so werde er in den Himmel kommen, und ewige Freude und Ruhe daselbst genießen; widrigenfalls aber werde er in der Hölle ewige Qual und Pein leiden müssen. Der Cazique dachte hierüber ein wenig nach, und fragte sodann den Geistlichen, ob denn auch Christen in den Himmel kämen. Allerdings, sagte der Geistliche, kommen alle guten Christen hinein! Sogleich, und ohne weiteres Bedenken, erwiderte der Cazique, dort wolle er nicht hin, sondern lieber in die Hölle, damit er nur dergleichen grausame Leute nicht mehr sehen, noch da sich aufhalten dürfe, wo sie zugegen wären. So beförderten die Spanier, welche sich nach Indien begaben, die Ehre Gottes und unserer Religion!

> Übers. D. W. Andreä, Kurzgefaßter Bericht von der Verwüstung der Westindischen Länder, Frankfurt a. M.: Insel Verlag, ²1981, S. 26 f.

Ausg.: Obras completas, 14 Bde., Hrsg. P. Castañeda Delgado / A. García del Moral, O. P., Madrid [im Ersch.].
Lit.: J. Friede, B. de Las C. – precursor del anticolonialismo – su lucha y su derrota, México 1974; J. A. Maravall, Utopía y primitivismo en el pensamiento de Las C., in: RdO 141 (1974) 311–388; M. Bataillon / A. Saint-Lu, El padre Las C. y la defensa de los indios, Esplugues de Llobregat, Barcelona 1976 [Ergebnis jahrzehntelanger Einzelstudien]; R. Schneider, Las C. vor Karl V. (1938), Frankfurt a. M. 1979 [u. ö.]; J. von Stackelberg, Primero

el clérigo C.: Zur Legende vom Apostel der Indios als Initiator des Negersklavenhandels, in: Iberoromania 13 (1981) 30–46; U. M. Fiechtner / S. Vesely, Erwachen in der neuen Welt – die Geschichte von B. de las C., Baden-Baden 1988 [Kinderbuch]; T. Eggensperger / U. Engel, B. de las C. Dominikaner – Bischof – Verteidiger der Indios, mit einem Nachw. von G. Gutiérrez, Mainz 1991 (Topos Taschenbuch, 207); G. Gutiérrez, Gott oder das Gold. Der befreiende Weg des B. de Las C., Freiburg i. Br. 1992.
Deutsch: Kurzgefaßter Bericht von der Verwüstung der Westindischen Länder, Übers. D. W. Andreä, Hrsg. H. M. Enzensberger, Frankfurt a. M. ²1981 (Insel-Taschenbuch, 553).

Gonzalo Fernández de Oviedo (1478 Madrid – 1557 Santo Domingo). Lehr- und Wanderjahre in Spanien und Italien. Als königlicher Beamter 1514 nach Lateinamerika. Seit 1532 offizieller, aber politisch einflußloser Kolonialchronist.
Historia general y natural de las Indias (dt. *Allgemeine Geschichte und Naturgeschichte Indiens*; 1. Teil 1526, 2./3. Teil 1551–54). Werk eines Soldaten ohne größere humanistische Bildung, der zahlreiche Informationen aus eigener Anschauung zu einem wertvollen Quellenwerk verarbeitet hat. Vor allem die Naturbeschreibungen (Pflanzen- und Tierwelt) bieten kuriose Beispiele für das angespannte Bemühen, mit mittelalterlicher Nomenklatur exotische Beobachtungen zu verarbeiten und zu bewerten.

Ausg.: Sumario de la Natural Historia de las Indias, Hrsg. M. Ballesteros Gaibrois, Madrid 1986 [Studienausg. mit Erl.].
Lit.: B. Scharlau, Tiger-Semantik. G. F. de O. und die Sprachprobleme in Las Indias, in: Iberoamericana 18 (1983) 51–68; K. Kohut, Humanismus und Neue Welt im Werk von G. F. de O., in: W. Reinhard (Hrsg.), Humanismus und Neue Welt, Weinheim 1987, S. 65–88.

Hernán Cortés (1485 Medellín, Extremadura – 1547 Castilleja de la Cuesta, Prov. Sevilla). Nach Studienjahren an der Universität Salamanca Teilnahme an der Eroberung Haïtis und Kubas unter dem Gouverneur Diego Velázquez. Von 1519 bis 1521 Eroberung und Plünderung des Aztekenreichs (H. Heine: »Räuberhauptmann«), Ermordung des Herrschers Moctezuma nach Verrat. Später für seine Verdienste geadelt.

Cartas de relación de la conquista de Méjico (dt. *Briefberichte über die Eroberung Mexikos*; 1522–25). Briefe und Berichte an Karl V. mit Schilderung der Eroberung des Aztekenreichs. Parallelen zu Caesars Rechtfertigungsschrift *De bello Gallico* (entst. 52/51 v. Chr.) in Anlage, Stil und Motivgestaltung. Textbeispiel: Im Jahre 1519 befand sich C. als Ehrengast in der Stadt Cholula (im heutigen Staat Puebla), nahm jedoch zweifelhafte Gerüchte zum Anlaß, die hauptsächlich wegen ihrer Töpferwaren blühende Stadt zu zerstören. Unter den niedergerissenen Gebäuden war auch die große Stufenpyramide von Cholula (62 m hoch, 160 000 m² Grundfläche), die im Verlauf von 1400 Jahren mehrfach überbaut worden war.

> Meinen Leuten gab ich Weisung, auf alles bereit zu sein und auf das Signal eines Büchsenschusses über die ganze Menge der Indianer, die sich im Hofe und in der Umgebung aufhielten, herzufallen. Sie gehorchten; ich ließ die Geiseln im Saal festbinden, gab das Zeichen, wir stiegen zu Pferde und fielen über die Masse der Indianer her, von denen wir in zwei Stunden mehr als zweitausend umbrachten. Eure Majestät möge wissen, daß alles, noch bevor wir unser Haus verlassen hatten, wohl vorbereitet worden war, denn die Straßen waren bereits versperrt und die Indianer auf ihren Posten. Wenn wir sie überrumpelt und so völlig geschlagen haben, so kommt das daher, daß sie keine Führer hatten, da diese nämlich von mir vergiftet worden waren. Ich ließ an die Türme und an die befestigten Häuser, von denen aus man uns hätte Schaden zufügen können, Feuer anlegen. Den Kampf setzte ich in der Stadt fort, nicht ohne eine tüchtige Besatzung in unserm Haus zurückgelassen zu haben, und schließlich gelang es mir mit Hilfe von fünftausend Tlaxcala- und vierhundert Cempoal-Leuten, die Einwohner aus der Stadt zu jagen.

> Übers. M. Spiro und C. W. Koppe, Frankfurt a. M.: Insel Verlag, 1980, S. 42 f.

Ausg.: Cartas y documentos, Hrsg. M. Hernández Sánchez, México 1963.
Lit.: E. Straub, Das Bellum iustum des H. C. in Mexiko, Köln / Wien 1976

(Archiv für Kulturgeschichte, Beih. 11); S. de Madariaga, C. Eroberer Mexikos (1941), München 1984.
Deutsch: Die Eroberung Mexikos. Drei Berichte von H. C. an Kaiser Karl V., mit 112 Federlithographien von M. Slevogt, Übers. M. Spiro und C. W. Koppe, Hrsg. C. Litterscheid, Frankfurt a. M. 1980 (Insel-Taschenbuch, 393).

Bernal Díaz de Castillo (1492 Medina del Campo – 1581 Mexiko). Nahm als Soldat an den Eroberungszügen von Cortés teil und wurde mit verschiedenen *encomiendas* (Landzuteilung mit indianischen Zwangsarbeitern) belohnt.
Historia verdadera de la conquista de la Nueva España (dt. *Wahrhafte Geschichte der Eroberung Neuspaniens;* seit 1552 in Arbeit, ersch. 1632). Werk eines einfachen Soldaten, gegen die idealisierende Heroendarstellung von López de Gómara. Hauptsächlich Schilderung der Eroberung Mexikos und anderer Beutezüge zwischen 1514 und 1568 in 240 Kapiteln. Anschauliche und detaillierte Chronik, in welcher der Verf. auch auf die Verdienste der kleinen Militärs aufmerksam machen wollte. Die (zensierte) Erstaufl. von 1632 weicht teilweise erheblich von einer Abschrift aus Guatemala ab, die erst 1904 ediert wurde. G. García Márquez bezeichnete dieses Werk wegen der Verknüpfung verschiedener Zeit- und Wirklichkeitsebenen als wichtigen Vorläufer des »magischen Realismus«.

Ausg.: Hrsg. C. Saenz de Santa María, Madrid 1982 [krit. Ausg.].
Lit.: G. Johnson, B. D. and the women of the conquest, in: Hispanófila 1 (1984) 67–77; M. Alvar, Americanismos en la *Historia* de B. D. del C., Madrid ²1990.
Deutsch: Wahrhafte Geschichte der Entdeckung und Eroberung von Mexiko, Übers. G. A. Narciss, Frankfurt a. M. ³1988 [Nachw. T. Todorov].

Fray Bernardino de Sahagún (1499? Sahagún, Prov. León – 1590 Mexiko-Stadt). Franziskanerpater, der in Náhuatl schrieb, um sich den Mexikanern verständlich zu machen. Trat für die Zulassung von missionierten Indios zum Priesterdienst ein.
Historia general de las cosas de Nueva España (dt. *Allge-*

meine Geschichte der Angelegenheiten Neuspaniens; verf.
1547–82, ersch. 1829–30). Hauptquelle für Religion, Staats-
aufbau und Alltagsgeschichte der Azteken. Zahlreiche Informanten haben zu diesem Werk beigetragen, jedoch hat der
Autor auch eigene Nachforschungen angestellt. Die missio-
narische Absicht dieser vom Náhuatl ins Span. übertragenen
Chronik tritt oft hinter dem kulturkundlichen Interesse
zurück. Der Text wurde 1579 von der Inquisition konfisziert,
da man eine Neubelebung der heidnischen Vorstellungen der
Azteken befürchtete.

Ausg.: Hrsg. A. M. Garibay, México ³1975.
Lit.: M. Ballesteros Gaibrois, Vida y obra de Fray B. de S., León 1973;
K. Zimmermann / P. Neuenhaus, Übersetzung, Entlehnung und Sprach-
theorie bei den span. Missionaren im Mexiko des 16. Jh.s, in: Neue Roma-
nia 6 (1987) 81–121.
Deutsch: Aus der Welt der Azteken. Die Chronik des Fray B. de S., aus-
gew. und mit einem Nachw. von C. Litterscheid, Vorw. J. Rulfo, Übers.
L. Schultze [u. a.], Frankfurt a. M. 1989.

Francisco López de Gómara (1512 Gómara, Soria – 1572?
Sevilla). Feldpriester bei Cortés.
Historia general de las Indias y conquista de Méjico (dt. *Allgemeine Geschichte von Westindien und Eroberung von
Mexiko*; 1552).
Idealisierung von Cortés im 2. Teil in der Tradition der antiken Geschichtsschreibung. Glorifizierung der span. Erobe-
rungstaten, die nur selten Rückschläge wie in der »Noche
triste« von Tlatelolco (1520) erlitten.

Ausg.: BAE 22, S. 295–455.
Lit.: G. Manrique, L. de G., capellán de H. Cortés. Su vida, su obra y sus
viajes, Madrid 1956; A. Moser, Geschichtsschreibung und politische Zensur unter Karl V. Der Fall F. L. de G., in: SpFdGG 27 (1973) 338–358.

Pedro de Aguado (1513 Valdemoro bei Madrid – nach 1589
wahrsch. Kolumbien). Franziskanerpater, der 15 Jahre in
Lateinamerika verbracht hat und hauptsächlich als Chronist
von Venezuela und Kolumbien bekannt geworden ist.
Historia de Santa Marta y Nuevo Reino de Granada (dt.

Geschichte von Santa Marta und dem Neuen Reich von Granada; ersch. 1916–17). Enthält Schilderungen von der Suche nach dem Goldland Eldorado, einem verlustreichen Traum der Spanier. Das Ms. der Chronik war einflußreich für die *Noticias historiales de Venezuela* (Teil I und II publiziert 1627) des Franziskanerpaters Pedro Simón (1581 – nach 1626). Wegen massiver Bedenken der Zensur wurde diese Chronik erst Anfang des 20. Jh.s gedruckt.

Textauszug: Entlarvende Episode am Beispiel des Bischofs Juan de Calatayud von Santa Marta:

> Der Bischof tadelte die Spanier hart und sagte ihnen: »Laßt sie [die Indios], und tut ihnen kein Übel, denn es sind Gottes Schäfchen.« Er trachtete auf alle Arten danach, daß sie keine Unbill von den Spaniern erfuhren. Kurze Zeit danach kehrten die Indios das Blatt um und kamen mit ihren Waffen, um dem Bischof für seine Wohltaten zu danken. Sie begannen auf die Spanier mit Pfeilen zu schießen, sie zu verwunden und übel zu traktieren. Unter den ersten Verwundeten war der Bischof. Als er sich so behandelt sah, begann er, die Spanier laut anzufeuern: »Auf sie, Brüder, auf sie, das sind keine Lämmer Gottes, sondern Wölfe des Satans!«

> Fray P. de A., Recopilación historial de Venezuela, Bd. 1, Caracas ²1987, S. 62 f.

Ausg.: Recopilación historial de Venezuela, 2 Bde., Caracas ²1987 [mit Einl. von G. Morón].

Lit.: O. Fals-Borda, Odyssey of a sixteenth-century document. Fray P. de A.s *Recopilación Historial*, in: The Hispanic American Historical Review 35, 2 (Mai 1955) 203–220; J. Friede, La censura española y la *Recopilación Historial* de P. A., in: Boletín Cultural y Bibliográfico (Bogotá) 6 (1963) 165–192; J. M. Navarro, Configuración textual de la *Recopilación historial de Venezuela* de P. de A., Caracas 1993.

20. Anfänge des Schelmenromans
(Novela picaresca)

Umstrittene Gattungsbezeichnung für eine Gruppe von etwa
35 Romanen zwischen 1554 (*Lazarillo de Tormes*) und 1680,
in denen ein Schelm span. *pícaro* (Etymologie noch kontro-
vers) die Hauptrolle spielt. Bewußte Abkehr von den phan-
tasievoll idealisierenden Ritter-, Schäfer-, Mauren- und
Abenteuerromanen des 16. und 17. Jh.s.
Lit. Gattungsmerkmale sind einem ständigen Wandel unterworfen, trotzdem ist häufig auf bestimmte Eigenarten der
novela picaresca hingewiesen worden, die in dieser Geschlossenheit jedoch idealtypische Züge tragen:
a) Hauptgestalt *pícaro*, b) fingierte autobiogr. Erzähltechnik,
c) Episodenfolge (Dienst des *pícaro* bei mehreren Herren,
dabei aber Entwicklung der Hauptfigur), d) Fortsetzungs-
charakter, e) Gesellschaftskritik und Satire, f) Realismus im
Detail.
Antiheroisches Bild des *pícaro*, aber auch sozial als lit. Widerspiegelung der zunehmenden Verarmung breiter Bevölkerungsschichten durch den Frühkapitalismus, die Folgen
der Kolonisation, die Vernachlässigung der unrentablen
Agrarwirtschaft, die Landflucht u. a. zu deuten. Nach Hoch-
rechnungen, Verordnungen und Erlassen gab es im 16. Jh. in
Sevilla, Toledo und Madrid ca. 150 000 Bettler bei 9 Mio. Ein-
wohnern. In diesem Sinne kann die *novela picaresca* als
Anwältin von Problemen der Marginalisierten angesehen
werden.
Die Armenlehren des Mittelalters sahen die Armut als gott-
gewollt an (»Arm im Diesseits, reich im Jenseits«). Die Cari-
tas sicherte einen Platz im Himmel (obrar bien = gute Werke
tun). Diese Ideologie kreuzte sich mit neuen Armenlehren,
die zwar noch keine soziostrukturellen Ursachen für die
Erklärung der Armut anführten, aber das Elend doch als Tat-
bestand des Unvermögens, als Krankheit und Gebrechen
– nicht mehr als Schicksal – ansahen. Der Staat richtete

Arbeits- und Armenhäuser, Obdachlosenasyle und Heime ein, um sozialem Unfrieden vorzubeugen (vgl. J. L. Vives, *De subventione pauperum*, Brügge 1526). Die heutigen Soziallehren und Moraltheologen betonen bei der Armut den Aspekt der Bedrohung der Menschenwürde.

Das Problem der lit. Vorläufer ist wegen des Umfangs nicht befriedigend zu lösen: Antike: Petron, Apuleius, span. Übersetzungen des *Goldenen Esels* 1513, 1543, 1553. Frankreich: Fabliaux, Roman de Renart. Italien: Boccaccio, Masuccio, *Novellino* (1476). England: Chaucers *Canterbury Tales* (1387). Deutschland: Schwanklit., Volksbuch von Till Eulenspiegel. Spanien: Arcipreste de Hita, Arcipreste de Talavera, *Celestina*, F. Delicado, *La lozana andaluza* (1528), J. Roig, *Spill* (auch u. d. T. *Libre de les dones*, 1531).

Ausg.: La novela picaresca española, Hrsg. Á. Valbuena Prat, Madrid [6]1968; Hrsg. F. Rico, 2 Bde., Barcelona [2]1970.
Lit.: H. Petriconi, Zur Chronologie und Verbreitung des span. Schelmenromans, in: VKR 1 (1928) 324–342 [nützlicher Aufsatz zur Eingrenzung der Gattung]; C. Guillén, Toward a definition of the picaresque, in: Actes du III Congrès de l'AILC (Utrecht 1961), La Haye 1962, S. 252–266; T. Hanrahan, S. J., La mujer en la novela picaresca española, 2 Bde., Madrid 1967; H. Heidenreich (Hrsg.), Pikarische Welt. Schriften zum europäischen Schelmenroman, Darmstadt 1969 (Wege der Forschung, 163); H. G. Rötzer, Pícaro – Landstörtzer – Simplicius, Darmstadt 1972; A. Stoll, Wege zu einer Soziologie des pikaresken Romans, in: Span. Lit. im Goldenen Zeitalter. Festschrift für F. Schalk zum 70. Geburtstag, Frankfurt a. M. 1973, S. 461–518; J. A. Gutton, La société et les pauvres en Europe (16.–18. Jh.), Paris 1974; J. A. Maravall, La literatura picaresca desde la historia social (Siglos XVI y XVII), Madrid [2]1987 [Standardwerk, das viele neue Horizonte öffnet]; E. Frenzel, Schelm, Pícaro, in: E. F., Motive der Weltlit. Ein Lexikon dichtungsgeschichtlicher Längsschnitte, Stuttgart [3]1988, S. 631–642 (KTA 301); J. L. Laurenti, Catálogo bibliográfico de la literatura picaresca (siglos XVI–XX), Kassel 1991.
Deutsch: Span. Schelmenromane, Hrsg. H. Baader, 2 Bde., Darmstadt [2]1965.

Vida de Lazarillo de Tormes y de sus fortunas y adversidades (dt. *Das Leben des Lazarillo von Tormes, seine Freuden und Leiden*; 1554). Anonyme erste *novela picaresca*. Vermutete Verf. Diego Hurtado de Mendoza (1503–75), Fray

Juan de Ortega (Ordensgeneral), Sebastián de Horozco (1510?–80) u. a. Erstausg. gleichzeitig in Burgos, Antwerpen und Alcalá de Henares. Die Abfassungszeit liegt nicht vor 1520. An hist. Ereignissen erwähnt werden der Kampf um die Insel Gelves, bei dem Lazarillos Vater fällt (1510 oder 1520) und die Cortés in Toledo (1525 oder 1538).

In sieben Kapiteln (*tratados*) erzählt der kleine Lázaro (die Bezeichnung *pícaro* kommt im ganzen Roman nicht vor) seine Lebenserfahrungen: wie er nacheinander einem Blinden, Geistlichen, Hidalgo, Mönch, Ablaßkrämer, Maler, Kapellan und Polizeibüttel dient. Schließlich wird er Ausrufer in Toledo und heiratet das Dienstmädchen eines Erzpriesters. Lazarillo ist nur mit Einschränkungen als »erster Vertreter des Lumpenproletariats in der Lit.« (F. R. Fries) zu bezeichnen. Der Existenzkampf zwingt den *pícaro* immer von neuem, seinen Herrn zu wechseln, um bei dem Geiz seiner Herren nicht zu verhungern. Im Verlaufe des Textes wird Lazarillo immer erfindungsreicher, wenn es sich durchzusetzen gilt. Lazarillo bettelt in Ermangelung sicherer Lohnarbeit. Seine Armut ist unverschuldet und laut der damaligen Theologie ein legitimer Sozialzustand. Der Blinde dagegen ist die Perversion der Armut; denn er beutet die christliche Caritasgesinnung schamlos aus. Gesellschaftskritik und antiklerikale Haltung (Einflüsse des Erasmismus), die hier noch humorvolle Züge tragen, verschärfen sich in den späteren *novelas picarescas* zu bissiger Misanthropie und tiefem Pessimismus.

Im *Lazarillo de Tormes* sind zahlreiche Schwankmotive verarbeitet, die jedoch nie ausschließlich den Erzählungsverlauf bestimmen wie im Volksbuch von Till Eulenspiegel. Die scheinbar autobiogr. Ich-Form hebt die Distanz zwischen Subjekt und Objekt, zwischen Leser / Leserin und Handlung auf. »Die Wahl dieses stellvertretenden, fremden Ich war einer der genialsten Kunstgriffe dessen, der den Roman wirklich verfaßt hat« (H. Baader).

Span. Fortsetzungen: Anonym (1555), Juan de Luna (Paris

1620, verschärfte Satire auf Klerus und Inquisition). Die Originalfassung des *Lazarillo de Tormes* wurde wegen ihrer antiklerikalen Tendenz indiziert, jedoch erschien ein *Lazarillo castigado* (1573), in dem das 4. und 5. Kapitel getilgt und einige Sätze emendiert wurden.

Als Textbeispiel die berühmte Episode mit dem Blinden aus dem 1. Kapitel:

> Wir gingen aus Salamanca hinaus und kamen an die Brücke, an deren Eingang ein steinernes Tier steht, das fast die Gestalt eines Stiers hat, und der Blinde befahl mir, dicht an das Tier heranzugehen, und als ich dort stand, sagte er mir: »Lázaro, leg dein Ohr an diesen Stier, und du wirst drinnen einen großen Lärm hören.« Ich in meiner Einfalt tat es, weil ich glaubte, es sei so. Und als er fühlte, daß ich den Kopf dicht bei dem Stein hatte, steckte er kräftig die Hand aus und gab mir einen großen Schlag an den Kopf gegen den verteufelten Stier, so daß der Schmerz von diesem Hornstoß mehr als drei Tage währte und sagte mir: »Tölpel, lern, daß der Blindenjunge etwas mehr als der Teufel wissen muß.« Und er lachte sehr über den Streich. Es schien mir, daß ich in dem Augenblick aus der Einfalt aufwachte, in der ich als Kind geschlafen hatte.

Ausg.: Hrsg. E. Moreno Báez, Cieza 1959 [Faks.-Ausg. der drei Erstdrucke 1554]; Hrsg. J. Caso González, Madrid 1967 (BRAE Anejo 17) [krit. Ausg., Vorw., Anm.]; Hrsg. J. Cejador y Frauca, CC 25.

Lit.: G. Siebenmann, Über Sprache und Stil im *Lazarillo de Tormes*, Bern 1953 (Romanica Helvetica, 43); E. Tierno Galván, ¿Es el *Lazarillo* un libro comunero? In: Boletín Informativo del Seminario de Derecho Político de la Universidad de Salamanca 20–23 (1957/58), 217–220; M. Bataillon, Novedad y fecundidad en el *Lazarillo de Tormes*, Salamanca [u. a.] 1968; J. Rodríguez-Puértolas, *Lazarillo de Tormes* o la desmitificación del Imperio, in: J. R.-P., Literatura, historia, alienación, Barcelona 1976, S. 173–199; J. M. Alegre, Lázaro de Tormes y su entorno social, Kopenhagen 1980; K. Meyer-Minnemann, Die Fortsetzbarkeit der novela picaresca: der *Lazarillo de Tormes* und seine Fortsetzungen, in: Gestaltung Umgestaltung, Tübingen 1990, S. 229–243.

Deutsch: Nach dem Ms. der Breslauer Dombibliothek von 1614 hrsg. von H. Tiemann, Hamburg 1951; Nachdr. RUB 1389 [Nachw. G. Noehles]; neu durchges. und komm. von F. R. Fries, Übers. M. Meier-Marx, Berlin 1985 (Wagenbachs Taschenbücherei, 21).

B.

Epoche Philipps II. (1556–1598)

21. Lyrik

Salmantiner Dichterschule

Dichtergruppe im weitesten Sinne, deren Mitglieder sich den klassischen Idealen von Fray Luis de León verbunden fühlten, ohne im eigentlichen Sinne seine Schüler zu sein. Sie strebten nach schlichtem und präzisem Ausdruck ohne Rhetorik und gesuchtem Wortschatz, nach dem Spiel mit Gedanken (*conceptismo*), bevorzugten die Kurzstrophe und schulten sich an der Übersetzung antiker Lyrik (vor allem Horaz). In ihren Ausläufern näherte sich diese Dichtergruppe bereits den Anfängen der Barocklyrik, z. B. bei Torre (mit der Thematik des Nachtkults) und Aldana (Verklärung des mystischen Gefühls).

Fray Luis de León (1527 Belmonte del Tajo, Prov. Cuenca – 1591 Madrigal de las Altas Torres, Prov. Ávila). Augustinermönch. Scholastisch-patristische Ausbildung in Salamanca, Alcalá de Henares, Toledo (1541–57). Seitdem Lehrtätigkeit in Salamanca, unterbrochen durch eine fünfjährige Untersuchungshaft im Gefängnis von Valladolid (1572–76). Hauptanklagen seiner rivalisierenden Gegner (Dominikaner) im Inquisitionsprozeß: Er messe dem hebräischen Text der Bibel größere Bedeutung bei als der Vulgata; er habe – entgegen der Vereinbarung auf dem Tridentinischen Konzil (1545–63) – zur illegalen Verbreitung seiner span. Übers. des *Canticum canticorum* (1561, Hohelied Salomons) beigetragen. Nach der völligen Rehabilitierung erhielt Fray Luis einen triumphalen Empfang in Salamanca. Seine ersten Worte vor dem großen Auditorium sollen gewesen sein: »Dicebamus hesterna die« (»Ich sagte gestern«), sprichwörtlich für christliche Toleranz. Kurz vor seinem Tode wurde er zum Provinzial (Vorsteher einer Ordensprovinz) für Kastilien ernannt. Als Eklektiker verband er eine umfassende humanistische Bildung (Bibel, Antike, Patristik, it. Kultur) mit einem vielseitigen Interesse für Theologie, Lit., Mathematik, Medizin, Malerei, Musik usw.

Als Lyriker berühmte Oden: *La vida retirada* (»¡Qué descansada vida!«), Thema des horazischen »Beatus ille«; *A Francisco de Salinas* (»El aire se serena …«), Wesen der Musik als platonisch-pythagoräische Sphärenharmonie; *Noche serena* (»Cuando contemplo el cielo …«), Gegensatz zwischen Irdischem und Göttlichem; *A Felipe Ruiz* (»¿Cuándo será que pueda …?«), Sehnsucht nach göttlicher Wahrheit. Der folgende Odenanfang ist wahrscheinlich während seiner Inquisitionshaft in Valladolid entstanden:

Noche serena

Cuando contemplo el cielo
de inumerables luces adornado
y miro hacia el suelo
de noche rodeado,
en sueño y en olvido sepultado;
  el amor y la pena
despiertan a mi pecho un ansia ardiente;
despiden larga vena
los ojos hechos fuente,
Olarte, y digo al fin con voz doliente:
[…]

Wenn ich zum Himmelszelt
aufschau, wo Stern an Stern sich funkelnd drängt,
und dann wie unsre Welt
mit Schatten rings verhängt
bewußtlos liegt in dumpfem Schlaf beengt:
dann steht aus Lieb und Sehnen
mir flammend eine Angst im Herzen auf
und quellen viele Tränen

und stürzen ihren Lauf,
bis es sich klagend löst in Worte auf:
[...].

Übers. K. Vossler, Poesie der Einsamkeit in Spanien,
München: C. H. Beck, ²1950, S. 175.

Seine wichtigsten Prosaschriften sind:
De los nombres de Cristo (dt. *Über die Namen Christi*; 1583).
Theologischer Traktat über die Deutung der 14 Beinamen
Christi (z. B. Hirte, Friedensfürst, Lamm Gottes) in Form
einer mittelalterlichen Disputation. Das Werk ist als Trost-
schrift während der Inquisitionshaft in Valladolid entstanden.
La perfecta casada (dt. *Die vollkommene Ehefrau*; 1583).
Idealbild der demütigen und züchtigen christlichen Ehefrau. Kulturhist. aufschlußreich, weil einige Ideologeme in
konservativ-katholischer Tradition bis in die Gegenwart
reichen. Eines der Vorbilder neben den biblischen und antiken Quellen war zweifellos J. L. Vives, *De institutione feminae christianae* (1523, *Von der Unterweisung einer christlichen Frau*).

Ausg.: Obras completas castellanas, Hrsg. P. F. García, Madrid ²1951
(BAC); Poesías, Hrsg. O. Macrí, Barcelona ²1982 [krit. Ausg.]; De los
nombres de Cristo, Hrsg. F. de Onís, CC 28, 33, 41.
Lit.: K. Vossler, Fray L. de L., Madrid 1946 [idealistische Sicht eines »inneren Emigranten«]; A. Guy, El pensamiento filosófico de Fray L. de L.,
Madrid 1960; C. Morón Arroyo [u. a.], Fray L. de L.: aproximaciones a su
vida y su obra, Santander 1989.
Deutsch: Ausgewählte Gedichte, Übers. E.-E. Keil, Düsseldorf 1989
[zweispr. Ausg.; Einl. und Anm. L. Schrader].

Francisco de Aldana (1537 Alcántara? Prov. Cáceres – 1578
Alcácer Quibir, Marokko). »Krieger, Humanist, Einsiedler«
(K. Vossler). Fiel mit dem portug. König D. Sebastião, einem
Neffen Philipps II., in der Schlacht bei Alcácer Quibir
(9000 Tote, ebenso viele Gefangene). Religiöse und weltliche
Lyrik mit den Themen Liebe, Familie, Landschaft und Vater-
land.

Ausg.: Poesías castellanas completas, Hrsg. J. Lara Garrido, Madrid ²1985 (Cátedra, 223); Poesías, Hrsg. E. L. Rivers, CC 143.
Lit.: K. Vossler, Poesie der Einsamkeit in Spanien, München ²1950, S. 210–231; D. G. Walters, The poetry of F. de Á., London 1988.

Francisco de la Torre (1534? Torrelaguna? – 1594?). Soldat und Priester. Melancholische Nachtlyrik voll mystisch-schwärmerischer Stimmung.

Ausg.: Poesía completa, Hrsg. M. L. Cerrón Puga, Madrid 1984;
Hrsg.: A. Zamora Vicente, CC 124.
Lit.: M. L. Cerrón Puga, El poeta perdido: aproximación a F. de la T., Pisa 1984.

Francisco de Medrano (1570 Sevilla – 1607 ebd.). Horaz-übersetzer und -nachahmer. Seine 34 Oden und 52 Sonette sind in erster Linie Liebeslyrik. Wiederentdeckung und Edition seiner Werke durch D. Alonso.

Ausg. und Lit.: D. Alonso / S. Reckert, Vida y obra de M., 2 Bde., Madrid 1948–58.

Sevillaner Dichterschule

Dichtergruppe um F. de Herrera am Mäzenatenhof des Grafen von Gelves (Sevilla), die mit ihren poetischen Idealen im Gegensatz zur Salmantiner Dichterschule stand: meist schwülstige Sprache voll von Rhetorik, Neologismen, Hyperbata, Metaphern, Spiel mit Worten, Phantasie, Klang, Form (*culteranismo*, Vorläufer Góngoras). Bevorzugung des Langverses und von Tages- und Gelegenheitsthemen im Gegensatz zur tiefen, philosophischen Gedankenlyrik von Fray Luis de León.

Fernando de Herrera (1534 Sevilla – 1597 ebd.). Beiname »El Divino« (Der Göttliche). Kein strahlender Typ des *cortegiano* (Hofmanns) wie Garcilaso de la Vega, sondern zurückgezogen von einer Pfarreipfründe lebender Intellektueller. Platonische Liebe zu Leonor de Milán, der Gattin des zwei-

ten Grafen von Gelves, die um 1565 in Sevilla einen lit. Salon
führte. Liebeslyrik in der Tradition Petrarcas; religiöse, bu-
kolische, patriotische Themen (berühmte »Canción por la
batalla de Lepanto«).
Anotaciones a las obras de Garcilaso (dt. *Kommentar zu den
Werken des Garcilaso*; 1580). Bedeutendste span. Poetik des
16. Jh.s. Vergleichsdaten: in Italien Sp. Speroni, 1542; in
Frankreich J. du Bellay, 1549. Manifest der Sevillaner Dichterschule (Prolog von F. de Medina). Lob der Volkssprache.
Formalkritik an der *Celestina*, Lob Garcilaso de la Vegas.
Ablehnung blinder Nachahmung antiker und it. Vorbilder
(gegen Salmantiner Dichterschule gerichtet), Forderung nach
eigener schöpferischer Phantasie (Motive, Themen, Stile).
Unterscheidung zwischen *conceptismo* und *culteranismo*,
zwischen Dichter- und Alltagssprache.

Ausg.: Poesías completas, Hrsg. V. García de Diego, CC 26; Obra poética,
Hrsg. J. M. Blecua, 2 Bde., Madrid 1975 [krit. Ausg.].
Lit.: J. Kapuste, Das poetische Vokabular bei F. de H. und Luis de Gón-
gora. »Cultismos«, Neologismen, Archaismen, Augsburg 1972; O. Macrí,
F. de H., Madrid ²1972 (BRH II,43); B. López Bueno, La poética cultista
de H. a Góngora, Sevilla 1987.

22. Drama

Humanistentheater, religiöses Theater (Weihnachts- und
Osterspiele, dramatisierte Heiligenviten) und Volkstheater.
Eine voll ausgebildete span. Nationalbühne existierte nicht
vor Lope de Vega; daher zu Recht Bezeichnung dieses Theaters als »teatro prelopista«.

Lope de Rueda (1505? Sevilla – 1565 Córdoba). Zog mit
einer Wanderbühne durch die Lande; noch der junge Cervantes hat seine Aufführungen gesehen. Vier *comedias* it.
Nachahmung mit ausgefeilter Handlung (»Rueda enreda«)
und volkstümliche *pasos*, Prosadialoge zwischen Hirten
und Bauern, bei denen schon der *bobo* als Vorläufer des

gracioso (lustige Person) auftaucht. Die Gattung mündet über Cervantes' Zwischenspiele in den *sainete* des 18. und 19. Jh.s.

Ausg.: Teatro, Hrsg. J. Moreno Villa, CC 59; Teatro completo, Hrsg. A. Cardona de Gibert, Madrid 1979.
Lit.: A. L. Stiefel, L. de R. und das it. Lustspiel, in: ZfrPh. 15 (1891) 183–216, 318–343: L. Sáez Godoy, El léxico de L. de R.: Clasificaciones conceptual y estadística, Diss. Bonn 1968.

Juan de la Cueva (1543 Sevilla – 1612 ebd.). Vielseitiger Epiker, Lyriker und Dramatiker. Klassische (Ajax, Virginia, Mucius Scaevola) und nationale Themen (Infantes de Lara, Bernardo del Carpio u. a.). Bekannt *El Infamador* (Auff. 1581, ersch. 1588), soll Vorläufer von Tirso de Molina, *El burlador de Sevilla* (1630) gewesen sein; vgl. auch *El ejemplar poético* (verf. 1606, bearbeitet 1609, publiziert 1774), von Menéndez Pelayo als eine »Art lit. Manifests zugunsten der Schule Lope de Vegas« bezeichnet.

Ausg.: Comedias y tragedias, Hrsg. F. A. de Icaza, 2 Bde., Madrid 1917 [wichtiges Vorw., umfangreiche Bibliogr.]; El Infamador, Los siete infantes de Lara, El ejemplar poético, Hrsg. F. A. de Icaza, CC 60.
Lit.: L. Pfandl, Studien zu J. de la C., in: ASNSL 159 (1931) 231–253; R. F. Glenn, J. de la C., New York 1973.

23. Askese und Mystik

Frömmigkeitsformen, deren lit. Ausdruck in Spanien im 16. und 17. Jh. rund 3000 Werke (Prosa, Lyrik) sind, von denen die Bücher von Santa Teresa de Jesús, San Juan de la Cruz, Fray Luis de Granada u. a. auch durch zahlreiche Übersetzungen in ganz Europa bekannt wurden. Drei Stufen auf dem Weg zu Gott:

a) *purgatio:* Reinigung der Seele von Lastern durch Gebet und Kasteiung; aktive asketische, körperliche Stufe;

b) *illuminatio:* Die Seele nimmt an Gaben und Gegenwart Gottes teil; mystische Stufe;

c) *unio:* Die Vereinigung der Seele mit Gott, die sich in
Ekstasen, Visionen, Offenbarungen kundtut, ist nur aus-
erwählten Gläubigen möglich.

Besonderheiten der span. Askese und Mystik:

a) Pragmatische Tätigkeit: Santa Teresa de Jesús und San
Juan de la Cruz waren gleichzeitig praktische Reformato-
ren ihres Ordens. Wahlspruch der Santa Teresa: »Obras
quiere el Señor« (»Gott will Werke«).
b) Popularisierung: moralisch-lehrhafte Tendenz. Schrift-
sprache ein schlichtes Spanisch, kein gelehrtes Latein. Die
span. Mystik will das Volk gewinnen.
c) Psychologische Analyse: Gottsuche in der Seele, nicht in
der Natur. Zentrale Rolle der Liebe zum Nächsten und zu
Gott aus der Innigkeit des religiösen Erlebens. In Willens-
freiheit nur Gott verpflichtet.

Geistliche Orden

Augustiner (Bettelorden): Luis de León, Malón de Chaide,
Alonso de Orozco. – Dominikaner (aristokratische Rationa-
listen): Luis de Granada, Melchor Cano, Francisco de Vitoria. – Franziskaner (Bettelorden, gab Anstoß zur Mystik):
Juan de los Ángeles, Francisco de Osuna. – Jesuiten: Ignacio
de Loyola, Molina, Suárez, Nieremberg, Gracián. – Karmeliter: Santa Teresa de Jesús. San Juan de la Cruz.

Periodisierung

Epoche der Katholischen Könige (1479–1516): Übersetzungen und Nachdrucke, bes. der holländischen (Ruysbroeck)
und dt. Mystiker (Tauler), teilweise auf Anregung des Kar-
dinal-Großinquisitors Jiménez de Cisneros.
Epoche Karls V. (1516–56): Originalwerke von Francisco de
Osuna (*Abecedario espiritual*, 1525–54), Alonso de Orozco

Vergel de oración, 1544), Juan de Ávila (Psalmkommentar *Audi, filia et vide*, 1556) u. a. Ignacio de Loyola gründet den Jesuitenorden und wird in Paris dessen erster General. Päpstliche Anerkennung 1540 (*Exercitia spiritualia*, 1548).

Epoche Philipps II. (1556–98): Blütezeit der Mystik mit den Hauptgestalten: Fray Luis de Granada, Santa Teresa de Jesús, Pedro Malón de Chaide, Juan de los Ángeles, San Juan de la Cruz.

17. Jh.: Auflösungstendenzen. Juan Eusebio Nieremberg, Sor María de Jesús de Ágreda, Miguel de Molinos, dessen quietistische Lehre trotz des Verbots durch die Inquisition bedeutenden Einfluß in Europa gewann. Ein weiteres Extrem waren die sog. »iluminados« oder »alumbrados«, die behaupteten, der Mensch in der Ekstase sei vollkommen und könne keine Sünde begehen.

Ausg.: Escritores místicos españoles, Hrsg. M. Herrero García, Barcelona ²1960.
Lit.: P. J. Sanchís, La escuela mística alemana y sus relaciones con nuestros místicos del Siglo de Oro, Madrid 1946; I. Behn, Span. Mystik. Darstellung und Deutung, Düsseldorf 1957; H. Hatzfeld, Estudios literarios sobre mística española, Madrid ²1968 (BRH II,16); M. Andrés Martín, Los recogidos. Nueva visión de la mística española (1500–1700), Madrid 1976.

Fray Luis de Granada, d. i. **Luis de Sarriá** (1504 Granada – 1588 Lissabon). Dominikaner und berühmter Prediger in Lat., Span. und Portug.

Guía de pecadores (dt. *Wegweiser für Sünder*; 1556–57, 1559 von der Inquisition verboten; 1567 korr. neu hrsg.). Tugendtraktat, welcher der sündigen Seele den besten Weg zu Gott weisen soll.

Introducción del símbolo de la fe (dt. *Einführung in das Glaubensbekenntnis*; 1583–88). Hauptwerk, das in vier Teilen die Schönheiten der Schöpfung, die Apologie des Christentums, die vergangene und zukünftige Erlösung behandelt. In Europa weit verbreitet.

Ausg.: Obras completas, Hrsg. J. Cuervo, 14 Bde., Valladolid / Madrid 1906–08; Guía de pecadores, Hrsg. M. Martínez de Burgos, CC 97.

Lit.: P. Laín Entralgo, La antropología en la obra de Fray L. de G., Madrid 1946; R. L. Oechslin, L. de G. ou la rencontre avec Dieu, Paris 1954.

Santa Teresa de Jesús, d. i. **Teresa de Cepeda y Ahumada** (1515 Ávila – 1582 Alba de Tormes, Prov. Salamanca). Hauptgestalt der span. Mystik. Zog mit 7 Jahren aus, um als Märtyrerin zu sterben, mit 12 Jahren Nonne, mit 19 Jahren Karmeliterin. Ihre Lebensaufgabe wurde die Ordensreform, für die sie unermüdlich zusammen mit San Juan de la Cruz durch das Land reiste, um Klöster zu gründen und zu erneuern. Ihr Leben ist als Synthese zwischen *vita contemplativa* und *vita activa* zu bezeichnen. Seliggesprochen (1614) und kanonisiert (1622). Ihr Gesamtwerk umfaßt Traktate, Gedichte, eine umfangreiche Korrespondenz (über 400 Briefe) und Memoiren.
El Castillo interior o Tratado de las moradas (dt. *Die innere Burg oder Abhandlung von den Behausungen*; 1588). Allegorie der Seele als Burg, deren sieben Aufenthaltsorte (*moradas*) die sieben Stufen des Gebets bis zur innigen Vereinigung der Seele mit Gott symbolisieren.

Ausg.: Obras completas, Hrsg. Fr. Efrén de la Madre de Dios / Fr. Otilio del Niño Jesús, 3 Bde., Madrid 1951–59 (BAC); Castillo Interior, Hrsg. T. Navarro Tomás, CC 1; Camino de perfección, Hrsg. J. M. Aguado, 2 Bde., CC 98, 100; Libro de fundaciones, Hrsg. J. M. Aguado, CC 115, 116.
Lit.: H. A. Hatzfeld, Santa T. de A., New York 1969; E. Lorenz, Ein Pfad im Wegelosen. T. von A. – Erfahrungsberichte und innere Biogr., Freiburg i. Br. 1986.
Deutsch: Von der Liebe Gottes. Über etliche Wort des Hohenlieds Salomonis. Nach der dt. Erstübers. von 1649 bearb. von B. Könnecker, Frankfurt a. M. 1984 [Nachw. A. Stoll]; Die innere Burg, Übers. F. Vogelgsang, Zürich ²1989.

Pedro Malón de Chaide (1530? Cascante, Prov. Navarra – 1589 Barcelona). Augustinermönch. Schüler von Guevara und Fray Luis de León. Redner, Theologe, Dichter.
Libro de la conversión de la Magdalena (dt. *Buch von der Bekehrung der Magdalena*; 1588). Bibelparaphrase. Magdalena

als Sünderin, Büßerin, Erlöste. Im Vorw. berühmte Verteidigung der Muttersprache.

Ausg.: Conversión de la Magdalena, Hrsg. P. F. García, CC 104, 105, 130.
Lit.: J. M. San Juan Urmeneta, Fray P. M. de Echaide, Pamplona 1957.

San Juan de la Cruz, d. i. **Juan de Yepes y Alvarez** (1542 Fontiveros, Prov. Ávila – 1591 Kloster Úbeda). Aus verarmtem Adel. Seit 1563 Karmeliter und Ordensreformator wie Santa Teresa de Jesús. Theologiestudium in Salamanca (1564–68). 1675 selig-, 1726 heiliggesprochen.
Cántico espiritual (dt. *Geistlicher Lobgesang*; 1577/78 im Gefängnis begonnen, 1585 endgültige Fassung, ersch. 1622 auf Franz.). Poetisiertes mystisches Erlebnis. Hauptquelle *Canticum canticorum* Salomons. Allegorische Schilderung der *vía purgativa* (Strophe 1–12), *vía iluminativa* (Strophe 13–21), *vía unitiva* (Strophe 22–40). Wechselgesang zwischen himmlischer Braut und Bräutigam. Es gibt einen Strophenkommentar des Autors zu diesem Text.
Noche oscura del alma (dt. *Die dunkle Nacht der Seele*; 1579 begonnen, 1618 unvollendet ersch.). Lied der Seele, die durch die dunkle Nacht des Glaubens zur *unio mystica* gelangt. Prosatraktat mit Lyrikeinlagen.

Ausg.: Obra completa, Hrsg. L. López Baralt / E. Pacho, 2 Bde., Madrid 1991; Cántico, Hrsg. M. Martínez de Burgos, CC 55.
Lit.: J. M. Navarro-Adriaensens, Die Bedeutung Johannes Taulers für das Schaffen des Hl. J. v. K., Diss. Hamburg 1962; D. Alonso, La poesía de San J. de la C., Madrid ⁴1966; G. Brenan, San J. de la C., Barcelona 1974; F. Urbina, Die dunkle Nacht – Weg in die Freiheit. J. v. K. und sein Denken, Salzburg 1986; M. Muñoz Hidalgo, J. de la C. Memoria de alto vuelo (1591–1991), Madrid 1991.
Deutsch: Sämtliche Werke, 4 Bde., Einsiedeln 1961–64 [versch. Aufl.].

Soneto a Cristo crucificado (dt. *Sonett an den Gekreuzigten*; ersch. 1628). Anonymes Sonett, das wegen seines eindringlichen Individualismus und wegen seiner innigen Frömmigkeit als ein Höhepunkt der span. mystischen Lyrik gilt.

No me mueve, mi Dios, para quererte,
el cielo que me tienes prometido,
ni me mueve el infierno tan temido
para dejar por eso de ofenderte.

Tú me mueves, Señor; muéveme el verte
clavado en una cruz y escarnecido;
muéveme ver tu cuerpo tan herido;
muévenme tus afrentas y tu muerte.

Muévenme, al fin, tu amor, y en tal manera,
que aunque no hubiera cielo, yo te amara,
y aunque no hubiera infierno, te temiera.

No me tienes que dar porque te quiera;
pues aunque lo que espero no esperara,
lo mismo que te quiero te quisiera.

Dein Himmel, Gott, vermag mich nicht zu zwingen,
daß ich dich liebe, weil sie ihn verhießen,
und nicht die Hölle würde mich verdrießen,
wollt ich aus Hohn ein Sakrileg vollbringen.

Mich zwingst nur du: wie sie ans Kreuz dich hingen
und dich dem Spott der Lästrer überließen
und dir die Lanze in die Seite stießen
und dich beschimpften noch im Todesringen.

Ich fühl die Glut, in der ich mich verzehre,
und müßte, wenn kein Himmel wär, dich lieben
und fürchten dich, wenn keine Hölle wäre.

Nicht, daß du's lohnest, gab ich dir die Ehre:
und wärest du mein Schuldner auch verblieben,
begehrt ich dich, so wie ich dich begehre.

Übers. R. Grossmann, Span. Gedichte aus acht
Jh., Bremen: Schünemann, 1960, S. 169.

Ausg.: Hrsg. R. Foulché-Delbosc, Paris 1875 [mit hist. Übers.].
Lit.: L. Spitzer, »No me mueve, mi Dios«, in: L. S., Romanische Litera-
turstudien, Tübingen 1959, S. 749–759.

24. Prosa

Schäferroman (Novela pastoril)

Antike (Theokrit, Vergil u. a.), it. (Boccaccio, Sannazaro u. a.), portug. (B. Ribeiro) Traditionslinien. Charakteristika: idealisierte Schäfergestalten, stilisierte Natur, meist platonische Liebeshandlung. Der Schäferroman rettete eine Utopie ins Reich des Geistes, die das Goldene Zeitalter über das Zeitalter des goldenen Kalbes im aufkommenden Frühkapitalismus stellte.

Jorge de Montemayor (1520? Montemor-o-Velho, bei Coimbra – 1561 Turin). Geb. Portugiese, der in Spanien in Hofkreisen verkehrte. Soldat in Flandern und Italien. Starb an den Folgen eines Duells.
Los siete libros de la Diana (dt. *Die sieben Bücher der Diana*; 1559). Erster selbständiger Schäferroman in Spanien. Fiktive Liebesgeschichte der Hirtin Diana, die ursprünglich Sireno zugeneigt war, sich aber in dessen Abwesenheit in Delio verliebte und ihn heiratete. In einer Parallelhandlung erzählen die Hirtinnen Selvática und Felismena dem enttäuscht zurückkehrenden Sireno von ihren eigenen unglücklichen Liebschaften. Alle Liebenden versammeln sich zu Rat und Hilfe im prunkvollen Palast der Zauberin Felicia. Nachdem diese sie mit einem Wunderwasser behandelt hat, verliebt sich Selvática in ihren Silvano, Félix in Felismena, während Sireno ab jetzt mit Gleichgültigkeit die Ehe Dianas verfolgt. Der Roman löst sich in einer Kette von Erzählungen und Episoden auf.
Im Gegensatz zu der gedanklich-reflektierenden *Arcadia* (1502) Sannazaros, hat M., wahrscheinlich unter dem Einfluß des Amadísromans, die Handlung verstärkt, einige Figuren psychologisch feiner herausgearbeitet und damit das Vorbild für spätere europäische Entwicklungslinien des Schäferromans gegeben. Der philosophische Gedankengehalt des Wer-

kes beruht auf den neuplatonischen Ideen der Renaissance, wie sie bes. in den *Dialoghi d'amore* (1635) des span. Juden León Hebreo (d. i. Juda Abravanel, 1465–1525?, 1492 ausgewiesen) zum Ausdruck kamen. Aus jenem Werk, das während des 16. Jh.s als Kompendium der Ästhetik, Mystik und Liebestheorie galt, ist in den Palastszenen bei der Zauberin wörtlich eine Reihe moralisierender Gedanken entnommen.

M. kehrt jedoch zur platonischen Liebe zurück, in der die Liebe als reine Leidenschaft von allem Körperlichen getrennt und gleichbedeutend mit dem ewigen Idealstreben nach Schönheit ist. Großer europäischer Bucherfolg. Allein in der 2. Hälfte des 16. Jh.s rund 25 span. Ausg.

Fortsetzungen der *Diana* in Spanien von Alonso Pérez (1564) und Gaspar Gil Polo (1564), zahlreiche Nachahmungen u. a. von Cervantes, *La Galatea* (1585), Lope de Vega, *Arcadia* (1598). Wirkung in Frankreich auf H. d'Urfés *L'Astrée* (1607–27), Sorel u. a., in England auf Sidneys *Arcadia* (1590), in Dt. auf Harsdörffer (Übersetzer), Opitz, Zesen u. a. Die Verschlüsselung von Utopien im Schäfergewand reicht bis Prosa und Oper des 18. Jh.s und bedarf im einzelnen noch der Erforschung.

Ausg.: Diana, Hrsg. F. López Estrada, CC 127; Gil Polo, Hrsg. R. Ferreres, CC 135.

Lit.: G. Hoffmeister, Die span. Diana in Dt. Vergleichende Untersuchungen zu Stilwandel und Weltbild des Schäferromans im 17. Jh., Berlin 1972; J. B. Avalle-Arce, La novela pastoril española, Madrid ²1974; B. M. Damiani, J. de M., Rom 1984.

Deutsch: Diana, Übers. H. L. Kueffstein, Nürnberg 1619; Übers. G. P. Harsdörffer, Nürnberg 1646, 1661, 1663. Mit der Übers. von Gil Polos Forts., Nachdr. Darmstadt 1970.

Maurenroman (Novela morisca)

Idealisierung der arabischen Welt. Vielleicht als das schlechte Gewissen der Eroberer zu erklären. Verbreitung durch die maurophile Tendenz der Romantik (Chateaubriand, Irving u. a.).

Historia del Abencerraje y de la hermosa Jarifa (dt. *Geschichte vom Abencerragen und der schönen Jarifa*; 1565). Anonyme Erzählung, der wahrscheinlich eine wahre Begebenheit im 14./15. Jh. zugrunde liegt. – Der Alcaide von Antequera, Rodrigo de Narváez, erlaubt seinem vornehmen Gefangenen, dem Araber Abindarráez, zu dessen Braut Jarifa zu reiten, wenn er auf Ehrenwort zurückkehrt. Der Araber heiratet Jarifa heimlich, löst jedoch trotzdem sein Wort ein und erhält in generöser Geste von Don Rodrigo seine Freiheit.

Ginés Pérez de Hita (1544, Mula oder Lorca, Prov. Murcia – 1619?). Von Beruf Schuster. Nahm an den Kämpfen gegen die *moriscos* in der Alpujarra 1568 teil.
Historia de los bandos de zegríes y abencerrajes o Guerras civiles de Granada (dt. *Geschichte der Parteienkämpfe zwischen Zegries und Abencerragen oder der Bürgerkriege von Granada*; 1595–1619). Anfänge des hist. Romans. Parteikämpfe der Araber vor der Eroberung Granadas. Aufstand der *moriscos* in der Alpujarra. Farbenprächtige Schilderungen der arabischen Welt. Idealisierung des Gegners. Berühmte Romanzeneinlagen im Text. Stoffquelle bis in die Romantik zu den Legenden von Washington Irving (*Tales of the Alhambra*, 1832), den Dramen von Martínez de la Rosa und der Novelle *Abencérages* (1826) von Chateaubriand.

Anfang einer Grenzkriegsromanze (*romance fronterizo*):

> _ ¡Abenámar, Abenámar,
> Moro de la Morería,
> El día que tú naciste,
> Grandes señales había!
> Estaba la mar en calma,
> La luna estaba crecida:
> Moro que en tal signo nace
> No debe decir mentira. –
>
> Abenamar, Abenamar!
> Mohr aus diesem Mohrenlande,

Jener Tag, der dich geboren,
Hatte schöne, große Zeichen:
An ihm stand das Meer in Ruhe
Und der Mond, er war im Wachsen;
Mohr, wer unter solchen Zeichen
Ward geboren, darf nicht lügen.

> Übers. Herders im reimlosen vierhebigen
> Trochäus.

Ausg.: Hrsg. P. Blanchard-Demouge, 2 Bde., Madrid 1913–15. D. Bodmer,
Die granadinischen Romanzen in der europäischen Lit. Untersuchung
und Texte, Zürich 1955; M. S. Carrasco Urgoiti, El moro de Granada en la
literatura. Del siglo XV al XX, Madrid 1956; N. A. Wiegman, G. P. de H.
y la novela romántica, Madrid 1971.
Deutsch: Die Geschichte der Bürgerkriege von Granada, Übers. P. Wei-
land, München 1913.

Abenteuerroman (Novela bizantina)

Griech. Tradition (Heliodor, Achilles Tatius). Liebeshandlung und Reiseabenteuer mit meist glücklichem Ausgang.
Ausläufer im 17. Jh. Lope de Vega, *El peregrino en su patria*
(1604), Cervantes, *Los trabajos de Persiles y Sigismunda*
(1617).

Jerónimo de Contreras (2. Hälfte des 16. Jh.s). Wahrscheinlich Aragoneser.
Selva de aventuras (dt. *Wald von Abenteuern*; 1565). Europäischer Bucherfolg. Elemente des Ritter- und Schäferromans und des asketischen Schrifttums. – Die schöne
Arbolea zieht der Heirat mit Luzmán das abgeschiedene
Klosterleben vor. Der verschmähte Liebhaber sucht Verges-
sen in weiten Reisen und besteht dabei viele Abenteuer. Nach
seiner Rückkehr und einem letzten Wiedersehen mit der
Nonne Arbolea zieht sich Luzmán als Eremit in die Nähe des
Klosters seiner Geliebten zurück.

Ausg.: Hrsg. M. A. Teijeiro Fuentes, Madrid 1991.
Lit.: M. A. Teijeiro, J. de C. y los nueve libros de la *Selva de aventuras.*
Aproximación al modelo bizantino, in: Anuario de Estudios Filológicos
(Cáceres) 10 (1987) 345–359.

Novelle (Novela corta)

It. Tradition (Boccaccio, Straparola, Bandello u. a.). Realistisch-bürgerliche Inhalte, die sich erst mit Cervantes (*Novelas ejemplares*, 1613) von ihren it. Stoffvorbildern lösen.

Juan de Timoneda (1520? Valencia – 1583? ebd.). Buchhändler und Schauspieler. Dramatiker und Erzähler.
El patrañuelo (dt. *Buch von den Schwindeleien*; 1567). Erste Novellensammlung nach it. Vorbild.
Patraña = »Ente«, Lügengeschichte, T.: »*Patraña* ist nichts anderes als ein erdichteter Entwurf, der so hübsch erweitert und abgefaßt ist, daß er einen Anschein von Wahrheit zu erwecken vermag.«

Ausg.: Obras, Hrsg. E. Juliá Martínez, 3 Bde., Madrid 1947; Patrañuelo, Hrsg. F. Ruiz Morcuende, CC 101.
Lit.: W. Pabst, Novellentheorie und Novellendichtung. Zur Geschichte ihrer Antinomie in den romanischen Literaturen, Heidelberg ²1967; J. J. Reynolds, J. T., New York / Boston 1975.

Sachprosa

Juan Huarte de San Juan (1529? San Juan del Pie del Puerto, Navarra, heute: Saint-Jean-Pied-de-Port – 1588 Baeza). Arzt, der in Andalusien praktizierte.
Examen de ingenios para las ciencias (dt. *Prüfung der Köpfe zu den Wissenschaften*; 1575). Bis heute 80 Ausg. mit 91 Titelvarianten in 7 Sprachen. Problem der Begabungsauslese, dessen Lösung durch die Beantwortung folgender Fragen versucht wird: Was befähigt den Menschen zu einer Wissenschaft, während er für eine andere ungeeignet ist? Wie viele verschiedene Begabungen gibt es? Welche Künste und Wissenschaften entsprechen der Begabung des einzelnen (Redner, Theologe, Jurist, Arzt, Soldat, König)? Wie erkennt und unterscheidet man die Geisteskräfte? Aufgrund eigener Experimente (Konflikte mit der Inquisition, wo der Mensch

doch das Ebenbild Gottes ist!) und der aristotelisch-galeni-
schen Tradition wurde H. zum Bahnbrecher einer neuen
Experimentalwissenschaft, die sich inzwischen in Charakte-
rologie, differentielle und pädagogische Begabungspsycho-
logie aufgespalten hat. – Einfluß seines Werkes in ganz
Europa bis zu Beginn des 19. Jh.s. In Dt. nach der Übers.
G. E. Lessings (1752, ²1785) bedeutsam für die Diskussionen
um den Geniebegriff bei Garve, Heinse, Hamann, Mendels-
sohn, Herder, Lavater u. a. Später hatte Schopenhauer
Freude an der kühnen Beweisführung des span. Arztes und
Humanisten.

Ausg.: Hrsg. R. Sanz, Madrid 1930 [Synopse des Originals und der wegen
Indizierung korr. Fassung von 1594]; Hrsg. G. Serés, Madrid 1989 (Letras
Hispánicas, 311).
Lit.: M. de Iriarte, Dr. J. H. de S. J. und sein *Examen de Ingenios*. Ein Bei-
trag zur Geschichte der differentiellen Psychologie, Münster i. W. 1938
(SpFdGG II,4) [erw. span. Übers. Madrid ³1948]; M. Franzbach, Lessings
H.-Übers. (1752). Die Rezeption und Wirkungsgeschichte des *Examen de
ingenios para las ciencias* (1575) in Dt., Hamburg 1965 [aktualisierte span.
Übers. Pamplona 1978]; J. Mondéjar, El pensamiento lingüístico del doc-
tor J. H. de S. J., in: RFE 64 (1984) 71–128.
Deutsch: Übers. G. E. Lessing, München 1968 [Nachdr.; Vorw. M. Franz-
bach].

25. Epik und Geschichtsschreibung

Epik

Antike (bes. Vergil, Lukan) und it. Vorbilder (bes. Ariost,
Tasso).

Alonso de Ercilla y Zúñiga (1533 Madrid – 1594 ebd.).
Abenteurernatur. Hatte mit 21 Jahren bereits fast ganz
Europa bereist. Nach längerem Aufenthalt in Lateinamerika
wegen seiner Verdienste im Felde 1571 Santiagoritter. Ver-

brachte seinen Lebensabend hochangesehen am Hofe in Madrid.

La Araucana (dt. *Die Unterwerfung der Araukaner;* 1569 bis 1589). Dreiteiliges Epos in 37 Gesängen, in denen die Kämpfe zwischen den span. *Conquistadores* und den Indios im Tal von Arauco (Chile) geschildert werden. Schlacht- und Landschaftsbeschreibungen, die auf persönlicher Teilnahme und Anschauung beruhen. Achtung und Toleranz dem Gegner gegenüber. Zahlreiche Nachahmungen, deren bekannteste *El Arauco domado* (1596) von P. de Oña war. Die widersprüchliche Haltung des Autors zeigt sich in seiner positiven Bewertung der Araukaner neben der gültigen Rechtfertigungsideologie der Spanier, daß ihre *Conquista* auf dem Willen Gottes beruhe. Erneuerung der antiken Epentradition nach den *Pharsalia* (entst. seit 62/63) von Marcus Annaeus Lucanus (39–65), der Schilderung des Bürgerkriegs zwischen Pompeius und Caesar.

Ausg.: A. M. Moríñigo / I. Lerner, 2 Bde., Madrid 1983.
Lit.: B. Held, Studien zur *Araucana* des Don A. de E. Vorstellungen zu Recht, Staat und Geschichte in epischer Form, Frankfurt a. M. 1983; F. Pierce, A. de E. y Z., Amsterdam 1984; C. Wentzlaff-Eggebert, *La Araucana* como poema épico, in: F. Gewecke / G. Sobejano (Hrsg.), Festschrift für H. Baader, Barcelona 1984, S. 219–236.
Deutsch: Übers. C. M. Winterling, 2 Bde., Nürnberg 1831.

Geschichtsschreibung

Juan de Mariana (1536? Talavera de la Reina – 1624 Toledo). Jesuitenpater. Berühmtester Historiograph des 16. Jh.s. Im British Museum befinden sich von ihm noch 10 Bde. unveröffentlichter Manuskripte.

Historiae de rebus Hispaniae libri XXX (dt. *Geschichte Spaniens in 30 Büchern;* 1592–1605, freie span. Übers. 1601). Hauptquelle für span. Geschichte in ganz Europa bis ins 19. Jh. Geschichte von Spanien und Portugal bis zum Tod Ferdinands des Katholischen (1516). In einem *Sumario*

(1619) wurden die Ereignisse bis zum Anfang des 17. Jh.s weitergeführt.

Ausg.: Obras, BAE 30, 31.
Lit.: M. Ballesteros Gaibrois, El P. de M. La vida de un sabio, Barcelona 1944.

Garcilaso de la Vega, genannt **El Inca** (1539 Cuzco – 1616 Córdoba). In Peru geborener Mestize. Stammte väterlicherseits vom Lyriker Garcilaso de la Vega ab. Seine Mutter war eine peruanische Prinzessin. Lebte seit 1560 in Spanien als Soldat und später als Priester.
Comentarios reales que tratan del origen de los Incas (dt. *Königliche Kommentare, die von der Herkunft der Inkas handeln*; 1608/09–17). Darstellung der Geschichte der Inkas in 17 Büchern. Persönliche Erinnerung und informative Tatsachen miteinander verbunden. 2. Teil aus Zensurgründen u. d. T. *Historia general del Perú* (1617). Nach Stil und Inhalt das erste bedeutende Werk der lateinamerikanischen Lit., da es sich um eine Synthese des mestizischen Erbes bemüht.

Ausg.: Obras completas, Hrsg. P. C. Sáenz de Santa María, 4 Bde., BAE 132–135.
Lit.: R. Falke, »Otra Roma en su imperio.« Die *Comentarios Reales* des Inca G. de la V., in: RJb. 7 (1955/56) 257–271; E. Pupo-Walker, Historia, creación y profecía en los textos del Inca G. de la V., Madrid 1982; B. Scharlau, Abhängigkeit und Autonomie. Die Sprachbetrachtungen des I. G. de la V., in: Iberoamericana 25/26 (1985) 53–64.
Deutsch: Wahrhaftige Kommentare zum Reich der Inka, Übers. W. Plackmeyer, Hrsg. U. Thiemer-Sachse, Düsseldorf ²1986.

Diego Hurtado de Mendoza (1503 Granada – 1575 Madrid). Vielseitig gebildeter Humanist, Aristokrat und Diplomat, Lyriker und Historiker. Während seiner Zeit als Botschafter in Venedig (1539–47) und in Rom (1547) verkehrte er mit den berühmtesten it. Dichtern und Künstlern. Angeblicher Verf. des *Lazarillo de Tormes* (1554).
Guerra de Granada (dt. *Der Krieg von Granada*; verf. um 1573, ersch. 1627). Schilderung des Aufstandes der *moriscos*

in den Alpujarras (1568–70), an dem der Verf. aktiv teilnahm. Trotzdem ist er um Fairneß gegenüber dem Gegner bemüht.

Ausg.: Poesías, BAE 32, S. 51–103; Guerra, BAE 21, S. 65–122.
Lit.: A. González Palencia / E. Mele, Vida y obras de don D. H. de M., 3 Bde., Madrid 1941–43.
Deutsch: Geschichte der Empörung der Mauren in Granada, Übers. R. O. Spazier, Stuttgart/Tübingen 1831.

Fray José de Sigüenza (1544?–1606). Bibliothekar im Escorial.
Historia de la Orden de San Jerónimo (1595–1605). Ordenschronik, die u. a. einen Bericht von der Erbauung des Escorials enthält. Unamuno nannte dieses Werk wegen seines eleganten Stils »einen Escorial der Prosa«.

Ausg.: NBAE 8, 12.
Lit.: M. A. Menger, Fray J. de S. poeta e historiador, 1544–1606. Ensayo crítico, Méjico 1944.

Jerónimo de Zurita (1512–1580). Aragoneser. Sohn des Leibarztes von Karl V. Hofchronist seit 1541. Sekretär bei Philipp II.
Anales de la corona de Aragón (1562–79). Umfangreiches methodisches Quellenstudium als Grundlage für diese umfangreiche Dynastiechronik.

Ausg.: Hrsg. A. Canellas López, Zaragoza 1967 ff.
Lit.: C. Riba García, Z., primer cronista de Aragón, Zaragoza 1946 [Rede].

Fray Prudencio de Sandoval (1553 – 1620). Benediktiner. Bischof von Túy, an der span.-portug. Grenze in der Prov. Pontevedra und in Pamplona. Hofchronist.
Historia de la vida y hechos del emperador Carlos V (dt. *Geschichte vom Leben und Taten des Kaisers Karl V.*; 1604–06). Unkrit., aber vielgelesenes Geschichtswerk, dessen Verf. Pedro Mexía, Guevara u. a. ausgiebig exzerpiert hat.

Ausg.: BAE 80–82.
Lit.: L. Pfandl, Studien zu P. de S., in: ZfrPh. 54 (1934) 385–423.

Antonio Pérez (1534–1611). Wegen Zerwürfnis mit Philipp II. im Exil in London und Paris, wo er zur Rechtfertigung seine in ganz Europa verbreiteten *Relaciones* (1591) und *Cartas* (1598) schrieb.

Ausg.: Cartas, BAE 13; Relaciones, Hrsg. A. Pérez Gómez, Valencia 1959.
Lit.: G. Marañón, A. P. El hombre, el drama, la época, 2 Bde., Madrid ³1951 [dt. Übers. Wiesbaden 1959].

III.

17. Jahrhundert (Barock)

26. Charakteristik der Epoche in Spanien

Historischer Überblick

Philipp III. (Regierungszeit 1598–1621): Philipp II. über seinen Sohn: »Gott, der mir so viele Reiche gegeben hat, hat mir einen Sohn verweigert, der sie regieren kann; ich fürchte, daß sie mir ihn regieren.« Hofgünstlinge (*privados*) regierten das Reich: Herzog von Lerma, Herzog von Úceda. 1609–11 Vertreibung der letzten, vorwiegend bäuerliche Berufe ausübenden *moriscos* (rund 275 000) mit verheerenden Folgen, bes. für Landwirtschaft, Handwerk und Handel.

Philipp IV. (Regierungszeit 1621–65): Entschlußunfähiger Herrscher wie sein Vorgänger. Fortsetzung des Ministerabsolutismus; mächtiger Günstling Graf-Herzog von Olivares. »Theater-, Weiber-, Jagd- und Maler-König« (L. Pfandl).

1618–48	Spanien im Dreißigjährigen Krieg
1640	Ende der Personalunion (seit 1580) mit Portugal
1640–42	Aufstände in Katalonien
1647	Aufstände in Neapel
1648	Im Westfälischen Frieden werden die nördlichen Provinzen endgültig als unabhängige Republik anerkannt; die südlichen Provinzen (Belgien) bleiben bei Spanien und kommen 1714 an Österreich.
1659	Pyrenäenfrieden. Spanien behält seine it. Vizekönigtümer, muß jedoch südliche Teile der Niederlande, die Grafschaft Roussillon (in Südfrankreich, Hauptstadt Perpignan) und einen Teil der Grafschaft Cerdaña (Ostpyrenäen) abtreten.

Karl II. (Regierungszeit 1665–1700): Führte ständig kostspielige Kriege gegen die Franzosen. Da der König kinderlos

blieb, schlossen Frankreich, England und Holland den sog.
Partage-Vertrag (1698), um im Interesse des europäischen
Gleichgewichts den Übergang der ganzen Ländermasse an
einen der politisch bereits starken Erbberechtigten zu ver-
hindern. Karl II. mußte sein ungeteiltes Reich Philipp von
Anjou, dem zweiten Enkel Ludwigs XIV., überlassen.

Literarische Stilströmungen

culteranismo (cultismo, gongorismo): Spiel mit Worten, Phantasie, Klang, Form. Reiche Verwendung von Metaphern,
Neologismen, Hyperbata, mythologischen Anspielungen,
auffälliger Wortstellung. Bewußte aristokratische Abkehr
vom allgemeinen Publikumsgeschmack. Beispiele: puertas
de rubíes (Rubintore = Lippen), pájaro de matiz (Vogel
mit Schattierung = Fisch), sirenas con plumas (Sirenen mit
Federn = Vögel), cerúlea tumba fría (dunkelblaues kaltes
Grab = Meer).
Parodie der Neologismen und Wortstellung durch Quevedo: »Quien quisiera ser culto en sólo un día, / la *jeri* apren-
derá *gonza* siguiente: / fulgores arrogar, joven, presiente,
candor, construye métrica armonía ...« (»Wer in nur einem
Tag gelehrt sein möchte, wird das folgende *Kauder-* lernen
welsch: / Glanz an sich reißen, jung, er ahnt voraus, Weiße,
er konstruiert metrische Harmonie ...«). Vorläufer in Spanien – wenn man vom antiken Hermetismus absieht – in der
Sevillaner Dichterschule (Herrera); der Cordobaner Luis
Carrillo y Sotomayor (1582/83–1610) baut in seinem *Libro
de erudición poética* (1611) die praktisch-theoretischen Ansätze zum System aus (gilt als »Manifest des Kulteranismus«).
Hauptvertreter: Góngora (seit 1611) und seine Schule. Verwandte europäische Stilströmungen, die unter dem Begriff
des Manierismus zusammengefaßt werden können: it. Mari-
nismus (Marino), franz. Preziosität (Scudéry), engl. Euphu-
ismus (John Lyly), dt. Zweite Schlesische Dichterschule

(Gryphius). – Heftige Literaturpolemik gegen Góngora und seine Schule. Hauptvorwurf des Hermetismus (Dunkelheit von Sprache und Inhalt). Hauptgegner: Jáuregui, Cascales, Lope de Vega, Quevedo (»La aguja de navegar cultos con la receta para hacer Soledades en un día«, 1631 u. a.). Verteidiger Góngoras: Salcedo Coronel, Salazar Mardones, Pellicer u. a. *conceptismo:* Spiel mit Gedanken(-assoziationen) als Beweis für Scharfsinn (agudeza) und Geist (ingenio), bes. häufig in der Satire. Stilfiguren sind z. B. Antithesen, Paradoxien, Parallelismen, Doppeldeutigkeiten, Lakonismen, Zeugmata. Beispiele: »Lo bueno, si breve, dos veces bueno« (»Das Gute ist doppelt gut, wenn es kurz ist«) (Lakonismus). »Es el engaño muy superficial, y topan luego con él los que lo son« (»Der Betrug ist sehr oberflächlich, und es stoßen daran also die, die es sind«) (Zeugma). Als erste Konzeptisten in Spanien gelten der Segovianer Alonso de Ledesma Buitrago (1562–1623) und Alonso de Bonilla (16./17. Jh.). Hauptvertreter: Quevedo, Gracián.

Theater

Blütezeit der *comedia* (der Begriff umfaßt Komödie und Tragödie und wird am besten mit »Schauspiel« übersetzt), einer typisch span. Dramenform, die aus drei Akten (*jornadas*) besteht. Das span. Publikum des 17. Jh.s war theaterbesessen. Die ungeheure Zahl der aufgeführten *comedias* – man schätzt sie im *Siglo de Oro* auf etwa 30 000 – erklärt sich aus den geringen Wiederholungen, meist nur drei Aufführungen je Stück. Daher auch das niedrige Honorar, das der Leiter der Schauspieltruppe (*autor*) an den Dramatiker zahlte, der alle Aufführungs- und Druckrechte abtreten mußte. Veröffentlichung der erfolgreichen *comedias* in *partes* (je zwölf Titel zusammen); Einzeldrucke hießen *sueltas*. Für das span. Theater des *Siglo de Oro* gelten noch immer die Wesensmerkmale, die Lessing im 68. Stück der *Hamburgischen Dramaturgie* (25. Dezember 1767) aufzählte: »Eine ganz eigne Fabel; eine sehr sinnreiche Verwicklung; sehr viele, und sonderbare und immer neue Theaterstreiche; die ausgespartesten Situationen; meistens sehr wohl angelegte und bis ans Ende erhaltene Charaktere; nicht selten viel Würde und Stärke im Ausdrucke.«

Man unterschied weltliches und religiöses Theater. Die verbreitetste Gattung in der ersten Gruppe waren die sog. Mantel- und Degenstücke (*comedias de capa y espada*). Unter den Symbolen dieser Requisiten höherer Stände entfaltete sich eine dramatische Handlung, die nach mancherlei Wechselfällen im Duell um Liebesaffären gipfelte, wobei der kavaliersmäßige Ehrbegriff (*honor* – äußere Ehre, *honra* – innere Ehre) die Hauptrolle spielte. In der zweiten Gruppe dominierten die geistlichen Schauspiele (*autos sacramentales*). Seit der Einrichtung des Fronleichnamfestes durch Papst Urban IV. (1263) gab es Prozessionen, Mysterienspiele und *moralidades* an diesem Tage. Der Terminus *auto* (von *actu* = Handlung) existiert erst seit Anfang des 16. Jh.s (erstes Vorkommen bei Lucas Fernández, Gil Vicente, Timoneda). Man bezeichnete damit meist einaktige Stücke (1500–2000 Verse) mit allegorischen Figuren, bei denen das Mysterium der Eucharistie oder der Erlösung im Mittelpunkt stand. Blütezeit im 17. Jh. bei Lope de Vega, Tirso de Molina, Mira de Amescua, Valdivielso, Calderón. Aufführungen unter Musikbegleitung auf Wagen (*carros*). Das Verbot der *autos* am 11. Juni 1765 wegen der vielen Unwahrscheinlichkeiten spricht für die Beliebtheit der Gattung beim Volk noch im 18. Jh. Wiederbelebung im 20. Jh. durch Alberti, Hernández u. a.

gracioso: typisch span. Ausprägung der lustigen Person in der *comedia*, die durch ihre Rolle Publikum und Bühne miteinander verband. Vorläufer war der *bobo* (Tölpel) bei Lope de Rueda, Torres Naharro, Gil Vicente. Erfindung und erste Verwendung der Figur des *gracioso* von Lope de Vega für sich beansprucht (*La Francesilla*, 1598). Der Grundtyp hat als Diener seines Herrn die folgenden dramaturgischen

Aufgaben: a) realistisches Gegengewicht zum (meist Liebes-)Idealismus seines Herrn; Auflösung der Tragik durch burleske Bemerkungen und gesunden Menschenverstand, b) Erzeugung eines Spannungselements durch überraschendes Dazwischentreten, c) Handlungsimitation; der Diener spielt, häufig mit anderen *graciosos* oder als Pärchen mit einer weiblichen *graciosa* die Haupthandlung auf niedriger Ebene nach. – Tirso de Molina nuancierte den Typ noch, aber bei Calderón und Moreto ließ sich schon eine gewisse Erstarrung feststellen: Der *gracioso* rückte seinem Herrn als Vertrauter (*confidente*) näher. Diese Selbstaufgabe des Eigencharakters ließ sich noch in vielen Stücken des 18. Jh.s beobachten.

Bühnenformen:

Volkstheater (Corralbühne): Im Innenhof eines Häuserblocks; die breiten, meist vergitterten Fenster waren die Logen (*aposentos*); hinter den Bänken vor der Bühne waren die Stehplätze für die gefürchteten *mosqueteros* (Buhrufer); die Frauen saßen auf dem »Olymp« (*cazuela*, eigtl. Pfanne). Aufführungen fanden an Sonn- und Festtagen statt, außer in der Fastenzeit; im Winter um 14 Uhr, im Sommer um 16 Uhr; Dauer etwa zwei Stunden. Die Pausen füllten Zwischenspiele (*entremeses*), aktuelle oder hist. Couplets (Romanzen, *jácaras*). Der Bühnenraum war einfach dekoriert. Abgänge links und rechts und einige Pappmaschinerie stellten hohe Ansprüche an die Phantasie des Zuschauers, erleichterten aber häufigen Szenenwechsel. Einen bemalten Vorhang im Hintergrund kannte man bis etwa 1610 nicht. Bekannte *corrales* in Madrid waren Teatro de la Cruz (seit 1579) und Teatro del Príncipe (seit 1582, heute Teatro Español).

Palast-(Hof)bühne: Mit gewissen Einschränkungen auch dem Volke zugänglich. Seit 1607 sogar Einrichtung einer Art Volksbühne innerhalb des Schlosses. Weitere Palastbühnen gab es in den Lustschlössern von Aranjuez und Buen Retiro.

Ab 1621 hochdotierte it. Bühnendekorateure (Lotti, Gandolfi, Ricci, Bianco), die mit den raffiniertesten Perspektiven und Prospekten arbeiteten, um Schiffbrüche, Erdbeben, fliegende und im Meer versinkende Gottheiten innerhalb von wenigen Stunden darzustellen.

Bühne der geistlichen Schauspiele (autos sacramentales): bewegliche Gerüstbühne; von Ochsen gezogene Wagen (*carros*) mit teilweise mehrstöckiger Maschinerie von Dekorationen, Szenen und Verwandlungen. Aufführungen im Freien.

Lit.: J. M. Díez Borque, Sociedad y teatro en la España de Lope de Vega, Barcelona 1978; B. Kinter, Die Figur des Gracioso im span. Theater des 17. Jh.s, München 1978; La mujer en el teatro y la novela del siglo XVII. Actas del II° Coloquio del Grupo de Estudios sobre Teatro Español, Toulouse (1978), Toulouse / Le Mirail 1979; J. Huerta Calvo / H. den Boer, El teatro español a fines del siglo XVII. Historia, cultura y teatro en la España de Carlos II, 3 Bde., Amsterdam 1989.

Gattungstafel des »Siglo de Oro« (16./17. Jh.)

Gattung	Renaissance (16. Jh.)	Barock (17. Jh.)
Lyrik	a) *Epoche Karls V.* italianisierende Dichter: Boscán, Garcilaso de la Vega. Reaktion der Traditionalisten: Castillejo. Romanzensammlungen b) *Epoche Philipps II.* Salmantiner Dichterschule (Formstreben, Vorbild Antike): Fray Luis de León Sevillaner Dichterschule (meist rhetor. Gelegenheitslyrik): Herrera Relig. (mystische) Lyrik: San Juan de la Cruz	culteranismo (Spiel mit Worten): Góngora und Schule (seit 1611) conceptismo (Spiel mit Gedanken): Quevedo, Lope de Vega (Satire und volkstüml. Lyrik) Gruppenlyrik (weder Anhänger des culteranismo noch des conceptismo): Rioja, Caro; Brüder Argensola, Villegas

Gattung	Renaissance (16. Jh.)	Barock (17. Jh.)
Drama	a) *Epoche Karls V.* Nach spärlicher mittelalterl. Tradition Anfänge des Theaters, Dramentheorie von Torres Naharro b) *Epoche Philipps II.* Auf dem Wege zum Nationaltheater. Übergang von Dialogszenen zu komplizierterem Handlungsaufbau: Rueda, Cueva, Cervantes Daneben Humanistentheater, relig. Theater (autos sacramentales)	Lope de Vega Gründer des span. Nationaltheaters. Typisch span. Form der comedia Lope de Vega und seine Schule (G. de Castro, Ruiz de Alarcón) – Volkstheater auf Corral-Bühne Calderón de la Barca – Hoftheater auf Palastbühne. Seine Schule: Rojas Zorrilla, Moreto Relig. Theater: Höhepunkt der autos sacramentales bei Calderón, Tirso de Molina
Epik	Hist. Kolonialepos: Ercilla	Hist. und phantast.-burleske Versepen: Lope de Vega u. a.
Geschichtsschreibung	Hofchronisten: Sandoval, Zurita Kolonialchronisten: Las Casas »Vater der leyenda negra«, Inca Garcilaso de la Vega Hauptwerk des P. Mariana	Geschichtsanalyse: Saavedra Fajardo Kolonialchronist: Solís
Prosadidaktik	Humanistenprosa: Nebrija, Vives Dialogtraktate: Brüder Valdés Polit. Didaktik: Guevara Pädagog. Didaktik: Huarte	Philos.-polit. Schriften: Quevedo Literaturkritik: Quevedo Maximen: Gracián Fürstenspiegel: Gracián, Saavedra Fajardo

Gattung	Renaissance (16. Jh.)	Barock (17. Jh.)
Askese, Mystik	Blütezeit: Fray Luis de Granada, Santa Teresa de Jesús, San Juan de la Cruz Gründung des Jesuitenordens durch Loyola (1534)	Dekadenzerscheinungen, z.B. quietistischer Molinismus
Novelle	It. Tradition: Timoneda	Span. Originalnovelle (keine stoffl.-stilist. Nachahmung der Italiener): Cervantes, *Novelas Ejemplares* (1613)
Schelmenroman (novela picaresca)	*Lazarillo de Tormes* (1554)	Blütezeit mit rund 35 Romanen, darunter: Alemán, *Guzmán de Alfarache* (1599–1604) Quevedo, *Buscón* (1626)
Ritterroman	Blütezeit: Amadís-Zyklus (1508–46)	Parodie: Cervantes, *Don Quijote* (1605–15)
Schäferroman	Europ. Vorbild: Montemayor, *Diana* (1559?). Nachahmungen von Cervantes, Lope de Vega u.a.	Verbreitung in Europa (d'Urfé, Sidney, Opitz u.a.)
Maurenroman	Idealisierung der arab. Welt: Pérez de Hita (1544? bis 1619?)	Nachahmungen

Gattung	Renaissance (16. Jh.)	Barock (17. Jh.)
Abenteuerroman	Contreras, *Selva de aventuras* (1565)	Nachahmungen von Lope de Vega, *El peregrino en su patria* (1604), Cervantes, *Los trabajos de Persiles y Sigismunda* (1617)

27. Góngora und seine Schule

Luis de Góngora y Argote (1561 Córdoba – 1627 ebd.). Hauptvertreter des *culteranismo.* »Vater der modernen Lyrik« (F. García Lorca). Jurastudium in Salamanca (1576–80). Hatte geistliche Pfründen inne. Ehrenkapellan Philipps III. (1617–26). – G.s lyrisches Werk zerfällt in zwei unterschiedliche Gruppen: *poesía popular* und *poesía culta.* Der zeitliche Schnittpunkt liegt um 1611, als der Dichter kulteranistisch zu schreiben beginnt. Außer zwei Dramen und einem schmalen Briefcorpus von geringer Bedeutung besteht das Werk G.s aus Lyrik, Kurzformen (über 200 Romanzen, Letrillas, Sonette u. a.) und drei umfangreicheren Gedichten (Polifemo y Galatea, Soledades, Panegírico al Duque de Lerma). Unter den (Kunst-)Romanzen, deren Erneuerer im 17. Jh. Lope de Vega und Góngora waren, ragen hervor »Angélica y Medoro« (noch von Gracián gelobt) und »¡Que se nos va la Pascua, mozas!« (Übers. von Herder). Bekannte (meist satirisch-burleske) Letrillas (Versform mit Kehrreim am Strophenschluß) sind: »Ande yo caliente – y ríase la gente«, »Cuando pitos flautas«, »No son todos ruiseñores«, »Los dineros del sacristán«. Die 166 echten und 62 apokryphen Sonette sind meist Gelegenheitslyrik (Liebe, Tod, Freundeslob, Huldigung, Hoffeste usw.). – Wiederentdeckung G.s erst Ende des 19. Jh.s. (Darío, Verlaine). Bedeutender Einfluß auf die span. und lateinamerikan. (Lezama Lima u. a.) Lyrik des 20. Jh.s. G.-Kult,

der in der Pilgerfahrt führender span. Lyriker zu G.s Grab
am 300. Todestag 1927 seinen Höhepunkt fand, Beleg für die
span. G.-Renaissance, aber auch für einen Funktionswandel
in der ästhetischen Auffassung.

Fábula de Polifemo y Galatea (dt. *Sage von Polyphem und
Galatea*; entst. 1612, ersch. 1627). Mythologisches Gedicht.
504 Elfsilbler in Ottaverime. Hauptquelle sind die Metamorphosen Ovids. In strenger Dreiteilung nach Exposi-
tion, Höhepunkt und Auflösung wird die unerfüllte Liebe
des Zyklopen Polyphem zur schönen Nymphe Galatea geschildert, die sich in den Hirten Acis verliebt hat. Als ihre
Liebe entdeckt wird, tötet Polyphem den Rivalen mit
einem Felsbrocken. Die Götter erfüllen den Wunsch der
Nymphe und verwandeln den toten Geliebten in einen
Bach. – Metaphernreicher, barocker Kontrast zwischen der
wilden Gestalt Polyphems und der zarten Schönheit der
Nymphe.

Soledades (dt. *Einsamkeiten*; entst. 1613/14, ersch. 1636).
Hauptwerk des *culteranismo*. Nach einer kurzen Widmung
an den Herzog von Béjar (37 Verse) sollten vier Teile von der
Einsamkeit der Felder, der Ufer, der Wälder und des Ödlan-
des folgen, von denen jedoch nur die ersten beiden *Soledades*
zur Ausführung gelangten (1091 bzw. 979 Verse, die letzten
43 Verse apokryph). Die Handlung (ein schiffbrüchiger
Jüngling wird an der Küste von einigen Ziegenhirten aufgenommen) ist nur Vorwand für Naturschilderungen von stilisierter Schönheit. Dazu ein ästhetischer Wortschatz, der das
Lesepublikum mit immer neuen Kombinationen überrascht:
plata, cristal, marfil, nácar, mármol, diamantes, oro, jaspes,
azahares, claveles, rosas, lirios u. a.

Textprobe vom Anfang:

> Era de el año la estación florida
> en que el mentido robador de Europa
> – media luna las armas de su frente,
> y el Sol todos los rayos de su pelo –,

luciente honor del cielo,
en campos de zafiro pace estrellas;
cuando [...].

Es war die blühende Jahreszeit,
in welcher der verlogene Räuber der Europa
– ein Halbmond die Waffen auf seiner Stirn
und die Sonne alle Strahlen seines Haares –,
leuchtende Ehre des Himmels,
auf saphirblauen Feldern Sterne weidet;
als [...].

Als Beispiel für den volkstümlichen G. der Anfang einer
Romanze (1582):

¡Que se nos va la Pascua, mozas,
que se nos va la Pascua!
Mozuelas las de mi barrio,
loquillas y confiadas,
mirad no os engañe el tiempo,
la edad y la confianza.
No os dejéis lisonjear
de la juventud lozana,
porque de caducas flores
teje el tiempo sus guirnaldas.

¡Que se nos va la Pascua, mozas,
que se nos va la Pascua!
Vuelan los ligeros años,
y con presurosas alas
nos roban, como harpías,
nuestras sabrosas viandas [...].

Frühling währt nicht immer, Mädchen,
Frühling währt nicht immer.
Laßt euch nicht die Jugend täuschen,
Zeit und Jugend flechten Kränze
Aus gar zarten Blumen.
Frühling währt nicht immer.
Leicht entfliegen unsre Jahre,

Und mit räuberischem Flügel
Kommen, unser Mahl zu stören,
Sie, Harpyen, wieder.

Freie Übers. J. G. Herder.

Die bedeutendsten Nachfolger G.s waren der abenteuerliche Juan de Tassis y Peralta, Graf von Villamediana (1582–1622), der weitgereiste Pedro Soto de Rojas (1585?–1658), der Bibliothekar Gabriel Bocángel y Unzueta (1608–58?), Fray Hortensio Félix Paravicino (1580–1633), Prediger Philipps III., Sor Juana Inés de la Cruz (1648–95), die »zehnte Muse von Mexiko« (L. Pfandl) u. a.

Ausg.: Obras completas, Hrsg. J. / I. Millé y Jiménez, Madrid [7]1972; Soledades, Hrsg. D. Alonso, Madrid [3]1956; G. y el *Polifemo*. Texto, estudio, versión en prosa, comentarios y notas, estrofa por estrofa, Hrsg. D. Alonso, 3 Bde., Madrid [6]1974.
Lit.: F. García Lorca, La imagen poética de Don L. de G., 1927 [Rede]; E. Dehennin, La résurgence de G. et la génération poétique de 1927, Paris 1962; W. Pabst, L. de G. im Spiegel der dt. Dichtung und Kritik (17. bis 20. Jh.), Heidelberg 1967; J. Lezama Lima, Esferaimagen. Sierpe de Don L. de G. Las imágenes posibles (1951), Barcelona [2]1976; D. Alonso, G. y el gongorismo, Madrid 1982 (Obras completas, 6); R. Jammes, La obra poética de Don L. de G. y A., Madrid 1987.
Deutsch: Soledades, Übers. E. Arendt, Hrsg. K. Barck, Leipzig 1982 [zweispr. Ausg.]; Sonette, Übers. F. Vogelsang, Einl. J. Russel, 40 Radierungen und Aquatintastiche P. Picasso, Frankfurt a. M. 1985.

28. Gruppenlyrik

Ein Kennzeichen der nichtkulteranistischen und nichtkonzeptistischen span. Lyrik des 17. Jh.s ist ihr Auftreten in lockeren Schulen oder Gruppen: Schule von Sevilla, Schule von Aragón, Schule von Granada und Antequera, Schule von Valencia, von denen jedoch nur die ersten beiden Gruppen bekanntere Namen aufweisen.

Schule von Sevilla

Francisco de Rioja (1583 Sevilla – 1659 Madrid). Theologe und Jurist. Günstling des Graf-Herzog von Olivares. Hofbibliothekar in Madrid und Inquisitor des Tribunals von Sevilla. – Melancholische Blumengedichte (Nachtviole, Jasmin, Rose, Nelke), in denen antike (stoische) und barocke (*desengaño*-)Motive zusammenfließen. Sein lyrisches Werk umfaßt 61 Sonette, 11 Silvas, 2 Sextinen und 3 Décimas.

Ausg.: Poesía, Hrsg. B. López Bueno, Madrid 1984 (Cátedra, 196).
Lit.: J. Coste, F. de R. y la religión del Monte Carmelo, Madrid 1970.

Rodrigo Caro (1573 Utrera – 1647). Jurist und Geistlicher, der sich auch als Archäologe einen Namen machte.
Canción a las ruinas de Itálica (dt. *Lied auf die Ruinen von Itálica*). Ruinenpoesie, bei der sich die melancholische Meditation mit heroischem Traditionsbewußtsein verbindet. Itálica bei Sevilla, eine Gründung des Scipio Africanus, war der Geburtsort der römischen Kaiser Trajan (53–117), Hadrian (76–138) und Theodosius (347–395). Die Kanzone, die in fünf Fassungen überliefert ist und 102 Verse umfaßt, wurde erst im 18. Jh. bekannt. Der antike Topos von der Vergänglichkeit alles Irdischen wurde hier am Beispiel Itálicas, der früheren Hauptstadt der römischen Provinz Baetica wiederbelebt und als Spielart der barocken Vanitas (Eitelkeit) variiert.

Canción a las ruinas de Itálica

Estos, Fabio, ¡ay dolor! que ves ahora
campos de soledad, mustio collado,
fueron un tiempo Itálica famosa.
Aquí de Cipión la vencedora
colonia fué. Por tierra derribado
yace el temido honor de la espantosa
muralla y lastimosa
reliquia es solamente.
[…]

Auf die Ruinen von Italica

Ach, Fabio, welch ein Schmerz: Sieh nun
die einsamen Felder, die Höhen verwelkt.
Hier stand einst Italica stolz,
siegreich sie mit Scipio.
Am Boden verstreut liegen
Macht und Ehre, gewaltige
Mauern sind nur
klägliche Reliquien.
[…]

> Übers. H. Felten / A. Valcárcel, Span. Lyrik von
> der Renaissance bis zum späten 19. Jh., Stutt-
> gart: Reclam, 1990, S. 253 (RUB 8610).

Ausg.: Obras, 2 Bde., Sevilla 1883–84 [mit Vorw. von M. Menéndez
Pelayo]; Días geniales o hídricos, Hrsg. J. P. Etienvre, CC 212, 213.
Lit.: L. M. Gómez Canseco, R. C. Un humanista en la Sevilla del seiscien-
tos, Sevilla 1986.
Deutsch: Auf die Ruinen von Italica, in: R. Grossmann, Span. Gedichte
aus acht Jh., Bremen 1960, S. 160–167; Übers. H. Felten / A. Valcárcel,
RUB 8610.

Epístola moral a Fabio (um 1626). Anonymes didaktisches
Gedicht, wahrscheinlich von Andrés Fernández de Andrada.
Stoisch-christliches Lob des Landlebens als Ausdruck des
barocken *desengaño*. It. Formschönheit (205 Verse, Terzinen
mit Kettenreim) mit schlichtem philosophisch-moralischen
Gehalt verbunden.

Lit.: D. Alonso, El Fabio de la *Epístola moral*. Su cara y cruz en Méjico y
en España, in: D. A., Obras completas, Bd. 3, Madrid 1974, S. 515–699.

Aragonesische Dichterschule

Lupercio Leonardo de Argensola (1559 Barbastro, Ara-
gón – 1613 Neapel). Staatssekretär des Grafen von Lemos am
Hof des span. Vizekönigs in Neapel. – Liebessonette, Satiren,
Tragödien in didaktisch-lyrischer und religiös-moralischer
Form. Horazübs. Auch Chronist der aragonesischen Dyna-
stie.

Bartolomé Leonardo de Argensola (1562 Barbastro – 1631 Zaragoza). Kaplan. Chronist und Lyriker. Moralisch-philosophisch-religiöse Themen. »Versphilosoph und stets ernster Mensch« (Gracián).

Ausg.: Brüder Argensola, Rimas, Hrsg. J. M. Blecua, 2 Bde., Madrid 1950–51; L. L. de A., Rimas, Hrsg. J. M. Blecua, CC 173; B. L. de A., Rimas, Hrsg. J. M. Blecua, CC 184, 185.
Lit.: J. Ferrer Dueso, La estética literaria de los hermanos A., Huesca 1981.

Esteban Manuel de Villegas (1589 Matute, Prov. Logroño – 1669 Nájera). Gelehrter, Humanist, königlicher Schatzmeister.
Eróticas o Amatorias (1618). Oden, Kantilenen, Elegien, Idyllen, Sonette, Epigramme antiker Thematik (Theokrit, Anakreon, Epikur). Wiederentdeckung durch die anakreontischen Lyriker des 18. Jh.s, bes. durch Meléndez Valdés.

Ausg.: Hrsg. N. Alonso Cortés, CC 21.
Lit.: E. del Campo Iñiguez, E. M. de V. Algunos aspectos de su vida y obra, Logroño 1972.

29. Lope de Vega

Lope Félix de Vega Carpio (1562 Madrid – 1635 ebd.). Geb. als Sohn einfacher Eltern. Soll bereits mit fünf Jahren Gedichte verfaßt und Latein verstanden haben. Studium in Alcalá de Henares und in Salamanca. Teilnahme an der Expedition der Armada (1588). Wegen eines Prozesses für sieben Jahre im Exil in Valencia, wo er sich ganz dem Theater widmete und einen Schriftstellerkreis (u. a. den Cid-Dramatiker Guillén de Castro) um sich sammelte. Nach seiner Rückkehr nach Madrid Sekretär des jungen Herzogs von Alba, Schützling des späteren Grafen von Lemos. Empfing 1614 die Priesterweihe. Sein Lebensabend teilte sich in Privat-, Hof- und Akademieleben. Nach seinem Tode leiteten drei Bischöfe 9 Tage lang die Trauerzeremonien. Mehr als 150 Nekrologe sprechen von reger Anteilnahme im In- und Ausland.

Schöpfer des span. Nationaltheaters. Soll 1500 *comedias* und 400 *autos sacramentales* geschrieben haben, von denen 426 *comedias* bzw. 42 *autos* erhalten sind. »Monstruo de naturaleza« nannte ihn Cervantes. Definition seiner dramatischen Prinzipien in der Programmschrift »Arte nuevo de hacer comedias en este tiempo« (1609), die für das Theater des 17. Jh.s vorbildlich wurde: endgültige Einteilung in drei Akte, gewandter Wechsel metrischer Formen, der dem jeweiligen Inhalt angepaßt ist (*redondillas* für Liebesszenen, Sonette für Monologe, Romanzen für Berichte, *décimas* für Klagen), Mischung des Tragisch-Komischen, Freiheit in der Anwendung der drei Einheiten (Ort, Zeit, Handlung), Einführung der Figur des *gracioso* (lustige Person), die vorher nur als burlesker Tölpel vorgezeichnet war, Sprachnuancierung (ein Liebespaar unterhält sich anders als ein Greis), voll ausgeführte Nebenrollen, vor allem auch der Frauengestalten, Handlungsaufbau (*intriga*) wichtiger als psychologische Charakterdarstellung. Lope bekannte sich gegen das gelehrte Humanistentheater zum volkstümlichen Drama (Konzession an das Publikum). Lopes Stücke geben einen kulturhist. Querschnitt durch alle Stände: Adel, Geistlichkeit, Bürger, Akademiker, Soldaten, Bauern, kleine Gauner, an denen das Wesentliche typisiert, nicht nur wie früher geschildert ist. Thematisch eine bedeutende Erweiterung: Stoffe der in- und ausländischen Geschichte, Schäferdramen und biblische Allegorien, lyrische Einlagen, Leitmotive, im Mittelpunkt die Mantel- und Degenstücke (*comedias de capa y espada*). Stofflich variierte L. de V. drei große Elementarkräfte: Liebe, Ehre und den Sieg des Guten über das Böse.

Theater

Versuch einer Einteilung:

a) *Hist. Dramen:* Fuenteovejuna, Peribáñez y el Comendador de Ocaña, El mejor alcalde el rey, El castigo sin venganza u. a.;

b) *Mantel- und Degenstücke:* El acero de Madrid, El villano en su rincón u. a.;

c) *Mythologische- und Schäferstücke:* Belardo el furioso, El marido más firme u. a.;

d) *Religiöses Theater:* Autos sacramentales, comedias mit Stoffen aus der Bibel und aus der Märtyrergeschichte, z. B. Lo fingido verdadero.

Fuenteovejuna (dt. *Fuenteovejuna*; entst. 1612–14?, ersch. 1619). Die Dorfbewohner von F. töten den tyrannischen Komtur Fernán Gómez, um die Verführung der jungen Laurencia zu rächen. Die Katholischen Könige billigen die Volksjustiz, weil der Bauer ebenso seine Ehre habe wie der *caballero*. – Wegen dieses versöhnlichen Schlusses kann das Stück kein Revolutionsdrama genannt werden. Eine soziale Thematik, fast zwei Jh. vor der Franz. Revolution existiert zwar, aber das Dorf wird dem unmittelbaren Patronat des Herrscherpaares unterstellt, dessen Urteil eine vertiefte Ordnung wiederaufrichtet: Autorität der gerechten Obrigkeit, Vertrauen zum mündigen Staatsbewußtsein der Bürger und Bürgerinnen. – Stoffquelle war eine alte Chronik des Calatrava-Ordens.

Peribáñez y el Comendador de Ocaña (dt. *Peribáñez und der Komtur von Ocaña*; 1614). Der reiche Bauer Peribáñez tötet den Komtur von Ocaña, als er erfährt, daß dieser seine Gattin Casilda verführen wollte. Der König billigt die Selbstjustiz und ernennt Peribáñez zum Hauptmann. – Quelle ist eine Romanze.

Romane

La Arcadia (dt. *Arkadien*; 1598). Schäfer- und Schlüssel-
roman für die Liebesabenteuer des Herzogs von Alba und
seiner Freunde. Zahlreiche eingeschobene Episoden und
Gedichte täuschen nicht über den Verfall des Schäferromans
in Spanien gegen Ende des 16. Jh.s hinweg.
Los pastores de Belén (dt. *Die Hirten von Bethlehem*; 1612).
Schäferroman »a lo divino« (auf religiöse Art). Viele eingestreute *villancicos, letrillas, romances, églogas*. Wiegenlieder
im Einzel- oder Wechselgesang lockern den Roman auf
und tragen wesentlich zur reizvollen volkstümlich-religiösen
Mischung bei.
La Dorotea (dt. *Dorothea*; 1632). Prosadrama in fünf Akten.
Vorbild *Celestina* (1499). Autobiogr. Züge: L. de V.s Beziehungen zu der Schauspielerin Elena Osorio (1588). »Litera-
risierung des Lebens« (L. Spitzer).

Versepik

L. de V.s Versepik stellt innerhalb der reichen, für den heutigen Geschmack jedoch recht blassen (weil Nachahmung der
it. Epik) span. hist., religiösen, phantastischen, burlesken,
kolonialen Epik des *Siglo de Oro* einen Höhepunkt dar.
La hermosura de Angélica (dt. *Die Schönheit der Angelika*;
1602). Phantastisch-novelleske Nachahmung Ariosts in 20
Gesängen mit 11 000 Versen. »Knäuel von Motiven« (K. Vossler). Die dramatische Substanz wurde später in einem Büh-
nenstück bearbeitet, das 1614 im Park von Lerma uraufgeführt
wurde.
La Jerusalén conquistada (dt. *Die Eroberung Jerusalems*;
1609). Tragisches Heldenepos, das die Taten und Abenteuer
von Richard Löwenherz, König Alfons VIII. von Spanien
und König Philipp Augustus II. von Frankreich auf dem
gescheiterten dritten Kreuzzug ins Heilige Land schildert.

Vorbilder waren die Jerusalem-Epen Tassos und die *Gran conquista de ultramar* (um 1300).

La gatomaquia (dt. *Der Katzenkrieg*; 1634). Burleskes Tierepos (beliebte Gattung, vgl. Floh- und Fliegen-Epen von Cetina, Villaviciosa u. a.), das in 2800 italianisierenden Lang- und Kurzversen die dramatischen Ereignisse schildert, die sich zwischen der Katze Zapaquilda sowie den Katerrivalen Marramaquiz und Micifuf abspielen. Vorwand für ironische Satiren auf die zeitgenössische Gesellschaft.

Lyrik

Weltliche Lyrik (Schäfer-, Maurenromanzen, Sonette, *seguidillas*, *villancicos* usw.) und religiöse Lyrik unter teilweise petrarkistischem Einfluß.

Romancero espiritual (dt. *Geistliches Liederbuch*; 1619). Hauptthemen dieser Sakrallyrik sind die Mysterien der Geburt, der Passion und des Sakraments. Hauptwerk innerhalb der frühen Lyrik der geistig-religiösen Gewissenskrise, der mittleren volkstümlichen Lyrik um religiöse Mysterien und der von religiös-ästhetischer Neugier bestimmten Altersgedichte L. de V.s.

Textbeispiel für die weltliche Lyrik:

> Al cabo de los años mil
> vuelven las aguas por do suelen ir
>
> Humildes se hacen,
> altos se reprueban
> unos se renuevan,
> y otros se deshacen,
> como mueren nacen,
> porque con vivir
> al cabo de los años mil
> vuelven las aguas por do suelen ir.

> Otra vez se ve
> lo que no se espera,
> lo que ya no era
> vuelve a lo que fué;
> nadie triste esté,
> que si da en sufrir,
> al cabo de los años mil
> vuelven las aguas por do suelen ir.

> Alle tausend Jahr
> kehrt das Wasser, woher es war

> Wohl steigen die Wellen,
> fallen wohl nieder,
> ewig doch wieder
> nach oben schnellen,
> die erst zerschellen:
> immerdar
> alle tausend Jahr
> kehrt das Wasser, woher es war.

> Nahe scheint
> früh dir Ersehntes,
> ferne Gewähntes
> wird dir vereint,
> und was dir feind,
> strahlt freundlich klar:
> alle tausend Jahr
> kehrt das Wasser, woher es war.

Übers. R. Grossmann, Span. Gedichte aus acht Jh., Bremen: Schünemann, 1960, S. 124 f.

Ausg.: Comedias escogidas, Hrsg. J. E. Hartzenbusch, BAE 24, 34, 41, 52,
157–159, 195–198; Teatro [versch. Hrsg.], CC 39, 157–159; Obras, Hrsg.
T. Navarro Tomás, CC 3; Poesías líricas, Hrsg. J. Fernández Montesinos,
CC 68, 75.
Lit.: N. Salomon, Recherches sur le thème paysan dans la *Comedia* aux
temps de L. de V., Bordeaux 1965; H. Tiemann, L. de V. in Dt. (1939),
Nachdr. Hildesheim / New York 1970 [krit. Bibliogr. der span. Drucke;
Ms., Übers. Sekundärlit. in Dt. von 1629–1935]; C. Fernández Gómez,

Vocabulario completo de L. de V., 3 Bde., Madrid 1971; H.-J. Neuschäfer, L. de V. und der Vulgo. Über die soziologische Bedingtheit und die emanzipatorischen Möglichkeiten der populären Comedia (am Beispiel von *Fuenteovejuna*), in: Span. Lit. im Goldenen Zeitalter – F. Schalk zum 70. Geburtstag, Frankfurt a. M. 1973, S. 338–356; E. Müller-Bochat, L. de V., Darmstadt 1975 (Wege der Forschung, 254); R. L. Grismer, Bibliography of L. de V., 2 Bde., Minneapolis ²1977; A. Carreño, El Romancero lírico de L. de V., Madrid 1979 (BRH II,285); F. R. Fries, L. de V., Frankfurt a. M. 1979.
Deutsch: Ausgewählte Werke, Übers. H. Schlegel, 12 Bde., Emsdetten 1960–75; Span. Theater, Übers. H. Schlegel, Bd. 2, München 1964 [8 Stücke, Nachw. M. Franzbach]; Hirten von Bethlehem, Übers. F. Vogelgsang, Frankfurt a. M. 1986 [mit 8 Farbtafeln von B. E. Murillo]; Wir leben in zwei Zeiten. Lieder und Romanzen, Hrsg., Übers., Nachw. E. W. Palm, München / Zürich ²1987.

30. Schule Lope de Vegas

Guillén de Castro y Bellvís (1569 Valencia – 1631 Madrid). Kavalleriehauptmann, dem der Küstenschutz gegen die Piraten anvertraut war. Santiagoritter. Bewunderer Lope de Vegas, dem er starke Anregungen verdankte.
Las mocedades del Cid (dt. *Die Jugendtaten des Cid*; 1618). – *Las hazañas del Cid* (dt. *Die Heldentaten des Cid*; 1618). Doppeldrama, in dem nach Romanzenquellen des 16. Jh.s die volkstümliche Geschichte des Cid vom Ritterschlag bis zum Schwur König Alfons' in Santa Gadea, an der Ermordung Don Sanchos nicht beteiligt gewesen zu sein, dramatisiert ist. Der Autor hat die äußeren Ereignisse, wie die Verbannung, die Rivalität mit dem Adel, die Kämpfe mit den Arabern, die Eroberung Valencias (1094) usw. in den Hintergrund gestellt, um hauptsächlich den psychologischen Charakterkonflikt zwischen Liebe und Ehre (der Cid liebt Jimena, die Tochter des Grafen Lozano, den er wegen der beleidigten Familienehre im Duell töten muß) darzustellen. Der wilde Haudegen des *Poema de Mio Cid* (um 1140) ist ein Mensch mit einsamen Entschlüssen geworden. – Der strenge span. Ehren-

kodex hat Corneille befremdet. In seinem berühmten Cid-
Drama (1637) ist der Konflikt psychologisch-rational völlig
auf das Innenleben der Charaktere verlagert. Die aristoteli-
schen drei Einheiten sind bei dem Franzosen streng gewahrt,
und die Handlung rollt auf einer Kammerspiel- statt auf einer
Volksbühne ab.

Ausg.: Siete comedias, BAE 43, S. 239–390; Las mocedades del Cid, Hrsg.
V. Said Armesto, CC 15.
Lit.: A. Hämel, Der Cid im span. Drama des 16. und 17. Jh.s, Halle 1910
(ZfrPh. Beih. 25); W. Floeck, *Las Mocedades del Cid* von G. de C. und *Le
Cid* von Pierre Corneille. Ein neuer Vergleich, Bonn 1969; M. Delgado,
Tiranía y derecho de resistencia en el teatro de G. de C., Madrid 1984.
Deutsch: Span. Theater, Übers. H. Schlegel, Bd. 3, München 1964,
S.735–840 [Nachw. M. Franzbach].

Antonio Mira de Amescua (1574/75 Guadix, Prov. Granada – 1644 ebd.). Priester in Granada, in Neapel im Gefolge
des Grafen von Lemos, Erzdechant in Guadix. – Geistliches
und weltliches Theater.
El esclavo del demonio (dt. *Der Teufelssklave*; 1612). Faustthema. Dramatisierung der portug. Legende von Frei Gil de
Santarem, der seine Seele dem Teufel verpfändet haben soll,
um in den Besitz der Schwarzen Kunst (hier: Liebe eines
Mädchens) zu gelangen, schließlich aber doch (hier: nachdem
er ein Skelett umarmt hat) als reuiger Sünder im Kampf zwischen Teufel und Engel dem Dämon entrissen wird. – Quelle
für Calderón, *El mágico prodigioso* (entst. 1637), bei dem der
Teufel nicht vermenschlicht, sondern dämonisiert ist.

Ausg.: Teatro, Hrsg. Á. Valbuena Prat / J. M. Bella, CC 70, 82, 171.
Lit.: R. Dietz, A. M. de A. Studien zum Werk eines span. Dichters des
Siglo de Oro, Bern [u. a.] 1974.

Luis Vélez de Guevara (1579 Ecija bei Sevilla – 1644 Madrid). Freund Lope de Vegas. Soldat in Italien und Afrika.
Später Ehrenämter bei Hofe. – Romancier und Dramatiker.
Von rund 400 Stücken – geistliches und weltliches Theater –
sind etwa 80 erhalten.

El diablo cojuelo (dt. *Der hinkende Teufel* 1641). Gesellschaftskrit. Roman. Der Student Don Cleofás Leandro Pérez
Zambullo läßt sich von einem hinkenden Teufel die Dächer
von Madrid abheben und kehrt nach einer Luftreise durch
Andalusien nach Alcalá de Henares zurück. – Die Satire
nähert sich nach dem Vorbild der *Sueños* Quevedos in der
Gestalt des Teufels bisweilen der *novela picaresca*. Der kon-
zeptistische Stil (Wortspiele, Doppelsinn, Anspielungen) er-
schwert die Lektüre. Der Stoff wurde erst durch die Bearbeitung von Lesage, *Le diable boiteux* (1707) berühmt, der von
dem Spanier den Handlungsrahmen und neun Geschichten
entlehnte.

Reinar después de morir (dt. *Herrschen nach dem Tod*; 1652).
Hist. Stoff von der Hofdame Inés de Castro, die ermordet
wurde (1355), weil sie heimlich mit dem portug. Thronfolger
Dom Pedro (reg. 1357–67) vermählt war. Ein Inés-Drama
Lope de Vegas ist verloren.

Ausg.: Comedias, BAE 14, 20, 33, 45; Diablo cojuelo, Hrsg. F. Rodríguez
Marín, CC 38; Reinar después de morir, Hrsg. M. Muñoz Cortés, CC 132.
Lit.: U. Holtz, Der hinkende Teufel von V. de G. und Lesage. Eine lite-
ratur- und sozialkrit. Studie, Wuppertal 1970; M. G. Hauer, L. V. de G.:
A critical bibliography, Chapel Hill 1975: C. G. Peale [u. a.] (Hrsg.),
Antigüedad y actualidad de L. V. de G., Amsterdam 1982.

Juan Ruiz de Alarcón y Mendoza (1581? Tasco, Berg-
baustadt in Mexiko – 1639 Madrid). Neben Garcilaso de la
Vega (El Inca) und Sor Juana Inés de la Cruz der erste
bedeutende Autor aus Lateinamerika in der span. Lit. Jurastudium in Mexiko und Salamanca (1600–06). Nach sie-
benjährigem Aufenthalt in seiner Heimat Rückkehr nach
Spanien, wo er nach vielen Intrigen 1626 einen Posten als
stellvertretender Referent im Indienrat erhielt. Sein häßliches
Aussehen – er war klein, rothaarig, narbig, doppelseitig ver-
wachsen – trug ihm aus lit. Neid in einer durchweg rassisti-
schen Gesellschaft den heftigsten Spott von Quevedo, Lope
de Vega, Góngora, Tirso de Molina u. a. ein (»Zwergkamel«,
»Affenweibchen«, »Knochensack«, »Schildkröte«). – Verf.

von 23 Dramen, meist moralisierenden Inhalts, mit festen
Theatertypen.

La verdad sospechosa (dt. *Die verdächtige Wahrheit*; 1630).
Psychologische Charakterkomödie um den Typ des Lügners,
der sich schließlich im eigenen Lügennetz verstrickt. Europäischer Bühnenerfolg durch die Nachahmung Corneilles
(*Le menteur*, Auff. 1643/44), in der Ort, Zeit, Handlung
(5 Akte), Versmaß (Alexandriner) vereinheitlicht sind und
der tragische Schluß (Bestrafung des Lügners) vermieden ist.
Voltaire schrieb dazu in seinem »Kommentar über Corneille«: »Man muß gestehen, daß wir Spanien die erste er-
greifende Tragödie und die erste Charakterkomödie verdanken [...]. Es ist nur eine Übers.; aber dieser Übers. verdanken
wir wahrscheinlich Molière.« Einflußreich bis Goldonis
Lügnerkomödie, *Il bugiardo* (1750).

Ausg.: Obras completas, Hrsg. A. Millares Carlo, 3 Bde., Méjico
1957–1968; Teatro, Hrsg. A. Reyes / A. Millares Carlo, CC 37, 146, 147.
Lit.: W. Poesse, J. R. de A., New York 1972; R. Daus, A.s »Mexicanidad«:
Über die Verwendung eines Klischees, in: Span. Lit. im Goldenen Zeit-
alter. F. Schalk zum 70. Geburtstag, Frankfurt a. M. 1973, S. 67–87.
Deutsch: Komödien, Übers. K. Thurmann, München 1967; Mantel und
Degen, Neun Komödien, Übers. K. Thurmann, München 1969; Von
Liebe und Ehre im span.Theater. Acht frühe Charakterkomödien von
J. R. de A. y M. und der *Don Juan Tenorio* von José Zorrilla y Moral,
Übers. K. Thurmann, Bonn 1988; [mit jeweiligem Nachw. von M. Franz-
bach].

31. Tirso de Molina

Tirso de Molina, d. i. **Fray Gabriel Téllez** (1584? Madrid – 1648 Soria). Wenige biogr. Daten gesichert. Studium in Alcalá de Henares. Aufenthalt in Haiti (Santo Domingo, 1616–18). Im Alter hat er als Komtur und Superior im Mercedarier-Kloster Soria in Altkastilien die Geschichte des Ordens geschrieben, dem er fast fünfzig Jahre angehörte (1600–48). – Dramatiker (rund 90 von über 400 Stücken überliefert), Erzähler (*Los cigarrales de Toledo*, 1621, Novellensammlung), Historiker. Während im Theater Lope de Vegas die Handlung im Mittelpunkt steht, tritt bei T. de M. die Charakterdarstellung, bes. der Frauengestalten, hinzu.

Versuch einer Drameneinteilung:

a) Religiöses Theater und theologisches Problemdrama: El burlador de Sevilla, El condenado por desconfiado, La venganza de Tamar, Heiligenviten und *autos sacramentales*.

b) Liebesintrigen: Don Gil de las calzas verdes, El vergonzoso en palacio u. a.

c) Hist. Stoffe: La prudencia en la mujer u. a.

El burlador de Sevilla y convidado de piedra (dt. *Der Spötter von Sevilla und der steinerne Gast*; Auff. um 1624, ersch. 1630). Erste Behandlung des Don-Juan-Stoffes in der Weltlit. Wahrscheinliche Quellen Romanzen-, Legendenzyklus und alte Familienchroniken. – Liebesabenteuer des jungen Edelmanns Don Juan Tenorio, der in verschiedenen Episoden die Herzogin Isabel am Hof von Neapel kompromittiert, nach einem Schiffbruch bei Tarragona die Fischerin Tisbea verführt und schließlich am Hof von Sevilla den Großkomtur im Duell tötet, nachdem er dessen Tochter Doña Ana verführt hat. Nach einer weiteren erfolgreichen Liebeseskapade auf einer Bauernhochzeit lädt Don Juan in seinem Übermut die Steinstatue des ermordeten Großkomturs zum Nachtmahl. Als die Figur wirklich zur Verabredung erscheint und nach den makabren Gerichten (Vipern und Skorpione) Don Juan die Hand reicht, reißt Höllenfeuer den vergeblich um Gnade bittenden Verführer in die Tiefe. – Der moralische Schluß trägt typische Züge des mittelalterlichen Mysterienspiels: Der reuelose Sünder muß in die Hölle.

Als Textbeispiel die Todesszene Don Juans mit der steinernen Statue des Komturs Don Gonzalo:

> DON JUAN. Ach, ich verbrenne, drück mir nicht die Hand!
>   Mit diesem Dolch werd ich dich töten!
>   Doch ach! Ich mühe mich vergebens!
>   Ich steche immer nur ins Leere.
>   Ich habe deine Tochter nicht geschändet,
>   denn meine Arglist hat sie bald erkannt.
> DON GONZALO. Gleichviel! Die böse Absicht hattest du!
> DON JUAN. Erlaub, daß ich noch jemand rufe,
>   der mir die Beichte abnimmt und mich losspricht.
> DON GONZALO. Das geht nicht an, du denkst zu spät daran!
> DON JUAN. Ach, ich verbrenne, ich verglühe!
>   Ich bin des Todes.
>   (*Er bricht tot zusammen.*)
>
>> Übers. W. Eitel, T. de M., Don Juan – Der Verführer von Sevilla und der steinerne Gast, Stuttgart: Reclam, 1976, S. 77 (RUB 3569).

Bis zum heutigen Tage der maßgebliche Beitrag Spaniens zu den Stoffen der Weltlit. Der Typ des Don Juan und seine Lebenseinstellung (donjuanismo) sind in vielen Sprachen sprichwörtlich für einen leichtlebigen Verführer geworden. Der Unterschied zur hist. Gestalt Casanovas liegt vor allem in der fehlenden Dämonie des Italieners. Die berühmteste lit. Bearbeitung ist das Drama Molières (1665), in dem sich der stürmische Verführer zum räsonierenden Heuchler gewandelt hat und das die folgenden zahlreichen epischen, lyrischen und dramatischen Stoffbehandlungen in allen Literaturen beeinflussen sollte.

Auswahl: in Spanien: Zamora (1744), J. Zorrilla (1844), M. Machado (1927), Unamuno (1934); *in Frankreich:* Mérimée (1834), Dumas père (1836), Baudelaire (1846), Rostand (1921), Camus (1942, Essay, D. J. als erotischer Sisyphus), Anouilh (1955), Montherlant (1958); *in Deutschland/ Schweiz:* E. T. A. Hoffmann (1813), Grabbe (1829), Lenau (1844), Jelusich (1936), dazu das Don-Juan-Drama (1953) von M. Frisch; *in Italien:* Cicognini (vor 1650), Libretto und Oper von da Ponte und Mozart (1787), eine glänzende Synthese zwischen der Fassung Tirsos und Molières; *in England:* Lord Byrons fragmentarisches gesellschaftskrit. Epos (1818–1823), Duncan (1953); *in Rußland:* Puschkin (1830), Tolstoi (1860). Die Darstellungsskala des Typs reicht dabei vom Verführer, brutalen Schurken, Zyniker und Atheisten bis zum reuigen Sünder, Idealsucher (Verwandtschaft zum Faustthema), Schwächling und vielen anderen Versionen. In seinen Marginalien zum *Don Juan* Molières schrieb Brecht 1954: »Der Atheismus des großen Parasiten täuscht viele; sie fallen darauf herein, bewundern ihn, rühmen ihn als fortschrittlich.«

Ausg.: Hrsg. A. Castro, CC 2; Don Juan. Evolución dramática del mito, Hrsg. A. C. Isasi Angulo, Barcelona [u. a.] 1972 [Fassungen von T. de M., A. de Zamora, J. de Zorrilla, M. de Unamuno, S. de Madariaga].
Lit. zum Don-Juan-Stoff und zum Drama: G. Marañón, D. J. Ensayos sobre el origen de su leyenda, Buenos Aires 1940 (CA 129); J. M. Navarro de Adriaensens, Los personajes femeninos en *El burlador de Sevilla* de T. de M., in: RJb. 11 (1960) 376–3 96; A. E. Singer, The D. J. theme. Versions and criticism: A bibliography, Morgantown 1965 [und spätere Suppl.]; B. Wittmann (Hrsg.), D. J. Darstellung und Deutung, Darmstadt 1976 (Wege der Forschung, 282); W. A. Mozart, Don Giovanni. Texte, Materialien, Kommentare, Hrsg. A. Csampai / D. Holland, Reinbek bei Hamburg 1981; E. Frenzel, D. J., in: E. F., Stoffe der Weltlit. Ein Lexikon dichtungsgeschichtlicher Längsschnitte, Stuttgart ⁶1983, S. 156–161 (KTA 300).
Deutsch: Don Juan, Hrsg. J. Schondorff, München, Wien 1967 (Vorw. M. Dietrich, Texte von T. de M., Molière, da Ponte, Grabbe, v. Horvárth, Anouilh); Übers. W. Eitel, RUB 3569.

El condenado por desconfiado (dt. *Der wegen Mißtrauens Verurteilte*; 1635). Der Eremit Paulo erfährt auf seine Bitte

vom Teufel, der die Gestalt eines Engels angenommen hat,
daß ein gewisser Enrico und er dasselbe Ende haben werden.
Auf seiner Suche trifft er einen Räuber Enrico, zweifelt an
dem Orakel und wird auch ein Räuber. Enrico dagegen
beichtet und findet Gnade vor Gott, während Paulo von
Bauern getötet und zur Hölle verdammt wird. – Wahrscheinlich Thesenstück für die Prädestinationslehre des
Jesuitenpaters Luis de Molina (1535–1600), nach der die
Gnade Gottes vom freien Willen (*libre albedrío*) des einzelnen abhängt.

Don Gil de las calzas verdes (dt. *Don Gil mit den grünen
Hosen*; Auff. 1615, ersch. 1635). Mantel- und Degenkomö-
die, in der Doña Juana als Mann verkleidet ihrem treulosen
Geliebten Don Martín (alias Don Gil) von Valladolid nach
Madrid nachreist und ihn nach manchen Verwechslungen
schließlich heiratet. – Glänzender psychologischer und
humoristischer Aufbau trägt zu großer Bühnenwirkung bei.
Opernfassung von W. Braunfels (1930).

Ausg.: Obras dramáticas completas, Hrsg. B. de los Ríos, 3 Bde., Madrid 1946–59; Comedias, Hrsg. A. Castro, CC 2; Hrsg. A. Zamora
Vicente / M. J. Canellada de Zamora, CC 131.
Lit.: W. Mettmann, Studien zum religiösen Theater T. de M.s, Köln 1954;
K.-W. Kreis, Studien zur Liebesmetaphorik im Theater T. de M.s, Göttingen 1970; H. W. Sullivan, T. de M. & the drama of the Counter Reformation, Amsterdam 1976; F. Florit Durán, T. de M. ante la comedia nueva.
Aproximación a una poética, Madrid 1986; X. A. Fernández, Las comedias de T. de M. Estudios y métodos de crítica textual, 3 Bde., Kassel
1990–91.

32. Calderón de la Barca

Pedro Calderón de la Barca (1600 Madrid – 1681 ebd.). Sein Vater war Unterstaatssekretär bei Philipp II. Nach Besuch des Jesuitenkollegs in Madrid (1609 – 14), Theologie- und Jurastudium in Alcalá de Henares und in Salamanca (1614–18) war C. als Soldat im Dienst des Konnetabel (Kronfeldherrn) von Kastilien in Italien und Flandern (1625). Als C. 1635 Hofdramatiker Philipps IV. wurde, begann für die nächsten vier Jahrzehnte seine fruchtbarste und erfolgreichste Theatertätigkeit. 1637 Santiagoritter. 1640 Teilnahme am Feldzug gegen Katalonien. 1651 Priesterweihe. 1653 Kaplan in Toledo. 1663 Ehrenkaplan bei Hofe. – Politisches Weltbild: Respekt vor Monarchie, konservativ. Philosophisch-theologischer Standort: stoisch-katholisch. Eklektiker. Kenner der patristisch-scholastischen Lit.: Gedanken von Augustin, Terminologie von Thomas von Aquino. Molinist: Die Gnade Gottes hängt vom freien Willen (*libre albedrío*) des einzelnen ab. Barocke Züge: Pessimismus, Gedanke der Vergänglichkeit, Tugend als einziger Wertbestand, Leben ein Traum, Welttheater, auf dem jeder Mensch nur eine vergängliche Rolle zu spielen hat. Unterschiedliche Schaffensperioden (nach Á. Valbuena Prat): 1. Konzentration der Handlung um das Hauptthema, Ordnungs-, Präzisionstrieb, Realismus. 2. Größere Bühnenwirksamkeit. Hervortreten des Symbolisch-Phantastischen, bes. seit etwa 1635.

Urteil Goethes (1822): »Shakespeare reicht uns die volle, reife Traube vom Stock [...]. Bei C. dagegen ist dem Zuschauer nichts überlassen; wir empfangen abgezogenen, höchst rektifizierten Weingeist, mit manchen Spezereien geschärft, mit Süßigkeiten gemildert; wir müssen den Trank einnehmen, wie er ist, als schmackhaftes köstliches Reizmittel, oder ihn abweisen.«

Weltliches Theater

C. schrieb 120 *comedias*, weitere 9 Stücke in Zusammenarbeit mit zeitgenössischen Dramatikern, außerdem etwa 20 Einakter (*entremeses, loas, jácaras* u. a.). Versuch einer Einteilung nach Hauptwerken:

1. Geschichtsdramen: El alcalde de Zalamea (1651), El príncipe constante (1636).
2. Mantel- und Degenstücke: El médico de su honra (1637), La dama duende (1636).
3. Ideendrama: La vida es sueño (1636).
4. Mythologische Dramen: La hija del aire (1664).

Geistliches Theater

1. *comedias* (biblische Stoffe, Heiligenlegenden): El mágico prodigioso (1663, Ms. 1637), La devoción de la cruz (1636).
2. *autos sacramentales* (geistliche Festspiele): El gran teatro del mundo (Auff. 1675), La vida es sueño (1677), Los encantos de la culpa, La cena de Baltasar (1634). Insgesamt 80 Stücke. Bei C. erreicht die Gattung des *auto sacramental* ihren Höhepunkt: theologische Substanz und Symbolgehalt in vollendeter Form und Sprache.

La vida es sueño (dt. *Das Leben ein Traum;* weltliche *comedia*, ersch. 1636, Urauff. 1635). Philosophisch-theologisches Ideendrama. – König Basilio hält aufgrund eines unheilvollen Sternorakels seinen Sohn Segismundo im Turm gefangen. Nachdem Segismundo auf Probe eine kurze Regierungszeit erhielt, die grausam endete, wurde er in den Turm zurückgebracht. Das Volk befreit Segismundo aus dem Kerker, und fortan regiert der Königssohn klug und weise. – Quelle u. a. der mittelalterliche Roman von Barlaam und Josafat. Leitmotiv der irdischen Eitelkeit und des Lebens als Traum. Barocke Grundidee des *desengaño*. Einfluß der Erziehung auf die Erbanlage. Absage an den Fatalismus. Sieg des freien Willens (*libre albedrío*). – Oper Rossinis, Umdichtungen Grillparzers (*Das Leben ein Traum*, 1840), H. v. Hofmannsthals (*Der Turm*, 1928). Gleichnamiges *auto sacramental* mit Allegorisierung der Personen.

Schlußmonolog Segismundos, II. Akt, Szene 19:

> ¿Qué es la vida? Un frenesí.
> ¿Qué es la vida? Una ilusión,
> una sombra, una ficción,
> y el mayor bien es pequeño,
> que toda la vida es sueño,
> y los sueños, sueños son.

> Was ist Leben? Irrwahn bloß!
> Was ist Leben? Eitler Schaum,
> Truggebild, ein Schatten kaum,
> Und das größte Glück ist klein;
> Denn ein Traum ist alles Sein,
> Und die Träume selbst sind Schaum.

> Nachdichtung E. Gürster, Das Leben ist ein
> Traum, Stuttgart: Reclam, 1956, S. 63 (RUB 65).

La dama duende (dt. *Die Dame Kobold*; 1636). Mantel- und Degenstück. Mit Hilfe einer Geheimtür und ihrer erfindungsreichen Dienerin Isabel verwirrt die junge Witwe Angela den Freund ihres eifersüchtigen Bruders, Manuel Enríquez, und dessen ängstlichen Diener Cosme, bis der Spuk aufgeklärt wird und der Heirat Angelas und Manuels nichts mehr im Wege steht.

El alcalde de Zalamea (dt. *Der Richter von Zalamea*; 1651). Geschichtsdrama. Der Hauptmann Álvaro de Ataide entehrt Isabel, die Tochter des Bauern Pedro Crespo. König Philipp II. billigt nachträglich die eigenmächtige Erdrosselung des Hauptmanns durch den Bauern Crespo, der gleichzeitig zum Alcalde (Richter und Bürgermeister) auf Lebenszeit ernannt wird. – Bearbeitung eines gleichnamigen Stückes von Lope de Vega. Im Vergleich zur Vorlage bei C. Sinn für Syn-

these und Konzentration (Vereinfachung der Figurenpaare
u. a.); der sozialkrit. Konflikt zwischen Adel und Bauer tritt
bei C. stärker hervor; die Charaktere und der Klassengegensatz sind bei C. lebendiger als bei Lope de Vega herausgearbeitet. Kriterium für den Besitz der Ehre ist der Seelenadel
ohne Klassenschranken.

El mágico prodigioso (dt. *Der wundertätige Magus*; ersch.
1663, entst. 1637). Verwandtschaft mit dem Faust-Stoff. Mär-
tyrertragödie: Ursprünge in Spanien sind nach christlichen
Anfängen die mittelalterliche Heldenverehrung und die In-
brunst der Gegenreformation. – Cipriano, Student in Antio-
chia im 4. Jh. n. Chr., verschreibt seine Seele dem Teufel, um
in den Besitz der keuschen Christin Justina zu gelangen. Die
magische Beschwörung Justinas mißlingt jedoch (Vorbild der
Skelettszene: Mira de Amescua, *El esclavo del demonio*,
1612). Cipriano bereut und stirbt mit Justina den Märtyrer-
tod. – Scheinhaftigkeit der irdischen Welt in christlicher
Sicht. Wechselwirkung zwischen menschlicher Willensfrei-
heit und göttlicher Gnade.

El gran teatro del mundo (dt. *Das große Welttheater*; Auff.
1675). *Auto sacramental.* Die Welt als Bühne, in der Tradition
von Epiktet und Seneca. Das Menschenleben ist nur Schauspiel vor dem höchsten Richterstuhl. Darsteller: Gott (Autor), Mundo Rey, Discreción, Ley de Gracia, Hermosura,
Rico, Labrador, Pobre Niño, Voz. – Nachdichtung von H. v.
Hofmannsthal, *Salzburger Großes Welttheater* (1922).

Ausg.: Hrsg. Á. Valbuena Briones / Á. Valbuena Prat, 3 Bde., Madrid
1952–66 [u. ö.]; Autos, Hrsg. Á. Valbuena Prat, CC 69, 74; Comedias,
Hrsg. Á. Valbuena Prat [u. a.], CC 106, 137, 138, 141, 142, 204.
Lit.: A. A. Parker, The allegorical drama of C. An introduction to the Au-
tos Sacramentales, Oxford/London ²1961; H. Friedrich, Der fremde C.,
Freiburg i. Br. ²1966 (Freiburger Universitätsreden N. F., 20); M. Franz-
bach, Untersuchungen zum Theater C.s in der europäischen Lit. vor der
Romantik, München 1974 [aktualisierte span. Übers. Madrid 1982]; M.
Kommerell, Beiträge zu einem dt. C., Bd. 1: Etwas über die Kunst C.s,
Frankfurt a. M. ²1974 [Verehrung C.s vom Goethebild aus]; S. Neumei-
ster, Mythos und Repräsentation. Die mythologischen Festspiele C.s,
München 1978; H. Flasche / G. Hofmann (Hrsg.), P. C. de la B. Concor-

dancia aplicada a las obras de C., Teil 1 (Bd. 1–5): Autos Sacramentales, Hildesheim 1979–84; Teil 2 (Bd. 6 ff.): Comedias y dramas, hrsg. J. Rolshoven / M. Tietz [im Ersch.]; K. und R. Reichenberger, Bibliogr. Handbuch der C.-Forschung. In Zsarb. mit T. Berchem und H. W. Sullivan, Tl. 1.3, Kassel 1979–81; H. W. Sullivan, C. in the German lands and the Low Countries: his reception and influence, 1654–1980, Cambridge [u. a.] 1983; J. Küpper, Diskurs-Renovatio bei Lope de Vega und C. Untersuchungen zum span. Barockdrama. Mit einer Skizze zur Evolution der Diskurse in Mittelalter, Renaissance und Manierismus, Tübingen 1990. *Deutsch:* Autos sacramentales, Übers. F. Lorinser, 18 Bde., Regensburg, Breslau 1856–72 [philologisch exakt, aber nicht bühnenwirksam]; Dramen, W. v. Wurzbach, 10 Bde., Leipzig 1910 [gute krit. Anm.]; Das große Welttheater, Übers. G. Poppenberg, RUB 8482 [zweispr. Ausg.]; Dame Kobold, Übers. H. Schlegel, RUB 6107; Das Leben ist ein Traum, Übers. E. Gürster, RUB 65; Der Richter von Zalamea, Übers. J. D. Gries, RUB 1425.

33. Schule Calderóns

Francisco de Rojas Zorrilla (1607 Toledo – 1648 Madrid). Santiagoritter, der fast sein ganzes Leben in Madrid verbrachte. – Nachahmung seines teilweise bizarren und übersteigerten Epigonentheaters bes. in Frankreich durch Rotrou, Lesage, Scarron, Corneille, Beaumarchais u. a.
Del rey abajo, ninguno (1640). Auch u. d. T.: *García del Castañar o El labrador más honrado*. Konflikt zwischen Familienehre und Vasallentreue. Thematisch enge Übereinstimmungen mit einigen früheren Stücken Lope de Vegas, vor allem *Peribáñez y el Comendador de Ocaña* (1614); in der Ausführung und Figurenzeichnung jedoch Calderón verpflichtet.
Ausg.: Teatro, Hrsg. F. Ruiz Morcuende / R. R. MacCurdy, CC 35, 153; Del rey abajo ninguno, Hrsg. B. Wittmann, Madrid ²1980.
Lit.: G. Schmidt, Studien zu den Komödien des Don F. de R. Z., Diss. Köln 1959; R. Rodríguez Puértolas, Alienación y realidad en R. Z., in: BH 69 (1967) 325–346; R. R. MacCurdy, Women and sexual love in the plays of R. Z., in: Hispania 62 (1979) 255–265.

Agustín Moreto y Cavana (Cabaña) (1618 Madrid – 1669 Toledo). Priester. – Verf. von 69 Schauspielen, durchweg psy-

chologisch durchfeilte Gesellschafts- und Charakterkomödien.
El desdén con el desdén (dt. *Verachtung wider Verachtung*;
1654). Gesellschaftskomödie. – Graf Carlos von Urgel stellt
sich der spröden Komtesse Diana von Barcelona gegenüber
absichtlich unempfindlich und erweckt mit dieser Taktik
die Liebe des Mädchens. – Die dramatische Spannung ergibt
sich aus dem Wechselspiel zwischen Natur und Geist, Liebe
und Gelehrsamkeit. Nachahmungen der Hauptfigur durch
Molière, *La princesse d'Élide*, Gozzi, *La principessa filo-
sofa*, Tauro, *La contessa de Barcellona*, Jouffroy, Marivaux,
Lesage und Schreyvogel; Opernfassung von E. N. v. Rezni-
cek, *Donna Diana* (1894).
El lindo don Diego (dt. *Der schöne Don Diego*; 1654).
Typenkomödie. Entlarvung des eitlen und liebestollen
Don Diego in der Schlußszene. Persiflage des Don-Juan-
Typs, aber mit versöhnlichem Ausgang. Nachahmung von
Scarron.
Ausg.: Teatro, Hrsg. N. Alonso Cortés, CC 32.
Lit.: U. C. Bennhold-Thomsen, Das idealisierte Weltbild des Theaters
im Siglo de Oro. Eine Studie zum dramatischen Werk M.s, Köln 1966; J.
A. Castañeda, A. M., New York 1974.
Deutsch: Span. Theater, Übers. H. Schlegel, Bd. 3, München 1964,
S. 431–642 (El desdén con el desdén, El lindo don Diego) [Nachw.
M. Franzbach].

34. Schelmenroman

Quevedo, *Buscón* (1626), wird in Kap. 36 behandelt.

Mateo Alemán (1547 Sevilla – 1614? Mexiko). Abgebrochenes Medizinstudium in Sevilla, Salamanca und Alcalá de
Henares. Wegen Unterschlagungen wiederholt im Gefängnis. Wanderte 1608 nach Mexiko aus, wo er in großer Armut
starb. Verfaßte außer dem *Guzmán de Alfarache* Biographien und einen Orthographietraktat.

Vida de Guzmán de Alfarache (1599–1604). 2 Teile. Untertitel des 2. Teils: Atalaya de la vida humana (Wartturm des
menschlichen Lebens). – Noch als Kind verläßt Guzmán sein
Elternhaus und geht an den Hof nach Madrid. Er dient als
Küchenjunge und Korbträger. Nachdem er Bettler, dann
Diener eines Kardinals gewesen ist, betrügt er einige Verwandte und kehrt nach manchen Abenteuern nach Spanien
zurück, wo er die Tochter eines Hochstaplers heiratet. Nach
dem Tod seiner Frau will er Priester werden, heiratet jedoch
zum zweitenmal. Als er sich nach Sevilla absetzt, wird er er-
tappt und muß als Galeerensträfling dienen, bis die Auf-
deckung einer Verschwörung ihm zur Freiheit verhilft.
Neu im Vergleich zum *Lazarillo de Tormes* sind die moralisierende Tendenz, der offenkundig autobiogr. Charakter, die
düster-pessimistische Auffassung von der damaligen Gesellschaft und die zahlreichen Episoden, z. B. die *Historia de
los dos enamorados Ozmín y Daraja*. Beispiel für die skeptische Lebenseinstellung: »Alle lauern wir hinterlistig auf-
einander, wie die Katze auf die Maus und die Spinne auf die
Schlange.« – Fortsetzung nach dem 1. Teil von Mateo Luján
de Sayavedra (wahrscheinliches Pseudonym für Juan José
Martí), Valencia 1602. Durch die freie Übertragung von
Aegidius Albertinus (1615), Nachdr. Hildesheim 1975, war
das Werk auch Grimmelshausen bekannt.

Ausg.: Hrsg. S. Gili Gaya, CC 73, 83, 90, 93, 114; Hrsg. F. Rico, Barcelona
1983 [komm.].
Lit.: T. Hanrahan, S. J., La mujer en la novela picaresca de M. A., Madrid
1964; E. Cros, M. A. Introducción a su vida y su obra, Salamanca 1971;
A. San Miguel, Sentido y estructura del *Guzmán de Alfarache* de M. A.,
Madrid 1971 (BRH II,166); M. Cavillac, Gueux et marchands dans le
Guzmán de Alfarache (1599–1604). Roman picaresque et mentalité bour-
geoise dans l'Espagne du Siècle d'Or, Bordeaux 1983.
Deutsch: Span. Schelmenromane, Übers. R. Specht, Bd. 1, München 1964,
S. 65–845 [Nachw. und Anm. H. Baader].

Vicente Espinel (1550 Ronda bei Málaga – 1624 Madrid). Studium in Salamanca. Später im Dienst des Grafen von Lemos.
Abenteuerliches Leben als Soldat, Musiker (Erfinder der

5. Gitarrensaite) u. a. Mit den führenden Dichtern seiner Zeit befreundet. Vervollkommnete als Lyriker die zehnzeilige Stanze (*décima*), die nach ihm *espinela* heißt.

Relaciones de la vida del escudero Marcos de Obregón (dt. *Berichte aus dem Leben des Schildknappen Markos de Obregón*; 1618). Ausführlich werden die Reisen des Haupthelden innerhalb Spaniens, seine Gefangenschaft in Algier, sein Aufenthalt in Italien und seine Rückkehr nach Spanien geschildert. – Die zahlreichen, meist autobiogr. Elemente des Abenteuerromans lassen die Figur des *pícaro* in den Hintergrund treten. Teilweise Nachahmung durch Lesage in *L'histoire de Gil Blas de Santillane* (1715–35). Der Plagiatvorwurf Voltaires (1775) löste eine Polemik zwischen Spaniern und Franzosen aus, die u. a. zur Rückübers. durch den P. Isla (1787–88) führte.

Ausg.: Lyrik, BAE 42, 61; Marcos de Obregón, Hrsg. S. Gili Gaya, CC 43, 51.
Lit.: F. Brun, Strukturwandel des Schelmenromans. Lesage und seine span. Vorgänger, Diss. Zürich 1962; A. Navarro González, V. E. Músico, poeta y novelista andaluz, Salamanca 1977.
Deutsch: Span. Schelmenromane, Übers. R. Specht, Bd. 2, München 1964, S. 155–525 [Nachw. und Anm. H. Baader].

Francisco López de Úbeda (1550/60 – ?). Arzt aus Toledo.
La pícara Justina (dt. *Die Schelmin Justina*; 1605). Besteht aus vier Teilen: Die *pícara* aus den Bergen, als Pilgerin, als Prozessierende und als Braut. Diese Entwicklung deutet jedoch keine Verbürgerlichung der Frauenfigur an, sondern in der Art der Auseinandersetzung mit den damaligen Institutionen zeigt sich die Rebellion der Außenseiterin. Der im Vergleich zum zeitparallelen *Guzmán de Alfarache* optimistische Grundton ließe sich vielleicht mit M. Bataillon aus dem Schlüsselcharakter des Werks erklären, das sich auf span. Hofkreise bezieht. – Einfluß auf Grimmelshausen.

Ausg.: 3 Bde., Hrsg. J. Puyol y Alonso, Madrid 1912 [krit. Ausg. mit Einl.].

Lit.: M. Bataillon, Pícaros y picaresca. La pícara Justina, Madrid 1969; B. M. Damiani, La pícara Justina, Madrid 1982.
Deutsch: Die Landstörtzerin Justina Dietzin Picara genandt [. . .], Nachdr. der anonymen Ausg. Frankfurt a. M. 1626/27, Hildesheim 1975.

Alonso Jerónimo de Salas Barbadillo (1581 Madrid – 1635 ebd.).
La hija de Celestina o La ingeniosa Elena (dt. *Die Tochter der Celestina oder Die einfallsreiche Helena*; 1612). Anschaulicher und abwechslungsreicher Kurzroman, der mit dem Tod der *pícara* am Galgen endet, obwohl ihr Tod »selbst in den härtesten Herzen Mitleid und Schmerz weckt«. Die sozialkrit. Tendenz des Autors läßt nicht seine Haupthelden, sondern die korrupte Gesellschaft, verkörpert in Hofkreisen, Adel und Klerus, als die eigentlich Schuldigen erscheinen. Das Buch ist eine noch unausgeschöpfte kulturhist. Quelle ersten Ranges. Einfluß auf Scarron und auf Molières *Tartuffe* (1669).

Ausg.: La peregrinación sabia. El sagaz Estacio marido examinado, Hrsg. F. A. de Icaza, CC 57.
Lit.: L. Brownstein, S. B. and the new novel of rogues and courtiers, Madrid 1974; F. A. Cauz, La narrativa de S. B., Santa Fé 1977.
Deutsch: Die Tochter der Celestina, Übers. E. Hartmann / F. R. Fries, Leipzig 1968.

Alonso de Castillo Solórzano (1584 Tordesillas bei Valladolid – 1648 Zaragoza?). Am Königshof in Spanien und Italien. Schrieb Dramen, Romane, Novellen.
La garduña de Sevilla y anzuelo de las bolsas (dt. *Die Spitzbübin von Sevilla und Angelhaken der Börsen*; 1642). Heiter-höfische Erzählung mit eingeschobenen Novellen in it. Tradition. Klugheit und Egoismus setzen sich in allen Lebenslagen durch.

Ausg.: La garduña de Sevilla, Hrsg. F. Ruiz Morcuende, CC 42.
Lit.: M. Velasco Kindelán, La novela cortesana y picaresca de C. S., Valladolid 1983.

La Vida y hechos de Estebanillo González (dt. *Leben und Taten des Estebanillo González*; 1646). Reiseabenteuer in Italien und in Spanien, die den Anspruch auf Echtheit erheben, »denn es ist nicht das erdichtete Leben von Guzmán de Alfarache, nicht das phantastische von Lazarillo de Tormes, nicht das angebliche des Caballero de la Tenaza von Quevedo«. Zeitgeschichtlich und kulturhist. bedeutsam.

Ausg.: Hrsg. J. Millé y Jiménez, CC 108, 109; Hrsg. A. Carreira / J. A. Cid, 2 Bde., Madrid 1990 (Letras Hispánicas; 309, 312) [krit. Ausg.].
Deutsch: Estebanillo González, ein Mann fröhlicher Gelassenheit. Sein Leben und seine Taten, aufgeschrieben von ihm selbst, Übers. F. R. Fries, Leipzig 1967.

35. Cervantes

Miguel de Cervantes Saavedra (1547 Alcalá de Henares – 1616 Madrid). Geb. als Sohn eines armen Wanderchirurgen. Jesuitenkolleg in Sevilla 1564–65. Umfassende humanistische Ausbildung in Madrid. Begleiter als Kämmerer des Kardinals Giulio Acquaviva an den päpstlichen Hof nach Rom (1569). Unter Don Juan de Austria, dem Halbbruder Philipps II., Teilnahme an der siegreichen Galeerenschlacht der Spanier und Venezianer bei Lepanto gegen die Türken (1571). C. wurde in dieser Schlacht dreimal verwundet, zweimal an der Brust und an der linken Hand, die für immer verstümmelt blieb. Auf einer weiteren Kriegsexpedition nach Tunis geriet er in Algier in Gefangenschaft (1575–80), »donde aprendió a tener paciencia en las adversidades« (»wo er im Unglück Geduld zu haben lernte«), wie C. selbst sagte. Nach fünf Ausbruchsversuchen und der Organisation eines Massenaufstands von 25 000 christlichen Galeerensträflingen wurde er von den Trinitariern (1148 zum Loskauf christlicher Gefangener gegründeter Orden) freigekauft. Heirat in Madrid (1584). Provianthändler für die Armada und Steuereinnehmer in Andalusien. Danach wegen angeblicher finanzieller Unregelmäßigkeiten und wegen falschen Mordverdachts dreimal im Gefängnis in Sevilla (1597, 1602) und in Valladolid (1604). Nutzte diese unfreiwillige Muße zur Schriftstellerei. Lit. Ruhm erst nach Erscheinen des 1. Teils des *Don Quijote* (1605). Günstling des Grafen von Lemos und des Kardinal-Erzbischofs von Toledo. Als ein franz. Gesandter sich nach C. erkundigte, wurde ihm der Dichter als »alt, Soldat, Edelmann und arm« vorgestellt.

In der »Vorrede an den Leser« der *Novelas Ejemplares* (1613) findet sich das humorvolle Selbstporträt des Schriftstellers: »Der, den ihr hier seht, mit dem Adlergesicht, dem hellbraunen Haar, der glatten, freien Stirn, den munteren Augen, der gebogenen, sonst jedoch wohlgeratenen Nase, dem silbernen Backenbart, der vor weniger als zwanzig Jahren noch blond war, dem großen Knebelbart, dem kleinen Mund mit weder zu großen noch zu kleinen Zähnen (er hat nämlich nur noch ein halbes Dutzend, in schlechtem Zustand, der dadurch noch verschlimmert wird, daß sie einander nicht einmal entsprechen), dieser Mann also, von mittlerer Statur, weder groß noch klein, von frischer, eher heller als gebräunter Hautfarbe, etwas gebeugt in den Schultern und nicht sonderlich behend auf den Füßen: dieser ist der Verfasser der *Galatea* und des *Don Quijote de la Mancha* [...]« (Die kleine Zigeunerin, Übers. W. Springorum-Kamlah, Ebenhausen bei München 1955, S. 6 f.).

Prosa

La Galatea (dt. *Die Galatea*; 1585). Erstlingswerk in der Gattung des Schäferromans in sechs Büchern, zu dem C. eine Fortsetzung geplant hatte. C. hat die traditionelle Liebeshandlung in der Tradition Leone Hebreos rationalisiert und moralisiert. Das Werk ist von geringer dichterischer Bedeutung; bemerkenswert sind allenfalls die zahlreichen lyrischen Einlagen. Selbst die Verschlüsselung von zeitgenössischen Persönlichkeiten im Schäfergewand weckt heute nur noch hist. Interesse.

El ingenioso hidalgo Don Quijote de la Mancha (dt. *Der scharfsinnige Edle Don Quijote de la Mancha*; 1605–15). Meisterwerk der span. Lit. und der Weltlit. C. gilt als der Schöpfer des modernen Romans (vgl. G. Lukács, *Die Theorie des Romans*, Darmstadt / Neuwied ³1976).

1. Teil (1605):

»En un lugar de la Mancha, de cuyo nombre no quiero acordarme, no ha mucho tiempo que vivía un hidalgo de los de lanza en astillero, adarga antigua, rocín flaco y galgo corredor« (»An einem Ort der Landschaft Mantzscha oder Fleckenland / dessen Nahmens ich mich nicht erinnern mag / lebte vor wenigen Zeiten ein Rittersasse auß der Zunfft der jenigen / welche den Sperr vnterm Dach verwahrt liegen haben vnd mit einem Altväterischen Schilde / einem hagern Gaul vnd flüchtigem Windhunde versehen seynd« (Anfang der fragmentarischen ersten dt. Übers. 1648 von Joachim Caesar, Hof- und Justizrat aus Halle).

Der verarmte Hidalgo Alonso Quijano verliert durch die ständige Lektüre von Ritterromanen den Verstand und verläßt als Ritter Don Quijote de la Mancha sein Dorf, um das Unrecht in der Welt zu bekämpfen. Definition des »fahrenden Ritters« (*caballero andante*): »mantenedor de la verdad, aunque le cueste la vida el defenderla« (»Aufrechterhalter der Wahrheit, selbst wenn ihn deren Verteidigung das Leben kostet« (DQ II,18). Nach dem mißglückten ersten Ausritt und nach der Verbrennung seiner Bibliothek durch den Pfarrer zieht Don Quijote mit dem Bauern Sancho Panza als Schildknappen erneut aus. Abenteuer mit der Windmühle, mit den Ziegenhirten, mit dem »Helm« (Barbierbecken!) des Mambrino, mit den Galeerensträflingen. Ein Höhepunkt (in Nachahmung des Amadísromans) ist der asketische Aufenthalt Don Quijotes in der Sierra Morena, wo sich der Hidalgo für seine Dame Dulcinea del Toboso (in Wirklichkeit die Bäuerin Aldonza Lorenzo) in Buße kasteit. Der Pfarrer und der Barbier bringen Don Quijote schließlich in das Dorf zurück.

Aus Gewinnspekulation veröffentlichte Alonso Fernández de Avellaneda (wahrscheinlich Pseudonym) 1614 eine Fortsetzung des 1. Teils. Deshalb beschleunigte C. die Niederschrift des 2. Teils, der als nicht so ausgereift wie der 1. gilt.

2. Teil (1615):

Dritter Ausritt Don Quijotes mit Sancho Panza. Abenteuer mit dem Spiegelritter, in der Höhle von Montesinos, am Herzogshof, wo die Statthalterschaft über die Insel Barataria an Sancho verliehen wird. Don Quijote verpflichtet sich, nach der Niederlage gegen den Baccalaureaten Sansón Carrasco (»Ritter vom weißen Mond«) heimzukehren. Er wird aus gebrochenem Herzen krank und schwört auf dem Sterbebett den Ritterromanen ab.

Glanzpunkte der Utopien und gegenutopischen Entwürfe im *Don Quijote* sind die Rede über das Goldene Zeitalter (DQ I,11) (in der Tradition von Ovid und Vergil sowie ihrer Nachahmer, vor allem Fray Antonio de Guevara) und die Regierungsepisode Sanchos auf der Insel Barataria (DQ II,45 ff.). Die Utopien Don Quijotes sind weniger idealistisch, vielmehr konkret angelegt, was die Beschreibung des Naturzustandes betrifft. Ebenso verhält es sich mit den Schäferepisoden, die – ähnlich wie die Szenen in der Sierra Morena – durchaus praktische Versuche der Rückkehr zu einem Naturzustand sind. Die Darstellung des Goldenen Zeitalters diente C. dazu, die Güte des Menschen im Naturzustand zu zeigen und das Streben Don Quijotes nach einer Wiederherstellung dieses »état naturel« weniger utopisch wirken zu lassen. Die Verwirklichung der Utopie der *Edad de Oro* lag durchaus im Bereich des Möglichen, aber der Mikrokosmos der Insel Barataria scheiterte bei einer möglichen Übertragung ins Große an den realen politischen Zwängen der Zeit.

Die Ratschläge Don Quijotes an seinen Statthalter Sancho Panza lesen sich wie ein Fürstenspiegel *in nuce*, aber sie gewinnen erst an Gewicht durch die pragmatische Umsetzung des Schildknappen, der das Volk mit seinem gesunden Menschenverstand verkörpert. Der jahrhundertelang gewachsene Sprichwörterschatz des Volkes spiegelt zwar auch Herrschaftsverhältnisse wider, aber er gibt ebenfalls den Erfahrungsschatz für viele Konfliktsituationen ab. Don Quijote kritisiert lediglich die mechanistische Anwendung dieser Sprichwörter; er führt die Weisheit des Volkes selbst im Munde.

Die Frage der Übernahme erasmistischer Gedanken durch C. läßt sich nur im Zusammenhang mit der vorherigen Geschichte des Erasmismus auf das Geistesleben in Spanien schlüssig beantworten. Die gegenreformatorischen Maßnahmen Philipps III. und Philipps IV. bremsten sicherlich stark die Verbreitung dieser Ideen. Es wäre Aufgabe einer krit. C.-Forschung, weniger die Einflüsse als die Selbständigkeit des C. bei der Rezeption dieser Gedanken zu untersuchen.

Wirkungsgeschichte:

Eine Grundabsicht des Schriftstellers war die Parodie der Ritterromane. Für die weitere Interpretation und Wirkungsgeschichte gilt das Wort von Ortega y Gasset: »Es gibt kein Buch, dessen Vermögen an symbolischen Anspielungen auf den allgemeinen Lebenssinn so groß ist, und trotzdem gibt es kein Buch, in dem man weniger Vorgriffe, weniger Anzeichen für seine eigene Deutung findet.« Unamuno sagte: »Wenn wir den *Don Quijote* deuten, interpretieren wir uns selbst.«

Die Rezeption im deutschsprachigen Raum verlief bis zur Romantik – von Ausnahmen abgesehen (Lessing!) – fast ausschließlich über franz. Vermittlung. Das erklärt viele Mißverständnisse, die damals das auch politisch gespannte Verhältnis zwischen Spanien und Frankreich widerspiegeln. Der sächsische Barockhumanist Joachim Caesar war 1648 in seiner Teilübers. nur bis Kapitel I,22 gelangt, jedoch verdient seine Übers. (unter dem Pseudonym Pahsch Bastel von der Sohle) wegen ihrer Originalität und Ausdrucksstärke Anerkennung: *Don Kichote de la Mantzscha, Das ist: Juncker*

Harnisch auß Fleckenland. Grimmelshausen scheint diese Übers. gekannt und für die Jupiter-Episode im *Simplicissimus* (1669) genutzt zu haben. Vor allem über die franz. Bearbeitungen gab das Werk des C. Impulse für die Kritik an den Amadisen im 17. Jh.

Die Inhalte der »Leyenda Negra« (»Schwarzen Legende«) bestimmten die Auffassung, daß C. eine verschlüsselte Kritik an seinem Land intendiert habe. Typisch war das Urteil Montesquieus in den *Lettres Persanes* (anonym 1721): »Das einzige Buch der Spanier, das gut ist, hat die Lächerlichkeit aller anderen sichtbar gemacht«, heißt es im 78. Brief. Andererseits wurde Don Quijote als Repräsentant des angeblich irrationalen, aufbrausenden, verstiegenen und ehrpusseligen span. Nationalcharakters aufgefaßt.

Für die Rezeption des Romans in Dt. lassen sich zwei Stränge ausmachen. Der eine führt über die lobenden Äußerungen Bodmers und Gerstenbergs, die Nachahmungen von Musäus, Wieland (*Don Sylvio von Rosalva*, 1764), J. G. Müller u. a. zu Goethes *Wilhelm Meister* (1795–1821); der andere reicht von der Entdeckung der »Volksseele« durch Herders Cid-Romanzen und von dem *Don Quijote* als Volksroman *par excellence* zu Spanien als Sehnsuchtsland vieler Romantiker. Zu diesem Bild trugen nicht zuletzt zahlreiche Reisebeschreibungen bei.

Der Einfluß des *Don Quijote* auf den dt. Roman des 18. Jh.s ist nicht ohne die Vorbilder Fieldings, Smolletts, Sternes und Richardsons erklärbar, die C. vor allem in der Erzähltechnik Anregungen verdanken. Inhaltlich gemeinsam sind ihnen die Form der Literatursatire und die Figur des Helden als lächerlicher Narr. Im ausgehenden 18. Jh. setzen auch die ersten vollständigen dt. Übers. des *Don Quijote* nach dem span. Original ein. Vor allem die Tiecksche Übers. (1799–1801, verb. Aufl. 1830–32) ebnete dem Werk in Dt. den Weg.

Die Begeisterung vieler Romantiker für C. ging von den Brüdern Schlegel aus, die ihrer fast hymnischen Verehrung im »Athenäum«, in Briefen und in den Jenaer und Berliner Vorlesungen Ausdruck gaben. Im Anschluß an Schillers Gegensatz von Idealismus und Realismus allegorisierte A. W. Schlegel die beiden Hauptfiguren des Romans: »die Prosa in der Person Sanchos und die von Don Quijote edel vertretene Poesie« (A. W. Schlegel, *Sämtliche Werke*, Bd. 1, Leipzig 1846, S. 342). Hegel wendete diesen Gegensatz dialektisch ins Geschichtsphilosophische. Als Reaktion auf die Realität des Lebens galt ihm Don Quijote als komische »Weltfigur« (G. W. F. Hegel, *Sämtliche Werke*, hrsg. von Hermann Glockner, Bd. 13, Stuttgart [3]1953, S. 214 f.).

Erst mit der pointierten Bewertung Heines wurden neue Akzente in der Rezeption des *Don Quijote* gesetzt. Heine bemerkte die geniale Satire gegen die romantische Schwärmerei der Menschheit und die Verspottung der menschlichen Begeisterung ganz allgemein. Vgl. auch den berühmten Satz Lord Byrons: »C. smiled Spain's chivalry away.« Für Heine bestand die Modernität des *Don Quijote* darin, daß er »in den Ritterroman die getreue Schilderung der niederen Klassen einführte, indem er ihm das Volksleben beimischte« (Nachw. Heines 1837 zur *Don Quijote*-Übers. von Tieck, Nachdr. Gütersloh 1961, S. 13).

Wenn man von der Wirkung des Romans auf Puschkin, Gogol, Turgenjew und Dostojewski absieht, die stärker die psychologischen und religiösen Aspekte betonten, wurden neue Impulse erst durch die span. 98er Generation gesetzt. Höhepunkte der Umdeutung des Don Quijote sind Unamunos *Vida de Don Quijote y Sancho* (1905, dt. Übers. Leipzig 1933), Azoríns *La ruta de Don Quijote* (1905, dt. Übers. Zürich 1923) und später Ortega y Gassets *Meditaciones del Quijote* (1914, dt. Übers. mit Einleitung von J. Marías, Stuttgart 1959). Ihnen allen galt das Werk als Ausdruck span. Wesens, d. h. als Ringen um die Synthese zwischen Idealismus und Realismus. Salvador Madariaga sah im *Don Quijote* die Suche nach Wahrheit.

Die »traurige Gestalt« Don Quijotes gehört wie Don Juan, Faust und Hamlet zu den Grundtypen der Weltlit. In zahlreichen Nachahmungen trat ein männlicher oder weiblicher Phantast auf (quijotada, quijotear, quijotería, quijotesco, quijotismo sprichwörtlich für Verschrobenheit, Phantasterei, Weltfremdheit), der als Handlungsträger für Zeit- und Gesellschaftskritik diente. Erinnert sei in England an Butlers *Hudibras* (1663–78), an Fieldings einflußreiche Hauptwerke *Joseph Andrews* (1742) und *Tom Jones* (1749), in Frankreich an den *Berger extravagant* (1627–28) von C. Sorel, an Marivaux, Cazotte u. a. Die Figur des hageren Ritters trat in Dt. erstmals 1613 bei einem Heidelberger Maskenzug auf, mehr als anderthalb Jh. vor der ersten vollständigen dt. Übers. nach dem span. Original von F. J. Bertuch (Weimar 1775). Die tragikomische Liebe Don Quijotes zu Dulcinea wurde im 18. Jh. in Frankreich von Favart und J. de Lagerie gestaltet. Bekannte Opernfassungen stammen von d'Urfé/Purcell (1694–95), Paisiello (1769), Piccini (1770), Salieri (1771), Ditters v. Dittersdorf (1795), Cain/Massenet (1910) u. a.

Zahlreiche eingestreute Episoden dienen nach alter epischer Tradition als Parallelen und Beispiele für das Hauptmotiv, hier die Narrheit Don Quijotes. Diese eingeschalteten Novellen haben trotz der episch-reihenden Technik des Autors zahlreiche Dramatisierungen erfahren. Der ursprünglich tragische Liebesstoff von Cardenio und Celinde wurde u. a. von G. de Castro, Fletcher, Pérez de Montalbán, Gryphius, A. v. Arnim und Immermann verarbeitet. Ebenso wie die Novelle »El curioso impertinente« hat die Hochzeit des Camacho Fusilier, Gaultier, Langendijk u. a. im 18. Jh. zur Gestaltung angeregt.

Die Fülle der kulturellen Ausdrucksformen von den Comics bis zum Film, bei denen der *Don Quijote* seitdem Pate stand, hat das Bemühen gemeinsam, den Gegenwartsbezug vieler Probleme zu verdeutlichen und eine Brücke zwischen dem damaligen und dem heutigen Lesepublikum zu schlagen. Der *Don Quijote* war gleich nach dem Sieg der kubanischen Revolution 1959 eines der ersten Bücher, das in einer erschwinglichen Volksausgabe in 100 000 Exemplaren auf den

Markt kam. Che Guevara trug den Roman in der Guerrilla
im Gepäck und war sich seiner Rolle als »fahrender Ritter«
bewußt.

In dem folgenden Gedicht des Emigranten Erich Fried
(1921–88) zieht Don Quijote auf dem Sterbebett die Lehren
aus dem Abenteuer mit den Windmühlen:

<blockquote>

Sterbensworte Don Quixotes

Wer die furchtbaren
Windmühlenflügel
vor Augen hat
den
reißt sein Herz
und sein Kopf
und seine Lanze
mit
in den Kampf
gegen den Riesen

Doch wer die Windmühlenflügel
nach dem Gelächter
des Gelichters
noch immer im Auge
und den Riesen
noch immer
im Kopf hat
dem
geht die Lanze
ins Herz.

</blockquote>

E. Fried, Liebesgedichte, Berlin: Wagen-
bach, 1979, S. 57.

Novelas ejemplares (dt. *Exemplarische Novellen*; 1613).
Zwölf Novellen, die zwischen den beiden Teilen des *Don
Quijote* verfaßt wurden. Ihre literarhist. Bedeutung liegt
darin, daß zum erstenmal die it. Novellistik weder stofflich
noch stilistisch nachgeahmt ist. Stolz schrieb C. in der »Vorrede an den Leser«, »daß ich tatsächlich der erste bin, der

Novellen in span. Sprache geschrieben hat. Denn all die andern, die in dieser Sprache gedruckt worden sind, wurden aus fremden Sprachen übersetzt. Diese Novellen aber gehören mir allein und sind weder nachgeahmt noch gestohlen: mein Kopf hat sie erzeugt, meine Feder hat sie geboren und in den Armen der Druckerei sollen sie groß werden«. Und vorher hieß es: »Ich habe sie *Beispielhafte Novellen* genannt, und wenn du sie recht betrachtest, ist nicht eine unter ihnen, aus der sich nicht irgendeine nützliche Lehre entnehmen ließe«.
Die moralisch-didaktische Zielsetzung bezieht sich meist auf ereignisreiche Liebesgeschichten oder auf satirisch-realistische Milieustudien. Im allgemeinen bewähren sich edle Spanier und Spanierinnen in kritischen Situationen bravourös. Obwohl nicht alle Novellen Lehrcharakter haben, ist der Gegensatz zu dem rein unterhaltsamen Vorbild Boccaccio (*Il Decamerone*, entst. 1349–53, Druck 1470) evident.
Zu den Liebesgeschichten, die den größten zeitgenössischen Erfolg hatten, gehören: El amante liberal, Las dos doncellas, La española inglesa, La ilustre fregona, La señora Cornelia, La fuerza de la sangre, El celoso extremeño, La Gitanilla. Die Novellen, für die C. 1600 Reales und 24 Freiexemplare erhielt, wurden zu einer unerschöpflichen Stoffquelle für die Nachwelt. Die Novelle von der kleinen Zigeunerin (*Gitanilla*) inspirierte z. B. Hardy, Longfellow und noch Victor Hugo zu seiner Figur der Esméralda in *Notre-Dame de Paris* (1831).
Zur satirischen Gruppe zählen: Rinconete y Cortadillo, sprachlich und inhaltlich brillante (obwohl im Original schwer lesbare) pikareske Einblicke in die Sevillaner Unterwelt, El casamiento engañoso, El licenciado Vidriera, El coloquio de los perros, das Gespräch zweier »hundgewordener« pícaros: Berganza erzählt seine Erlebnisse, Cipión kommentierte, eine satirische Weltschau aus der Perspektive der Unterprivilegierten.
Los trabajos de Persiles y Sigismunda (dt. *Die Mühen und Leiden des Persiles und der Sigismunda*; 1617 postum). Phan-

tastischer Abenteuerroman in hellenistisch-byzantinischer Tradition. Schicksale von Persiles und Sigismunda, die unter den falschen Namen von Periandro und Auristela die Welt durchreisen und schließlich in Rom heiraten.

Theater

C. soll nach eigenen Angaben 36–46 Theaterstücke verfaßt haben. Seine geheime Liebe gehörte dem Theater, wobei er an den Krücken des Humanistentheaters gehen lernte.

Los tratos de Argel (dt. *Die Liebeshändel von Algier*). Autobiogr. Episoden aus dem Leben der Christensklaven in Algier, von denen es damals über 20 000 gab.

La Numancia (dt. *Die Numantia*; 1584). Schilderung des Untergangs der span. Stadt Numantia (133 v. Chr.), beim heutigen Soria in Altkastilien, nach langer Belagerung durch die Römer. Trotz der Überlieferung des Stoffes durch Appian ließ das Thema der von Scipio Africanus ausgehungerten Stadt dem Dramatiker breiten Raum für seine Phantasie. Hunger, Seuche und Ruhm treten als Allegorien auf. Legendär ist z. B. der Schluß des Stückes, als C. sich den letzten Überlebenden mit den Stadtschlüsseln vom Turme stürzen läßt, damit er dem Triumphzug der Römer entgeht. Die antike Moira, das Schicksal, ist durch den konkreten Hunger ersetzt. Die drei dramatischen Einheiten (Ort, Zeit, Handlung) des Aristoteles bleiben gewahrt. – Während der Belagerung von Zaragoza (1808–09) durch die Franzosen unter rauschendem Beifall aufgeführt. Durch die Übers. von La Motte-Fouqué (1809) auch Echo im Dt. der Befreiungskriege gegen Napoleon.

Comedias (dt. *Schauspiele*; 1615). In der Nachahmung des Theaters Lope de Vegas, aber mehr Interesse für die psychologische Figurengestaltung als für die Handlung. Aus nüchterner Betrachtung des Alltags und seiner Probleme, mit einem Hang zur pointierten Satire, Meisterwerke ihres Genres. Zu Lebzeiten des C. sind diese Stücke kaum auf die Bühne

gekommen. Stücke aus der Gefangenschaft in Algier, Ritter-
dramen, ein Mantel- und Degenstück, ein Heiligendrama
u. a. Als bestes Werk gilt »Pedro de Urdemalas«, das Leben
eines *pícaro* unter Zigeunern aus Liebe zu einem Mädchen.
Entremeses (dt. *Zwischenspiele*; 1615). Themen: Ehekonflikte
(El juez de los divorcios), Gaunerszenen (El rufián viudo),
Dorfburlesken (La elección de los alcaldes, El retablo de las
maravillas), der betrogene Ehemann (La cueva de Salamanca),
Liebesrivalitäten (La guardia cuidadosa), die betrogene Betrü-
gerin (El vizcaíno fingido). – Bekannte Autoren dieser Gattung waren später L. Quiñones de Benavente (1589?–1651),
der etwa 900 *entremeses* geschrieben haben soll, R. de la Cruz
(1731–94) und die Brüder Álvarez Quintero im 20. Jh.

Lyrik

Als Lyriker und Versepiker stand C. im Schatten seiner Zeitgenossen. Die Perlen seiner Gedichte im Übergang von traditioneller zu erlebter Lyrik finden sich in der Prosa einge-
streut. Als Gattung reizte seinen Spieltrieb das Sonett am
meisten. Im *Viaje del Parnaso* ist der Dichterkatalog aufschlußreich, weil C. darin mit spitzer Feder lit. Urteile über
seine Zeitgenossen abgibt.

Ausg.: Obras completas, Hrsg. A. Valbuena Prat, Madrid ¹⁶1970 [u. ö.];
Don Quijote de la Mancha, Hrsg. F. Rodríguez Marín, 8 Bde., Madrid
1947–49 [u. ö.] (CC 4, 6, 8, 10, 13, 16, 19, 22); Don Quijote, Hrsg. F. Rico,
2 Bde., Barcelona ²1998 [beste kommentierte Ausg. mit reicher Bibliogr.];
Galatea, Hrsg. J. B. Avalle Arce, CC 154, 155; Novelas ejemplares, Hrsg.
F. Rodríguez Marín, CC 27, 36; Comedias y entremeses, Hrsg. R. Schevill
/ A. Bonilla y San Martín, 6 Bde., Madrid 1915–22; Entremeses, Hrsg.
M. Herrero García, CC 125.
Bibliogr.: Anales Cervantinos, Madrid 1951 ff.; R. L. Grismer, C.: A bi-
bliography, 2 Bde., New York 1970–80 [Nachdr.]; D. B. Drake, Don Qui-
jote (1894–1979): A selective annotated bibliography, 4 Bde., Chapel Hill
[u. a.] 1974–84; C. Bulletin of the C. Society of America, Madison 1981 ff.
Lit.: H. Meier, Zur Entwicklung der europäischen Quijote-Deutung, In:
RF 54 (1940) 227–264; H. Weinrich, Das Ingenium Don Quijotes. Ein Bei-
trag zur lit. Charakterkunde, Münster i. W. 1956; H.-J. Neuschäfer, Der
Sinn der Parodie im *Don Quijote*, Heidelberg 1963; W. Krauss, M. de C.

Leben und Werk, Neuwied / Berlin 1966; E. C. Riley, Teoría de la novela en C., Madrid 1966 (Persiles, 31); H. Hatzfeld (Hrsg.), Don Quijote. Forschung und Kritik, Darmstadt 1968 (Wege der Forschung, 160); A. Rosenblat, La lengua del *Quijote*, Madrid 1971 (BRH II,158); J. A. Maravall, Utopía y contrautopía en el *Quijote*, Santiago de Compostela 1976; M. Walter, *Don Quijote*. Vom Ritterbuch zum realistischen Roman, in: R. Weimann (Hrsg.), Realismus in der Renaissance. Aneignung der Welt in der erzählenden Prosa, Berlin / Weimar 1977, S. 624–787; A. Castro, El pensamiento de C. (1925), erw. Ausg. mit Anm. des Autors und Hrsg. J. Rodríguez-Puértolas, Barcelona 1980; J. Hartau, Don Quijote in der Kunst. Wandlungen einer Symbolfigur, Berlin 1987; L. Osterc, El pensamiento social y político del *Quijote*. Interpretación histórico-materialista, México ³1988; J. Canavaggio, C. Biographie, Zürich / München 1989; M. Franzbach, C., Stuttgart 1991 (RUB 8690); C. Strosetzki, M. de C. Epoche – Werk – Wirkung, München 1991; H.-P. Endress, Don Quijotes Ideale im Umbruch der Werte vom Mittelalter bis zum Barock, Tübingen 1992. *Deutsch:* Gesamtwerk, Übers. A. M. Rothbauer, 4 Bde., Stuttgart 1963–70 [gilt als beste Übers.]; Übers. L. Tieck, 4 Bde., Berlin 1799–1801 [philologisch unzuverlässig, aber geistesgeschichtlich bedeutsam], letzte Neuausg. mit Essay von H. Heine und Illustrationen von G. Doré, Zürich 1987; Übers. L. Braunfels [Erstaufl. 1883], mit den Illustrationen von Grandville zu der Ausg. von 1848, durchges. von A. Spemann und J. Steiner, Zürich / München ¹⁶1988; Novellen, Übers. K. Thorer, Frankfurt a. M. 1987 (Insel Taschenbuch, 1007); Das Zigeunermädchen, Übers. A. M. Rothbauer, RUB 555.

36. Quevedo und Gracián

Francisco de Quevedo y Villegas (1580 Madrid – 1645 Villanueva de los Infantes). Q.s Vater war Sekretär von Doña Ana de Austria, der vierten Gattin Philipps II., seine Mutter Hofdame der Königin. Früh verwaist. Jesuitenschüler. Humanistische Ausbildung in Alcalá de Henares (1596–1600). Theologiestudium in Valladolid (1601–04). Als rechte Hand des Herzogs von Osuna seit 1613 in Sizilien und Neapel, wo er schließlich hoher Beamter des Vizekönigs wurde. Wichtige und gefährliche diplomatische Missionen. Sekretär Philipps IV. (1632). Durch Hofintrigen des Graf-Herzogs von Olivares im Gefängnis (1639–43). Starb zwei Jahre nach der Entlassung verbittert auf seinem Landsitz.

Q. schrieb Prosa, Lyrik und (allerdings unbedeutendes) Theater. In seinem Essay *España defendida* (1609, publiziert 1916) zeigte er sich als glühender Nationalist und Verteidiger der »ewigen« Werte Spaniens. Stilistisch origineller und überaus kreativer Konzeptist. »Er erweckt den Eindruck, die Sprache ständig neuzuschaffen« (E. d'Ors).

Prosaschriften (Auswahl)

Schelmenroman:

Historia de la vida del Buscón, llamado Don Pablo, ejemplo de vagamundos y espejo de tacaños (dt. *Lebensgeschichte des Buscón, genannt Don Pablos, Muster der Landstreicher und Spiegel der Schelme*; 1626). Hauptwerk der *novela picaresca*. Der *pícaro* Pablos aus Segovia lernt im Dienst des *caballero* Diego Coronel y Zúñiga in Alcalá de Henares und im Haus des Geistlichen Dómine Cabra den Hunger kennen. Mit der Erbschaft seines gehenkten Vaters zieht er später nach Madrid, wo er wegen seines diebischen Lebenswandels ins Gefängnis kommt. Nach einer Reihe weiterer Abenteuer, die Pablos u. a. als Dramenschreiber nach Toledo und in das Gaunermilieu nach Sevilla führen, endet der Roman mit der Anspielung auf die geplante Emigration nach Amerika.

Die durchweg realistische Darstellung im *Lazarillo de Tormes* (1554) und im *Guzmán de Alfarache* (1599–1604) hat sich hier zur satirischen Karikatur und Groteske gewendet, weil nur so die gesellschaftliche Realität für den Autor etwas erträglicher werden kann. Allein der sarkastische Humor mildert Zynismus und Pessimismus etwas. Q. als Kleinadliger wehrt sich gegen die Verbürgerlichung der Gesellschaft und beklagt Kulturverfall und Dekadenz. Pablos Flucht aus der alten Welt kann als Absage an die materialistische Lebensauffassung der Gesellschaft gedeutet werden, der bisher relativ intakte Wertbegriffe wie Freundschaft, Familie und Liebe zum Opfer fallen. Bei der Kritik am Bettelwesen unterscheidet Q. zwischen »echten« und »falschen« Bettlern. Im Verhältnis zum Dienstherrn wird der Unterschied zwischen Lazarillo (moralisches Abhängigkeitsverhältnis) und Guzmán und Pablo (Lohnempfänger) deutlich.

Satire:

Sueños (dt. *Träume*; entst. 1606–22, ersch. 1627). Sechs Traumbilder in Dialogform (Vorbilder Lukian, Brüder Valdés) als Rahmen für scharfe Gesellschaftskritik: Sueño de las calaveras (Vision des Jüngsten Gerichts), El alguacil alguacilado, Las zahurdas de Plutón (Höllenbeschreibungen), El mundo por de dentro (Skala des *desengaño*), La visita de los chistes (phantastische Allegorien in der Art der Totentänze), El entremetido, la dueña y el soplón. – Einflußreich in Dt. durch die Übers. und Bearbeitung (»auf den dt. Meridian visiert«) von Johann Michael Moscherosch, *Wunderliche und wahrhaftige Gesichte Philanders von Sittewalt* (1641).

Politische Schriften:

Política de Dios, gobierno de Cristo, tiranía de Satanás (dt. *Politik Gottes, Herrschaft Christi, Tyrannei des Satans*; 1626). – *Vida de Marco Bruto* (dt. *Leben des Marcus Brutus*; 1644). Beide Schriften vertreten ein humanistisch-antimachiavellistisches Christentum.

Philosophisch-asketische Lehrschriften:

Heiligenviten von Tomás de Villanueva (1620) und Paulus (1644). – *Las cuatro pestes del mundo y los cuatro fantasmas de la vida* (dt. *Die vier Pestilenzen der Welt und die vier Gespenster des Lebens*; 1651). Eklektisch angelegt, d. h. aus verschiedenen philosophischen Systemen das Passende ausgewählt. Grundhaltung meist stoisch.

Literaturkritik gegenüber Gongoristen:

La culta latiniparla (dt. *Die Pflege des lateinischen Kauderwelsch*; 1629). – *La aguja de navegar cultos con la receta para hacer Soledades en un día* (dt. *Der Kompaß, wie man gelehrt segelt mit dem Rezept, Soledades [Einsamkeiten] an einem Tage zu verfassen*; 1631). Unter den Antigongorismus Q.s fallen auch seine Editionen der schlichten Lyrik von Fray Luis de León (1631) und Francisco de la Torre (1631) als Vorbilder gegen den für ihn schwülstigen Kulteranismus Góngoras und dessen Schule.

Übersetzungen:

in Vers und Prosa, u. a. von Seneca, Epiktet, Anakreon, Vergil, Horaz, Martial, Petrarca, du Bellay.

Lyrik

El Parnaso español, monte en dos cumbres dividido (dt. *Der spanische Parnaß, in zwei Gipfel geteilter Berg*; 1648). – *Las tres musas últimas castellanas* (dt. *Die drei letzten kastilischen Musen*; 1670). Postum erschienene Sammelbde. verschiedener Thematik: philosophisch-asketische Lyrik (Eitelkeit alles Irdischen, *desengaño*, Todesidee), politische Lyrik (schmerzliches Bewußtsein der geistig-politischen Dekadenz Spaniens); Liebeslyrik, Verssatire.

Die folgende, von Paco Ibáñez vertonte, auszugsweise zitierte berühmte *letrilla* spiegelt die Auflösung der Feudalwelt durch die aufkommende neue Weltordnung und die Erschütterung aller moralischen Werte durch die Geld- und Kreditwirtschaft wider:

> Poderoso caballero
> es don Dinero
>
> Madre, yo al oro me humillo;
> él es mi amante y mi amado,
> pues de puro enamorado
> anda contino amarillo;
> que pues, doblón o sencillo,

hace todo cuanto quiero,
poderoso caballero
es don Dinero.

Nace en las Indias honrado,
donde el mundo le acompaña;
viene a morir en España,
y es en Génova enterrado;
y pues quien le trae al lado
es hermoso, aunque sea fiero,
poderoso caballero
es don Dinero.

[...]

Mas valen en cualquier tierra
[mirad si es harto sagaz]
sus escudos en la paz
que rodelas en la guerra;
y pues al pobre le entierra
y hace propio al forastero,
poderoso caballero
es don Dinero.

Stärker als die Potentaten
ist Herr Dukaten

Mutter, ihm will ich gehören,
und er hat sich mir verschrieben,
hat versprochen, mich zu lieben,
goldig ist er, zum Betören:
laß ich einen Wunsch nur hören,
fragt er, was wir sonst erbaten;
stärker als die Potentaten
ist Herr Dukaten.

In Amerika geboren,
wird er gern von uns empfangen;
doch in Spanien eingegangen,
geht in Genua er verloren.
Wer sich ewig ihm verschworen,
kann gar nie in Schuld geraten:

> stärker als die Potentaten
> ist Herr Dukaten.
>
> [...]
>
> Sicherlich ist es gesünder,
> schaffe ich, mein Glück zu schmieden,
> zehn Pistolen mir im Frieden,
> als im Krieg zehn Vierzigpfünder.
> Geld entlastet arme Sünder
> und macht Fremde zu Penaten:
> stärker als die Potentaten
> ist Herr Dukaten.

Übers. R. Grossmann, Span. Gedichte aus acht
Jh., Bremen: Schünemann, 1960, S. 152–157.

Ausg.: Obras completas, Hrsg. F. Buendía, Madrid ⁷1981; Buscón, Hrsg.
F. Lázaro Carreter, Salamanca ²1980 [krit. Ausg.]; Hrsg. A. Castro, CC 5;
Sueños, Hrsg. J. Cejador y Frauca, CC 31, 34, Obras satíricas y festivas,
Hrsg. J. M. Salaverría, CC 56.
Lit.: L. Spitzer, Zur Kunst Q.s in seinem Buscón, in: ARo. 11 (1927)
511–580; I. Nolting-Hauff, Vision, Satire und Pointe in Q.s *Sueños*, München 1968 [span. Übers. Madrid 1974]; D. Reichardt, Von Q.s *Buscón* zum
dt. Avanturier, Bonn 1970; E. Geisler, Geld bei Q. Zur Identitätskrise der
span. Feudalgesellschaft im frühen 17. Jh., Frankfurt a. M. [u. a.] 1981;
R. Quérillacq, Q.: de la misogynie à l'antiféminisme, Nantes 1987.
Deutsch: Der abenteuerliche Buscón, Übers. H. C. Artmann. Mit einem
Nachw. von F. Schalk und Illustrationen von C. Krämer, Frankfurt a. M.
1980 (Insel Taschenbuch, 459); Die Fortuna mit Hirn oder die Stunde aller,
Übers. W. Muster, Frankfurt a. M. 1980 [Vorw. J. L. Borges]; Aus dem
Turm. Sonette, Übers. W. v. Koppenfels, Berlin 1981 [zweispr. Ausg.]; Gedichte, Übers. W. Muster, Stuttgart ²1986.

Baltasar Gracián (1601 Belmonte de Calatayud, Prov. Zaragoza – 1658 Tarazona, Prov. Aragón). Jesuitenpater. Lehrtätigkeit als Prediger und Professor in Madrid, Zaragoza,
Tarragona. Wegen Meinungsverschiedenheiten seit 1651 im
Streit mit seinem Orden. – Gehört zu den großen Moralisten
und Aphoristikern der Weltlit. wie Guicciardini, Montaigne,
La Rochefoucauld, La Bruyère, Lichtenberg. Lieblingsautor
von Christian Thomasius (Leipziger Vorlesungen Wintersemester 1687/88), Schopenhauer und Nietzsche.

El héroe (dt. *Der Held*; 1637). – *El político don Fernando el
Católico* (dt. *Der Politiker Don Ferdinand der Katholische*;
1640). *El discreto* (dt. *Der Weltmann*; 1646). Drei gesellschaftliche Leitbilder, die das konventionsgerechte Verhalten
in bestimmten Situationen lehren sollen. Lit. Vorbild: Castiglione, *Il cortegiano* (1528).

Agudeza y arte de ingenio (dt. *Scharfsinn und Kunst der Erfindung*; 1642, erw. 1648). Manifest des europäischen Manierismus in der Lit. Untertitel: Tratado de los estilos. Theorie
des *conceptismo*. Concepto = Inhalt; agudeza = Form. Beispiele aus span., portug., lat., it. Schriftstellern. G.: »Wenn ich
die Spanier öfter wiederhole, kommt es daher, daß die *agudeza* bei ihnen überwiegt.« Schwierige Gattungsfrage: Poetik, Rhetorik oder Ästhetik?

Oráculo manual y arte de prudencia (dt. *Hand-Orakel und
Kunst der Weltklugheit*; 1647). Sammlung von 300 Sentenzen und Maximen aus seinem Gesamtwerk, die das Verhalten
des Weltmanns im öffentlichen Leben umschreiben. Steht in
der Tradition der Sittenlehren und Fürstenspiegel (Machia-
velli, Castiglione). Geniale Übers. Schopenhauers (1829 beendet, 1862 postum ersch.). Wirkung auf La Rochefoucauld,
Nietzsche u. a.

El criticón (dt. *Der Kritiker*; 1651–57). Dreiteiliger allegorischer Roman, in dem die Zeitsitten analysiert werden. Im
Vorw. als »filosofía cortesana« bezeichnet. – Der Weltmann
Critilo wird nach einem Schiffbruch an den Strand von
St. Helena gespült, wo er einen Wilden, den er später Andrenio nennt, kennenlernt. Critilo lehrt ihn in seiner Sprache
sprechen und nimmt ihn mit sich, u. a. nach Aragón, Frankreich, Dt., Rom, bis sie zur Insel der Unsterblichkeit gelangen. – Verbitterte pessimistische Grundhaltung (vivir = ir
muriendo cada día = leben heißt täglich auf dem Wege zum
Tode sein). »Was je im Alten Testament, in der griech. und
röm. Lit., in den Contemptus-Mundi-Traktaten des 12. und
13. Jh.s über das Übel des Lebens gesagt wurde, kehrt hier
wieder in einer riesigen, fast manischen Formel der Welt-

entwertung. El Criticón ist ein Haupttext des europäischen Pessimismus« (H. Friedrich).

Ausg.: Obras completas, Hrsg. A. del Hoyo, Madrid ²1960 [mit umfangreicher Bibliogr.]; Oráculo manual, Hrsg. M. Romera-Navarro, Madrid 1954 [krit. Ausg. mit Komm.]; El Criticón, Hrsg. E. Correa Calderón, CC 165, 166, 167; El Comulgatorio, Hrsg. E. Correa Calderón, CC 216.
Lit.: W. Krauss, G.s Lebenslehre, Frankfurt a. M. 1947 [span. Übers. Madrid 1962]; G. Schröder, B. G.s *Criticón*. eine Untersuchung zur Beziehung zwischen Manierismus und Moralistik, München 1966; K. Forssmann, B. G. und die dt. Lit. zwischen Barock und Aufklärung, Barcelona 1977; E. Hidalgo-Serna, Das ingeniöse Denken bei B. G. Der ›concepto‹ und seine logische Funktion, München 1985 (Humanistische Bibliothek); H. Sanders, Scharfsinn. Ein Trauma der Moderne: G. und La Rochefoucauld, in: Iberoamericana 37/38 (1989) 4–39; P. Werle, El Héroe. Eine Untersuchung zur Ethik des B. G., Münster 1990; S. Neumeister / D. Briesemeister (Hrsg.), El Mundo de G. Actas del Coloquio Internacional Berlin 1988, Berlin 1991 (Bibliotheca Ibero-Americana, 36).
Deutsch: Handorakel, Übers. A. Schopenhauer (1861), RUB 2771/72; Criticón, Übers. H. Studniczka, Hamburg 1957 (Rowohlts Klassiker, 2) [Nachw., Bibliogr. H. Friedrich].

37. Prosa

Geschichtsschreibung

Diego de Saavedra Fajardo (1584 Algezares, Prov. Murcia – 1648 Madrid). Kosmopolit und Diplomat. Span. Gesandter bei den Friedensverhandlungen in Münster (1643).
Idea de un príncipe político-cristiano, representada en cien empresas (dt. *Idee eines christlichen Staatsoberhaupts, dargestellt in hundert Sinnbildern*; 1640, erw. 1642). Antimachiavellistischer Fürstenspiegel in Emblemen (Sinnbildern). Entst. auf dem Boden einer reichen Emblematik-Lit. in der Tradition Alciats: Juan de Borja (1581, lat. Übers. Berlin 1679), Juan Orozco (1589), Hernando de Soto (1599), Sebastián de Covarrubias y Orozco (1610). Großer Bucherfolg bis ins 18. Jh.

República literaria (dt. *Literarische Republik*; entst. 1612, ersch. pseudonym 1655). Traumbild in der Tradition von Lukian und J. L. Vives, in dem eine phantastische Stadt und ihre Bewohner (Künste, Wissenschaften) geschildert werden. Vorwand für Zeitkritik.

Ausg.: Obras completas, Hrsg. A. González Palencia, Madrid 1946; Idea de un príncipe, Hrsg. V. García de Diego, CC 76, 81, 87, 102; Correspondencia, Hrsg. Q. Aldea Vaquero, Bd. 1 ff., Madrid 1986 ff.
Lit.: M. Fraga Iribarne, Don D. de S. y F. y la diplomacia de su época, Madrid 1955; J. A. Maravall, Moral de acomodación y carácter conflictivo de la libertad. Notas sobre S. F., in: CuH 86 (1971) 663–693.

Francisco de Moncada, Graf von Osoria und Marquis von Actona (1586–1635). Diplomat.
Expedición de los catalanes y aragoneses contra turcos y griegos (dt. *Expedition der Katalanen und Aragoneser gegen Türken und Griechen*; 1623). Wegen der dramatischen Schilderungen (z. B. Ermordung von Roger de Flor im 17. Kapitel) Stoffquelle für die Romantiker, vgl. García Gutiérrez, *Venganza catalana* (1864).

Ausg.: Hrsg. S. Gili Gaya, CC 54.

Antonio de Solís y Ribadeneyra (1610 Alcalá de Henares – 1686 Madrid). Priester. Kolonialchronist. Zu seiner Zeit auch bekannt als Dramatiker und Lyriker.
Historia de la conquista de Méjico (dt. *Geschichte der Eroberung Mexikos*; 1685). Kenntnisreiches Quellenstudium und lebendige Darstellung machten dieses Werk, bes. im Ausland, zu einer wichtigen Information über H. Cortés und die Eroberung Mexikos.

Ausg.: BAE 28, S. 205–387; Obra dramática menor, Hrsg. M. Sánchez Regeira, Madrid 1986 [krit. Ausg.].
Lit.: L. A. Arocena, A. de S. Cronista indiano. Estudios sobre las formas historiográficas del Barroco, Buenos Aires 1963.

Mystik

Juan Eusebio Nieremberg (1595? Madrid – 1658 ebd.). Jesuit dt. Herkunft. Verf. eines umfangreichen Werkes, das eher der Askese als der Mystik zugerechnet wird. Auch Biograph und Übers. Thomas von Kempens. Seine umfangreiche Korrespondenz ist eine noch unausgeschöpfte kulturhist. Quelle.

Ausg.: Obras escogidas, BAE 103, 104; Epistolario, Hrsg. N. Alonso Cortés, CC 30.
Lit.: H. Didier, Vida y pensamiento de J. E. N., Madrid 1976.

Sor María de Jesús de Ágreda (1602 Ágreda – 1665 ebd.). Franziskanerin, deren Korrespondenz mit Philipp IV. seit 1643 wegen ihrer erfrischenden Beobachtungsgabe ein wichtiges kulturhist. Dokument darstellt.

Ausg.: Cartas, BAE 108, 109.
Lit.: F. Ximénez de Sandoval, Un mundo en una celda (Sor M. de Á.), Madrid / Buenos Aires 1951.

Miguel de Molinos (1628 Muniesa – 1696 Rom). Seine quietistische Lehre (Molinismus) gewann im *Guía espiritual* (1675) trotz des Verbots durch die Inquisition bedeutenden Einfluß in Europa, bes. in Frankreich durch P. Lacombe, Mme Guyon, Fénelon; Bossuet polemisierte dagegen. Erneuerungsbewegungen wie Quäker, Illuminaten und Pietisten begeisterten sich für M.s Gedanken der pragmatischen Mystik: »Versenkt euch in das Nichts, und Gott wird euch ganz und gar gehören.« Papst Innozenz XI. belegte die Lehre 1687 mit dem Bann und ließ M. hinter Schloß und Riegel bringen.

Ausg.: Hrsg. J. I. Tellechea Idígoras, Madrid 1976 [krit. Ausg. mit Einl. und Anm.].
Lit.: P. Dudon, Le quiétiste espagnol M. M. (1628–96), Paris / Lille 1921; J. Ellacuría, Reacción contra las ideas de M. de M. Procesos de la Inquisición y refutación de los teólogos, Bilbao 1956.

Novellistik

María de Zayas y Sotomayor (1590 Madrid?–1661 ebd.?).
Von der Gräfin Pardo Bazán 1892 wiederentdeckte Schriftstellerin. Neben Cervantes die bedeutendste Novellistin des
Siglo de Oro, deren Leben und Werk noch einige Rätsel bergen. Ob ironisch oder ernst gemeint, L. Pfandls Urteil über
sie spiegelt die damalige und heutige weit verbreitete Selbstgefälligkeit des intellektuellen Machismo wider, gegen den
schon Z. y S. zu kämpfen hatte: »Gibt es etwas Gewöhn-
licheres und Unvornehmeres, etwas Unästhetischeres und
Abstoßenderes als ein Weib, das lüsterne, unsaubere, sadi-
stisch angehauchte, moralisch faule Geschichten erzählt?«
Novelas amorosas y ejemplares (dt. *Beispielhafte Liebesnovellen*; 1637–47). Das traditionelle Verhältnis zwischen
Mann und Frau, der Einfluß der Kirche, die soziale Funktion
der Ehe, ideologische Aspekte der Liebe und auch heilige
Grundsätze werden in Frage gestellt, aber nicht durch alternative Lebensformen wie Weltflucht oder Eremitendasein
ersetzt. Der zeittypische Pessimismus und *desengaño* finden
ihre Erklärung auch in der Grausamkeit der Männerwelt, der
die Autorin die Notwendigkeit des Geschlechterkampfs ge-
genüberstellt: »Wenn meine Verteidigung mit der Feder nicht
genügt, müssen wir alle die Waffen ergreifen, um uns gegen
die schlechten Absichten der Männer zu verteidigen.«

Ausg.: Novelas completas, Hrsg. M. Martínez del Portal, Barcelona 1973.
Lit.: I. V. Vasilevski, M. de Z. y S. Su época y su obra, Madrid 1973; J. Goy-
tisolo, El mundo erótico de M. de Z., in: J. G., Disidencias, Barcelona
1977, S. 63–115; H. Felten, M. de Z. y S. Zum Zusammenhang zwischen
moralistischen Texten und Novellenlit., Frankfurt a. M. 1978; S. M. Foa,
Feminismo y forma narrativa. Estudio del tema y las técnicas de M. de Z. y
S., Valencia 1979.
Deutsch: Erotische Novellen. Exemplarische Liebesnovellen, Übers.
C. Brentano, Hrsg. und Nachw. G. Poppenberg, Frankfurt a. M./Leipzig
1991.

IV

18. Jahrhundert (Spätbarock, Aufklärung)

38. Charakteristik der Epoche in Spanien

Historischer Überblick

Spanien unter der Dynastie der Bourbonen:

Span. Erbfolgekrieg (1701–14): Nach dem Tode des kinderlosen Karls II. (1700) zog im Widerspruch zu dem Partage-Vertrag (1698) der Bourbone Philipp von Anjou als Philipp V. in Madrid ein. Österreich, England, Holland, Preußen, Portugal, Savoyen bildeten die Große Allianz gegen Ludwig XIV. und stellten Erzherzog Karl von Österreich (Karl III.) als Gegenkönig auf. Hauptkriegsschauplätze waren Oberitalien, Spanien, die span. Niederlande und Dt. Mit Hilfe dt. Truppen eroberten die Engländer 1704 Gibraltar. Wegen politischer Veränderungen in Österreich und England Friede von Utrecht (1713). Philipp V. erhielt Spanien und die Kolonien; Österreich wurden die Niederlande, Mailand, Neapel, Sardinien zugesprochen; Savoyen erhielt Sizilien; England bekam Gibraltar, Menorca und überseeischen franz. Besitz. Die Vorherrschaft Frankreichs in Europa war gebrochen; England war der eigentliche Sieger.

Philipp V. (Regierungszeit 1700–46): Nach dem Angriffskrieg gegen Österreich (1717–30) mußte das ausgeblutete Spanien im Haager Frieden die Eroberungen (Sardinien, Sizilien) wieder herausgeben. Halbjährige Regierung Ludwigs I. (1724).

Ferdinand VI. (Regierungszeit 1746–59): Ausbau von Heer und Flotte zum Schutz des verbliebenen Kolonialimperiums.

Karl III. von Bourbon (Regierungszeit 1759–88): Herzog von Parma (1731–35), König von Neapel und Sizilien (1734

bis 1759). Regierung im Sinne des »aufgeklärten Despotis-
mus«. Rückeroberung von Menorca (1779–83). Reformpoli-
tik des Ministers Graf Aranda. Der Hofmaler Karls III. war
der Deutschböhme Anton Rafael Mengs (1728–79) (mythologische Deckenfresken im Schloß zu Madrid, »Geburt
Christi« im Madrider Prado).
Karl IV. (Regierungszeit 1788–1808): Graf Godoy Premier-
minister und Günstling (seit 1792). In der Seeschlacht von
Trafalgar (1805) südlich von Cádiz wurden die span. und die
franz. Flotte vernichtend von den Engländern geschlagen;
Tod Lord Nelsons. Die Franz. Revolution (1789) strahlt auch
auf das bourbonische Spanien aus und beschleunigt den
Sturz des *Ancien Régime* bis zum Zusammenbruch 1808. Be-
setzung Madrids durch franz. Truppen (1808), die den Aufstand des Volkes vom 2. Mai (berühmtes Gemälde von Goya)
zum Anlaß nehmen, Ferdinand VII., den Sohn Karls IV., zur
Abdankung zu zwingen.

Literarhistorische Periodisierung

Sich teilweise überschneidende Strömungen:

1. *Spätbarock* (bis etwa Mitte 18. Jh.): Erschöpfung der bis-
   herigen Ausdrucksformen, keine bedeutenden Schriftsteller.
2. *Neoklassizismus:* Einfluß Frankreichs auf Kultur und Le-
   bensstil. Gründe: Dynastie der Bourbonen in Spanien,
   Übergewicht der franz. Kultur in ganz Europa. Afrancesados = Frankophile = (negativ) Französlinge = Nachahmer der franz. Kultur.
3. *Aufklärung:* Europäische Bewegung. Rationale Kritik und
   Infragestellung auf allen Gebieten. Spannungen zwischen
   Staat und Kirche, die jedoch zu keiner ausgesprochen antiklerikalen Haltung führen.Vertreibung der Jesuiten aus
   Spanien (1767), aus Portugal bereits 1759. Verbot der *autos*

sacramentales wegen ihrer unwahrscheinlichen Handlung. Säkularisierungstendenzen.

Gesellschaftsstruktur

Zahlenmäßiges Aufblühen des bürgerlichen Mittelstandes, dem Kaufleute, Landbesitzer, Beamte und Akademiker angehörten, die früher Anschluß an Hofkreise suchten. Obwohl theoretisch das aufklärerische Gedankengut der Franz. Revolution Eingang fand, blieb in der Praxis wegen der jahrhundertelangen Tradition in Spanien die alte Klassenhierarchie bestehen.

Bildungswesen

Ende des Bildungsmonopols der Kirche. Gründung von Gelehrtenakademien: Real Academia Española de la Lengua (1713), Real Academia de la Historia (1738) in Madrid, Real Academia de Buenas Letras (1729) in Barcelona, die berühmte Publikationen herausgaben: Diccionario de Autoridades (6 Bde., 1726–39, so genannt wegen seines Schriftstellerkanons, der Autoritäten), Grammatik der Akademie (1771). Gründung von Bibliotheken und Archiven: Nationalbibliothek (1719), Archivo de Indias (Kolonialarchiv) in Sevilla, Archivo de la Corona de Aragón. Entstehen zahlreicher lit. Salons, z. B. Tertulia de la »Fonda de San Sebastián«, Academia del Buen Gusto (1749–51), von der Gräfin von Lemos in Madrid gegründet, Treffpunkt der *afrancesados*; Themen: Theater, Stierkämpfe, Liebesaffären, Poesie. Angesehene Zeitschrift: *Diario de los Literatos de España* (1737–42) nach dem Vorbild des franz. *Journal des Savants*.

Bibliogr. und Zeitschriften: F. Aguilar Piñal, Bibliografía fundamental de la literatura española del siglo XVIII, Madrid 1976; F. Aguilar Piñal, Bibliografía de autores españoles del siglo XVIII, 10 Bde. [im Ersch.], Madrid 1981 ff.; Boletín del Centro de Estudios del siglo XVIII, Hrsg.

J. M. Caso González, Oviedo 1972 ff.; Dieciocho.Hispanic Enlightenment, Aesthetics and literary theory, Hrsg. E. M. Kahiluoto Rudat, Ithaca (N. Y.) 1978 ff.

Literaturgeschichte und Anthologien: M. Defourneaux, Inquisición y censura de libros en la España del siglo XVIII, Madrid 1973; W. Krauss, Die Aufklärung in Spanien, Portugal und Lateinamerika. Untersuchungen zur Kunsttheorie und Dichtung des 18. Jh.s, München 1973; R. Andioc, Teatro y sociedad en el Madrid del siglo XVIII, Madrid ²1988; J. M. Marco, Literatura popular en España en los siglos XVIII y XIX (Una aproximación a los pliegos de cordel), Madrid 1977; J. Arce, La poesía del siglo ilustrado, Madrid 1981; W. Floeck, Das Spanienbild der franz. Aufklärer und seine Auswirkungen auf die span. Ilustración, in: Iberoromania 13 (1981) 62–76; C. Martín Gaite, Usos amorosos del dieciocho en España, Barcelona ²1981; H.-P. Behr, Die span. Satire im 18. Jh., Frankfurt a. M. 1986; J. I. Ferreras, La novela en el siglo XVIII, Madrid 1987.

Sozialgeschichte: J. Marías, La España posible en tiempos de Carlos III, Madrid 1963; J. Sarrailh, La España ilustrada de la segunda mitad del siglo XVIII, Madrid 1979 [Standardwerk]; J.-R. Aymes (Hrsg.), España y la revolución francesa, Barcelona 1989; M. Artola, Los afrancesados, Madrid 1990; F. Aguilar Piñal, Introducción al siglo XVIII, Madrid 1991.

39. Kritik

Fray Benito Jerónimo Feijoo y Montenegro (1676 Casdemiro, Galicien – 1764 Oviedo). Benediktiner. Zeitlebens Theologieprofessor in Oviedo. – Enzyklopädisches Interesse auf allen Wissensgebieten. Universalgelehrter (*polígrafo*). Sein Werk rief zahlreiche Polemiken der Traditionalisten hervor, obwohl es dogmatisch-kirchliche span. Tradition und krit. aufklärerischen Fortschritt miteinander verbindet. Trotzdem blieb sein Einfluß gegenüber den institutionalisierten Machtgruppen gering: »Meine Stimme dringt überall hin, doch wird sie von niemandem gehört.« Noch unedierte Privatkorrespondenz.

Teatro crítico universal (dt. *Kritisches Welttheater*; 9 Bde., 1726–40). – *Cartas eruditas y curiosas* (dt. *Gelehrte und interessante Briefe*; 5 Bde., 1742–60). Enzyklopädische Weltschau in 118 bzw. 163 Abhandlungen auf den Gebieten der

Medizin, Natur- und Geisteswiss. Nach Form und Inhalt Vorläufer des Essays. Beitrag zur Popularisierung wiss. Gedanken im Kampf gegen Irrtum und Aberglauben. Bekannt sind die fortschrittsgläubigen Essays gegen die kulturelle Dekadenz seines Landes, die literarästhetischen Hauptthesen in »El no sé qué« und »La razón del gusto«: Freiheit des Individuums gegenüber jedem Regelzwang. Wert der Schönheit als subjektives Element. Jedes Kunstwerk hat etwas rational Unerklärbares (»el no sé qué«). Stellungnahme gegen die neoklassizistische Ästhetik. Vermittlung europäischen Gedankenguts, z. B. der Ideen Francis Bacons.

Ausg.: Obras completas, Hrsg. J. Caso González, Bd. 1 ff., Oviedo 1981 ff. [im Ersch.]; Obras, Hrsg. A. Millares Carlo, CC 48, 53, 67, 85.
Lit.: J. M. Navarro de Adriaensens, »Je ne sais quoi«: Bouhours – F. – Montesquieu, in: RJb. 21 (1970) 107–115; R. Otero Pedrayo, El Padre F. Su vida, doctrina e influencias, Orense 1972; II Simposio sobre el P. F. y su siglo (Ponencias y comunicaciones), 2 Bde., Oviedo 1981–83.

Ignacio de Luzán y Claramunt (1702 Zaragoza – 1754 Madrid). Als Schüler des Geschichtsphilosophen G. B. Vico viele Jahre in Italien. Botschaftssekretär in Paris (1747–50). Nach seiner Rückkehr hohe Staatsämter in Madrid. – Enzyklopädischer Geist. Überschaute die Grundlagen der europäischen Kultur. Unbedeutende Dramen, Lyrik und Übers. aus dem Lateinischen, Franz. und It. (Metastasio, Nivelle de la Chaussée u. a.).
La poética o reglas de la poesía en general y de sus principales especies (dt. *Poetik oder Regeln der Dichtkunst im allgemeinen und ihrer Hauptgattungen*; 1737, erw. 1789). Einführung des franz. Neoklassizismus in Spanien. Anregungen von Aristoteles und seinen Kommentatoren, von Muratori (1706), Boileau (1674) u. a. Behandelt in vier Büchern Ursprung, Fortschritt, Wesen und Zweck der Lyrik, Dramatik und Epik. Definition der Lyrik als »Nachahmung der Natur im Universellen oder im einzelnen, in Vers zum Nutzen oder zur Freude der Menschen oder für das eine und andere gemeinsam«. Krit. Urteile über das span. Theater des *Siglo de*

Oro vom neoklassizistischen Standpunkt aus. Ästhetik und
Ethik sind für L. identisch.

Ausg.: La Poética, Hrsg. R. P. Sebold, Barcelona 1977 [beide Ausg. 1737
und 1789].
Lit.: J. L. MacClelland, I. de L., New York 1973; K. Michel, I. de L.: *La
poética* (1737). Untersuchungen zur Frage ihrer Einordnung im Hinblick
auf antike und it. Vorbilder, Diss. Köln 1984.

40. Lyrik

Bis zur Jahrhundertmitte hauptsächlich Nachahmung Góngoras und Quevedos.

Versfabeln

Félix María Samaniego (1745 La Guardia – 1801 ebd.). Die
Literarhistoriker Díez-Echarri und Roca Franquesa charakterisieren ihn folgendermaßen: »S. war im Gespräch ein sehr
witziger Mann, freizügig, ein großer Freund bes. von pikanten und antiklerikalen Histörchen.«
Fábulas morales (dt. *Moralische Fabeln*; 1781–84). Sammlung von 157 Fabeln. Vorbilder: Aesop, Phaedrus, La Fontaine, Gay. Verfaßt für die Schüler des Real Seminario Vas-
congado. Gewandte Verstechnik, treffende Ironie. Bekannt
z. B. La lechera, las ranas pidiendo rey, La cigarra y la hor-
miga. Sein Zeitgenosse M. J. Quintana sagte: »Iriarte erzählt
gut, aber S. malt; der eine ist geistreich und klug, der andere
witzig und natürlich.«

Ausg.: Poesías, BAE 61, S.354–406.
Lit.: E. Palacios Fernández, Vida y obra de S., Vitoria 1975 [mit Bibliogr.].

Tomás de Iriarte (1750 Puerto de la Cruz, Teneriffa – 1791
Madrid). Fabeldichter und Dramatiker von den Kanarischen
Inseln.
Fábulas literarias (dt. *Literarische Fabeln*; 1782). In der eu-

ropäischen Fabeltradition seit der Antike verbergen sich in origineller, satirischer und didaktischer Form Anspielungen auf Zeitgenossen. Noch heute sehr beliebt und viel zitiert: El burro flautista, El caballo y la ardilla, La mona. Anerkennung durch Schopenhauer.

Ausg.: Fábulas literarias, Hrsg. S. de la Nuez, Madrid ²1983; Poesías, Hrsg. A. Navarro González, CC 136.
Lit.: M. Lentzen, T. de I.s Fabeln und der Neoklassizismus in Spanien. Ein Beitrag zur Erforschung des span. 18. Jh.s, in: RF 79 (1967) 603–620; R. M. Cox, T. de I., New York 1972.
Deutsch: Lit. Fabeln, Übers. J. Speier, Berlin 1884.

Salmantiner Dichterschule

Pflege der anakreontischen Lyrik. Themen: Liebe, Freundschaft, Wein. Vorbilder: Anakreon, Villegas. Später (aufgrund eines Briefes von Jovellanos aus Sevilla, 1776) moralisch-philosophische Themen. Vorbilder: Young, Pope, Rousseau.

Juan Meléndez Valdés (1754 Ribera del Fresno, Prov. Badajoz – 1817 Montpellier). Bedeutendster span. Lyriker des 18. Jh.s. Jurastudium in Madrid, Segovia, Salamanca. Gehobene Ämter als Jurist in Zaragoza, Valladolid, Madrid. Als *afrancesado* lange Jahre verbannt. Starb in Südfrankreich im Exil. – Lyriker und Dramatiker (*Las bodas de Camacho*). Anakreontische Lyrik, *letrillas*, Idyllen, Romanzen, Elegien, Episteln, Oden; bukolisch-erotische und populärphilosophisch-philanthropische Thematik; große Eleganz und Musikalität.

Ausg.: Poesías, Hrsg. P. Salinas, CC 64; Obras en verso, Hrsg. J. H. R. Polt / G. Demerson, 2 Bde., Oviedo 1981–83 [krit. und komm. Ausg.].
Lit.: G. Demerson, Don J. M. V. y su tiempo (1754–1817), 2 Bde., Madrid 1971; J. Esteban, M. V., Madrid/Gijón 1988.

Nachahmer, teilweise bereits frühromantische Züge:

Manuel José Quintana (1772 Madrid – 1857 ebd.). Dichterkrönung durch Königin Isabella II. – Dramatiker (Nachahmer von Alfieri, Lewis), Prosaschriftsteller (*Vidas de españoles célebres*, 3 Bde., 1807–33), Lyriker. Themen: Freiheit, Fortschritt der Wiss., z. B. »A la invención de la imprenta« (1800), »A la expedición española para propagar la vacuna en América« (1806). Q. galt als der span. Nationaldichter zur Zeit der Napoleonkriege. »Er war nur ein bürgerlicher Dichter, der in die abstrakten Ideen verliebt war« (J. García López).

Ausg.: Obras completas, Hrsg. A. Ferrer del Río, BAE 19; Poesías, Hrsg. N. Alonso Cortés, CC 78.
Lit.: M. A. Martínez Quinteiro, Q., revolucionario, Madrid 1972; A. Dérozier, M. J. Q. y el nacimiento del liberalismo en España, Madrid 1978.
Deutsch: Vidas de españoles célebres, Übers. W. Graf v. Baudissin, Berlin 1857.

Juan Nicasio Gallego (1777–1853). Kanonikus an der Kathedrale von Sevilla. – Berühmte patriotisch-rhetorische Elegie »El dos de mayo« (1808). Stoffliche Parallele zu Goyas gleichzeitigem Gemälde.

Ausg.: Poesías, BAE 67, S. 393–441.

Sevillaner Dichterschule

Gruppe der »Academia de Letras Humanas« (1793 gegr.). Rückkehr zur klassischen Lyrik des *Siglo de Oro*: Garcilaso, Herrera, Góngora. Plejade von Halbvoltairianern unter Führung des Pädagogen Alberto Lista y Aragón.

Alberto Lista y Aragón (1775 Sevilla – 1848 ebd.). Einflußreiche Gestalt des Übergangs. Nach dem Exil in Frankreich und Lehrjahren, bes. an der Universität Madrid und am Ateneo (kulturelle Clubsalons) Kanonikus an der Kathedrale von Sevilla. – Bedeutender denn als Lyriker (religiöse, philo-

sophische und Liebesthematik) ist L. als politisch-histori-
scher Essayist und Literaturkritiker, dessen Fragestellungen
teilweise bis heute aktuell geblieben sind.

Ausg.: BAE 67, S. 269–391.
Lit.: J. M. Gil González, Las formas populares en la poesía de A. L., Sevilla 1987; M. del C. García Tejera, Conceptos y teorías literarias españolas del siglo XIX: A. L., Madrid 1989.

Emigrantenliteratur

José María Blanco White (1775 Sevilla – 1841 Liverpool).
Kanonikus in Sevilla, der 1810 vor der franz. Invasion nach
England floh, wo er sich naturalisieren ließ, zum anglikani-
schen Glauben konvertierte und fortan in engl. Sprache
schrieb. Engagierter, patriotischer und liberaler Journalist,
der sich als echter Aufklärer zu den verschiedensten Themen
äußerte. Seine Lyrik steht an der Schwelle zwischen Neoklassizismus und Romantik. Der Nachlaß ist größtenteils
noch undiert. Seine *Letters from Spain* (1822) erschienen
1828 in Hamburg auch auf Dt. Die dreibändige Autobiogr.
(1845 postum) ist eine wichtige kulturhist. Quelle.

Ausg.: Antología de obras en español, Hrsg. V. Llorens, Barcelona 1971
(THM 12).
Lit.: K.-D. Ertler, Die Spanienkritik im Werk J. M. B. W.s, Frankfurt a. M.
[u. a.] 1985; M. Murphy, B. W. Self-banished Spaniard, New Haven / London 1989.

41. Drama

Etwa bis zum Erscheinen der *Poética* (1737) Luzáns spät-
barocke Ausläufer der *comedia* des *Siglo de Oro*, größtenteils
schlechte Nachahmungen des Theaters Calderóns: Bances
Candamo (1662–1704), Zamora (1662?–1728), Cañizares
(1676–1750). Danach begann sich in heftiger Polemik gegen
das klassisch-traditionelle Theater (Vorwürfe: Vernachlässigung der drei dramatischen Einheiten, Übertreibung des

phantastisch-wunderbaren Elements) das neoklassizistische
Drama durchzusetzen. Vorbild war das franz. Drama, bes.
Corneille, Molière, Racine: strenge Beachtung der Regeln
und der Wahrscheinlichkeit (vraisemblance), Verdammung
des *gracioso*. Der Alexandriner (Zwölfsilbler) ersetzte fast
überall den Achtsilbler und die anderen traditionellen Versmaße. Moralisierende Tendenz.

Neoklassizistisches Drama

Vicente García de la Huerta (1734 Zafra, Prov. Badajoz – 1787 Madrid). Schützling des Herzogs von Alba. Mitglied der Span. Akademie.
Raquel (dt. *Rachel*; Auff. 1778, ersch. 1786). Stoff der Jüdin
von Toledo, die als Geliebte Alfons VIII. (1158–1214) später
umgebracht worden sein soll. Nach Aufzeichnungen in der
Crónica general (1284) von Alfons dem Weisen soll sich Alfons VIII. sieben Jahre lang mit der Jüdin Fermosa einge-
schlossen und alle seine familiären und politischen Pflichten
ignoriert haben, bis die Granden die Jüdin umbrachten. Der
Stoff gehört in die antisemitische Tradition, die in Spanien
trotz der scheinbaren Liberalisierung durch die Bourbonen
auch am Vorabend der Franz. Revolution tief verwurzelt
war. Andererseits erkannte das zeitgenössische Bühnen-
publikum auch den Zeitbezug auf den Madrider Aufstand
von 1766. – Vorherige lit. Gestaltung des Stoffs in Romanzen,
im Drama bei Lope de Vega, Mira de Amescua u. a. In *Raquel*
Bekehrung des schwankenden Alfons nach dem Tode seiner
Freundin. Berühmte spätere Bearbeitungen von Grillparzer
(Drama nach Lope de Vega, ersch. 1872) und von Feuchtwanger (Roman, 1955).

Ausg.: Raquel, Hrsg. J. G. Fucilla, Madrid 1984 (Letras Hispánicas).
Lit.: R. Andioc, La *Raquel* de H. y la censura, in: HR 43 (1975) 115 bis
139; E. Frenzel, Jüdin von Toledo, in: E. F., Stoffe der Weltlit. Ein Lexikon dichtungsgeschichtlicher Längsschnitte, Stuttgart ⁶1983, S. 381–384
(KTA 300).

Nicolás Fernández de Moratín (der Ältere) (1737 Madrid – 1780 ebd.). Lyriker und Dramatiker, der 1765 das Aufführungsverbot der *autos sacramentales* mit durchsetzen half.

Hormesinda (dt. *Hormesinda*; 1770). Tragische Liebesgeschichte zwischen Hormesinda, der Schwester des Gotenkönigs Pelayo und dem arabischen Fürsten Munuza. F. de M. wollte zeigen, »daß das span. Volk nicht so barbarisch ist, wie man es sich vorstellt«. Das Drama löste heftige Literaturpolemiken zwischen Traditionalisten und Neoklassizisten aus.

Ausg.: Obras, BAE 2, S. 1–144.
Lit.: D. T. Gies, N. F. de M., New York / Boston 1979.

Leandro Fernández de Moratín (der Jüngere) (1760 Madrid – 1828 Paris). Bedeutendster span. Dramatiker seines Jh.s. Schützling Godoys (*afrancesado*). Oberbibliothekar. Reisen durch ganz Europa. Persönlicher Umgang mit Goldoni in Paris (1787). Sein Ehrgeiz war, der span. Molière zu werden. – Theater, Lyrik (Horaznachahmung), Prosa, Korrespondenz, Literatursatire, Schrift über die Ursprünge des span. Theaters, Übers.: Molière, erste span. Originalübers. von Shakespeares *Hamlet* in Prosa.

La comedia nueva o El café (dt. *Die neue Komödie oder Das Café*; 1792). Theatersatire. Don Eleuterio führt ein unsinniges Stück auf, das von Don Pedro nach neoklassizistischen Kriterien verrissen wird. Parodie auf das phantastisch-schwülstige Theater seiner Zeit.

El sí de las niñas (dt. *Das Jawort der Mädchen*; 1805). Gesellschaftsproblem: zeitlose Kritik an der Erziehung der Töchter höherer Stände. – Der alte Don Diego überläßt seinem Neffen Don Carlos seine junge Verlobte Doña Paquita, nachdem er erfahren hat, daß beide einander lieben. – Großer Bühnenerfolg. 26mal hintereinander aufgeführt.

Ausg.: Teatro, Hrsg. F. Ruiz Morcuende, CC 58; Teatro completo, Hrsg. M. Fernández Nieto, 2 Bde., Madrid 1977.

Lit.: F. Ruiz Morcuende, Vocabulario de don L. F. de M., 2 Bde., Madrid 1945; R. Andioc, Sur la querelle du théâtre au temps de L. F. de M., Toulouse 1970; M. Strathmann, Wahlverwandtschaft und Kontrast in M.s *El sí de las niñas* und Marivaux' *L'école des mères*, in: Arcadia 16 (1981) 13–28; H. Rien, L. F. de M. Versuch einer hist.-soziologischen Analyse des autobiogr., literaturtheoretischen und dramatischen Werks, Frankfurt a. M. / Bern 1982.

Volkstümliches Drama

Ramón de la Cruz (1731 Madrid – 1794 ebd.). Kleiner Rechnungsbeamter mit scharfem Blick für seine Umgebung. Übersetzer (Racine, Molière, Beaumarchais, Shakespeare, Metastasio, Goldoni) und Verf. von rund 300 *sainetes* (volkstümliche Dialog-Einakter), deren Vorläufer im *Siglo de Oro* die *pasos* von Lope de Rueda und die *entremeses* von Cervantes und Quiñones de Benavente waren. Zeitgenössisches Madrider Hof- und Gesellschaftspanorama, leicht ironisch dargestellt. »La verdad dicta, yo escribo« (»Die Wahrheit diktiert, ich schreibe«). Bekanntere *sainetes*, z. B. Las castañeras picadas, El fandango de candil, La presumida burlada, El Manolo oder La Petra y la Juana werden auch heute noch auf der Bühne bejubelt.

Ausg.: NBAE 23, 26 (86 sainetes).
Lit.: F. Palau Casamitjana, R. de la C. und der franz. Kultureinfluß im Spanien des 18. Jh.s, Bonn 1935; A. V. Ebersole, Los sainetes de R. de la C.: nuevo examen, Valencia 1984.

42. Prosa

Autobiographie und Zeitsatire

Diego de Torres Villarroel (1693 Salamanca – 1770 ebd.). Sohn eines Buchhändlers. Abenteuerliches Leben, das er in seinem Hauptwerk gestaltet hat. U. a. Verf. einer Reihe von *Almanaques* (Zeithoroskope), die große Verbreitung erreichten.

Vida, ascendencia, nacimiento, crianza y aventuras del Dr. D. de T. V., escrita por él mismo (dt. *Leben, Herkunft, Geburt, Lehr- und Wanderjahre des Doktors D. von T. V., geschrieben von diesem selbst*; 1743–58). Zeitdokument der span. Dekadenz auf allen Gebieten. Stilistisch beeinflußt durch die satirisch-pikaresken Werke Quevedos; vgl. auch T. V., *Visiones y visitas de Torres con Don Francisco de Quevedo por la Corte* (1727). Die bisher stark gattungsbezogene Forschung zu diesem Werk steht noch vor zahlreichen Problemen, z. B. der formalen und inhaltlichen Bestimmung des Verhältnisses zur Pikareske.

Ausg.: Vida, Hrsg. F. de Onís, CC 7; Visiones, Hrsg. R. P. Sebold, CC 161. *Lit.:* R. Pope, La autobiografía española hasta T. V., Bern / Frankfurt a. M. 1974; S. Kleinhaus, Von der »novela picaresca« zur bürgerlichen Autobiographie: Studien zur Vida des T. V., Meisenheim am Glan 1975; E. Suárez-Galbán, La Vida de T. V.: literatura antipicaresca, autobiografía burguesa, Chapel Hill / Madrid 1975.

P. José Francisco de Isla (1703 Vidanes, Prov. León – 1781 Bologna). Als Jesuitenpater 1767 aus Spanien vertrieben.
Historia del famoso predicador fray Gerundio de Campazas, alias Zotes (dt. *Geschichte des berühmten Predigers Bruder Gerundio de Campazas, genannt Zotes*; 1758–70). Zeitsatire gegen kulteranistische Rhetorik und Predigtschwulst. Geschichte der Ausbildung des Bauernsohns Gerundio zum Kanzelredner. Die Erstausg. von 1500 Exemplaren war in drei Tagen verkauft. Satirisch-burleske, didaktisch-pädagogische Absicht.
Aventuras de Gil Blas de Santillana, robadas a España y adoptadas en Francia por Lesage, restituídas a su patria y a su lengua por un español celoso que no sufre se burlen de su nación (dt. *Abenteuer des Gil Blas von Santillana, die Spanien gestohlen und in Frankreich von Lesage übernommen wurden, für ihr Vaterland und seine Sprache zurückgewonnen von einem Spanier, der darauf bedacht war, daß man keinen Spott über seine Nation duldet*; 1787–88). Bearbeitung und Übers. der *Histoire de Gil Blas de Santillane* (1715–35)

von Lesage, der teilweise den *Marcos de Obregón* (1618) von
V. Espinel und einige andere span. *novelas picarescas* nachgeahmt hatte. Nationalistisch gefärbte Plagiatpolemik zwischen Spaniern und Franzosen. »Si *Gil Blas* est devenu une
des pièces de ce qu'on peut appeler la littérature universelle,
et si *Marcos de Obregón* et toutes les autres romans picares-
ques, sont restés purement espagnols, c'est par ce que Lesage
a mis dans son œuvre de français et d'humain« (G. Lanson).

Ausg.: Gerundio de Campazas, Hrsg. R. P. Sebold, CC 148–151.
Lit.: G. Smith, El Padre I., su vida, su obra y su tiempo, León 1983;
D. Briesemeister, La aventura de leer en *Fray Gerundio*, in: Iberoromania
23 (1986) 125–148.

José Cadalso y Vázquez (1741 Cádiz – 1782 Gibraltar). Sant-
iagoritter. Unternahm zahlreiche Europareisen. Fiel bei der
Belagerung von Gibraltar. – Mehr Anreger als ursprüngliches
Talent.

Noches lúgubres (dt. *Trauernächte*; entst. 1771/72 – ersch.
1789–90). Autobiogr. Prosaelegie in Dialogform, die um das
Werther-Thema kreist. Seinerzeit sehr beliebt. Vorbild war
E. Young, *Night Thoughts* (1742–45), Nacht- und Gräber-
dichtung in philosophischer Absicht.

Cartas marruecas (dt. *Briefe aus Marokko*; entst. 1768–74,
ersch. 1793). Pessimistische Zeit- und Gesellschaftskritik.
Nachahmung u. a. von Montesquieu, *Lettres persanes* (1721).

Ausg.: Noches lúgubres, Hrsg. N. Glendinning, CC 152; Cartas marruecas, Hrsg. J. A. Tamayo y Rubio, CC 112; Escritos autobiográficos y Epistolario, Hrsg. N. Glendinning / N. Harrison, London 1979.
Lit.: K.-J. Bremer, Montesquieus *Lettres Persanes* und C.s *Cartas marruecas*. Eine Gegenüberstellung von zwei pseudoorientierten Briefsati-
ren, Heidelberg 1971; H.-J. Lope, Die *Cartas Marruecas* von J. C. Eine
Untersuchung zur span. Lit. des 18. Jh.s, Frankfurt a. M. 1973; R. P.
Sebold, C.: El primer romántico »europeo« de España, Madrid 1974
(BRH II,215).

Juan Pablo Forner y Segarra (1756 Mérida – 1797 Madrid).
Einflußreicher Jurist. Schrieb Literatursatiren, Polemiken
und Invektiven.

Exequias de la lengua castellana (dt. *Leichenfeier für die spanische Sprache*; entst. 1788, ersch. 1871). Allegorische Vers- und Prosasatire gegen Schreiberlinge und Kritikaster, welche die span. Sprache »ins Grab gebracht haben« (Exequias = Begräbnisfeiern). Das Werk wurde 1794–95 von der Zensur verboten und erschien erst über 80 Jahre später.

Oración apologética por la España, y su mérito literario (dt. *Verteidigungsrede für Spanien und sein literarisches Verdienst*; 1786). Temperamentvolle Antwort auf die Frage des franz. Enzyklopädisten N. Masson (1782), was Europa Spanien verdanke.

Ausg.: Exequias, Hrsg. P. Sáinz Rodríguez, CC 66; Los gramáticos. Historia chinesca, Hrsg. J. Jurado, CC 168.
Lit.: F. Lázaro Carreter, Las ideas lingüísticas en España durante el siglo XVIII, Madrid 1949; F. López, J. P. F. et la crise de la conscience espagnole au XVIIIe siècle, Bordeaux 1976.

Geschichtsschreibung

Juan de Ferreras (1652–1735).
Sinopsis histórico-cronológica de España (1700–27). Nationalgeschichte bis 1589 in 16 Bdn.

P. Enrique Flórez (1702 Villadiego, Burgos – 1773 Madrid).
España sagrada. Teatro geográfico-histórico de la Iglesia de España (1747–1879). Kirchengeschichtliche Materialsammlung ersten Ranges, später auf 51 Bde. erweitert.

Ausg.: España sagrada, Índice, Madrid ²1746; Índice-Catálogo, Madrid 1952.

P. Juan Francisco Masdeu (1744 Palermo – 1817).
Historia crítica de España y de la cultura española (1783 bis 1805). Nationalgeschichte bis 11. Jh. in 20 Bdn. »Bedeutendes Denkmal der Wissenschaft und Ausdauer« (M. Menéndez Pelayo).

Philologie und Kritik

Gregorio Mayans y Siscar (1699 Valencia – 1781 ebd.). Jurist, Historiker, Hofbibliothekar und Philologe von europäischem Rang. Erster Cervantes-Biograph. Hrsg. der Werke von Fray Luis de León (1761). Letzter Vertreter eines umfassenden Barockhumanismus. Sein Hauptwerk sind die anregenden *Orígenes de la lengua española* (1737).

Ausg.: Obras completas, Hrsg. A. Mestre, Valencia 1983 ff.
Lit.: A. Mestre, M. y la España de la Ilustración, Madrid 1990.

Luis José Velázquez de Velasco (1722 Málaga – 1772).
Orígenes de la poesía castellana (1754). Vom Göttinger Professor J. A. Dieze übersetzt und mit Zusätzen versehen (1769), die erste span. Literaturgeschichte in Dt.

Jesuiten-Emigranten in Italien (seit 1767):

P. Francisco Javier Llampillas (1731 – 1810).
Saggio storico-apologetico della letteratura spagnuola (1778 bis 1781, span. Übers. 1782–89). 6 Bde. Verteidigung gegen die Vorwürfe der it. Literaturkritik, bes. von Napoli-Signorelli, Tiraboschi, Bettinelli, die den Beitrag der span. Kultur für die europäische gering einschätzten.

P. Juan Andrés (1740 Planes, Prov. Valencia – 1817). Königlicher Bibliothekar in Neapel.
Origen, progreso y estado actual de toda la literatura (dt. *Ursprung, Fortschritt und gegenwärtiger Zustand der ganzen Literatur*; 1782–95, span. Übers. 1784). Erster Versuch einer Geschichte der Weltlit. in 7 Bdn. Leidenschaftliches Plädoyer für die span. Lit.

Lit.: G. E. Mazzeo, The Abate J. A.: literary historian of the XVIII century, New York 1965.

P. Esteban de Arteaga (1747 Moraleja de Coca, Prov. Segovia – 1798).

Investigaciones filosóficas sobre la belleza ideal, considerada como objeto de todas las artes de imitación (dt. *Philosophische Untersuchungen über die ideale Schönheit, als Gegenstand aller Künste der Nachahmung betrachtet*; 1789). Ästhetische Definition der »belleza ideal« in der Tradition Lockes: »Sie ist nichts weiter als eine von so vielen Abstraktionen, die der Verstand über die Sinneswahrnehmungen ausarbeitet, ohne wirkliche größere Existenz als die irgendeiner Idee, die im Bewußtsein des Künstlers keimt.« Kunst ist Wahrnehmung der Natur. Ästhetische Rechtfertigung des Häßlichen fast 40 Jahre vor der *Préface de Cromwell* (1827) von Victor Hugo!

Ausg.: La belleza ideal, Hrsg. P. M. Batllori, CC 122.
Lit.: E. M. Rudat, Las ideas estéticas de E. de A. Orígenes, significado y actualidad, Madrid 1971 (BRH II,165).

Reformdidaktik

Gaspar Melchor de Jovellanos (1744 Gijón – 1811 Vega, Prov. Asturien). Jurist und einflußreicher Politiker (gemäßigter Monarchist). Präsident der Strafkammer in Sevilla (1767). Polizeichef in Madrid. In Verbannung (1790–97), bis ihn Godoy zurückrief und zum Justizminister machte. Nach Mallorca deportiert (1801–10). Als Abgeordneter Asturiens Führer der Befreiungsbewegung. »Padre de la patria.« – In allen lit. Gattungen bewandert. Vorbild des aufklärerischen Wirtschaftstheoretikers. Ideenreiche Essays zur Agrarreform (1825 indiziert), zur Neuordnung des Erziehungswesens, zur politischen Situation und Kulturgeschichte. Praktischer Organisator. Gründete in Asturien das *Real Instituto Asturiano* (RIA), eine Art Volkshochschule, welche die allgemeine Volksbildung und die Naturwiss. fördern sollte. Sein politischer Leitsatz: »Buenas leyes, buenas luces, buenos fondos« (»Gute Gesetze, gute aufklärerische Erziehung, gute Einkünfte«).

El delincuente honrado (dt. *Der ehrbare Delinquent*; 1774).
Prosadrama. Einzige in Spanien bedeutsame *comédie lar-
moyante* (Rührstück). Elemente: Gestalt der opferbereiten
Laura; Entdeckung, daß der Verurteilte der Sohn des Rich-
ters ist. Thema der Freundesliebe und Opferbereitschaft.
Nachahmung von Diderot, *Le fils naturel* (1757). Nach
einem Brief J.' an den franz. Übersetzer war sein Hauptziel, »die Härte der Gesetze zu enthüllen«. Auch Einfluß
der strafrechtlichen Reformideen des it. Aufklärers Cesare
Beccaria (1738–94).

Ausg.: Obras completas, Bd. 1, Hrsg. J. Caso González, Oviedo 1984
[krit. Ausg.]; Obras escogidas, Hrsg. Á. del Río, CC 110, 111, 129.
Lit.: G. Gómez de la Serna, J., el español perdido, 2 Bde., Madrid 1975;
W. Vogt, Die *Diarios* von G. M. de J. (1744–1811), Bern / Frankfurt a. M.
1975; J. A. Cabezas, J., el fracasado de la Ilustración, Madrid 1985.

V

19. Jahrhundert (Romantik, Realismus, Naturalismus)

43. Charakteristik der Epoche in Spanien

Historischer Überblick

In Spanien politisch bewegtes Jh. Unabhängigkeitskrieg des Volkes gegen Napoleon. Karlistenkriege. Kämpfe zwischen Liberalen und Absolutisten. Zweimal wurden die Bourbonen vertrieben (1813, 1868), zweimal kamen sie wieder ins Land (1814, 1874), dann herrschten sie unter Alfons XII. und Alfons XIII. bis 1930 und wieder seit Francos Tod (1975) in einer konstitutionellen Monarchie.

Joseph Bonaparte (im Volksmund: *Pepe Botella*), der Bruder Napoleons, regierte als König von 1808 bis 1813. Blutiger Guerillakrieg (1808–14). Erster Aufstand eines europäischen Volkes gegen die Franzosen. Erschütternde Zeugnisse bei Goya (*Dos de Mayo*, *Desastres de la Guerra*). Die nach Cádiz geflüchteten *Cortes* (alte Reichsstände) unterzeichneten am 19. März 1812 die erste span. liberale Verfassung, die fast alle Gewalt in die Hände der Volksvertretung legte: Volkssouveränität, Gewaltenteilung, konstitutionelle Monarchie, Garantie der bürgerlichen Grundrechte, Gleichheit im Zugang zu öffentlichen Ämtern, Pressefreiheit, Katholizismus als Staatsreligion. Von den 308 Abgeordneten waren nur 28 bis 30 aus den Kolonien. Artikel 22 versagte 1812 den Schwarzen und Mulatten die Bürgerrechte. Marx schrieb in seiner Artikelreihe »Das revolutionäre Spanien« in der »New-York Daily Tribune« (1854) dazu: »Die Wahrheit ist, daß die Konstitution von 1812 eine Reproduktion der alten Fueros ist, jedoch im Lichte der Franz. Revolution gesehen

und den Bedürfnissen der modernen Gesellschaft angepaßt«
(MEW X, S. 469).

Ferdinand VII. (Regierungszeit 1814–20, 1823–33): Vertreter der restaurativen Reaktion. Der König erkannte die Cor-
tes-Verfassung erst nach Ausbruch der Revolution an (1820
Marsch von Oberst Rafael del Riego; die Riego-Hymne
Nationalhymne der II. Republik) und bat die Großmächte
gleichzeitig um Intervention. Einmarsch der »100 000 Söhne
des Heiligen Ludwig«. Grausame Vergeltungsmaßnahmen
der Franzosen am span. Volk aus erneuter Revolutionsangst.
Unabhängigkeitskriege der span. Kolonien in Lateinamerika
(1816–25). Herausbildung von 20 Nationalstaaten. Hist.-
politische (Signalfunktion der nordamerikanischen Unab-
hängigkeitsbewegung 1776–83), ideologische (Ideen der
franz. Aufklärung und Revolution) und wirtschaftliche
Gründe (Hoffnung von Bürgertum und Kreolenbourgeoisie
auf erweiterte Absatzmärkte und Freihandel).

Isabella II. (Regierungszeit 1843–68, Vormundschaft ihrer
Mutter María Cristina von Neapel bis 1840): Tochter Ferdinands VII. Der durch die altkastilische Thronfolgeord-
nung ausgeschlossene Don Carlos und seine Nachkommen
führten eine Reihe blutiger Bürgerkriege (Karlistenkriege)
(1833–76, mit Unterbrechungen), die weite Teile Spaniens
verwüsteten. Zur Finanzierung der Kriege Enteignung
kirchlichen Grundbesitzes (*desamortizaciones*, Beginn 1835),
die jedoch Grundlage eines weltlichen Latifundismus, bes.
in Andalusien wird, da Adel und Großbürgertum die
Ländereien aufkaufen. Bis in die Franco-Zeit wurden der
Kurie Entschädigungen für den damals enteigneten Besitz
gezahlt.

Die Kluft zwischen den unterentwickelten Agrarregionen
und den frühindustriellen Ballungszentren in Katalonien und
im Baskenland bildete den Nährboden für soziale Konflikte.
Daher 1844 Einführung der Zivilgarde (*guardia civil*), die
paarweise (*pareja*) bis in die entferntesten Winkel des Landes für Ruhe und Ordnung sorgen sollte. (Motto: *Todo por la*

Patria = Alles für das Vaterland!) Die zahlreichen Militärputsche (*pronunciamientos*) hatten ihre Basis nicht zuletzt in der parlamentarischen Präsenz des Militärs (von 314 Senatoren waren 1853 allein 93 Generäle). Die sich zuspitzende Wirtschaftskrise mündete in die »Glorreiche Septemberrevolution« von 1868, deren Führer gemäßigte politische, wirtschaftliche und soziale Reformen anstrebten. Beginn der Unabhängigkeitskriege auf der »immer treuen Insel Kuba« (1868–78).

Interimsregierung: Liberales Reformkabinett des Generals Francisco Serrano (1868–70) und des Herzogs Amadeo d'Aosta (1871–73), einem Sohn Victor Emanuels II. von Italien.

I. Republik (1873–74): Präsidenten der Republikaner Emilio Castelar und der Liberale Serrano. In ihrem Umfeld Entstehung einer organisierten Arbeiterbewegung. Der Italiener Giuseppe Fanelli gründete 1868 als Vertreter der I. Internationale eine anarchistische Sektion in Spanien. Im Jahre 1872 folgenreiche Spaltung der span. Arbeiterbewegung in Anarchisten und Sozialisten. Unterschiede in der Einstellung zu Gewalt, Staat und Parlamentarismus. Gründung der Sozialistischen Arbeiterpartei (PSOE) durch Pablo Iglesias (1879) und ihrer Gewerkschaft (UGT) 1888. Wiederherstellung der Monarchie durch Militärputsch Alfons' XII.

Alfons XII. (Regierungszeit 1875–85): Sohn Isabellas II. Beruhigung der Staatskrise. Aufhebung der Sonderrechte der baskischen Provinzen. Konstitutionelle Erbmonarchie mit Zweikammernsystem. Aufkommen föderalistischer Tendenzen und ethnischer Nationalismen im Sinne der Rückeroberung nationaler Identität.

María Cristina, geb. Erzherzogin von Österreich (Vormundschaftsregierung 1886–1902): Königinwitwe, unterstützt vom Konservativen Antonio Cánovas del Castillo und dem Liberalen Práxedes Mateo Sagasta als Regierungspräsidenten. Spanien verlor im span.-kubanisch-nordamerikan. Krieg (1895–98), den Lenin als ersten »imperialistischen Raubkrieg« bezeichnet hat, mit Kuba, Puerto Rico und den Philippinen die letzten überseeischen Kolonien. Verkauf der Südseeinseln, Marianen, Karolinen und Palau an das Deutsche Reich (1899). USA auf dem Weg zur Weltmacht und zum Sprung über den Pazifik und Atlantik.

Bildungswesen

Allgemeines Unterrichtsgesetz von 1857, das aber nur äußere Formen festlegte und dessen innerer Gehalt noch bis 1931 umstritten war. Gründung der *Institución Libre de Enseñanza* (ILE, 1876), die in Verbindung mit den Ideen des *krausismo* neue Lehr- und Ausbildungsformen (z. B. gegen das stupide Memorieren), stärkere Berücksichtigung von Naturwissenschaften und Sport sowie Kritik am klerikalen Bildungsmonopol praktizierte. Allerdings blieb es eine Klassenerziehung für das gebildete Bürgertum. Die Schriftsteller trafen sich in Literatencafés an Stammtischen (*peñas*). Typische Brennpunkte des intellektuellen Lebens waren weiterhin die *Ateneos* (Ateneo in Madrid 1835–1936, besteht heute wieder), Hochburgen des Liberalismus, in denen sich Klub, Bibliothek und freie Hochschule mit Allgemeinem Vorlesungswesen vereinigten.

Literarhistorische Periodisierung

Ausläufer des Spätklassizismus bis etwa 1835. Praktische Auswirkung der Romantik erst seit 1835 (Duque de Rivas, *Don Álvaro o La fuerza del sino*). Realismus und Naturalismus setzten sich etwa seit 1850 bzw. 1875 durch.

Literaturgeschichte: I. M. Zavala, Ideología y política en la novela española del siglo XIX, Salamanca 1971; J. Fernández Montesinos, Introducción a una historia de la novela en España en el siglo XIX. Seguida del esbozo de una bibliografía española de traducciones (1800–50), Madrid ³1972; J. I. Ferreras, La novela por entregas. 1840–1900. Concentración obrera y economía editorial, Madrid 1972; L. Romero Tobar, La novela popular española del siglo XIX, Barcelona 1976; J. I. Ferreras, Catálogo de novelas y novelistas españoles del siglo XIX, Madrid 1979; M. Palenque, El poeta y el burgués (Poesía y público 1850–1900), Sevilla 1990; W. Kreutzer, Grundzüge der span. Lit. des 19. und 20. Jh.s, Darmstadt ²1991 (Grundzüge, 47); M. del C. Simón Palmer, Escritoras españolas del siglo XIX. Manual bibliográfico, Madrid 1991.

Sozialgeschichte: I. M. Maiski, Neuere Geschichte Spaniens 1808–1917, Berlin 1961; J. Herrero, Los orígenes del pensamiento reaccionario español, Madrid ³1973; M. Tuñón de Lara, La España del siglo XIX, 2 Bde., Barcelona ⁶1975; J. Nadal, Der Fehlschlag der Industriellen Revolution in Spanien 1830–1914, in: Die Entwicklung der industriellen Gesellschaften, Stuttgart / New York 1977, S. 341–401; M. Kossok, Der span. Revolutionszyklus des 19. Jh.s. Probleme der Erforschung und Interpretation im Lichte der vergleichenden Methode, in: Zeitschrift für Geschichtswiss. 32 (1984) 490–499; W. L. Bernecker, Sozialgeschichte Spaniens im 19. und 20. Jh. Vom Ancien Régime zur Parlamentarischen Monarchie, Frankfurt a. M. 1990.

A.

Romantik

44. Charakteristik der Bewegung in Spanien

Die literarhist. Bedeutung der Romantik für Spanien lag weniger in der Schöpfung bleibender Werke als in der Wiedererweckung der eigenen kulturellen Vergangenheit. Die Romantik als lit. Bewegung blieb für Spanien nicht mehr als eine Episode. Das Mittelalter war als neuerschlossene Stoffquelle weniger interessant als für die dt. oder franz. Romantik.

1. Vermittlung der dt. Romantik durch den Hamburger Exportkaufmann in Cádiz Johann Nikolaus Böhl von Faber (1770–1836), der 1805 und 1814 in der span. Presse die romantischen Ideen F. Schlegels bekanntmachte und gleichzeitig eine Aufwertung der span. Lit. des *Siglo de Oro* (bes. Lope de Vega, Calderón, Romanzen) einleitete. Literatur-

streit mit den Neoklassizisten (1814–20), vor allem mit José Joaquín de Mora (1783–1864) und Antonio Alcalá Galiano (1789–1865), der später selbst das Manifest der span. Romantik im Vorwort zu *El moro expósito* (1834) des Duque de Rivas schrieb.

2. Vermittlung der franz. und engl. Romantik durch die Rückkehr der span. liberalen Emigranten aus Paris und London (Amnestie von 1834): Martínez de la Rosa, Duque de Rivas, Alcalá Galiano, Espronceda u. a. Seit 1823 erschien in Barcelona unter span., katalan., engl. und it. Mitarbeit *El Europeo*, das Organ der span. Romantik, in dem Übersetzungen der engl., franz., dt. und it. Romantiker abgedruckt wurden.

Ausg.: F. Díaz-Plaja (Hrsg.), Antología del romanticismo español, Madrid 1959.
Lit.: E. A. Peers, Historia del movimiento romántico español, 2 Bde., Madrid ²1967; D. Chicharro / J. López, Teatro y poesía en el romanticismo, Madrid 1981; R. Navas Ruiz, El romanticismo español. Historia y crítica, Salamanca ³1982; M. Mayoral (Hrsg.), Escritoras románticas españolas, Madrid 1990.

45. Lyrik

P. Juan Arolas (1805 Barcelona – 1844 ebd.). Piarist (katholischer Lehrorden). Starb in geistiger Umnachtung. Übers. von Gedichten Chateaubriands.
Poesías (1840, erw. Aufl. 1860). Exotisch-orientalische Liebeslyrik, mittelalterliche und religiöse Themen, große Versgewandtheit.

Ausg.: Poesías, Hrsg. J. R. Lomba y Pedraja, CC 95.
Lit.: J. R. Lomba y Pedraja, El P. A. Su vida y sus versos. Estudio crítico, Madrid 1898.

José de Espronceda (1808 Almendralejo, Prov. Badajoz – 1842 Madrid). Unruhiges Leben. Als verschworener Republikaner zeitweise im Exil in Portugal, England und Frankreich.

El estudiante de Salamanca (dt. *Der Student von Salamanca*; 1840). Vierteilige Verserzählung. Thema des Don Juan mit dramatischen Akzenten. – Don Félix de Montemar, Student in Salamanca, will sich trotz der gesellschaftlichen Konvention ausleben. Sein Tod ist in der altspan. Tradition (Romanzen) und bei Tirso de Molina vorgezeichnet. Das übernatürliche Ende trägt hier jedoch keine moralischen Züge, sondern ist als echt romantischer Kontrast zur ausschweifenden Lebensführung gemeint.

El diablo mundo (dt. *Der Weltteufel*; 1841). Eposfragment. Faustthema in sechs Gesängen (6020 Verse). Die ewige Unruhe der Menschheit symbolisiert der Weltteufel (diablo mundo). Berühmter zweiter »Canto a Teresa«: autobiogr. Liebesgeschichte. Nicht physisch, sondern metaphysisch zu fassen. Die Lebensproblematik verdrängt das Geschehen. Einflüsse von Voltaire und Byron.

Canción del pirata (dt. *Lied des Piraten*; 1830). Einzelgedicht. Nachahmung von Byrons *Corsair* (1813/14). Byronsche Apotheose der Freiheit. Der Pirat als Spiegelbild des Dichters. Gedichtschluß:

> Y del trueno
> al son violento,
> y del viento
> al rebramar,
> yo me duermo
> sosegado
> arrullado
> por el mar.

> *Que es mi barco mi tesoro,*
> *es mi dios la libertad,*
> *mi ley la fuerza y el viento,*
> *mi única patria, la mar.*

Bei Donner-
schall,
bei Windes-
tosen
schlaf ich
friedlich ein
zum Wiegenlied
des Meers.

Denn mein Schiff ist mein Schatz,
denn mein Gott ist die Freiheit,
mein Gesetz sind Kraft und Wind,
mein einzig Vaterland: das Meer.

Übers. H. Felten / A. Valcárcel, Span.
Lyrik von der Renaissance bis zum
späten 19. Jh., Stuttgart: Reclam, 1990,
S. 310–313 (RUB 8610).

Ausg.: Obras completas, Hrsg. J. Campos, BAE 72; Obras poéticas, Hrsg.
J. Moreno Villa, CC 47, 50.
Lit.: R. Marrast, J. de E. et son temps. Littérature, société, politique au
temps du Romantisme, Paris 1974; J. Casalduero, E., Madrid ³1975;
D. J. Billick, J. de E. An annotated bibliography 1834–1980, New
York / London 1981.

Gustavo Adolfo Bécquer, d. i. **Gustavo Adolfo Domínguez
Bastida** (1836 Sevilla – 1870 Madrid). Urgroßenkel begüterter
protestantischer Flamen namens Becker, die zum Katholizismus konvertierten. Früh verwaist. Armseliges Leben als Journalist in Madrid. Seine Hauptwerke erschienen erst postum.
Rimas (dt. *Gedichte*; 1871). Sammlung von 76 postromanti-
schen Gedichten. Meist Liebeslyrik, aber auch andere Themen: Dichter, Inspiration, Einsamkeit, Melancholie u. a. Monotonie des unerfüllten Lebens: »Hoy como ayer, mañana
como hoy, siempre igual« (»Heute wie gestern, morgen wie
heute, immer gleich«). Einflüsse von Byron, Musset und bes.
der Bekenntnislyrik Heines, den B. durch die Übers. von
E. F. Sanz (1857), dem span. Botschaftssekretär in Berlin, und
Ferrán (1861) kennenlernte. Spätere Wirkung seiner Lyrik
auf Darío, Unamuno, J. R. Jiménez, Diego, Alberti u. a. »Aus

einem seltsamen Dornröschenschlaf über anderthalb Jahr-
hunderte erwacht die span. Dichtung mit den *Rimas* von B.«
(L. Cernuda).
Leyendas en prosa (dt. *Legenden in Prosa*; 1871). Spukhaft-
romantische Prosalegenden, die an E. T. A. Hoffmann erinnern. Darunter am bekanntesten *Maese Pérez el organista*.
Das Interesse liegt weniger in der Handlung als in der Stimmung.
Das folgende Gedicht steht in der Tradition Heines »Wenn
zwei voneinander scheiden« (*Lyrisches Intermezzo*, 49):

Rimas, Nr. 30

Asomaba a sus ojos una lágrima
y a mi labio una frase de perdón;
habló el orgullo y se enjugó su llanto
y la frase en mis labios expiró.

Yo voy por un camino: ella, por otro;
pero al pensar en nuestro mutuo amor,
yo digo aún ¿Por qué callé aquel día?
Y ella dirá ¿Por qué no lloré yo?

In ihren Augen eine Träne,
auf meinen Lippen Worte des Verzeihns.
Da war der Stolz – ihr Weinen schwand,
das Wort auf meinen Lippen starb.

Ich gehe meinen Weg, sie ihren,
doch gedenk ich unsrer Liebe,
sag ich immer: Was schwieg ich an dem Tag?
Und sie sagt wohl: Was weint' ich nicht?

Übers. H. Felten / A. Valcárcel, Span. Lyrik von
der Renaissance bis zum späten 19. Jh., Stuttgart:
Reclam, 1990, S. 340 f. (RUB 8610).

Ausg.: Obras completas, Vorw. J. und S. Álvarez Quintero, Madrid [13]1969;
Rimas, Hrsg. J. P. Díaz, CC 158.

Lit.: A. Hernández, B. y Heine, Madrid 1946; D. Alonso, Originalidad de B., in: D. A., Poetas españoles contemporáneos, Madrid ⁴1969, S. 11–49; J. P. Díaz, G. A. B. Vida y poesía, Madrid ³1971 (BRH II,39); R. P. Sebold (Hrsg.), G. A. B., Madrid 1985 (Persiles, 155, El escritor y la crítica).
Deutsch: Die grünen Augen. Phantasiestücke, Übers. F. Vogelgsang, Stuttgart 1982; La ajorca de oro / Der goldene Armreif. Legenden, Übers. F. Vogelgsang, RUB 8398 [zweispr. Ausg.]; u. a. Übers.

46. Drama

Francisco Martínez de la Rosa (1787 Granada – 1862 Madrid). Jurist. Delegierter bei den Cortes von Cádiz. Exil in Frankreich (1822-31). Nach der Restauration (1834) Botschafter in Paris und Rom. Staatspräsident (1858). Präsident des Kongresses (1851, 1860). – Lyriker und Dramatiker, der antike und neoklassizistische Einflüsse miteinander verband. *Abén Humeya, ou la révolte des maures sous Philippe II* (dt. *Abén Humeya oder der Aufstand der Mauren unter Philipp II.*; zweispr. Ausg. Paris 1830). Erstes romantisches Drama der span. Lit., hist. Prosadrama. Thema Moriscos-Aufstand in der Alpujarra. »Zugeständnis eines klassizistischen Geistes, der immer die franz. Tragödie vor Augen hat, an die Romantik« (J. Sarrailh). Der Stoff ist D. Hurtado de Mendozas Geschichtswerk *La guerra de Granada* entlehnt. *La conjuración de Venecia* (dt. *Die Verschwörung von Venedig*; 1830, Auff. 1834). Hist. Intrigendrama. Großer Bühnenerfolg wegen des romantischen Dekors. Nur die Einheit der dramatischen Handlung ist gewahrt. Düster-prächtiges Bild der Karnevalszeit im mittelalterlichen Venedig (1310).

Ausg.: Obras dramáticas, Hrsg. J. Sarrailh, CC 107.
Lit.: J. Sarrailh, Un homme d'État espagnol: M. de la R. (1787–1862), Bordeaux / Paris 1930; R. Mayberry, F. M. de la R., Boston 1988.

Angel de Saavedra Duque de Rivas (1791 Córdoba – 1865 Madrid). Als Liberaler seit 1823 im Exil in England, Italien, Malta und Frankreich. Nach der Amnestie von 1834 Rückkehr. Später Diplomat in Neapel und in Paris (1848–49). Präsident des Staatsrats. – Vielseitiger, fruchtbarer Romantiker, der die europäische Lit. gründlich kannte.

Lyrik:

El moro expósito o Córdoba y Burgos en el siglo X (dt. *Das arabische Findelkind oder Córdoba und Burgos im 10. Jh.*; 1834). Zyklus von 12 Romanzen in Elfsilblern. Legende der Infantes de Lara. Kulturbild aus dem 10. Jh. Kulturkontrast zwischen Christen und Arabern. Vorw. von A. Alcalá Galiano ist Manifest der span. Romantik, der *Préface de Cromwell* (1827) von V. Hugo vergleichbar. *El faro de Malta* (entst. 1828, ersch. 1834). Neues Naturgefühl des innerlich und äußerlich zerrissenen Emigranten.

> Envuelve al mundo extenso triste noche,
> ronco huracán y borrascosas nubes
> confunden y tinieblas impalpables
> el cielo, el mar, la tierra:
>
> Die weite Welt umhüllt ein trübes Dunkel,
> der hohle Sturmwind und gepeitschte Wolken
> verwischen zwischen weichen Nebelschatten
> Meer, Horizont und Erde.
>
> Übers. R. Grossmann, Span. Gedichte aus acht
> Jh., Bremen: Schünemann, 1960, S. 195.

Dramatik:

Don Álvaro o la fuerza del sino (dt. *Don Álvaro oder die Macht des Schicksals*; 1835). Sturmsymbol der span. Romantik. Liebesintrige in 5 Akten. Mischung aus Vers und Prosa, Komik und Tragik. Auflösung der drei Einheiten des Dramas. Stoffquelle, nach der F. M. Piave das Libretto zu Verdis Oper *La forza del destino* (1862, *Die Macht des Schicksals*) schrieb. »Schwerlich wird man in der Theaterlit. der ganzen

Welt ein Drama finden, das so reich an menschlichen Typen,
an gesellschaftlichen Milieus und an landschaftlicher Prä-
gung ist« (Á. Valbuena Prat).

Ausg.: Obras completas, Hrsg. J. Campos, BAE 100–102; Romances,
Hrsg. C. Rivas Cherif, CC 9, 12; Don Álvaro o La fuerza del sino, Hrsg.
R. Navas-Ruiz, CC 206; El moro expósito, Hrsg. Á. Crespo, CC 224, 225.
Lit.: A. Crespo, El duque de R., Madrid 1986.

Manuel Bretón de los Herreros (1796 Quel, Prov. Logroño – 1873 Madrid). Direktor der Nationaldruckerei und
Chefredakteur. – Lyriker und fruchtbarer Dramatiker (rund
177 Stücke). Übers. von Racine, Voltaire, Schiller (*Maria
Stuart*) u. a.
¡Muérete y verás! (dt. *Stirb, und du wirst sehen!*; 1840, Vor-
fassung 1837). Satire auf Romantik und Karlistenkriege. Akt-
titel: Abschied, Tod, Begräbnis, Wiederauferstehung.

Ausg.: Muérete y verás / El pelo de la dehesa, Hrsg. N. Alonso Cortés,
CC 92.
Lit.: G. C. Flynn, B. de los H., Boston 1978.
Deutsch: Lustspiele, Übers. J. Fastenrath, Dresden / Leipzig 1897.

Juan Eugenio Hartzenbusch (1806 Madrid – 1880 ebd.).
Sohn eines dt. Kunsttischlers. Parlamentsstenograph, Bibliothekar und später Direktor der Nationalbibliothek. – Verf.
von hist. Dramen und Komödien, Fabeln, Erzählungen,
Literaturkritik. Hrsg. der Werke von Lope de Vega, Tirso
de Molina, Ruiz de Alarcón, Calderón de la Barca in der
BAE. Übers. von Schillers Gedichten und den Fabeln Les-
sings.
Los amantes de Teruel (dt. *Die Liebenden von Teruel*; 1837).
Span. Pendant zum Romeo-und-Julia-Stoff: Die Liebenden
sind erst im Tod vereint. »Ein von leidenschaftlicher Liebe
erfülltes Drama, in dem die Liebe an keiner Stelle zu spüren
ist« (J. Cejador y Frauca). Vorherige Bearbeitungen des
Stoffs in Spanien bei Rey de Artieda (1581), Tirso de Molina,
Pérez de Montalbán (beide 1635) u. a. Insgesamt regte der
Stoff zu 6 Büchern Lyrik, 3 Prosaverarbeitungen und einer

Tragödie an. Bei H. scheint die lit. Quelle Boccaccios *Decamerone* (Girolamo und Salvestra, 4. Tag, 8. Novelle) gewesen zu sein.

Das in Teruel alljährlich am 14. Februar (Valentinstag) gefeierte hist. Ereignis bezieht sich auf eine alte *Copla*, nach der sich Juan Diego Martínez de Marcilla und Isabel Segura aus Teruel bis in den Tod liebten. Der arme Juan verliebte sich 1217 in die reiche Isabel, deren Vater die Hochzeit verweigert. Als Juan auf der Suche nach Reichtümern nach den versprochenen fünf Jahren nicht wiederkehrte, heiratete Isabel auf Drängen ihres Vaters einen ungeliebten Mann. Kurz danach kehrte Juan zurück. Als Isabel ihm einen Kuß verweigerte, sank er tot an ihrem Bettende nieder. Beim Begräbnis am anderen Tag gab Isabel voll Reue dem toten Geliebten einen Kuß. Tot brach sie über dem Sarg zusammen. Das Paar wurde im Tode vereint begraben.

Vor dem Mausoleum mit dem Sarkophag und den getrennten Marmorhänden der Liebenden, die der Bildhauer Juan de Ávalos schuf, defilieren traditionsgemäß Jungvermählte und Jungverliebte vorbei, um sich erschauernd ihrer eigenen Liebe zu vergewissern.

Ausg.: Los amantes de Teruel. Introduction, édition critique et synoptique précédées d'une étude sur le monde du théâtre à Madrid entre 1833 et 1850, Hrsg. J.-L. Picoche, 2 Bde., Paris 1970; Amantes de Teruel / La jura de Santa Gadea, Hrsg. A. Gil Albacete, CC 113; Fábulas, Hrsg. R. Navas Ruiz, CC 179.
Lit.: C. Iranzo, J. E. H., New York / Boston 1978.
Deutsch: Die Liebenden von Teruel, Übers. H. Schlegel, Zürich [o. J.].

Antonio García Gutiérrez (1813 Chiclana, Prov. Cádiz – 1884 Madrid). Unternahm zahlreiche Reisen in Lateinamerika und in Europa. Direktor des Archäologischen Nationalmuseums und der Nationalbibliothek. – Hist. Dramen: Venganza catalana, Juan Lorenzo u. a.
El trovador (dt. *Der Troubadour*; 1836). Spielt um politische Machtkämpfe und Liebesintrigen im 15. Jh. Quelle für Verdis Oper *Der Troubadour* (1853). – Auf die Uraufführung

dieses Werkes soll die Sitte zurückgehen, daß der Autor nach
Schluß des Stückes auf die Bühne gerufen wird, um den Beifall des Publikums entgegenzunehmen.

Ausg.: Venganza catalana / Juan Lorenzo, Hrsg. J. R. Lomba, CC 65.
Lit.: C. A. Regensburger, Über den *Trovador* des G. G., die Quelle von
Verdis Oper *Il Trovatore*, Berlin 1911; C. Iranzo, A. G. G., New
York / Boston 1980.

José Zorrilla y Moral (1817 Valladolid – 1893 Madrid). Seit
1846 in Frankreich, von 1855 bis 1866 in Mexiko Hofdichter
Kaiser Maximilians und Direktor des Nationaltheaters, danach mit Unterbrechungen als Redakteur in Spanien. Belieb-
tester Dichter seiner Zeit in Spanien und in Lateinamerika.
Von seinen Freunden auf der Alhambra 1889 zum Dichter
gekrönt. Sein Tod war für viele ein nationales Unglück. – Lyriker, Erzähler (volkstümliche Prosalegenden, z. B. *Marga-
rita la tornera*, Thema der sündigen Nonne), Dramatiker.
Don Juan Tenorio (dt. *Don Juan Tenorio*; 1844). Don-Juan-
Stoff nach Tirso de Molina. Dramaturgische Veränderungen
durch Einführung neuer Figuren: Doña Inés, Don Luis Mejía
(Gegenspieler Don Juans). Schlußszene: Rettung Don Juans
durch die Liebe einer Frau. Dieser realistisch-irdische Schluß
hebt das Stück von der transzendenten Auffassung Goethes
im *Faust* ab. Bewunderung Z.s für seinen Haupthelden. – Re-
pertoirestück in Spanien, das noch heute regelmäßig am
Allerseelentag aufgeführt wird. Trotz der Mängel (Häufung
grober Unwahrscheinlichkeiten, Überbetonung des Wun-
derbaren) ist das Titanische gelungen herausgearbeitet.

Ausg.: Poesías, Hrsg. N. Alonso Cortés, CC 63; Don Juan Tenorio, Hrsg.
J. L. Varela, CC 201.
Lit.: L. Díaz Viana, J. Z., Valladolid 1982; A. H. Lensing, J. Z.: a critical,
annotated bibliography, 1837–1985, Iowa City 1986; B. Kampel, Verfüh-
rer und Rebell. Zur romantischen Ausprägung der Don-Juan-Figur bei
Lenau und Z., in: GRM 37 (1987) 68–89.
Deutsch: Don Juan Tenorio, Übers. K. Thurmann, in: Von Liebe und Ehre
im span. Theater, Bonn 1988, S. 551–654 [Nachw. M. Franzbach].

47. Prosa

Costumbrismo

Lit. Richtung, welche die wirklichkeitsgetreue Darstellung von Gesellschaftsleben und Landeskolorit anstrebt. Aus nationaler (17. Jh.) und ausländischer (England, Frankreich) Tradition entstanden. Vorläufer des bürgerlichen Realismus und Naturalismus.

Lit.: J. Fernández Montesinos, Costumbrismo y novela. Ensayo sobre el redescubrimiento de la realidad española, Madrid ³1972; S. Kirkpatrick, The ideology of *Costumbrismo*, in: Ideologies and Literature 2 (1978) H. 7, 28–44.

Fernán Caballero, d. i. **Cecilia Böhl de Faber** (1796 Morges, Schweiz – 1877 Sevilla). Tochter des Hamburger Kaufmanns Böhl von Faber (1770–1836), der seit 1785 in Cádiz tätig war. Gutbürgerliche Erziehung in der Schweiz. Drei unglückliche Ehen. Leben in Andalusien, dessen Landschaft und Menschen sie in ihren Novellen und Romanen schildert.
La gaviota (dt. *Die Möwe*; 1849). Ursprünglich als Feuilletonroman erschienen. Doppelte Liebesgeschichte mit tragischem Ausgang. Der Deutsche Dr. Federico Stein verliebt sich in das andalusische Fischermädchen Marisalada (»die Möwe« wegen ihrer schrillen Stimme genannt), heiratet sie und muß sich von dem Madrider Torero Pepe Vera Hörner aufsetzen lassen. Stein emigriert aus Enttäuschung nach Lateinamerika und stirbt an Gelbfieber. Marisalada heiratet den Dorfbarbier. Handlungsrahmen zwischen 1836 und 1848. Im Vordergrund steht die Schilderung von Landschaft und Volksbräuchen. Melodramatische Überbetonung von Schuld und Sühne.
Cuadros de costumbres populares andaluzas (dt. *Volkstümliche andalusische Sittenbilder*; 1852). Volkskundliche Sammlung von Erzählungen. Beobachtungen, Stil und moralisierende Tendenz bereits realistisch, in der Stoffwahl noch romantisch. »In ihren Werken gibt es wirklich einen Patio,

der es nicht scheint, sondern den wir wirklich sehen, der
unsere Augen mit seinen Blumen erfreut, unsere Ohren mit
dem Murmeln des Wassers, mit dem Gackern der Hühner
und dem unschuldigen Geschwätz der Kinder« (Gräfin
Pardo Bazán).

Ausg.: Obras, BAE 136–140.
Lit.: T. Heinermann, Dichtung und Wahrheit in der *Gaviota* F. C.s, in:
RF 56 (1942) 313–324; J. Herrero, F. C.: Un nuevo planteamiento, Madrid
1963 (BRH II,71); J. L. Varela, F. C. y el Volksgeist, in: Arbor 97 (1977)
Nr. 379/380, 23–38.
Deutsch: Ausgewählte Werke, Übers. L. G. Lemcke, 8 Bde., Paderborn
²1865–66; Die Möve, Übers. H. Kundert, Zürich 1973; Arme Dolores.
Andalusische Erzählung, Übers. W. Lange, Leipzig ²1959 [Nachw. W.
Bahner].

Serafín Estébanez Calderón (1799 Málaga – 1867 Madrid).
Pseudonym »El Solitario«. Heiterer Darsteller des andalusischen Lebens im folkloristischen Sinne. *Escenas andaluzas*
(1847, seit 1831 ersch.). Schilderungen von Tänzen, Stier-
kämpfen, Jahrmärkten. Die *andaluzadas* von Figuren wie
Balbeja, Manolito Vázquez u. a. waren in ganz Spanien po-
pulär.

Ausg.: Obras completas, BAE 78, 79.
Lit.: A. Cánovas del Castillo, *El Solitario* y su tiempo. Biografía de don
S. E. C. y crítica de sus obras, 2 Bde., Madrid 1883.

Ramón de Mesonero Romanos (1803 Madrid – 1882 ebd.).
Moralisierender und satirischer Chronist der behaglichen
Biedermeierwelt des Madrider Bürgertums. *Panorama ma-
tritense* (1832–35), *Escenas matritenses* (1836–42), *Tipos y
caracteres* (1843–63). Flotte, witzige Reportagen mit belang-
loser Handlung, die als Vorläuferinnen des Realismus gelten.
Das beginnende industrielle Zeitalter und der Großstadt-
boom lassen den Autor zwischen Tradition und Fortschritt
schwanken.

Ausg.: Obras, BAE 199–202; Escenas matritenses, CA 283 [Auswahl].
Lit.: R. A. Curry, R. de M. R., Boston 1976; U. Laumeyer, Costumbrismo
und Stadtentwicklung: M. R. und Madrid, Frankfurt a. M. [u. a.] 1986.

Historischer Roman

Vorbilder waren Scott, Hugo, Dumas.

Enrique Gil y Carrasco (1815 Villafranca del Bierzo, Prov. León – 1846 Berlin). Gestorben in Berlin an Tuberkulose auf diplomatischer Mission, bei der er u. a. mit A. von Humboldt zusammentraf. Seine sterblichen Reste wurden in den 80er Jahren unseres Jh.s nach neunjährigen Verhandlungen mit den Behörden der damaligen DDR von Berlin in sein leonesisches Heimatdorf überführt!

El señor de Bembibre (dt. *Der Herr von Bembibre*; 1844). Legendäre Liebesgeschichte aus dem 14. Jh., zur Zeit des Verbots des Templerordens. Lyrische Naturschilderungen. Gilt mit Larras Roman *El doncel de Don Enrique* als bester Vertreter des hist. Romans im 19. Jh. in Spanien.

Ausg.: Obras completas, Hrsg. J. Campos, BAE 74.
Lit.: J.-L. Picoche, Un romántico español: E. G. y C., Madrid 1978 (BRH II,275).

Journalismus

Mariano José de Larra, Pseudonym **Fígaro** (1809 Madrid – 1837 ebd.). Sohn eines emigrierten Militärarztes im Heere Joseph Bonapartes (daher der Vorwurf, *afrancesado* zu sein). Erziehung in Bordeaux. Studien in Valladolid, Madrid, Valencia. Auslandsreisen nach Portugal, England, Belgien, Frankreich (Bekanntschaft mit Hugo und Dumas). Erschoß sich aus Liebeskummer (»der span. Werther«). – Angesehenster Journalist seiner Zeit. Pessimistische Analyse der span. Gesellschaft, bes. im Vergleich mit Frankreich. Als politischer Journalist liberal orientiert. Bedeutender Einfluß auf Vertreter der 98er Generation, vor allem Azorín. Berühmt wurde sein Satz: »In Madrid schreiben, heißt weinen«, für einen Schriftsteller, der in der Öffentlichkeit kein Echo zu finden glaubte. – Auch Dramatiker (*Macías*), Romancier und Übersetzer.

Artículos (dt. *Aufsätze*; 1832–37). Zeitkrit. Essays, in denen L. in der Tradition der Aufklärungsreformer Feijoo, Jovellanos u. a. die gesellschaftlich-politische Dekadenz Spaniens sarkastisch untersucht. Der vielgereiste Journalist sieht eine positive Änderung der Verhältnisse allein in einer fortschrittlichen Europäisierung des Landes.

Ausg.: Obras, Hrsg. C. Seco y Serrano, 4 Bde., BAE 127–130; Artículos y costumbres, Hrsg. J. R. Lomba, CC 45, 52, 77.

Lit.: J. Goytisolo, La actualidad de L., in: J. G., El furgón de cola, Paris 1967, S. 7–27; E. Konitzer, L. und der Costumbrismo, Meisenheim am Glan 1970; L. Lorenzo-Rivero, L.: lengua y estilo, Madrid 1977; J. L. Varela Iglesias, L. y España, Madrid 1983; S. Zantop, Zeitbilder, Geschichte und Lit. bei Heinrich Heine und M. J. de L., Bonn 1988.

B.

Realismus

48. Lyrik

Ramón de Campoamor (1817 Navia, Prov. Asturien – 1901 Madrid). Jurist. Staatsrat unter Alfons XII., der seine politischen und lit. Ideen sehr schätzte. – Lebensweisheiten in Versen. Allgemeines heutiges Urteil: oberflächlicher Popularphilosoph. Gehörte bis ins 20. Jh. zum Bildungskanon eines liberal-konservativen saturierten Bürgertums.

Doloras (dt. *Schmerzen*; 1845). Alltagswahrheiten in möglichst lapidarer Form. Der Reiz liegt in der schlichten Alltagssprache.

Los pequeños poemas (dt. *Die kleinen Gedichte*; 1871). – *Humoradas* (dt. *Witzige Einfälle*; 1886–88). Dichtungen in der Art des Aphorismus von zwei bis sechs Versen. Definition C.s: »¿Qué es humorada? Un rasgo intencionado. ¿Y dolora? Una humorada convertida en drama. ¿Y pequeño poema?

Una dolora amplificada« (»Was ist ein witziger Einfall? Ein beabsichtigter Zug. Und ein elegisches Klagelied? Ein in Drama verwandelter witziger Einfall. Und ein kleines Gedicht? Ein erweitertes elegisches Klagelied«).

Ausg.: Obras completas, Hrsg. M. González Serrano [u. a.], 8 Bde., Madrid 1901–03); Poesías, Hrsg. C. Rivas Cherif, CC 40.
Lit.: V. Gaos, La poética de C., Madrid ²1969 (BRH II,24); M. Sáenz, R. de C. Vida y obra, Río Piedras 1976.
Deutsch: Span. Gedichte, Übers. J. Mager, München 1961 [Ausw. *Doloras*].

Gaspar Núñez de Arce (1834 Valladolid – 1903 Madrid). Begann als Journalist. Später Zivilgouverneur von Barcelona und Kolonialminister (1883). Als hist. Dramatiker schwach, als Lyriker weniger durch den Inhalt als durch die Form seiner Gedichte bekannt.
Gritos del combate (dt. *Kampfschreie*; 1875). Lyriksammlung über politische, moralische und religiöse Zeitthemen. Objektivierte Dichtung ohne Erlebnischarakter. Rhetorisch schwungvolle Verse.

Ausg.: Obras escogidas, Madrid 1911.
Lit.: J. Romo Arregui, Vida, poesía y estilo de don G. N. de A., Madrid 1946 (RFE Beih. 34).

Rosalía de Castro (1837 Santiago de Compostela – 1885 Padrón, Prov. Galicien). Uneheliche Tochter einer verarmten Adligen und eines Priesters, worunter sie ihr ganzes Leben gelitten haben soll. Starb nach langer Krankheit an Krebs. – Lit. neu entdeckt von Azorín (1909).
Cantares gallegos (dt. *Galicische Gesänge*; 1863). – *Follas novas* (dt. *Neue Blätter*; 1880). – *En las orillas del Sar* (dt. *An den Ufern des Sar*; 1884). Das letzte Werk ist ihre einzige Lyriksammlung auf Span., während ihr übriges Œuvre auf Galicisch geschrieben ist. Pessimistisch-elegische, der portug. *saudade* verwandte Stimmung. in der Seelenlage Bécquer verwandt. Die metrischen Freiheiten erinnern bereits an R. Darío und den Modernismus.

Ausg.: Obras completas, Hrsg. V. García Martí, Madrid ²1982.
Lit.: D. Briesemeister, Die Dichtung der R. de C., München 1959; Actas
do Congreso internacional de estudios sobre R. de C. e o seu tempo,
3 Bde., Santiago de Compostela 1986; M. Mayoral, R. de C., Madrid ²1986
(BRH II,209); A. López / A. Pociña, R. de C. Documentación biográfica
crítica (1837–1990), 2 Bde., Madrid 1991 [reicht bis 1984].
Deutsch: An den Ufern des Sar. Gedichte, Übers. F. Vogelsang, Frankfurt a. M. 1991 [zweispr. Ausg.].

49. Drama

Zeit der *Alta Comedia*, Gesellschaftsdramen moralisierender
Tendenz; sorgfältige Dramaturgie im Gegensatz zum impro-
visierten romantischen Drama.

Ventura de la Vega (1807 Buenos Aires – 1865 Madrid).
Staats- und Universitätsämter in Spanien und in Paris. –
Lyriker und Dramatiker. Vorläufer der *Alta Comedia.*
El hombre de mundo (dt. *Der Weltmann*; 1845). Mißerfolg
eines Don Juan. Schlußsentenz: »Übergib tiefer Vergessen-
heit diese unselige Erfahrung: Es genügt nicht, schlecht zu
denken, um ein Weltmann zu sein.«

Ausg.: Obras escogidas, 2 Bde., Barcelona 1894–95.
Lit.: J. Montero Alonso, V. de la V., su vida y su tiempo, Madrid 1951.

Adelardo López de Ayala (1828 Guadalcanal, Prov. Sevilla – 1879 Madrid). Mehrmals Minister und Kongreßpräsi-
dent, zunächst Konservativer, später Liberaler. – Lyriker und
Dramatiker. Moralisch-hist. Dramen und Zeitstücke.
Consuelo (dt. *Consuelo*; 1878). Gesellschaftsstück. Konflikt
einer verwöhnten Frau zwischen zwei Männern: dem egoi-
stischen reichen Ricardo und dem aufrichtigen armen Fernando. Am Ende sieht sich Consuelo von ihrem Mann
Ricardo betrogen, von Fernando abgewiesen. – Das Stück
schildert das Luxusbedürfnis des neureichen Bürgertums der
siebziger Jahre. »Consuelo ist gar nicht schlecht, sie ist nur
verblendet« (L. de A.). Der lehrhafte Charakter des Stücks

richtete sich gegen den Utilitarismus des aufkommenden Industriezeitalters; er wird jedoch durch das romantische Pathos etwas unglaubwürdig.

Ausg.: Obras completas, Hrsg. J. M. Castro y Calvo, BAE 180–182.
Lit.: E. V. Coughlin, A. L. de A., New York / Boston 1977.

Manuel Tamayo y Baus (1829 Madrid – 1898 ebd.). Sohn eines Schauspielers. Direktor der Nationalbibliothek. – Spätromantisches Theater: *Juana de Arco* (1847) und *Angela* (1852) unter Einfluß von Schillers *Die Jungfrau von Orléans* (1801) bzw. *Kabale und Liebe* (1784); *Locura de amor* (1855), Geschichte Johannas der Wahnsinnigen (Mutter Karls V.) u. a. Realistisches Theater: *La bola de nieve* (1856), Eifersuchtstragödie u. a.

Un drama nuevo (dt. *Ein neues Drama*; 1867). Meisterwerk. Prosadrama, das zur Zeit Shakespeares spielt. – Der Schauspieler Yorick entdeckt im Spiel (»Theater auf dem Theater«), daß seine Frau ihn betrügt. Er tötet den Rivalen im Duell auf der Bühne.

Ausg.: Obras completas, Madrid 1947 [Vorw. A. Pidal y Mon].
Lit.: E. Schwarz, M. T. y B. and Schiller, in: CL 13 (1961) 123–137; G. Flynn, M. T. y B., New York 1973.

José Echegaray (1832 Madrid – 1916 ebd.). Prof. für Mathematik an der TH Madrid. Wirtschafts- und Finanzminister (1868–73). – Für sein umfangreiches Werk – rund 60 hist. Dramen und Gesellschaftsstücke – erhielt er 1904 mit dem provenzalischen Dichter F. Mistral zusammen den Nobelpreis für Lit. – Darstellung der menschlichen Leidenschaften. E.s Stücke haben alle eine These, die durch die Handlung logisch bewiesen wird. Einflüsse von Dumas, Ibsen (ab 1900), Björnson, Sudermann.

O locura o santidad (dt. *Wahnsinn oder Heiligkeit*; 1877). – *El gran galeoto* (dt. *Der große Kuppler*; 1881). Bekannteste, noch heute gespielte Stücke. Meist konstruierte Konflikte zwischen Ehre, Liebe und Eifersucht. »Wirklich dramatische und mitfühlende Situationen weiß E. darzustellen wie nur wenige, auch wenn er manchmal keinen Abstand zu den Mitteln (dem Unwahrscheinlichen, dem Übertriebenen, dem Extravaganten) nimmt« (J. Cejador).

Ausg.: Teatro escogido, Hrsg. A. Lázaro Ros, Madrid ⁵1964.
Lit.: J. Mathías, E., Madrid 1970; M. Esgueva, Bibliografía de J. de E., Madrid 1977.
Deutsch: Dramen, Übers. D. Deinhard / P. Lindau, Zürich 1974.

Volkstheater (*género chico*)

Dazu gehörten *sainetes, entremeses,* dazu im weitesten Sinne *zarzuelas* (Singspiele, Musicals). Noch heute beliebte Gattungen.

Ricardo de la Vega (1839–1910). Sohn von Ventura de la Vega.
La verbena de la Paloma o El boticario y las chulapas (1894). Vertonung von T. Bretón. Bis heute über 25 000 Aufführungen.

Lit.: M. Muñoz, Historia de la zarzuela y el género chico, Madrid 1946; J. Deleito y Piñuela, Origen y apogeo del *género chico,* Madrid 1949; P. Lozano Guirao, Vida y obras de R. de la V., Diss. Madrid 1959.

50. Roman

Der realistische Roman war ähnlich wie in Frankreich »Sprachrohr der Ideologie des progressiven Bürgertums« (M. Walter). Aufkommen des Feuilletonromans (Ayguals de Izco u. a.), der jedoch die Grenzen zwischen hoher und niederer Lit., welche die Klassengegensätze widerspiegeln, nicht abbauen konnte. Ausläufer des realistischen Regionalromans mit hohen Auflagenziffern bis ins 20. Jh., z. B. Ricardo León (1877–1943), Concha Espina (1869–1955) u. a.

Wenceslao Ayguals de Izco (1801) Barcelona – 1873 Madrid). Populärschriftsteller und Verleger. Der Feuilletonroman fand in der entstehenden Arbeiterschaft und im aufstrebenden Kleinbürgertum sein Lesepublikum. Unterschiede zwischen der span. *novela popular* und dem franz. Feuilletonroman in der Tradition von E. Sue (1804–57).

María la hija de un jornalero (dt. *Maria, die Tochter eines Tagelöhners*; 1845–46). Imitation im Stile Sues, aber bewußtere Verknüpfung humanistisch-revolutionärer Prinzipien wie Freiheit, Gleichheit, Brüderlichkeit, Fortschritt, Volkssouveränität, Eigentum u. a.

Lit.: I. M. Zavala, Socialismo y literatura: A. de I. y la novela española, in: RdO 80 (1969) 167–188; R. Benítez, Ideología del folletín español: W. A. de I. (1801–1873), Madrid 1979; R. Reglin, W. A. de I. Kleinbürgerliche Sozialkritik im Folletín-Roman des 19. Jh.s, Frankfurt a. M. 1983.

Juan Valera (1824 Cabra, Prov. Córdoba – 1905 Madrid). Aristokrat, Weltmann und Universalgeist. Diplomat in Neapel, Lissabon, Río de Janeiro, Dresden, Leningrad, Washington, Brüssel und Wien. Zahlreiche hohe Ehrenämter. – Anregender Literaturkritiker, der Darío den Weg nach Europa öffnete. Übersetzer, Lyriker, aber in erster Linie Romancier.

Pepita Jiménez (dt. *Pepita Jiménez*; 1874). Größtenteils in Form eines Briefromans. Der 22jährige Seminarist Luis de Vargas verliebt sich nach 12 Jahren Priesterseminar in die 20jährige Witwe Pepita Jiménez, die Verlobte seines Vaters in einem andalusischen Dorf, und heiratet sie nach schweren seelischen Konflikten. – Problem Priesterzölibat und Ehe in ländlichem Milieu. Gelungene psychologische Studie. Stilistisch Anklänge an die mystisch-asketische Sprache des 16. Jh.s. Teilweise Parodie des Wortschatzes der Seminaristen. Klischeehaftes Andalusienbild. Der antiklerikale Gehalt des Romans kostete V. noch 1893 den Botschafterposten beim Vatikan. – Verfilmung unter der Regie von E. Fernández, Mexiko 1945.

Ausg.: Obras completas, Hrsg. L. Araujo Costa, 2 Bde., Madrid ⁵1968; Pepita Jiménez, Hrsg. M. Azaña, CC 80.
Lit.: C. Bravo-Villasante, Pepita Jiménez, mujer actual, Madrid 1977; L. López Jiménez, El naturalismo y España. V. frente a Zola, Madrid 1977;

C. Martín Gaite, Introducción. Mi relectura de *Pepita Jiménez*, in: J. V.,
Pepita Jiménez, Madrid ⁴1980, S. 9–30; E. Rubio Cremades (Hrsg.), J. V.,
Madrid 1990 [Sammelbd.].
Deutsch: Pepita Jiménez, Übers. A. / F. Wahl, Zürich 1950; Chascarrillos
Andaluces. Andalusische Schnurren, Übers. S. Felkau, Illustrationen
J. Hirsch, München 1975 (dtv 1946) [zweispr. Ausg.]; u. a. Übers.

Pedro Antonio de Alarcón (1833 Guadix, Prov. Granada –
1891 Valdemoro bei Madrid). Autodidakt. Europareisen.
Parlamentsabgeordneter und Staatsrat. – Lyrik, Theater, Reisebeschreibungen, Kriegsschilderungen und moralisierende
Romane (*El escándalo, El niño de la bola, El capitán Veneno,
La pródiga* u. a.). Motto: Der Mensch als Einzelwesen kann
sich nicht gegen die Gesellschaft stellen.
El sombrero de tres picos (dt. *Der Dreispitz*; 1874). Humorvolle Erzählung mit tragischen Akzenten vom alten Corregidor (Bürgermeister) Don Eugenio, welcher der schönen ver-
heirateten Müllerin Doña Frasquita nachstellt, die aber ihre
Ehre in den heikelsten Situationen bis zum glücklichen Ende
bewahrt. – Die Gräfin Pardo Bazán nannte diese Geschichte
»Königin der span. Erzählungen«. »Indem A. das Ganze
moralisiert, veredelt er die kommende Fabel und macht sie
unwahrscheinlich« (J. Valera). Als Libretto für eine Oper in
4 Akten vertont von Hugo Wolf (*Corregidor*, 1896), gleichnamiges Ballett von Manuel de Falla (1919). Verfilmungen
von M. Camerini (Italien 1934) und L. Klimovsky (Spa-
nien/Frankreich 1954).

Ausg.: Obras completas, 19 Bde., Madrid 1881–1928; El escándalo, Hrsg.
M. Baquero Goyanes, CC 177, 178.
Lit.: J. Fernández Montesinos, P. A. de A., Zaragoza ²1977.
Deutsch: Der Dreispitz, Übers. H. Meister, hrsg. von E. Brandenberger,
RUB 2144; Der Nagel. Ein berühmter Fall, Übers. S. Felkau, München
1975 (dtv 9099) [zweispr. Ausg.]; Der Freund des Todes, Übers.
A. Schmitt, Stuttgart 1983 [Vorw. J. L. Borges]; Meistererzählungen,
Übers. G. Spranger, Zürich 1988 [Nachw. W. Bahner]; u. a. Übers.

José María de Pereda (1833 Polanco, Prov. Santander – 1906
Santander). Verbrachte fast sein ganzes Leben in seiner Heimat Santander. – Gegenpol zu Valera, mied die große Welt.

Unerschütterlicher Traditionalist. Thron und Altar verdichteten sich bei ihm zu Karlismus und Klerikalismus. Stellte die Dinge dar, wie sie seiner Meinung nach waren; Valera dagegen, wie sie sein könnten. Dreigliederung seines Werks:

1. Heimatbilder (cuadros de costumbres): *Escenas montañesas* (1864), *Tipos y paisajes* (1871) u. a.
2. Tendenzromane (novelas de tesis): *Don Gonzalo González de la Gonzalera* (1879), politischer Roman, Schilderung der aufgeplustert lächerlichen Liberalen u. a.
3. Regionalromane: mit Meer und Gebirge im Mittelpunkt, wichtigste Gruppe.

Sotileza (dt. *Sotileza*; 1885). »Epos der kantabrischen Küste«. Leben der Fischer von Santander. Lebendige Hauptfigur des Fischermädchens Sotileza. Dieser Spitzname bedeutet eigtl. »dünnster Teil der Angelschnur«, welcher der Kühle des Wassers am meisten ausgesetzt ist; bezeichnet zugleich Zartheit und Gefühlskälte.

Peñas arriba (dt. *Hoch in den Felsen*; 1895). Handlungsfaden nur Vorwand für Schilderungen des kantabrischen Küstengebirges und seiner Bewohner. Viele Dialektausdrücke. Der alte Gegensatz zwischen scheinbar verweichlichendem Stadt- und angeblich patriarchalischem Landleben, zwischen angenommener Auflösung und Ordnung findet hier in katholisch-konservativer Ideologie seine Neuauflage.

Ausg.: Obras completas, 2 Bde., Madrid ²1965–1974 [Vorw. J. M. de Cossío]; Pedro Sánchez, Hrsg. J. M. de Cossío, CC 144, 145.
Lit.: K. Siebert, Die Naturschilderungen in P.s Romanen, Hamburg 1932; A. H. Clarke, Manual de bibliografía perediana, Santander 1974; J. M. González Herrán, La obra de P. ante la crítica de su tiempo, Santander 1983.
Deutsch: Sotileza, das Fischermädchen von Santander, Übers. A. Voigt, Reutlingen ²1924; Das Erbe von Tablanca (Peñas arriba), Übers. G. von Uslar, Berlin 1950.

Benito Pérez Galdós (1843 Las Palmas – 1920 Madrid). Jurastudium in Madrid, wo er sich – von gelegentlichen Auslandsreisen abgesehen – lebenslang niederließ. – Literarisch in allen Gattungen produktiv. Schrieb 76 Romane und 25 Theaterstücke. Hist.-politische Romane, religiöse Thesenromane (Konflikt Fanatismus und Toleranz u. a.), sentimentale Romane (*Marianela*, tragische Liebesgeschichte), Beobachtungsstudien. – Über P. G.s letzten Lebensabschnitt schrieb der Kritiker Andrenio (d. i. E. Gómez de Baquero): »Wenn er bei der Premiere seiner Stücke auf die Bühne kam und wir sahen, wie er sich mit den unbeholfenen Schritten der Blinden zögernd der Rampe näherte, fühlten wir eine heftige, hist. Erregung. Der Schatten Homers neigte sich unter dem Beifall des Volkes auf unsere prosaische, kleine Theaterwelt herab.« Buñuel verfilmte seine Romane *Nazarín* und *Tristana*, Z. Gómez Urquiza *Misericordia* (Mexiko 1952), J. Porter *Marianela* (Argentinien 1955).

Episodios nacionales (dt. *Nationale Episoden*; 1873–1912). Gigantischer, unvollendeter Romanzyklus von 46 Werken in fünf Serien. Schildert die hist. Ereignisse des Unabhängigkeitskriegs gegen die Franzosen, die Regierungszeit Ferdinands VII., den ersten Karlistenkrieg, die Regierungszeit Isabellas II., das Scheitern der I. Republik und die Restauration durch Alfons XII. – Pessimistische Geschichtsauffassung. P. G. faßte den Zyklus auf als Mittel politischer Erziehung zu nationaler Selbstkritik und zu Patriotismus. Vorbilder: Scott, Hugo, Erckmann und Chatrian. – Schriftliche, mündliche und autobiogr. Quellen, deren Umfang noch umstritten ist.

Tristana (dt. *Tristana*; 1892). Dreiecksgeschichte um die junge Waise Tristana, einen alternden Bonvivant und einen armen jungen Maler. Verfilmung durch Buñuel (1970), vgl. H.-J. Neuschäfer, in: F. J. Albersmeier / V. Roloff (Hrsg.), Literaturverfilmungen, Frankfurt a. M. 1989, S. 505 bis 521.

Ausg.: Obras completas, Hrsg. F. C. Sáinz de Robles, 6 Bde., Madrid [12]1970.

Lit.: Anales Galdosianos, Austin/Texas bzw. Pittsburgh/Pennsylvania 1966 ff.; H. Hinterhäuser, Die *Episodios Nacionales* von B. P. G., Hamburg 1961 [verb. span. Übers. Madrid 1963; BRH II,70]; J. Fernández

Montesinos, G., 4 Bde., Madrid 1968–73; J. Rodríguez Puértolas, G.: burguesía y revolución, Madrid 1975; C. Menéndez Onrubia, Introducción al teatro de B. P. G., Madrid 1983; D. J. Montero-Paulson, La jerarquía femenina en la obra de G., Madrid 1988.
Deutsch: Amigo Manso, Übers. K. Kuhn, Berlin / Weimar 1983; Fortunata und Jacinta, Übers. K. Kuhn, Zürich ²1983 [Nachw. A. Steiger]; Miau, Übers. W. Muster, Frankfurt a. M. ²1983; Tristana, Übers. E. Pfeiffer, Frankfurt a. M. 1988; Doña Perfecta, Übers. E. Hartmann, München 1989; u. a. Übers.

Armando Palacio Valdés (1853 Entralgo, Prov. Asturien – 1938 Madrid). Optimistisch-humorvolle Lebensschau in der Tradition Dickens'. Umfangreiches Roman- und Erzählwerk.
La hermana San Sulpicio (dt. *Die Schwester San Sulpicio*; 1889). Andalusischer Liebesroman mit glücklichem Ausgang. Gelungene Frauenfigur der schönen und unruhigen Sevillanerin Gloria.

Ausg.: Obras selectas, Hrsg. J. de Entrambasaguas, 2 Bde., Barcelona 1963.
Lit.: G. Gómez-Ferrer, P. V. y el mundo social de la Restauración, Oviedo 1983.
Deutsch: Die Andalusierin, Übers. G. Wolf / H. König, München 1955.

C.

Naturalismus

51. Charakteristik der Bewegung in Spanien

Einfluß des franz. Naturalismus in Spanien etwa seit 1875 (Zola, Brüder Goncourt, Daudet, Maupassant). Im span. Naturalismus fehlt die strikte Anwendung wiss.-analytischer Methoden (râce, milieu, moment). Dafür treten gefühlsbetonte, subjektive Elemente und der katholische Glaube hinzu. Geringere Bedeutung der sozialen Frage als lit. Thema. »In Spanien kann, trotz beachtlicher Ansätze in Katalonien und im Baskenland, im 19. Jh. von einer industriellen Revolution noch nicht die Rede sein […]. Die soziale Frage, gar die Frage nach der Befreiung des Vierten Standes, konnte sich, wenigstens als zentrales Problem, in einer Zeit noch nicht stellen, wo das liberale Bürgertum selbst noch dabei war, sich in der Auseinandersetzung mit den konservativen Kräften von Adel, Thron und Kirche zu emanzipieren« (H.-J. Neuschäfer, Der Naturalismus in der Romania, Wiesbaden 1978, S. 60 f.).

Lit.: W. T. Pattison, El naturalismo español (Historia externa de un movimiento literario, Madrid ²1969 (BRH II,86); B. Ciplijauskaité, La mujer insatisfecha. El adulterio en la novela realista, Barcelona 1984; Y. Lissorgues (Hrsg.), Realismo y naturalismo en España en la segunda mitad del siglo XIX, Toulouse / Barcelona 1988.

52. Roman

Emilia Pardo Bazán (1851 La Coruña – 1921 Madrid). Einzige Tochter des Grafen P. B. Auslandsreisen nach Frankreich, Belgien, England, Italien und Österreich. Seit 1916 Lehrstuhl für romanische Lit. an der Zentraluniversität in Madrid. – Umfangreiches Erzählwerk, Literaturkritik, Lyrik und Dramatik.
La cuestión palpitante (dt. *Die brennende Frage*; 1883). Polemisches Manifest des span. Naturalismus. Wichtig für die ästhetischen Anschauungen der Autorin auch die Vorworte zu *Un viaje de novios* (1881) und *La tribuna* (1882). Verurteilung des Determinismus, Materialismus und Utilitarismus Zolas als zu fatalistisch aus katholischer Perspektive. Die Stoffwelt müsse immer Hand in Hand mit der geistigen gehen. – Hauptopponent J. Valera, *Apuntes sobre el nuevo arte de escribir novelas*. Spätere Äußerung der Gräfin P. B.: »Jeder der meine krit. Aufsätze liest, wird verstehen, daß ich weder Idealistin noch Realistin noch Naturalistin, sondern Eklektikerin bin.«

Las pazos de Ulloa (dt. *Das Gut Ulloa*; 1886). Dekadenz einer galicischen Adelsfamilie. Schilderung am Beispiel des letzten Nachkommen Don Pedro, der in geistiger und sittlicher Zügellosigkeit immer mehr verkommt.

La madre naturaleza (dt. *Mutter Natur*; 1887). Fortsetzung des vorigen Romans. Geschichte der beiden Kinder Don Pedros. Als Perucho und Manuela einander heiraten wollen, wird ihnen eröffnet, daß sie Stiefgeschwister sind. Das Mädchen geht ins Kloster, der junge Mann zieht entmutigt nach Madrid.

Ausg.: Obras completas, Hrsg. F. C. Sáinz de Robles [u. a.], 3 Bde., Madrid 1973.
Lit.: F. J. Barroso, El naturalismo en la P. B., Madrid 1973; T. A. Cook, El feminismo en la novela de la condesa de P. B., La Coruña 1976; N. Clemessy, E. P. B. como novelista (de la teoría a la práctica), Madrid 1981; P. González Martínez, Aporías de una mujer: E. P. B., Madrid 1988; A. R. Rodríguez, La cuestión feminista en los ensayos de E. P. B., Madrid 1991.

Clarín, d. i. **Leopoldo Alas** (1852 Zamora – 1901 Oviedo). Prof. für Römisches Recht und Wirtschaftspolitik in Oviedo. – Romancier und Erzähler unter Einfluß Zolas. Der beste und gefürchtetste Literaturkritiker seiner Zeit, dessen Rezensionen wegen ihres geistreichen Scharfsinns und Witzes in ganz Spanien und Lateinamerika gelesen wurden. – Fast unbekanntes lit. Werk: Theaterstück *Teresa* (1895), Roman *Su único hijo* (1891), zwei Bde. Erzählungen.

La Regenta (dt. *Die Präsidentin*; 1884–85). Häufig mit G. Flaubert, *Madame Bovary* (1857 Buchausg.), und Th. Fontane, *Effi Briest* (1894–95), verglichen. – In der Stadt Vetusta (= Oviedo) heiratet die junge, hübsche, aber verarmte Ana de Ozores (27 Jahre) den honorigen Gerichtspräsidenten (Regente) Don Víctor de Quintanar. Im Mief der span. Provinzhauptstadt (»La heroica ciudad dormía la siesta«) stößt sie sehr schnell an die konventionellen Schranken ihrer Klasse, dem Adel und der Kirche, verkörpert im Kanonikus Don Fermín de Pas. Die Monotonie von Milieu und Ehe lassen sie zur

religiösen Schwärmerin (beata) werden. Das Dreiecksspiel
zwischen Doña Ana, dem ungeliebten Mann und dem Verführ-
rer Don Alvaro Mesía endet mit dem Duelltod Don Víctors.
Mesía flieht nach Madrid; Ana wird geächtet.
C. ist »in Spanien der erste lit. Anwalt des Feminismus«
(F. R. Fries). Der Bischof von Oviedo wetterte in einem Hir-
tenbrief gegen diesen lasterhaften Roman, der in der Gegenwart – nicht zuletzt durch die Verfilmung von G. Suárez
(1974) – eine Renaissance erlebt hat. Die vielzitierte Einordnung zwischen Flaubert und Zola muß bei der Interpretation
jedes Einzelphänomens präzisiert werden, um die Originalität C.s herauszuarbeiten.

Ausg.: Obras, Hrsg. J. M. Martínez Cachero, 2 Bde., Barcelona [2]1967; C.
político, Hrsg. Y. Lissorgues, 2 Bde., Barcelona 1989.
Lit.: J. Bécarud, *La Regenta* de »C.« y la Restauración, Madrid 1964;
H.-P. Endress, *La regenta* von L. A. C. und *Madame Bovary*: Von der An-
klage des Plagiats zum Nachweis der Originalität, in: Beiträge zur ver-
gleichenden Literaturgeschichte. Festschrift für K. Wais, Tübingen 1972,
S. 225–246; G. Sobejano, C. en su obra ejemplar, Madrid 1985; D. Torres,
Studies on C.: an annotated bibliography, Metuchen (N. J.) / London 1987.
Deutsch: Die Präsidentin, Übers. E. Hartmann, Frankfurt a. M. [2]1987
[Nachw. F. R. Fries]; Der Rabe und andere Erzählungen, Übers. M. Bosse,
Frankfurt a. M. 1991; u. a. Übers.

Felipe Trigo (1864 Villanueva de la Serena, Prov. Badajoz – 1916 Madrid, Selbstmord). Gilt als Vater des span. erotischen Romans als Protest gegen bestimmte katholisch-
monarchistische, heuchlerische Moralstrukturen der Zeit vor
dem I. Weltkrieg. Seine Auffassung von der »freien Liebe«
erregte als Folie seiner Romane damals großen Skandal und
wurde von der Forschung erst in jüngster Zeit sensibler beurteilt. Sein Werk enthält wichtiges kulturhist. Material, das
erst im Ansatz ausgeschöpft ist. Aber auch ästhetische, lite-
ratursoziologische und gattungstheoretische Probleme können hier exemplarisch studiert werden.
Sein ethisches und ästhetisches Glaubensbekenntnis steht
in den beiden Büchern *Socialismo individualista* (1920) und
El amor en la vida ([5]1920): »Die Liebe ist eine Funktion aller

Funktionen, die mit dem ganzen Leben verschmilzt.« Einflüsse von Nietzsche, Fourier u. a. sind bei diesem eigenwilligen Eklektiker nachweisbar.

La sed de amar (dt. *Der Durst nach Liebe*; 1903). Viele Menschen sehnen sich aus dem Wunsch nach Liebe und Wärme und – abgestoßen von der Perversion der Liebe in der gegenwärtigen Welt – nach der »wahren und edlen Liebe«. Im Mittelpunkt der Handlung steht die »éducation sentimentale« eines jungen Mannes, die mit deprimierenden sexuellen Erfahrungen endet. Obwohl der Donjuanismus vom Autor kritisiert wird, erliegen die männlichen Hauptfiguren dieser vererbungs- und milieubedingten Eigenschaft. Die weiblichen Archetypen schwanken zwischen den Extremen des »Weibchens« (Dummchen, Prostituierte, unterdrückte und frustrierte Hausfrauen) und der idealen, emanzipierten Frau, die durch Liebe und Arbeit gleichberechtigt neben dem Mann steht.

Lit.: A. Martínez San Martín, La narrativa de F. T., Madrid 1983.

Vicente Blasco Ibáñez (1867 Valencia – 1928 Menton, Côte d'Azur). Seine Tätigkeit als Rechtsanwalt und Journalist und seine engagiert republikanische Haltung (1904–07 Parlamentsabgeordneter) trugen ihm wiederholt Verhaftungen und Prozesse ein, so daß er zeitweise nach Frankreich, Italien und Lateinamerika ins Exil gehen mußte. – Sein vielgelesenes Romanwerk, das wegen seiner dramatischen Stoffe in zahlreiche Sprachen übersetzt und mehrfach verfilmt wurde, hat unter dem Einfluß des franz. Naturalismus im Banne Zolas zu einer spezifisch span. Gattung des sozialkrit. Romans geführt. Im Mittelpunkt stand die Darstellung gesellschaftlicher Widersprüche der bürgerlichen Gesellschaft, wobei B. I. von unterschiedlichen politischen Standpunkten (Sozialismus, Anarchismus, Sozialutopien) ausging, was eine differenzierte Analyse seiner Werke erfordert.

La barraca (dt. *Die Scholle*; 1899). Bauernroman mit tragischem Ausgang. Der zähe und tatkräftige Battiste Borull, ein

typischer »Mann der Aktion« im Sinne von B. I., wird mit
seiner Familie von den benachbarten Bauern schikaniert,
weil er es wagte, in eine verfemte Bauernhütte zu ziehen. –
Kampf zwischen Aberglauben und Aufklärung, zwischen
Individuum und Masse. Als thematisches Vorbild galt Zolas
La terre (1887), jedoch sind bereits in diesem frühen Werk
des Spaniers Charaktere und Handlung weitgehend frei vom
Einfluß des franz. Naturalismus.

Cañas y barro (dt. *Rohr und Schlamm*; 1902). Düstere Darstellung einer tragischen Leidenschaft zwischen dem Fi-
schersohn Tonet und der Witwe Neleta, die durch das Testament ihres Mannes, eines Gastwirts, über dessen Tod zur
Ehelosigkeit verpflichtet ist.

Sangre y arena (1908). Stierkampfroman mit tragischem
Ausgang.

Auszug:

> Ohne Gebrauch von der Muleta zu machen, ging der
> Torero, das scharlachrote Tuch zu Boden gesenkt, bis
> dicht vor den Stier – bis den Degen in Augenhöhe.
> Zwischen die Hörner mit dem Arm! [...] Die Plaza
> stand auf. Sekundenlang bildeten Mensch und Tier eine
> einzige Masse und rückten so noch einige Meter weiter.
> Hände hoben sich, um Beifall zu klatschen: ein unüber-
> trefflicher Stich! [...] Doch plötzlich sauste der Mensch
> wie eine Kugel aus den Hörnern heraus und rollte über
> den Sand. Den mächtigen Schädel gesenkt, spießte der
> Toro den regungslosen Körper auf, warf ihn fort und
> raste mit der bis zum Griff versenkten Klinge noch ein
> Stück weiter.
> Schwerfällig erhob sich Gallardo, erschüttert von einem
> betäubenden Beifallssturm, mit dem die Plaza ihre Unge-
> rechtigkeit wieder gutmachen wollte. »Olé, der Knabe
> von Sevilla! [...] Olé, die Männer von Mut!«
> Aber der Torero gab auf diese enthusiastischen Aus-
> brüche keine Antwort. Er hatte die Hände an den Leib
> gelegt und beugte, wie von Schmerzen gekrümmt, den
> Rücken. Mit gesenktem Kopf und schwankenden Beinen

ging er zum Tor. Zweimal blickte er auf, um die Richtung einzuhalten, als fürchtete er, bei den betrunkenen Zickzacks seiner Schritte die Tür zu verfehlen. Und plötzlich fiel er, eine zusammengerollte Riesenraupe von Seide und Gold, zu Boden.

Vier Peones hoben ihn ungeschickt auf, während der Nacional den gelblichen Kopf stützte, dessen Augen durch die halbgeschlossenen Lider so seltsam glasig schimmerten.

Im Publikum wurde es still. Fragend sah man sich an. Doch bald zirkulierten optimistische Nachrichten – diese anonymen Gerüchte, die jeder ohne Prüfung aufnimmt und die in gewissen Momenten die Masse entflammen oder lähmen.

Nichts von Bedeutung, ein Hornstoß gegen den Unterleib ... aber kein Blut! [...]

Gallardos Körper lag mit schwer herunterhängenden Armen auf einem Bett im Verbandzimmer, und zum ersten Mal verlor der Nacional, der den Matador so oft schon ungedeckt gesehen hatte, seine Kaltblütigkeit. Diese grünliche Blässe, diese Starre flößten ihm Angst ein.

Blutige Arena, Hamburg: Toth, 1951, S. 280–282.

Los cuatro jinetes del Apocalipsis (1916). – *Mare Nostrum* (1917). Deutschlandkrit. Werke, in denen allenfalls das Talent zu breit entfalteten Kriegstableaus hervorzuheben ist.

Ausg.: Obras completas, 40 Bde., Valencia 1923–34.
Lit.: A. Domínguez Barberá, El tradicionalismo de un republicano. V. B. I., 3 Bde., Sevilla 1962; P. Smith, V. B. I. An annotated bibliography, London 1976; J. L. León Roca, V. B. I., Valencia [4]1990.
Deutsch: Geschichten von armen Leuten, Übers. F. Bralitz, Ebenhausen 1958 [zweispr. Ausg.]; Doppeltreffer, Übers. F. Bralitz, München [2]1980 [zweispr. Ausg.]; Blutige Arena, Übers. O. A. van Bebber, Reinbek bei Hamburg 1988; Sumpffieber, Übers. O. A. van Bebber, Reinbek bei Hamburg 1989; u. a. Übers.

53. Kulturkritik, Philologie und Literaturkritik

Diskussion über die geistig-politische Erneuerung Spaniens: *casticismo* (Erneuerung aus dem eigenen Geist) oder *europeización* (Erneuerung durch Übernahme europäischen Gedankenguts). Vorbereitung der Ideen der *Generation von 1898*.

Fortschrittliche Liberale

Emilio Castelar (1832 Cádiz – 1899 San Pedro del Pinatar bei Murcia). Wortgewaltiger Vertreter des Liberalismus republikanischer Färbung. *Discursos parlamentarios y políticos en la Restauración* (1871–73).

Ausg.: Discursos y ensayos, Hrsg. J. García Mercadal, Madrid 1964.
Lit.: B. Jarnés, C. Hombre del Sinaí, Madrid 1971.

Francisco Giner de los Ríos (1839 Ronda – 1915 Madrid). Unterrichtsreformer. Bedeutender Mitbegründer der *Institución Libre de Enseñanza* (1876), die gegen das Bildungsmonopol der Kirche antrat und die bis zur II. Republik liberales Gedankengut in Spanien verbreitete. Schüler von Julián Sanz del Río (1814–69), der nach seinem Studienaufenthalt in Heidelberg die panentheistischen Ideen (»das All ist in Gott, ohne in ihm aufzugehen«) des Fichte- und Schelling-Schülers Karl Christian Friedrich Krause (1781–1832) in Spanien verbreitete (*krausismo*). Die span. Intelligenz, vom Primat des Menschen durchdrungen, war sehr von der Idee eines persönlichen Gottes (*deus praesens*) in dieser Lehre beeindruckt. Der *krausismo* befreite Spanien aus den Fesseln der Scholastik und wirkte auch einflußreich auf das Erziehungswesen, die Philosophie und die politische Aktion in Lateinamerika.

Lit. (krausismo): J. López Morillas, El krausismo español. Perfil de una aventura intelectual, México ²1980; R. García Mateo, Das dt. Denken und das moderne Spanien. Panentheismus als Wissenschaftssystem bei Karl Chr. F. Krause. Seine Interpretation und Wirkungsgeschichte in Spanien. Der span. Krausismus, Frankfurt a. M. / Bern 1982; K.-M. Kodalle (Hrsg.), Karl Christian Friedrich Krause (1781–1832). Studien zu seiner Philosophie und zum Krausismo, Hamburg 1985; J. López Morillas, Racionalismo pragmático. El pensamiento de F. G. de los R., Madrid 1988; G. Maihold, El krausismo en América Latina: ¿Aventura o ejercicio intelectual? In: H. Cerutti Guldberg / M. Rodríguez Lapuente (Hrsg.), Arturo Andrés Roig. Filósofo e historiador de las ideas, Guadalajara (México) 1989, S. 213–235.

Joaquín Costa (1846 Graus, Huesca – 1911 Madrid). Aragonese. Leidenschaftlicher Patriot. Vielseitiger Praktiker und Theoretiker auf allen Gebieten, z. B. Reformer des Agrarsystems. Sein kämpferischer Leitspruch: »Hay que cerrar con siete llaves el sepulcro del Cid« (»Man muß das Grab des Cid mit sieben Schlüsseln verschließen«), symbolisch für die Haltung der fortschrittlichen Liberalen: nicht rückwärts auf die Tradition, sondern vorwärts in die Zukunft sehen! Einfluß seiner Ideen bis Ortega y Gasset.

Ausg.: Obras completas, 21 Bde., Huesca 1911–24.
Lit.: E. Tierno Galván, C. y el regeneracionismo, Barcelona 1961 [Standardwerk]; R. Pérez de la Dehesa, El pensamiento de C. y su influencia en el 98, Madrid 1966; M. Tuñón de Lara, Costa y Unamuno en la crisis fin de siglo, Madrid 1974; J. Maurice / C. Serrano, J. C.: Crisis de la restauración y populismo (1875–1911), Madrid 1977.

Ángel Ganivet (1865 Granada – 1898 Riga, Selbstmord in der Düna). Konsul in Antwerpen, Helsinki und Riga. – Gesellschaftskrit. Romancier, Kulturphilosoph und Literaturkritiker.
Idearium español (dt. *Spaniens Weltanschauung und Weltstellung*; 1897). Bibel der *Generation von 1898*. Dreiteiliger Essay. Hist. Grundzüge des span. Wesens: Stoizismus in der Tradition Senecas, christliche und arabische Einflüsse. Abulie (Willensschwäche) als hauptsächliches Krankheitssymptom Spaniens; daher Hinwendung zu der Willensmetaphysik Nietzsches. Erneuerung aus eigenem Geist; Abwandlung des Augustin-Wortes: »Noli foras ire; in interiore Hispaniae

habitat veritas« (»Geh nicht nach draußen; im Innern Spaniens wohnt die Wahrheit«).

Ausg.: Obras completas, 10 Bde., Madrid 1923–30.
Lit.: H. Ramsden, A. G.s Idearium Español. A critical study, Manchester 1967; A. Espina, G. El hombre y la obra, Madrid⁴1972; A. Gallego Morell, A. G. El excéntrico del 98, Madrid²1974.
Deutsch: Spaniens Weltanschauung und Weltstellung, Übers. A. Haas, München 1921.

Katholische Traditionalisten

Juan Donoso Cortés (Marqués de Valdegamas) (1809 Valle de la Serena, Prov. Badajoz – 1853 Paris). Journalist und Politiker. Span. Gesandter in Berlin (1849).

Ensayo sobre el catolicismo, el liberalismo y el socialismo, considerados en sus principios fundamentales (dt. *Essay über den Katholizismus, den Liberalismus und den Sozialismus unter Berücksichtigung ihrer Grundprinzipien;* 1851). Verteidigung des Katholizismus und der Staatsidee. Gegenschrift zu P.-J. Proudhon *Qu'est-ce que la propriété* (1840), in dem revolutionäre Ideen wie z. B. Einschränkung der Staatsgewalt zugunsten der individuellen Freiheit vertreten wurden. Skeptische Haltung gegenüber dem Liberalismus bei der Lösung politischer Probleme. Das Fehlen einer politischen These schwächt die Dialektik dieses Essays. Nach Erscheinen der franz. Übers. heftige Polemiken in Spanien (J. Valera) und im Ausland. »Schärfster Angriff des europäisch-gegenrevolutionären Denkens katholischer Deszendenz gegen den doktrinären Liberalismus und den frühen, noch nicht marxistischen Sozialismus« (E. Schramm).

Ausg.: Obras completas, Hrsg. C. Valverde, 2 Bde., Madrid 1970.
Lit.: E. Schramm, D. C. Leben und Werk eines span. Antiliberalen, Hamburg 1935 [span. Übers. Madrid 1936]; C. Schmitt, D. C. in gesamteuropäischer Interpretation. Vier Aufsätze, Köln 1950 [span. Übers. Madrid 1952]; J. M. Beneyto, Apokalypse der Moderne. Die Diktaturtheorie von D. C., Stuttgart 1988.
Deutsch: Versuch über den Katholizismus, den Liberalismus und Sozialismus, Übers. C. B. Reiching, Tübingen 1854; Der Staat Gottes, Übers. L. Fischer, Darmstadt²1966.

Jaime Balmes (1810 Vic – 1848 ebd.). Theologe, Philosoph, Publizist (Gegner Larras). Vertrat Weltanschauung der konservativen Regierung.
El protestantismo comparado con el catolicismo en sus relaciones con la civilización europea (dt. *Der Protestantismus verglichen mit dem Katholizismus in Beziehung zur europäischen Kultur*; 1842–44). Temperamentvolle Antwort auf G. Guizot, *Histoire de la civilisation en France* (1829–32). Kulturmission der katholischen Kirche. Als Dokument des späten Gegenreformatismus und der restaurativen Tendenzen in ganz Europa ist die Schrift heute nur noch wegen ihrer Kulturstereotypen interessant. Übers. in alle Weltsprachen.

Ausg.: Obras completas, BAC 33, 37, 42, 48, 51, 52, 57, 66.
Lit.: M. Schlüter-Hermkes, Die Philosophie des J. B. und ihr Zusammenhang mit der übrigen europäischen Philosophie, in: SpFdGG 2 (1929) 229–275; M. Fraga Iribarne, B., fundador de la sociología positiva en España, Vich 1955.
Deutsch: Protestantismus und Katholizismus in ihren Beziehungen zur europäischen Civilisation, Übers. T. F. Haas, 2 Bde., Regensburg 1888.

Philologie und Literaturkritik

Marcelino Menéndez (y) Pelayo (1856 Santander – 1912 ebd.). Fruchtbarer Universalgelehrter (*polígrafo*). Studium in Barcelona; wurde stark beeinflußt durch den bedeutenden katalan. Gelehrten Milà i Fontanals, der in Madrid und in Valladolid tätig war. Auslandsreisen nach Portugal, Italien und Frankreich. Universitätsprofessor (1878–98). Später Direktor der Nationalbibliothek in Madrid. – Umfangreiches philologisches Werk im Dienste der Verteidigung der Kulturwerte seines Landes. Übers. antiker Autoren, Hrsg. und Kommentator der Werke Lope de Vegas u. v. a.
Historia de los heterodoxos españoles (dt. *Geschichte der spanischen Heterodoxen*; 1880–82, erw. 1911–32 postum). Zwiespalt zwischen Glauben und Wissenschaft an ausge-

wählten Beispielen. Als ultramontane Kampfschrift heute nur noch wegen der Materialfülle interessant.

Historia de las ideas estéticas en España (dt. *Geschichte des ästhetischen Denkens in Spanien*; 1883–91). Vergleichende Geschichte der europäischen Ästhetik seit Platon.

Orígenes de la novela (dt. *Ursprünge des Romans*; 1905–10). Gattungsgeschichte des Romans bis zum 16. Jh.

Seine bedeutendsten Schüler:

M. Menéndez Pidal (1869–1968), Begründer der systematischen span. Philologie; A. Bonilla y San Martín (1875–1926), Jurist und Literaturhistoriker; F. Rodríguez Marín (1855 bis 1943), Cervantesforscher; dazu die Arabisten M. Asín Palacios (1871–1944) und A. González Palencia (1889–1949).

Ausg.: Obras completas, Hrsg. M. Artigas [u. a.], 64 Bde., Santander 1940–54; Discursos, Hrsg. J. M. de Cossío, CC 140.
Lit.: L. Araquistaín, M. y P. y la cultura alemana, Jena/Leipzig 1932; F. Lázaro Carreter, M. P., Madrid 1962; C. Rodiek, Literaturästhetische Wertung bei M. P. Ein Beitrag zu den Grundlagen seiner Literaturkritik, Meisenheim am Glan 1977; P. Sáinz Rodríguez, Estudios sobre M. y P., Madrid 1984.

VI.

20. Jahrhundert

54. Charakteristik der Epoche in Spanien

Historischer Überblick

Alfons XIII. (Regierungszeit 1902–31): Innen- und außenpolitisch bewegte Zeit. Autonomiestreben Kataloniens. Marokko-Krieg als Kompensation für die verlorenen Kolonien in Übersee. »Tragische Woche« in Barcelona (1909), Aufstand des Volks gegen die Diktatur von Militär und Kirche. Gründung der anarchosyndikalistischen Gewerkschaft CNT (1910), die in ihrer Blütezeit über 1 Million Mitglieder zählte. Im I. Weltkrieg blieb Spanien neutral. 1917 Generalstreik und Staatskrise. Vom König gebilligte Militärdiktatur Miguel Primo de Riveras (1923–30), der später Ministerpräsident wurde. Verbot von Parteien, Gewerkschaften, Anarchisten und Kommunisten, aber Tolerierung von PSOE und UGT. Zensurmaßnahmen und Verbannung von Intellektuellen (Unamuno!). Die Weltwirtschaftskrise bereitete der Militärdiktatur ein Ende.

II. Republik (1931–39): Am 14. April 1931 Ausrufung der II. Republik. Der König ging ins Exil, ohne auf seine Thronrechte zu verzichten. Volksfrontbündnis aus mehrheitlich Republikanern und Sozialisten. Umfangreiches Reformwerk, das jahrhundertelang gewachsene Spannungen und Konflikte zu lösen versuchte. Regionalismus: Autonomiestatuten für Katalonien (1932) und Baskenland. Trennung von Staat und Kirche. Kurzfristige Ausweisung der Jesuiten. Säkularisierung des Kirchenbesitzes. Enteignung des Großgrundbesitzes. Agrarreform, Scheidungsgesetz u. a. Die Reformen wurden teilweise im *bienio negro* (1933–35) von einer Rechtskoalition wieder rückgängig gemacht.

Gründung der faschistischen Falange (1933) unter José Antonio Primo de Rivera (1936 erschossen), seit 1958 *Movimiento Nacional*, erst 1977 offiziell aufgelöst. 1934 Oktoberaufstand der Bergarbeiter in Asturien, Generalstreik, Ausrufung einer Räterepublik. Niederwerfung durch General Franco. Katalonien verlor nach Proklamation der Unabhängigkeit seine Autonomie (1934). Zunehmende Radikalisierung der Straße durch Linke und Rechte. 16. Febr. 1936 Sieg der Volksfront unter Manuel Azaña. Am 17. Juli 1936 Ausbruch des Span. Bürgerkriegs in Marokko, am 18. Juli Übergreifen auf das Festland.
Erbitterte Kämpfe der Rebellentruppen unter General Franco (1892–1975), die von der dt. Legion Condor, etwa 19 000 »Freiwilligen« und it. Truppen (rund 55 000) unterstützt wurden, gegen die republikanische Volksfront aus Sozialisten, Kommunisten, Anarchosyndikalisten, Internationaler Brigade (Freiwillige aus mehr als 30 Ländern) mit Unterstützung der Sowjetunion und Mexikos. Streit im republikanischen Lager über die Priorität von antifaschistischem Krieg (Sozialisten, Kommunisten) oder sozialer Revolution (Anarchos). Blutiges Ende in der Maiwoche 1937 in Barcelona mit der Liquidierung der Anarchisten (anschaulich G. Orwell, *Homage to Catalonia*, 1938). »Nichteinmischungs-Komitee« in London, dem alle Großmächte beitraten und das eher den Republikanern als den Faschisten schadete. Siegesparade der Rebellen am 1. April 1939 in Madrid. Fünf Monate später begann der II. Weltkrieg. Über 1/2 Mio. Tote und große Verwüstungen. Exilflucht großer Teile der span. Intelligenz u. v. a. Die Wunden der »beiden Spanien« sind in der span. Gesellschaft bis zum heutigen Tage sichtbar.

Literarhistorische Periodisierung

Als traditionelle, aber problematische literarhist. Gliederungskategorien gelten allein die *Generation von 1898* (Unamuno, Azorín, Maeztu u. a.) und die Lyrikergeneration von 1927 (García Lorca, Alberti, Salinas, Guillén u. a.). Der Span. Bürgerkrieg bildet politisch (Emigranten) und thematisch (Kriegsstoff und Folgen) den wichtigsten Einschnitt in diesem Jh., auch in der Lit. Kriterium für die Zuordnung eines Schriftstellers oder einer Autorin war in jedem Fall die Tatsache, zu welchem Zeitpunkt die Hauptwerke erschienen oder in welchem Zeitraum das Schwergewicht der Publikationen lag. Auch bei der Gattungszuordnung galt das Prinzip der überwiegenden Produktion.

Literaturgeschichte: G. Siebenmann, Die moderne Lyrik in Spanien. Ein Beitrag zu ihrer Stilgeschichte, Stuttgart [u. a.] 1965 [überarb. und erw. span. Übers. Madrid 1973]; J. Lechner, El compromiso en la poesía española del siglo XX, 2 Bde., Leiden 1968–75; E. G. de Nora, La novela española contemporánea (1898–1967), 4 Bde., Madrid ²1973–79 [BRH II,41]; P. Gil Casado, La novela social española (1920–1971), Barcelona ²1973: F. Ruiz Ramón, Historia del teatro español. Siglo XX, Madrid ¹⁰1995; W. Floeck (Hrsg.), Span. Theater im 20. Jh. Gestalten und Tendenzen, Tübingen 1990; M. Tietz (Hrsg.), Die span. Lyrik der Moderne. Einzelinterpretationen, Frankfurt a. M. 1990 [1870 bis Gegenwart]; W. Kreutzer, Grundzüge der span. Lit. des 19. und 20. Jh.s, Darmstadt ²1991 (Grundzüge, 47); M. Strausfeld (Hrsg.), Span. Lit., Frankfurt a. M. 1991 [Autoren-, Gattungs- und Regionalmonographien].
Anthologien: G. Siebenmann / J. M. López (Hrsg.), Span. Lyrik des 20. Jh.s, Stuttgart 1985 (RUB 8035/36) [mit Erl.]; M. Figueras (Hrsg.), Die Orange ist eine Frucht des Winters. Span. Lesebuch, München / Zürich 1991 [39 Erzählungen zwischen 1910 und 1990].
Sozialgeschichte: C. M. Rama, La crisis española del siglo XX, México / Buenos Aires ²1962; W. Krauss (Hrsg.), Spanien 1900–1965. Beitrag zu einer modernen Ideologiegeschichte, München/Salzburg 1972; M. Tuñón de Lara, La España del Siglo XX, 3 Bde., Barcelona ³1974; W. L. Bernecker, Sozialgeschichte Spaniens im 19. und 20. Jh., Frankfurt a. M. 1990; W. L. Bernecker [u. a.], Spanien-Lexikon. Wirtschaft, Politik, Kultur, Gesellschaft, München 1990; J. Tusell / G. García Queipo de Llano, Los intelectuales y la República, Madrid 1990.
Span. Bürgerkrieg: H. Thomas, Der Span. Bürgerkrieg, Frankfurt a. M. 1966 [u. ö.]; C. Alcalde, La mujer en la Guerra Civil Española, Madrid 1976 [Vorw. L. Falcón O'Neill]; G. Brenan, Die Geschichte Spaniens.

Über die sozialen und politischen Hintergründe des Span. Bürgerkrieges, Berlin 1978; H.-C. Kirsch (Hrsg.), Der Span. Bürgerkrieg in Augenzeugenberichten, München ⁴1978 (dtv 796); M. Nash, Mujeres Libres 1936–1978, Berlin 1979 (Frauen in der Revolution, 4); P. Broué / E. Témime, Revolution und Krieg in Spanien, 2 Bde., Frankfurt a. M. ³1982; J. W. Cortada, Historical dictionary of the Spanish Civil War, 1936–1939, Westport (Conn.) / London 1982; C. Krasser / J. Schmück (Hrsg.), Frauen in der Span. Revolution. Texte und Dokumente, Berlin 1984; J. García Durán, La guerra civil española: fuentes (Archivos, bibliografía y filmografía), Barcelona 1985; P. von zur Mühlen, Spanien war ihre Hoffnung. Die dt. Linke im Span. Bürgerkrieg 1936 bis 1939, Bonn ²1985; M. Tuñón de Lara [u. a.], Der Span. Bürgerkrieg. Eine Bestandsaufnahme, Frankfurt a. M. 1987; W. L. Bernecker, Krieg in Spanien 1936–1939, Darmstadt 1991 [souveräner Überblick und Desideratenkatalog].

A.

Generation von 1898

55. Charakteristik der Bewegung

Der Verlust der überseeischen Kolonien Kuba, Puerto Rico, Philippinen 1898 führte in Spanien zu einer radikalen geistigpolitischen Analyse der Ursachen, im weiteren Sinne zu einer Untersuchung des Niedergangs der einstigen span. Weltherrschaft. Für eine Gruppe von Schriftstellern, die diese Erfahrungen teilten, prägte Azorín 1913 den zusammenfassenden Begriff *Generation von 1898* (*Generación del 98*). Die ideelle Geschlossenheit dieser Generation hatte bereits vorher Gabriel Maura (1908) betont. Die Hauptvertreter dieser Bewegung bemühten sich, durch ihr Werk eine geistige Regeneration Spaniens herbeizuführen:

1. durch Bekanntschaft mit verwandtem europäischen Geistesgut: Schopenhauer, Nietzsche, Kierkegaard, Ibsen, Tolstoi, Dostojewski u. a.;

2. durch Selbstbesinnung auf die span. Landschaft, Geschichte, Lit. und »ewige Werte«.

Lit.: U. Rukser, Nietzsche in der Hispania. Ein Beitrag zur hispanischen Kultur- und Geistesgeschichte, Bern / München 1962; G. Sobejano, Nietzsche en España, Madrid 1967 (BRH II,102); W. Krauss, Eine Generation der Niederlage, in: W. Krauss, Spanien 1900–1965. Beitrag zu einer modernen Ideologiegeschichte, München / Salzburg 1972, S. 40–99: R. Fernández Retamar, Modernismo, noventiocho, subdesarrollo, in: R. F. R., Teoría de la literatura hispanoamericana y otras aproximaciones, La Habana 1975, S. 97–106; B. Schmidt, Spanien im Urteil span. Autoren. Krit. Untersuchungen zum sogenannten Spanienproblem 1609–1936, Berlin 1975 [span. Übers. Madrid 1976]; H. Hinterhäuser, Fin de siècle. Gestalten und Mythen, München 1977 [span. Übers. Madrid 1980]; C. Blanco Aguinaga, Juventud del 98, Madrid ²1978; L. Litvak, Transformación industrial y literatura en España 1895–1905, Madrid 1980; M. Franzbach, Die Hinwendung Spaniens zu Europa. Die generación del 98, Darmstadt 1988 (Erträge der Forschung, 257).
Anthologien: E. Brandenberger (Hrsg.), La generación del 98. ¿Precursores de la España moderna? Die 98er Generation. Wegbereiter des modernen Spanien? Einführung von P. Salinas. Autorenporträts von E. G. de Nora, München ²1983 (dtv zweispr. 9140).

56. Hauptgestalten

Miguel de Unamuno (1864 Bilbao – 1936 Salamanca). Einer der bedeutendsten span. Philosophen, der in seinem Werk die sozialen, politischen und kulturellen Widersprüche seiner Zeit (vor allem Christentum – Sozialismus, Tradition – Fortschritt) widerspiegelte. Professor für Griechisch und span. Sprachgeschichte an der Universität Salamanca (1891–1923). Wegen seiner antidiktatorischen Haltung 1924 auf die kanarische Insel Fuerteventura verbannt. Nach einer Amnestie ging er ins Exil nach Paris und Hendaye. Seit 1930 bis zu seinem Tod Universitätsprofessor in Salamanca. Auch Parlamentsabgeordneter. Aus enttäuschtem Demokratieverständnis wandte er sich bei Ausbruch des Bürgerkrieges von der Republik ab und wurde bald darauf seines Rektorats und aller öffentlichen Ämter enthoben. Aber auch am Franco-

Regime stießen ihn die brutale Gewalt und der Antiintellek-
tualismus der Militärs ab. Einsam und resigniert starb er in
der Silvesternacht 1936.

Sein Nachlaß in Salamanca wurde Ende 1990 um etwa 3000
Briefe, Notizen und Objekte bereichert, darunter 295 Foto-
grafien, die von U. selbst gemacht wurden. Insgesamt befin-
den sich in der *Casa-Museo* (früher Rektorat) jetzt 35 000
Dokumente, darunter 27 000 Briefe, 3500 Manuskripte und
Entwürfe.

Als bedeutender Vertreter der *98er Generation* versuchte U.
vor allem in seinen Essays, das Bild einer Erneuerung Spaniens aus sich selbst und aus dem Anschluß an das Ausland
zu entwerfen. So ging er in fünf frühen kulturhist. Aufsätzen
unter dem Titel *En torno al casticismo* (dt. *Um das Problem
der Sprachreinheit*; 1895) von einer hist. Analyse der jahr-
hundertealten rückständigen Kräfte und Institutionen aus,
um nach dem Tod des alten Spanien ähnlich wie nach dem
Tod Don Quijotes eine »nationale Regeneration« zu pre-
digen.

Essays:

Vida de Don Quijote y Sancho (dt. *Leben Don Quijotes und
Sanchos*; 1905). Teilkommentierte Kapitelauswahl aus dem
Don Quijote, dessen Hauptfigur für U. Symbol des span.
Geistes und der Sehnsucht nach Unsterblichkeit war. »Ich
glaube, daß mir mein persönliches Werk geraten ist, indem ich ein fremdes Werk kommentierte.« In diesem Sinne
ist U.s Interpretation autobiogr. Spiegelbild. – Höhepunkt
innerhalb des wandlungsreichen »Quijotismus« U.s und innerhalb der Don-Quijote-Deutung der *Generation von
1898*. Vgl. auch U.s Essays *El caballero de la triste figura*
(1896) und *Sobre la lectura e interpretación del Quijote*
(1905).

*Del sentimiento trágico de la vida en los hombres y en los
pueblos* (dt. *Das tragische Lebensgefühl bei den Menschen
und Völkern*; 1913). Zwölf Essays um Probleme der Un-

sterblichkeit und des unlösbaren Konflikts zwischen Vernunft und Glauben. Für U. typisch span. »tragisches Lebensgefühl«. Grundfragen zum Wesen des Katholizismus, teilweise hist. Analyse. Bedeutende Einflüsse des religiösen Pragmatismus William James' und Kierkegaards.

Ensayos (dt. *Essays*; 1916–18). Achtbändige Essaysammlung verschiedener Thematik, Philosophie, Philologie, Lit., Religion usw. Meist in Ich-Form abgefaßt. »Mihi quaestio factus sum« (»Ich bin mir zur Frage geworden«), sagte U. nach einem Wort Augustins (Confessiones, X,33).

La agonía del cristianismo (dt. *Die Agonie des Christentums*; 1925). Geistige Unruhe als echte Grundhaltung eines Christen den Lebensproblemen gegenüber. *Agonía* bedeutet hier *Kampf* im etymologischen Sinne nach dem griech. *agon*. Anlaß zu dieser religiösen Krise war die *Agonie* seines Vaterlands. Einflüsse der Kirchenväter, Mystiker, Pascals, Kierkegaards, Tolstois.

Romane:

Paz en la guerra (dt. *Frieden im Krieg*; 1897). Stadtbild von Bilbao im zweiten Karlistenkrieg. Vorwand für Darstellung der Todesproblematik.

Niebla (dt. *Nebel*; 1914). Experimentalroman als Gleichnis menschlicher Existenz. Eigene Gattungsbezeichnung durch U.: *nivola* (statt *novela*). Daher als Anti-Roman der *98er Generation* bezeichnet. Thematisch gewisse Ähnlichkeiten mit Pirandellos Stück *Sechs Personen suchen einen Autor* (1921). Handlung unbedeutende Liebesgeschichte.

Abel Sánchez. Una historia de pasión (dt. *Abel Sánchez. Die Geschichte einer Leidenschaft*; 1917). Kain-Abel-Problem. Seelenanalyse, in der Haß als »das eigentliche Wesen der Seele« bezeichnet wird. U. sprach später von einem Abstieg in die »Katakomben der Seele«.

La tía Tula (dt. *Tante Tula*; 1921). Problematik des Muttergefühls innerhalb der Familie. Die willensstarke Hauptfigur wird im Vorw. mit Santa Teresa verglichen.

San Manuel Bueno, Mártir (dt. *San Manuel Bueno, Märtyrer*; 1933). Selbstdarstellung U.s in Gestalt eines Priesters, zu dessen Amt sich der Autor einmal berufen fühlte. Aktive christliche Nächstenliebe bestärkt den Glauben an Unsterblichkeit. Die Epitheta *bueno* und *mártir* spielen auf Don Quijote als Alonso Quijano el Bueno und als Märtyrer an.

Theater:

Fedra (1910). – *Sombras de sueño* (1926). – *El hermano Juan o El mundo es teatro* (1929). Nach U.s eigenem Willen schematisch-abstraktes Lesetheater. Aktualisierung der antiken Schicksalstragödie. Hauptkriterium des Dramatikers ist in jedem Fall eine direkte Problematik, die sein philosophisches Gedankengebäude unterstützt. Roman und Theater U.s sind ergänzende Beiträge zu den philosophischen Essays in anderer poetischer Form.

Lyrik:

Bekenntnis- und Ideendichtung. Ablehnung der *poésie pure*. Themen: Gottsuche, Lebenstragik, Natur, Land und Leute, Geschichte, Politik.
El Cristo de Velázquez (dt. *Der Christus des Velázquez*; 1920). Gedichtzyklus aus 2539 elfsilbigen Blankversen (fünffüßige Jamben ohne Zäsur und Reim), dem das Christus-Gemälde von Velázquez im Prado (entst. um 1638) zugrunde liegt. Ausdruck höchster Katholizität. Kommentar zur Passionsgeschichte, in dem das ewige Menschentum des Erlösers betont wird. Tiefe Überzeugung des christlichen Humanismus: »Er, der all sein Blut gab, offenbarte sich den Menschen, damit sie erkennen, was Menschen sind.«

Ausg.: Obras completas, Hrsg. M. García Blanco, 16 Bde., Madrid 1958–64.
Lit.: Cuadernos de la Cátedra de M. de U., Salamanca 1954 ff. [mit Jahresbibliogr.]; M. García Blanco, La cultura alemana en la obra de M. de U., in: RJb. 8 (1957) 321–340; M. Tuñón de Lara, Costa y U. en la crisis fin de siglo, Madrid 1974; K. Hölz, Tradition und Interpretation. Zu U.s

lit. Don-Quijoterie, in: Iberoromania N. F. 10 (1979) 85–111; E. Díaz, Revisión de U. Análisis crítico de su pensamiento político, Madrid ²1984; J. M. Lasagabaster, El teatro de M. de U., San Sebastián 1987; I. M. Zavala, U. y el pensamiento dialógico, Barcelona 1991.
Deutsch: Abel Sánchez. Die Geschichte einer Leidenschaft, Übers. W. von Wartburg, Ravensburg 1987; Nebel, Übers. O. Buck, rev. von R. de Hollanda und S. Weidle, Ravensburg 1988 [Vorw. W. Muster]; Novellen und Erzählungen, Leipzig 1988; Ein ganzer Mann. Drei Nivolas, Übers. W. Muster, Ravensburg 1989; San Manuel Bueno. Märtyrer, Übers. E. Brandenberger, RUB 8437 [zweispr. Ausg.]; u. a. Übers.

Pío Baroja y Nessi (1872 San Sebastián – 1956 Madrid). Zeitweise Landarzt im Baskenland, fand aber schließlich nach zahlreichen Reisen in Europa (England, Frankreich, Italien, Dt.) sein Publikum als freier Schriftsteller in Madrid. – Innerhalb der *Generation von 1898* wird B. heute als Zeitchronist und pessimistischer Sozialkritiker wiederentdeckt. Negierte Kirche und Staat aus seiner Konzeption des Tatmenschen heraus. Aus Ekel vor dem Egoismus der Menschen wuchs Mitleid. Bezeichnete sich selbst im Sinne Nietzsches als »dionysischen Typ«. Der »Übermensch« Nietzsches wurde bei B. ein »Mann der Tat«. Dieses Ideal sah B. in einem dynamischen Leben verkörpert: »Handeln ist alles, das Leben, das Vergnügen. Das statische Leben in dynamisches Leben zu verwandeln, das ist das Problem.« In Roman, Essay, Lyrik und Theater variierte B. seine Lieblingstypen: Vagabund und Abenteurer, jedoch finden sich auch rassistische und antisemitische Gedanken in seinem Werk.

Romantrilogien:

Tierra vasca: La casa de Aizgorri (1900). – *El mayorazgo de Labraz* (1903). – *Zalacaín el aventurero* (1909). Realistisch-soziale Regionalromane. Schilderung des Spätfeudalismus der Großgrundbesitzer. Erlebnisse aus den Karlistenkriegen. Handlungsreich und spannend geschrieben.
La lucha por la vida (1904): *La busca. – Mala hierba. – Aurora roja.* Pessimistische Darstellung der Madrider Bohème.

Einzelwerke und Zyklen:

El árbol de la ciencia (dt. *Der Baum der Erkenntnis*; 1911).
Philosophischer Desillusionsroman mit autobiogr. Hintergrund um den Landarzt Andrés Hurtado. Kritik an der geistigen Rückständigkeit Spaniens im 19. Jh. Mittelpunkt des
Textes ist die Diskussion des Arztes mit seinem Onkel Itur-
rioz, in der Andrés seine philosophischen Gedanken entwickelt. Der Baum des Lebens ist dem Baum der Erkenntnis
gegenübergestellt. »Und Gott der Herr ließ aufwachsen aus
der Erde allerlei Bäume, lustig anzusehen und gut zu essen,
und den Baum des Lebens mitten im Garten und den Baum
der Erkenntnis des Guten und Bösen« (*Gen.* 2,9). In der
Liebe zu Lulu findet Andrés seinen inneren und äußeren
Frieden. Der Baum des Lebens scheint gesiegt zu haben, aber
Lulu stirbt nach einer Totgeburt im Wochenbett. Andrés begeht Selbstmord.
Memorias de un hombre de acción (dt. *Lebenserinnerungen
eines Mannes der Tat*; 1913–35). Romanzyklus in 22 Bdn.
über die Unabhängigkeits- und Karlistenkriege. Im Gegensatz zu den stofflich ähnlichen *Episodios Nacionales* (1873
bis 1912) von Pérez Galdós mit ihrer hist.-patriotischen Absicht dominiert hier die romanhafte Darstellung.

Ausg.: Obras completas, 8 Bde., Madrid ²1973–80.
Lit.: A. Antón Andrés, B. ante los alemanes y Alemania, in: Iberoromania
²(1970), H. 3, 169–196: P. Juan i Tous, Das gefesselte Engagement. *El ár-
bol de la ciencia* von P. B. und der Geist der Jahrhundertwende, Frank-
furt a. M. 1989; F. Bello Vázquez, El pensamiento social y político de P. B.,
Salamanca 1990.
Deutsch: Span. Trilogie (Irrende Jugend. Das Giftkraut. Morgenrot),
Übers. A. Guggenheim, Zürich 1948; Der Baum der Erkenntnis, Übers.
W. Hals, München 1963; Shanti Andía, der Ruhelose, Übers. I. Reiss,
Frankfurt a. M. ²1991; Paradox, König, Übers. W. Muster, Ravensburg
1991; u. a. Übers.

Azorín, d. i. **José Martínez Ruiz** (1873 Monóvar bei Alicante – 1967 Madrid). Jurastudium in Valencia, Granada, Salamanca und Madrid. Verbrachte sein Leben danach als »kleiner Philosoph« in Madrid. Seit 1904 Pseudonym »Azorín«. Zwischen 1907 und 1919 war er fünfmal Abgeordneter der Konservativen, zweimal stellvertretender Staatssekretär im Unterrichtsministerium. Während des Bürgerkriegs nach Paris emigriert. – Seine ganze Liebe gehörte der Schriftstellerei, die er als Kritiker, Essayist, Romancier und Dramatiker pflegte. Seine Stärke lag in der impressionistischen Stimmungsskizze, nicht im handlungsarmen Roman oder im bühnenschwachen Experimentiertheater. Feinsinniger Deuter der kastilischen Landschaft und ihrer Menschen in Vergangenheit und Gegenwart.

Los pueblos (1905). – *La ruta de Don Quijote* (1905). – *España* (1909). – *Castilla* (1912). Essaysammlungen. »Meisterstücke des Alltäglichen« eines »Maximus in minimis« nannte sie Ortega y Gasset. In kurzen Situationsbildern gewinnt A. den armseligen Dörfern Kastiliens persönliche Akzente ab. Vergangenheit und Gegenwart bilden keinen Gegensatz, sondern eine harmonische Einheit. Wenn A. etwa die hist. Stätten aufsucht, die Don Quijote unsterblich gemacht hat, stellt er stets erneut die Frage nach der Verbindung von Realität und Werk. In der Landschaft und in ihren Menschen sieht A. die Lösung des Zeitproblems. Leben bedeutet ihm Wiederkehr. Die verlorene Zeit findet er in der Gewohnheit wieder, nicht in der eigenen Seele oder in der Erinnerung wie Marcel Proust.

Ausg.: Obras completas, Hrsg. A. Cruz Rueda, 9 Bde., Madrid 1947–54; Don Juan, Hrsg. J. M. Martínez Cachero, CC 217.
Lit.: S. Riopérez y Milá, A. íntegro. Estudio biográfico, crítico, bibliográfico y antología. Iconografía azoriana y epistolarios (inéditos), Madrid 1979; A. Maass, A. oder der Mensch im Zeichen der Ebene. Eine Auseinandersetzung mit dem Werk A.s am Beispiel von *La ruta de Don Quijote*, Bern [u. a.] 1984.
Deutsch: Auf den Spuren Don Quijotes, Zürich 1923; Bekenntnisse eines kleinen Philosophen, Übers. L. Roffler und J. Romagosa, Bern 1949; u. a. Übers.

Ramiro de Maeztu (1874 Vitoria – 1936 Aravaca bei Madrid
ermordet). Führender span. traditionalistischer Theoretiker
der *98er Generation*. Sohn eines Kubaners baskischer Herkunft und einer Engländerin. Studium in Marburg und Berlin (1911–14). Journalist und Redakteur der *Times* in London. Anfangs Antitraditionalist (für die Europäisierung
Spaniens), später Monarchist. Während der Militärdiktatur
Primo de Riveras Botschafter in Argentinien (1928–30).
Gründer und Leiter der *Acción Española* (seit 1931). Bei Ausbruch des Bürgerkriegs von den Republikanern verhaftet
und später erschossen. – Seine Gedanken zur *Hispanidad*,
zum karitativen Katholizismus oder zur Europäisierung
Spaniens stellten eine Weiterentwicklung der konservativen
Ideen von Donoso Cortés, Balmes u. a. im 19. Jh. dar. Sie
bildeten einen festen ideologischen Bestandteil der Verfassung während des Franco-Regimes. – Bekannt sind auch
seine Kultur- und Literaturessays: *Hacia otra España* (1899),
La crisis del humanismo (1919), *Don Quijote, Don Juan y
la Celestina* (1926). M. war der mit Abstand fruchtbarste
Schriftsteller der *Generation von 1898*. Die Zahl seiner Artikel wird auf rund 16 000 geschätzt. Zahlreiche Probleme zu
Chronologie, Quellenfragen und Edition seines Gesamtwerks.

Defensa de la hispanidad (dt. *Verteidigung der Hispanität*;
1934). Untertitel »Buch der Liebe und des Kampfes«. Artikelreihe, die ursprünglich in der von M. geleiteten *Acción
Española* erschienen war. Hauptgedanke: Die materialisti-
schen Ideen der Franz. Revolution seien schuld am Niedergang Spaniens. Forderung nach Rückkehr zur eigenen Tradition und nach der »Hispanisierung« Europas. Denn für
Spanien sei die Stunde seiner größten Macht immer zugleich
auch die seiner größten Religiosität gewesen. Die europäischen Völker, die vom Weg der gemeinsamen christlichen
Tradition abgewichen seien, müßten sich wieder an Spanien
orientieren. Diese Argumentation wurde von Ortega y Gasset als dilettantisch kritisiert.

Ausg.: Obras completas, Hrsg. V. Marrero, 28 Bde., Madrid 1966 ff.
Lit.: W. Herda, Die geistige Entwicklung von R. de M., in: SpFdGG 18 (1961) 1–219; C. Blanco Aguinaga, La otra España de M., in: Beiträge zur franz. Aufklärung und zur span. Lit., Berlin 1971, S. 503–516.

Antonio Machado (1875 Sevilla – 1939 Collioure, Südfrankreich). Als Übersetzer, Französischlehrer, freier Schriftsteller in Paris (Bekanntschaft mit R. Darío), Soria (»Dort heiratete ich, dort starb meine Frau, deren Erinnerung mich immer begleitet«), Baeza, Madrid, Segovia, Rocafort bei Valencia. Sein Leben verlief bis 1931 in ruhigen Bahnen, aber nicht ohne öffentliche Anerkennung für seine lit. Tätigkeit: 1927 Aufnahme in die Span. Akademie. Mit Beginn der Republik und vor allem bei Ausbruch des Bürgerkriegs stellte er sich in den Dienst einer engagierten Kultur, die allein die Bedürfnisse des breiten Volkes und seines Kampfes gegen den Faschismus im Auge hatte.
Ein berühmter Schlüsseltext war seine Rede auf dem Internationalen Schriftstellerkongreß in Valencia 1937 (Primärabdruck in der Zeitschrift *Hora de España*, II). M. zog darin eine Verbindungslinie von der demokratischen Tradition in seinem Lande seit dem frühen Mittelalter (Cid) in ihrem Kampf gegen Herrenmenschentum und Verrat am Volk bis in die Gegenwart. Der Dichter müsse immer auf seiten des Volkes stehen und die Schätze der Volkskultur heben helfen. – Kurz vor Ende des Bürgerkriegs rettete sich M. über die franz. Grenze, wo er im Februar 1939 in einem kleinen Grenzort vor Erschöpfung starb. Dort liegt er mit seiner Mutter, die ihm zwei Tage später in den Tod folgte, unter Zypressen begraben.
Sein Werk hat verschiedene Phasen durchlaufen, die von der modernistischen, neubarocken und neuromantischen Lyrik mit ihrer überwiegenden Landschafts- und Liebesthematik über meist hist. Versdramen bis zur krit.-polemischen Prosa über Philosophie, Dichtung, Politik u. a. in seinem Alterswerk reichten. Seine Kritik an dem überholten »Spanien der

Blechmusik und der Schellentrommel« (»España de la cha-
ranga y pandereta«) wird noch heute zitiert.
Campos de Castilla (dt. *Die Felder Kastiliens*; 1912). Dich-
tung des Einfachen, Urtümlichen, Elementaren, die um Religion, Vaterland und Philosophie kreist. Selbstaussage: »Fünf
Jahre auf dem Boden von Soria orientierten meine Augen
und mein Herz auf das wesentlich Kastilische hin.«
*Juan de Mairena. Sentencias, donaires, apuntes y recuerdos de
un profesor apócrifo* (dt. *Juan de Mairena. Sentenzen, Späße,
Aufzeichnungen eines apokryphen Lehrers*; 1943). In dieser
Sammlung von Aphorismen meditiert M. aus skeptischer
Grundhaltung über das Wesen des Menschen, über sein Verhältnis zu Gott, über Zeit (»diese Erfindung des Satans«) und
über den Tod.

Berühmtes Beispiel aus seiner Lyrik:

Españolito

Ya hay un español que quiere
vivir y a vivir empieza
entre una España que muere
y otra España que bosteza.

Españolito que vienes
al mundo te guarde Dios.
Una de las dos Españas
ha de helarte el corazón.

Kleiner Spanier

Es gibt jetzt einen Spanier,
der leben will und zu leben beginnt
zwischen einem Spanien, das stirbt,
und einem anderen Spanien, das gähnt.

Kleiner Spanier, der du
auf die Welt kommst, behüt' dich Gott.
Eines der beiden Spanien
wird dir dein Herz gefrieren lassen.

Ausg.: Poesías completas, Madrid 8ᵗ1982 (Selecciones Austral., 1); La guerra: Escritos: 1936–1939, Hrsg. J. Rodríguez Puértolas / G. Pérez Herrero, Madrid 1983 [mit Einl. und Anm.].
Lit.: B. Sesé, A. M. (1875–1939). El hombre. El poeta. El pensador, 2 Bde., Madrid 1980; R. Gutiérrez Girardot, M.: reflexión y poesía, Bogotá 1989; A. M., hoy. Actas del Congreso Internacional Conmemorativo del Cincuentenario de la muerte de A. M., 4 Bde., Sevilla 1990.
Deutsch: Juan de Mairena. Sentenzen, Späße, Aufzeichnungen eines apokryphen Lehrers, Übers. G. R. Lind, Frankfurt a. M. 1956; Gedichte, Übers. F. Vogelgsang, Frankfurt a. M. 1989.

B.

Modernismus

57. Charakteristik der Bewegung

Lit. Bewegung lateinamerikan. Ursprungs, die der europäischen und bes. der span. Lit. neue Themen und Formen vermittelte. Zeitliche Begrenzung etwa zwischen 1888 und 1920. Keine absolute Trennung zwischen der *Generation von 1898* und den Modernisten möglich. Einfluß des Modernismus auf Unamuno, A. Machado und der *Generation von 1898* auf Valle-Inclán u. a. P. Salinas meint, beide Strömungen seien »in jedem Schriftsteller in wechselndem Grad und Verhältnis« vorhanden gewesen. Reaktion bes. gegen die Lyrik des *Fin de siècle*.
Vorbilder in Frankreich: romantische Schule (V. Hugo), Parnassiens (Leconte de Lisle), Symbolisten (Verlaine); in der Malerei die Präraffaeliten; in der Musik Wagner. Vorläufer in Spanien war der Andalusier Salvador Rueda (1857–1933). Eigentlicher Begründer des Modernismus war der Nicaraguaner Rubén Darío, d. i. Félix Rubén García Sarmiento (1867–1916), Diplomat und Kosmopolit, der durch die lobende Kritik Valeras Eingang in Spanien fand. Daríos Hauptwerk *Azul* (1888) besteht aus Lyrik und Erzählungen.

Berühmter Anfang: »Mes de rosas. Van mis rimas / en ronda, a la vasta selva, / a recoger miel y aromas / en las flores entreabiertas. / Amada, ven. El gran bosque / es nuestro templo, allí ondea / y flota un santo perfume / de amor […].« (»Rosenmonat. Meine Verse gehen / in die Runde, in den weiten Wald, / um Honig und Duft / in den halbgeöffneten Blumen zu sammeln. / Geliebte, komm. Der große Wald / ist unser Tempel, dort wogt / und schwebt ein heiliger Liebesduft […].«)

Besonderheiten des Modernismus:

1. Themen: hist.-legendär (Ritter, Prinzessinnen, Sultane) und klass.-mythologisch (Nymphen, Faune).
2. Aristokratischer Ton gegenüber dem bürgerlichen Lebensgefühl des 19. Jh.s.
3. Formstreben, das Licht, Farbe und Musikalität zu einer Synästhesie zu vereinigen trachtet. J. R. Jiménez: »Wiederbegegnung mit der Schönheit, die während des 19. Jh.s begraben war.«
4. Darstellung von Phantasievorstellungen und Gefühlen überwindet die frühere realistische Beobachtung. Schilderung des Unsagbaren und feiner Gefühlsnuancen.
5. Betonung der irrealen und exotischen Welt gegenüber dem Alltagsleben.
6. Dichtungsgesetz des *l'art pour l'art*, gegen Tendenzlyrik. »Kunst ist Offenbarung Gottes in der Idee des Schönen« (V. Cousin, 1836).
7. Metrik: Vorliebe für den dreigeteilten Alexandriner und für den Elfsilbler mit leichten Veränderungen. Wiedereinführung des trochäischen Neunsilblers, zuweilen unter Verzicht auf die Zäsur.
8. Stil: Archaismen und Neologismen, z. B. *olímpico, unicornio, liróforo*.

Ausg.: P. Gimferrer, Antología de la poesía modernista, Barcelona 1969.
Lit.: C. Lozano, Rubén Darío y el modernismo en España, 1888–1920. Ensayo de bibliografía comentada, New York 1968; A. Rama, Rubén

Darío y el modernismo, Caracas 1970; N. Jitrik, Las contradicciones del modernismo – Productividad poética y situación sociológica, México 1978; A. A. Roggiano, Modernismo: origen de la palabra y evolución de un concepto, in: I. A. Schulman (Hrsg.), Nuevos asedios al Modernismo, Madrid 1987, S. 39–50; R. Gutiérrez Girardot, Modernismo. Supuestos históricos y culturales, México 1988; L. Litvak, España 1900. Modernismo, anarquismo y fin de siglo, Barcelona 1990.

58. Lyrik, Drama, Prosa

Ramón María del Valle-Inclán (1866 Villanueva de Arosa, Galicien – 1936 Santiago de Compostela). Aus alter standesbewußter Adelsfamilie. Jurastudium in Santiago de Compostela. Nach einem Aufenthalt in Mexiko führte er seit 1892 in Madrid ein extravagantes Leben als Bohemien in Caféhäusern. Nach einem Streit mußte ihm der linke Arm amputiert werden. »Er war die beste Maske zu Fuß, welche die *calle de Alcalá* überquerte« (R. Gómez de la Serna). 1910 ging er erneut als Leiter einer Theatergruppe nach Lateinamerika. 1929 kurz vor Ende der Militärdiktatur kam er wegen seiner Opposition zu Primo de Rivera ins Gefängnis. Bei Ausrufung der II. Republik wurde er zum Direktor der Kunstakademie in Rom ernannt.

Lyrik:

Aromas de leyenda, versos en loor de un santo ermitaño (dt. *Legendendüfte, Verse zum Lob eines heiligen Eremiten;* 1907). Galicische Mythen in modernistischem Gewand. Ständiges Themendreieck: Leben, Tod und Ewigkeit.
La pipa del Kif (dt. *Die Pfeife des Kif;* 1919). Türkische Wasserpfeife, welche die rohe Wirklichkeit der Zirkuswelt symbolisieren soll. In der Metaphorik teilweise kubistisch-futuristische Spielereien. V.-I. ist kein Gefühlslyriker, sondern ein Stilist, der die Wirklichkeit »enthumanisiert«.

Prosa:

Sonatas. Memorias del Marqués de Bradomín (dt. *Sonaten.
Memoiren des Marquis von Bradomín*): *Sonata de primavera*
(1904), *Sonata de estío* (1903), *Sonata de otoño* (1902), *Sonata
de invierno* (1905). Fingierte Memoiren eines galicischen
sinnlichen achtzigjährigen Bonvivant. Typ des dekadenten
Aristokraten, der sich in der stilisierten Welt des Modernismus bewegt. Im hist. Rahmen der letzten *Sonata* bereits
Ansätze zu den Karlistenromanen. Die Jahreszeiten entsprechen paarweise den Lebensaltern des Menschen. Die
krit.-ironische Distanz zum Don-Juan-Stoff enthüllt sich
hinter einem brillanten Feuerwerk sprachlichen Raffine-
ments.
Los cruzados de la causa (dt. *Die Kreuzfahrer im Dienst der
Sache*; 1908). – *El resplendor de la hoguera* (dt. *Der Schein
des Scheiterhaufens*; 1909). – *Gerifaltes de antaño* (dt. *Geri-
falken von einst*; 1909). Trilogie über die Karlistenkriege aus
der Sicht eines Anhängers der Karlisten. Ein beabsichtigter
Kunstgriff ist das Auftreten immer derselben Personen, z. B.
des alten Dandy Marqués de Bradomín und des Hidalgo Don
Juan Manuel. Folge von losen Augenblicksbildern, deren
Monotonie und Wiederholung als bewußt variable Stilmittel
gelten.
Tirano Banderas (dt. *Tyrann Banderas*; 1926). Vorbild eines
Diktatorenromans, der sich aber jeder ausschließlich hist.
Interpretation entzieht. Vordergründig werden in der Phan-
tasiegestalt des lateinamerikan. Präsidenten Santos Banderas
Bürgerkriegsintrigen geschildert. Auf einer zweiten Erzähl-
ebene werden jedoch chiffriert die Zustände im Spanien der
Militärdiktatur Primo de Riveras angedeutet. Die Handlung
tritt hinter der ästhetischen Freude des Dichters am Sprach-
und Landschaftskolorit Mexikos zurück (Mexikoreisen des
Autors 1892 und 1921).

Theater:

Comedias bárbaras (dt. *Ungeheuerliche Komödien*): *Águila de blasón* (1907). – *Romance de lobos* (1908). – *Cara de plata* (1922). Theatertrilogie über die Dekadenz der galicischen Adelsdynastie Montenegro. Der Hauptheld Don Juan Manuel Montenegro bleibt im Gegensatz zu dem Weltenbummler Marqués de Bradomín immer in Galicien. *Barbarisch* im Titel bedeutet hier *ungeheuerlich*.

Divinas palabras (dt. *Göttliche Worte*; 1920). Dorf-Tragikomödie. »Episches Theater« auf dem Weg zur absurden Groteske. Daher heute wieder modern und mit Erfolg im In- und Ausland aufgeführt. Hemmungslose Darstellung der Urinstinkte, da sich »die Tragik des span. Lebens nur mittels einer systematisch verzerrenden Ästhetik wiedergeben läßt« (V.-I.). Letzte Stufe der bewußten Deformation der traditionellen Ästhetik in den sozialkrit. *Esperpentos* (wörtl. *Vogelscheuchen*, 1924–30), vier Grotesken, deren Gattung V.-I. erst geschaffen hat und welche die span. Geschichte von 1898 bis zum Staatsstreich Primo de Riveras konterkarieren.

Luces de Bohemia (dt. *Lichter der Bohème*; 1920). Autobiogr. Passionsgeschichte des erblindeten Dichterbohemiens Máximo Estrella, »des ersten Dichters Spaniens«, der in der Gosse verreckt. Dekadentes Künstlerdrama. Mit dem Begriff der Bohème (von Böhme, Zigeuner) bezeichnete man ursprünglich eine Gruppe von romantischen, antibürgerlichen Schriftstellern und Künstlern, die sich um 1830 in Paris zusammenfanden (vgl. H. Murger, *Scènes de la vie de Bohème*, 1851, Opern von Puccini, 1896, und Leoncavallo, 1897). Bürgerliches Geschmacksideal der Ungebundenheit, Form der Verweigerung, Reaktion auf den Streß der beginnenden industriellen Revolution. Vorwegnahme von Elementen, wie sie sich später im absurden Theater von Adamov und Ionesco wiederfinden. Manifest für die Notwendigkeit gesellschaftlicher Transformationsprozesse.

In 15 Szenen rollt die tragische Farce ab: Don Máximo lebt mit Frau und Tochter im Elend, versetzt seinen Mantel und kauft ein Lotterielos, wird vom Buchhändler betrogen und vertrinkt die restlichen Peseten mit dem Schmarotzer Don Latino. Er wird verhaftet und eingesperrt, jedoch von seinem Jugendfreund, dem Innenminister, freigelassen und erhält eine Rente bewilligt. Er wird von Don Latino heimgebracht und stirbt vor seiner Haustür. Don Latino gewinnt mit dem Los eine hohe Summe. Frau und Tochter Estrellas verüben Selbstmord. – Parallelen zur Passionsgeschichte Christi in 14 Stationen vom Haus des Pilatus zur Schädelstätte von Golgatha. Don Máximo steigt von der Dachkammer im 5. Stock einer Mietskaserne in die Tiefe seines Grabes hinab. Parodie der Mysterienspiele. Dem Verhör bei Pilatus entspricht die Vernehmung durch den Innenminister. Die vier Freunde symbolisieren die vier Kriegsknechte unter dem Kreuz.

Los cuernos de don Friolera (dt. *Die Hörner von Don Friolera*; 1930). Parodie des span. Ehrmythos, der immer wieder als Alibi für chauvinistische Interessen galt.

Ausg.: Opera omnia, 22 Bde., Madrid 1912–28.
Lit.: G. Kaal, Vom Modernismo zur Groteske. Untersuchungen zur Lyrik von R. del V.-I., Frankfurt a. M. [u. a.] 1979; D. Reichardt, Lit. und Gesellschaft am Beispiel der *Sonatas* von V.-I., in: Iberoamericana 28/29 (1986) 56–70; R. L. Salper, V.-I. y su mundo: ideología y forma narrativa, Amsterdam 1988; H. Wentzlaff-Eggebert (Hrsg.), R. del V.-I. (1866–1936). Akten des Bamberger Kolloquiums vom 6.–8. November 1986, Tübingen 1988; A. Zamora Vicente, La realidad esperpéntica (Aproximación a *Luces de bohemia*), Madrid ²1988 (BRH II,123); M. Bernhofer, V.-I. und die span. Kultur im Silbernen Zeitalter, Darmstadt 1992.
Deutsch: Frühlings-, Sommer-, Wintersonate, versch. Übers., Frankfurt/ Zürich/Stuttgart; Der Karlistenkrieg. Roman-Trilogie (Die Kreuzfahrer des Königs. Im Flammenschein. Gerfalken aus der Vorzeit), Übers. F. Vogelsang, Stuttgart 1981; Karneval der Krieger. Drei Schauerpossen, Übers. F. Vogelsang, Stuttgart 1982; Wunderworte. Glanz der Bohème. Zwei Theaterstücke, Übers. F. Vogelsang, Stuttgart 1983; Barbarische Komödien. Dramatische Trilogie. Silbergesicht. Wappenadler. Wolfsballade, Übers. F. Vogelsang, Stuttgart 1984; Adega. Eine tausendjährige Historie (Flor de santidad), Übers. F. Vogelsang, Stuttgart 1986; Tyrann Banderas, Übers. F. Vogelsang, Frankfurt a. M. 1991; u. a. Übers.

Manuel Machado (1874 Sevilla – 1947 Madrid). Der Bruder Antonio M.s war nach dem Studium der Philosophie vor allem als Journalist und Bibliothekar tätig. Für sein dichterisches Schaffen entscheidender Aufenthalt in Paris (1898–1901), wo er mit R. Darío und dem Mexikaner Amado Nervo (1870–1919) in Verbindung war. Die Spuren seiner gemeinsam mit Antonio M. verfaßten Theaterstücke werden bes. in den frühen Werken García Lorcas sichtbar. Während des Frankismus Verf. von Propagandalyrik, in der Franco als Friedensfürst und Erlöserchristus gefeiert wird. Traditionelle Themen seiner Gedichte: Liebe, Geschichte, Land und Leute in Andalusien. *Horas de Oro* (1938) u. a. Im folgenden Auszug aus *El mal poema* (1909), wo die Desillusionierung des *poète maudit* (verfemten Dichters) bes. deutlich wird:

> Yo, poeta decadente
> español del siglo veinte,
> que los toros he elogiado,
> y cantado
> las golfas y el aguardiente ...
> y la noche de Madrid,
> y los rincones impuros,
> y los vicios más oscuros
> de estos biznietos del Cid ...,
> de tanta canallería
> harto estar un poco debo,
> ya estoy malo, y ya no bebo
> lo que han dicho que bebía.
>
> Porque ya
> una cosa es la Poesía
> y otra cosa lo que está
> grabado en el alma mía ...
>
> Grabado, lugar común.
> Alma, palabra gastada.
> Mía ... No sabemos nada,
> Todo es conforme y según.

Ich, Poet der Dekadenz,
Spanier aus dem 20. Jahrhundert,
der ich den Stierkampf hab bewundert
und auch besungen
die Dirnen und den Schnaps ...
und die Nacht in Madrid,
und die wüsten Spelunken,
und die Laster, die dunklen,
diese Enkel des Cid ...,
ich darf genug nun haben
von solchem Lotterleben
und trink, der Übel wegen,
nicht mehr so viel wie alle sagen.

Denn es entspricht,
was ich erdichtet als Poet,
der Inschrift länger nicht,
die tief in meiner Seele steht ...

Ein Gemeinplatz: »stehn«.
»Seele« als Wort verschlissen.
»Meine« ... Kann man das wissen?
Alles ist je nachdem.

> Übers. G. Siebenmann, Span. Lyrik des
> 20. Jh.s, Hrsg. G. S. / José Manuel López,
> Stuttgart: Reclam, 1985, S. 96–99.

Ausg.: Poesías, Hrsg. J. Campos, Madrid ⁷1985.
Lit.: M. H. Guerra, El teatro de M. y A. M., Madrid 1966; G. Diego,
M. M., poeta, Madrid 1974; G. Brotherston, M. M., Madrid 1976.

Juan Ramón Jiménez (1881 Moguer, Prov. Huelva – 1958
San Juan de Puerto Rico). F. García Lorca nannte ihn »Gene-
ralkonsul der Lyrik«. Nobelpreis für Lit. 1956. – Begann
bereits mit 14 Jahren in andalusischen Zeitschriften zu pu-
blizieren. Wegen eines ständigen Nervenleidens früh in Sa-
natorien in Spanien und in Frankreich. Beim Ausbruch
des Bürgerkriegs Emigration nach Kuba und später in die
USA. – Schulbildend für die zweite Generation vor dem
I. Weltkrieg, z. B. den Madrider Enrique de Mesa (1878 bis

1929), den Kanarier Tomás Morales (1885–1921) u. a. Mit seiner Frau zusammen bedeutender Übersetzer von Rolland, Tagore, J. M. Synge, Hrsg. von R. Darío. Sein in europäischen und nordamerikan. Zeitschriften weitverstreutes Werk wirft noch viele schwierige editionstechnische Probleme auf, bis sich eine gerechte Gesamtwürdigung ergeben wird.

Eternidades (dt. *Ewigkeiten*; 1918). Liebeslyrik unter Einfluß der intellektuellen Dichtung P. Valérys. Die Welt existiert nur durch die Poesie. »Kosmische Erotik« (H. Jeschke). J. auf dem Weg zur *poésie pure*: »Mein Herz ist schon so rein, daß es dasselbe ist, ob es stirbt, ob es singt.«

Platero y yo. Elegía andaluza (dt. *Platero und ich. Andalusische Elegie*; 1914 unvollst., 1917 Endfassung). In einer Folge lockerer Prosaszenen wird vordergründig die traurige Geschichte vom Leben und Sterben eines Eselchens geschildert, das auf einer zweiten Erzählebene die Lebensstadien eines Menschen symbolisiert. – Auch als Kinderbuch weitverbreitet. »Ein bezauberndes Buch, zugleich einfach und erlesen, demütig und sternenweit, das in allen span. Schulen als Prämie verteilt werden sollte« (J. Ortega y Gasset). Berühmte Illustrationen und Lithographien von Jan Reder (Amsterdam 1945), José Mompou (Barcelona 1947), Baltasar Lobo (Paris 1953) u. a.

Ausg.: Obra completa, 20 Bde., Hrsg. R. Gullón, Madrid 1981–82.
Lit.: A. Sánchez Barbudo, La segunda época de J. R. J. (1916–1953), 2 Bde., Madrid 1962–63 (BRH VII,4); G. Palau de Nemes, Vida y obra de J. R. J. La poesía desnuda, 2 Bde., Madrid ²1974 (BRH II,31); A. Campoamor González, Bibliografía general de J. R. J., Madrid 1983.
Deutsch: Platero und ich. Andalusische Elegie, Übers. und Nachw. F. Vogelsang, Frankfurt a. M. 1985; Herz, stirb oder sing. Gedichte, Übers. H. L. Davi. Mit 5 Zeichnungen von H. Matisse, Zürich ²1987 [zweispr. Anthologie aus 13 Gedichtbdn.]; Stein und Himmel. Gedichte, Übers. F. Vogelsang, Stuttgart 1988 [zweispr. Ausg.].

C.

Die Literatur bis zum Ende des Spanischen Bürgerkriegs (1939)

59. Lyrik

Generation von 1927: Gruppe von Lyrikern (Alberti, Aleixandre, Alonso, Altolaguirre, Cernuda, Diego, García Lorca, Guillén, Prados, Salinas u. a.), die sich 1927, am 300. Todestag Góngoras, im Ateneo von Sevilla nach einer Phase der *poésie pure* (in der Tradition Jiménez') des Surrealismus und der Neuromantik zu einer gesellschaftlich engagierten Lyrik bekannte. In diesem Sinne gründete Neruda 1935 in Madrid das wichtige Sprachrohr dieser Bewegung, die Zeitschrift *Caballo verde para la poesía.*

Ultraísmo (Bezeichnung von G. de Torre), 1919–23: Parallelbewegung zum Dadaismus, Kubismus, Futurismus. Ziel: »Die Wiederherstellung des Lyrischen und echte Ehrenrettung des Gedichts« (G. de Torre). Reaktion gegen den Modernismus. Vorliebe für Metaphorik. Fortsetzung im *creacionismo.* Hauptvertreter der Chilene V. Huidobro (1893 bis 1948): »En vez de cantar la rosa hazla florecer en el poema« (»Anstatt die Rose zu besingen, laß sie im Gedicht blühen«).

Surrealismus (Begriff von Apollinaire 1917): avantgardistische Bewegung in den 20er und 30er Jahren, die – ausgehend von Paris – weit über die Lit. hinaus auf andere Kulturbereiche ausstrahlte. Nach der Ohnmacht der Intellektuellen im I. Weltkrieg wurden jetzt die bürgerlichen Kulturwerte einer schonungslosen Kritik unterzogen. Kunst sollte über Träume und Phantasien ein Mittel zur Veränderung des Lebens werden. Die Psychoanalyse Freuds, aus dessen Traumanalyse die »automatische Schreibweise« (*écriture automatique*) abgeleitet wurde, und das 1. Manifest Bretons

(1924) wurden auch von der 27er Generation in Spanien kreativ rezipiert. In Dalí und Buñuel fand der Surrealismus bedeutende Vertreter in Kunst und Film.

Lit.: G. Videla, El ultraísmo. Estudios sobre movimientos poéticos de vanguardia en España, Madrid 1963 (BRH II,69); A. L. Geist, La poética de la generación del 27 y las revistas literarias: de la vanguardia al compromiso 1918–1936, Barcelona 1980; J. García Gallego, La recepción del surrealismo en España (1924–1931), Granada 1984.
Anthologien: E. Brandenberger (Hrsg.), Poetas españoles. La generación del 27. Span. Dichter. Die Generation von 1927. Einführung und Autorenporträts von J. L. Cano, München 1980 (dtv zweispr. 9160); J. M. Castellet / P. Gimferrer (Hrsg.), Generation von 27. Gedichte, Frankfurt a. M. 1984 [zweispr. Ausg.]; P. Kultzen (Hrsg.), Vanguardia y avanzada. Span. Avantgarde, Texte der 20er und 30er Jahre, München 1991 (dtv zweispr. 9282).

Rafael Alberti (1902 Puerto de Santa María bei Cádiz). Nach dem Besuch des Jesuitenkollegs ging A. nach Madrid, malte zunächst, wandte sich aber bald der Lit. zu. 1925 erhielt er den Nationalen Literaturpreis für den Gedichtband *Marinero en tierra*. Im Widerstand gegen die Militärdiktatur Primo de Riveras gewann A. in den 20er Jahren zunehmend politisches Bewußtsein, bis er 1930 der KP beitrat, für die er nach Francos Tod und der Rückkehr aus dem Exil Parlamentsabgeordneter in Madrid war. Teilnehmer an den Schriftstellerkongressen der 30er Jahre in Moskau, Valencia und Madrid. Mit García Lorca und Bergamín zusammen gründete er damals den Verband antifaschistischer Schriftsteller und gab mit den Zeitschriften *Octubre* (1933–34) und *El Mono Azul* (1936–39) zwei führende Kulturorgane zur Zeit der II. Republik heraus. 1939 Emigration nach Buenos Aires, von 1963 bis 1976 Exil in Rom. Lebt seitdem hoch geehrt in seiner andalusischen Heimat, aus der er von Zeit zu Zeit sogar zu Überseereisen aufbricht. Sein kompromißloses Eintreten für die Weltfriedensbewegung trug ihm 1965 den Lenin-Friedenspreis ein.
Nach surrealistischen Anfängen und Gedichten in der Form- und Bildwelt des span. Barocks (vor allem Góngoras) stellte

er seine Lyrik seit dem Bürgerkrieg in die Tradition der »literatura comprometida«. In seiner späten Emigrantendichtung trat das humanistische Engagement in den Vordergrund. Das Theater A.s wurde in Spanien erst nach Francos Tod bekannt.

Seine Frühlyrik (1924–30) wertete er später als »einen geschlossenen Zyklus, mein unvermeidlicher Beitrag zur bürgerlichen Dichtung« ab. Einflüsse der span. *Romanceros* und *Cancioneros*, von Gil Vicente, Garcilaso de la Vega, Góngora, Lope de Vega, Bécquer, Baudelaire, J. R. Jiménez und A. Machado. Diese Namen stehen stellvertretend als lit. Vorbilder für die ganze *Generation von 1927*.

Lyrik:

Marinero en tierra (dt. *Zu Lande, zu Wasser*; 1925, entst. 1924). Charakterisierung von J. R. Jiménez: »Volkstümliche Lyrik, aber ohne leichte Zufuhr, sehr persönlich, in span. Tradition, aber ohne unnötige Rückkehr, neu, frisch und vollendet zugleich, ergeben, wendig, witzig, schimmernd: sehr andalusisch.«

Pirata

Pirata de mar y cielo,
si no fui ya, lo seré.
Si no robé la aurora de los mares,
si no la robé,
ya la robaré.
Pirata de cielo y mar,
sobre un cazatorpederos,
con seis fuertes marineros,
alternos, de tres en tres.
Si no robé la aurora de los cielos,
si no la robé,
ya la robaré.

Pirat

Pirat auf dem Meer und im Himmel –
Herrgott, das wär fein!
Und hab ich dem Meer nicht die Glut geraubt
und war sie nicht mein –
bald soll sie es sein!
Pirat auf Himmel und Meeren,
sechs Kerle von altem Schrote
auf einem Torpedoboote
und immer drei und drei.
Und hab ich dem Himmel die Glut nicht geraubt,
war sie nicht mein –
bald soll sie es sein!

> Übers. R. Grossmann, Span. Gedichte aus acht
> Jh., Bremen: Schünemann, 1960, S. 353.

Theater:

Noche de guerra en el Museo del Prado (dt. *Kriegsnacht im Pradomuseum*; 1956, erst 1978 in Madrid uraufgeführt). Parallelisierung der hist. Situationen von 1808 (Erhebung des Volkes von Madrid gegen die franz. Besatzungstruppen) und der Bürgerkriegsereignisse von 1936. Die Figuren der Gemälde von Goya treten aus den Bilderrahmen und reihen sich in die kämpfende Bevölkerung ein.
Als A. Anfang 1956 am 4. Dt. Schriftstellerkongreß in Berlin (Ost) teilnahm, gelangte das Ms. durch eine Vorübers. von Erich Arendt in die Hand von Brecht, der einen Prolog zur Erklärung der hist. Umstände und die Projizierung der Radierungen und Gemälde als handlungsillustrierende Diapositive auf die Bühnenleinwand anregte. Dadurch wurde der epische Charakter verstärkt. Die Beziehungen zwischen dem Theater Brechts und A.s verdienten eine detaillierte Untersuchung.

Prosa:

La arboleda perdida (dt. *Der verlorene Hain*; 1942–59).
Memoirenbuch, das die Geschichte A.s bis zur Ausrufung
der Republik (1931) widerspiegelt. Der »Verlorene Hain« ist
der Name eines Platzes in Puerto de Santa María und symbolisiert die verlorene Kindheit und Heimat.

Ausg.: Teatro, 2 Bde., Buenos Aires 1959–64; Poesía escogida (1924–1982),
Hrsg. A. Alberti León, La Habana 1990 [Vorw. N. Guillén].
Lit.: M. Engelbert, New York bei A. und García Lorca, in: Iberoame-
ricana 9 (1980) 3–22; M. Lentzen, R. A.s Poesía comprometida, in:
RZLG 7 (1983) 223–256; F. de Diego, El teatro de A.: teatralidad e ideo-
logía, Madrid 1988; J. Monleón, Tiempo y teatro de R. A., Cádiz 1990 [mit
zahlreichen Interviews].
Deutsch: Kriegsnacht im Pradomuseum, Übers. E. Arendt, in: W. Schuch
(Hrsg.), Span. Stücke, Berlin 1976, S. 49–88; Zu Lande, zu Wasser, Übers.
E. W. Palm, Frankfurt a. M. ²1980 [zweispr. Ausg.]; Über die Engel, Übers.
F. Vogelgsang, Stuttgart 1981 [zweispr. Ausg.]; Der verlorene Hain. Erin-
nerungen, Übers. J. A. Frank, Frankfurt a. M. ²1985; u. a. Übers.

Vicente Aleixandre (1898 Sevilla – 1984 Madrid). Seine Kindheit verbrachte A. in Málaga und Madrid, wo er Jura und
Volkswirtschaft studierte. Nachdem er von D. Alonso zur
Veröffentlichung von Gedichten in der *Revista de Occidente*
ermuntert worden war und auf Reisen nach Frankreich, England und in die Schweiz seinen lit. Horizont erweitert hatte,
fand er zu einer formbetonten, ästhetisierenden Lyrik, die als
poésie pure allein surrealistischen und neuromantischen Wurzeln verpflichtet war. Wegen seiner republikanischen Gesin-
nung wurden seine Bücher nach dem Sieg der Faschisten
geächtet. Die Verleihung des Nobelpreises für Lit. 1977 an A.
galt gleichzeitig der gesamten span. Lyrikergeneration von
1927 (Salinas, Cernuda, García Lorca u. a.), die der europäischen Lyrik neue Impulse gegeben hatte, weil sie formal und
inhaltlich Tradition und Fortschritt miteinander verband.
Espadas como labios (1932). – *La destrucción o el amor*
(1935). – *Sombra del paraíso* (1944). – *Mundo a solas,
1934–1936* (1950). – *Historia del corazón* (1954). – *En un
vasto dominio* (1962). – *Poemas de la consumación* (1968). –

Diálogos del conocimiento (1974). A. verzichtete in diesen
Büchern auf die strenge Form und schrieb in freien Langver-
sen. Im Schatten der schrecklichen Kriegserfahrungen steht
später das Gegensatzpaar Liebe und Tod im Mittelpunkt seiner Gedichte. Durchgehend findet sich ein pessimistischer,
stark rhetorischer Pantheismus. Im Vorw. zu *La destrucción
o el amor* bekennt V. A.: »Andere Dichter [...] wenden sich
an das Bleibende im Menschen. Nicht an das, was durch
Überfeinerung scheidet, sondern an das, was wesentlich
eint [...], zu diesen zähle ich mich.«

El aire

Aún más que el mar, el aire,
más inmenso que el mar, está tranquilo.
Alto velar de lucidez sin nadie.
Acaso la corteza pudo un día,
de la tierra, sentirte, humano. Invicto,
el aire ignora que habitó en tu pecho.
Sin memoria, inmortal, el aire esplende.

Die Luft

Mehr als das Meer noch ist die Luft,
gewaltiger als das Meer, ruhevoll.
Hohe Wacht menschenleerer Helle.
Vielleicht die Rinde der Erde vermochte,
Sterblicher, eines Tages dich zu fühlen. Unbesiegt,
verneint die Luft, daß sie in deiner Brust gelebt,
Unsterblich, ohne Gedächtnis, die Luft erglänzt.

Übers. E. Arendt, Nackt wie der glühende Stein,
Reinbek bei Hamburg: Rowohlt, ²1977, S. 162 f.

Ausg.: Obras completas, Madrid 1978 [Vorw. C. Bousoño].
Lit.: C. Bousoño, La poesía de V. A. Imagen, estilo, mundo poético,
Madrid ³1968 [Vorw. D. Alonso].
Deutsch: Nackt wie der glühende Stein, Übers. E./K. Arendt, Reinbek bei
Hamburg ²1977 [zweispr. Ausg.]; Die Zerstörung oder die Liebe, Übers.

F. Vogelsang, Stuttgart 1978 [zweispr. Ausg.]; Gedichte, span.-dt. Nach-
dichtungen von E. Arendt [u. a.] und 2 Interviews mit V. A., Leipzig 1980;
u. a. Übers.

Dámaso Alonso (1898 Madrid – 1990 ebd.). Schüler von
Menéndez Pidal. Nach Dozentenjahren in Berlin, Cambridge,
Oxford und in den USA Professor für Romanische Philologie
in Valencia (1933–39) und Madrid (1939–68). Auf Reisen an
nordamerikan. Universitäten hielt er Kontakt zu span. Exil-
autoren und bemühte sich um ihre Rehabilitierung in Spanien.
Dreimal legte Franco sein Veto ein, als A. Präsident der *Real
Academia de la Lengua* werden sollte. Erst 1948 durfte er
dieser Institution beitreten. Ehrendoktor der Universitäten
Bordeaux, Hamburg, Freiburg i. Br., Rom. Kultusminister
Jorge Semprún sagte in seiner Gedenkrede am 25. Januar 1990:
»Er bildete Teil der bedeutendsten Lyrikergeneration der Welt
und war einer von denen, die es am besten verstanden haben,
die Modernität der Lyrik des 20. Jh.s innerhalb der Schemata
der traditionellen span. Sprache zu leben.«
Lyriker, Philologe, Essayist, Literaturkritiker und Litera-
turtheoretiker. Direktor der *Revista de Filología Española*
(RFE). Hrsg. der bedeutenden Reihe *Biblioteca Románica
Hispánica* (BRH). Bei seinen literarhist. Untersuchungen lag
der Schwerpunkt im Mittelalter und im *Siglo de Oro* (Gón-
gora, San Juan de la Cruz, Gil Vicente u. a.), wobei er die
Stilanalyse mit impressionistischer Interpretation verband.
Übers. von James Joyce, Shelley, T. S. Eliot.
Hijos de la ira. Diario íntimo (dt. *Söhne des Zorns. Intimes
Tagebuch*; 1944). Der erste Gedichtband existentialistischen
Protests gegen die Friedhofsruhe im Spanien der Nachbür-
gerkriegszeit. Der Einfluß der prophetischen und apokalyp-
tischen Bücher der Bibel drückt sich auch im Titel aus dem
Brief des Paulus an die Epheser aus: Der Dichter will nicht
mehr »Sohn des Zorns« sein. »Madrid es una ciudad de más
de un millón de cadáveres (según las últimas estadísticas)«
(»Madrid ist nach den letzten Statistiken eine Stadt von über
einer Million Leichen«). Der lit. Protest gegen das Todes-

wüten des Bürger- und Weltkriegs, gegen die Pervertierung des Wortes in politische Demagogie und gegen die Verdrängung des humanistischen Weltbilds durch die technisierte Zivilisation spiegelt sich in dieser »poesía desarraigada« (entwurzelten Lyrik) auch in der Auflösung der Form (verso libre, freie Rhythmen) wider:

> Oh Dios,
> no me atormentes más,
> dime qué significan
> estos monstruos que me rodean
> y este espanto íntimo que hacia tí gime en la noche.

> Gott,
> quäle mich nicht mehr,
> sag mir, was bedeuten
> diese Ungeheuer, die mich umgeben
> und dieser innere Schrecken, der nach Dir in der
> Nacht seufzt.

Ausg.: Obras completas, 4 Bde., Madrid 1973 ff.
Lit.: M. J. Flys, La poesía existencial de D. A., Madrid 1968 (BRH II,100); A. P. Debicki, D. A., Madrid 1974; R. Ferreres, Aproximación a la poesía de D. A., Valencia 1976.
Deutsch: Söhne des Zorns, Übers. K. A. Horst, Frankfurt a. M. 1954; Span. Dichtung. Versuch über Methoden und Grenzen der Stilistik, Übers. C. Eich und I. Reiss, Bern 1962; Essays zur span. Lit. Ausgew. und hrsg. von G. Haensch und T. Lepsius, Ismaning bei München 1974.

Manuel Altolaguirre (1905 Málaga – 1959 Burgos). A. war nach dem Jurastudium als Verleger und Drucker in Spanien (u. a. von Nerudas Zeitschrift *Caballo verde para la poesía*), Frankreich und England tätig. Emigrierte als Republikaner nach dem Bürgerkrieg nach Mexiko und Kuba.
Nach puristischen und neuromantischen Anfängen unter dem Einfluß von J. R. Jiménez fand er durch Zusammenarbeit mit Salinas und Alberti zu gesellschaftsbezogener und konkreter Lyrik. Musikalisch-melancholische Lyrik, die um Einsamkeit, Liebe und Tod kreist (*Las islas invitadas*, 1926, erw. [2]1936, *Soledades juntas*, 1931). Seine Exilgedichte spie-

geln die Sehnsucht nach der span. Heimat wider. In Spanien wie in der Emigration gab er einige Zeitschriften heraus und gründete das wichtige avantgardistische Periodikum *Litoral*.

Ausg.: Poesías completas (1926–1959), Méjico ²1974.
Lit.: C. D. Hernández de Trelles, M. A.: vida y literatura, San Juan de Puerto Rico 1974.

Luis Cernuda (1902 Sevilla – 1963 Mexiko). Nach dem Jurastudium in Sevilla und Dozententätigkeit in Toulouse (1929) emigrierte er 1938 nach England und Schottland und neun Jahre später über die USA nach Mexiko. – Erzählprosa, subjektive Kritik und Lyrik unter Einfluß der engl. Romantik. Zusammen mit Jean Gebser Übers. von Hölderlin. Von der dt. Lit. schätzte C. außerdem Goethe und bes. Rilke, den er in einem Interview 1959 als einen der größten Dichter unseres Jh.s bezeichnete.
La realidad y el deseo (dt. *Das Wirkliche und das Verlangen*; 1936, erw. 1940, 1958, letzter Tl. 1962 u. d. T. *Desolación de la quimera*). Lyrikanthologie unter der polaren Spannung Wirklichkeit und Wunsch. Die Zeitlichkeit als Hauptthema, das in Wortschatz und Inhalt vom Zeitproblem J. Gulléns beeinflußt ist. Modernistische, klassizistische und surrealistische Tendenzen, die bei C. jedoch keine Effekthascherei, sondern Ergebnis ernsten Ringens um seine dichterische Entwicklung sind.

Ausg.: Poesía completa, Hrsg. D. Harris / L. Maristany, Barcelona 1974; Prosa completa, Hrsg. D. Harris / L. Maristany, Barcelona ²1977.
Lit.: E. Müller, Die Dichtung L. C.s, Genève / Paris 1962; T. Bremer, L. C. und seine Rezeption. Ein Literaturbericht, in: Iberoamericana 2 (1977) 63–71; M. Ulacia, L. C.: escritura, cuerpo y deseo, Barcelona 1986.
Deutsch: Das Wirkliche und das Verlangen, Übers. E. Arendt, Leipzig 1978 [zweispr. Ausg.; Nachw. C. Rincón]; Gedichte, Übers. M. Marschall von Bieberstein, Frankfurt a. M. 1992.

Gerardo Diego (1896 Santander – 1987 Madrid). Musiker und Professor für Lit. Reisen nach Frankreich, Portugal und Lateinamerika. Lehrte im Exil in den USA. – Begann als Ultraist, später vielseitiger Lyriker seiner Generation. Ein-

flüsse der klass. span. Lyrik (Lope de Vega), der Kreationi-
sten Huidobro und Juan Larrea. »Ich bin nicht dafür verant-
wortlich, daß mich zugleich Stadt und Land, Tradition und
Zukunft anziehen, daß mich die neue Kunst entzückt und die
alte begeistert« (Selbstaussage).
Manual de espumas (dt. *Schaumhandbuch*; 1924). Hauptwerk des Ultraismus. Bild- und Metaphernphantasie, die der
Dichter im Herbst 1922 an der kantabrischen Küste erson-
nen hat. Die Widmungsgedichte zeigen den bedeutenden
Freundeskreis des erst 28jährigen Poeten.

Nocturno

Están todas
También las que se encienden en las noches de moda
Nace del cielo tanto humo
que ha oxidado mis ojos.
Son sensibles al tacto las estrellas
No sé escribir a máquina sin ellas
Ellas lo saben todo
Graduar el mar febril
y refrescar mi sangre con su nieve infantil
La noche ha abierto el piano
y yo las digo adiós con la mano.

Nachtstück

Es fehlen keine
Auch die nicht die nur bei Festen scheinen
Am Himmel ist so viel Rauch geworden
daß mir die Augen rosten
Die Sterne haben Gefühl im Leibe
Ich kann nur bei ihnen maschineschreiben
Sie können alles
Wärme bestimmen der fiebernden See
mein Blut verjüngen mit ihrem Kinderschnee
Das Klavier hat die Nacht mir aufgeschlagen
nun kann ich »Lebt wohl!« zu ihnen sagen.

Übers. R. Grossmann, Span. Gedichte aus acht
Jh., Bremen: Schünemann, 1960, S. 313.

Ausg.: Obras completas. Poesía, Hrsg. F. J. Díez de Revenga, 2 Bde., Madrid 1989.
Lit.: H. Dittmeyer, G. D.: Dichtung und Welthaltung, *Manual de Espumas* als Ausdruck einer Dichterpersönlichkeit, in: RJb. 9 (1958) 331–353; A. del Villar, La poesía total de G. D., Madrid 1984.
Deutsch: Gedichte, Übers. B. Vesper-Triangel, Berlin 1964 [zweispr. Ausg. mit Bibl.; surrealistische Frühpoesie].

Juan Gil-Albert (1911 Valencia). Veröffentlichte mit 16 Jahren seine erste avantgardistische Lyrik in der Tradition der Autonomie des Literaturanspruchs von O. Wilde, radikalisierte sich dann aber durch die gesellschaftspolitischen Veränderungen und erweiterte sein Werk um vielgelesene Prosachroniken (1932). Seine Sympathie für die revolutionären Veränderungen in der Sowjetunion ging Hand in Hand mit einer Kritik an der Selbstgefälligkeit der Machtgruppen (Adel, Klerus, Militär) in Spanien und einer Zuwendung zur engagierten Lyrik. Mitarbeit an allen maßgeblichen Kulturzeitschriften seiner Zeit, Mitbegründer der *Hora de España* (1937). Bürgerkriegslyriker an der Front bis zur Emigration. Kehrte 1947 aus dem Exil nach Spanien zurück (*Concertar es amor*, 1951).

Ausg.: Obra completa en prosa, 8 Bde., Valencia 1981–84.
Lit.: Literatura y compromiso político en los años 30. Homenaje al poeta J. G.-A., Valencia 1984.

Jorge Guillén (1893 Valladolid – 1984 Málaga). Nach dem Studium der Philosophie und Lit. in Granada und Madrid und ausgedehnten Auslandsaufenthalten (Schweiz, 1909 bis 1911, Dt., 1914) schlug er die akademische Laufbahn ein: Spanischlektor an der Sorbonne (1917–23) und in Oxford (1929–31). Danach Professor für Lit. in Sevilla. 1938 emigrierte er in die USA und lehrte dort an verschiedenen Colleges, vor allem in Cambridge. Nach dem II. Weltkrieg zog er nach Italien, bis er nach Spanien zurückkehrte. Sein umfangreicher Nachlaß und seine Bibliothek (rund 10 000 Bde.) liegen im Palacio de Benavente in Valladolid.

Lyriker, Literaturkritiker und Übersetzer, der Valéry, Super-
vielle, Claudel und Cassou ins Span. übertragen hat. »Es gibt
nur die im Gedicht verwirklichte Poesie. *Poésie pure* ist alles,
was in einem Gedicht zurückbleibt, nachdem man alles
Undichterische ausgeschieden hat. *Pure* bedeutet *einfach*«
(Selbstaussage). Seit 1951 wurde G.s Lyrik konkreter, reali-
stischer, humaner, skeptischer.
Cántico (dt. *Lobgesang*; 1928: 75 Gedichte, ⁴1950: 334 Ge-
dichte). Untertitel: Fe de vida (Beglaubigung *oder* Glaube an
das Leben). Hauptthema: Staunen des Menschen vor dem
Wunder der Schöpfung. Lobgesang auf die Schöpfung;
Überwindung der Trauer. Der Welt der Ordnung steht die
Welt des Chaos gegenüber, die trotz ihrer negativen Macht
einen festen Platz im Kosmos einnimmt. »Berufung zum
Sein.« Klass. Formstreben. Sparsame Metaphorik, in der
Substantive und Adjektive bevorzugt werden.

Camposanto

Yacente a solas, no está afligido, no está preso,
Pacificado al fin entre tierra y más tierra,
El esqueleto sin angustia, a solas hueso.
¡Descanse en paz, sin nosotros, bajo nuestra guerra!

Friedhof

Alleine ruht und ist nicht traurig, nicht gefangen,
befriedet endlich zwischen Erd' und noch mehr Erde,
angstlos und einsam Knochen, das Skelett.
Es ruh in Frieden, ohne uns, tief unter unserm Krieg.

Übers. H. Baumgart, J. G., Ausgewählte Gedichte, Frankfurt a. M.: Suhrkamp, 1974, S. 52 f.

Ausg.: Mientras el aire es nuestro. Antología, Hrsg. P. W. Silver, Madrid
1984.
Lit.: G. R. Lind, J. G.s Cántico. Eine Motivstudie, Frankfurt a. M. 1955;
F. García Lorca, Briefe an J. G. Mit einem Bericht von G. über seine
Freundschaft mit Lorca, Wiesbaden 1976; O. Macrí, La obra poética de
J. G., Barcelona 1976 [mit Bibliogr.].

Deutsch: Lobgesang, Übers. E. R. Curtius, Zürich 1952 [zweispr. Ausg. mit wichtigem Vorw.]; Sprache und Poesie. Einige Beispiele aus Spanien, Übers. R. Specht, München 1965; Ausgewählte Gedichte, Übers. H. Baumgart, Frankfurt a. M. 1974 [zweispr. Ausg.]; u. a. Übers.

Miguel Hernández (1910 Orihuela bei Murcia – 1942 im Gefängnislazarett von Alicante). Drei Mythen prägten sein Leben: Ziegenhirt und Dichter, Soldatendichter im Schützengraben, Gefängnisdichter bis in den Tod. Alle drei Mythen haben ihren biogr. Hintergrund, denn als Sohn eines Ziegenbauern veröffentlichte H. als Autodidakt seine ersten Gedichte. Nach zweimaligem Anlauf schaffte er mit Hilfe Pablo Nerudas (der von ihm in seinen Memoiren ein anschauliches Bild zeichnet) zu Beginn des Bürgerkriegs den Sprung nach Madrid. Dort war er an der »Front der Feder« unermüdlich für die Ideale und Ziele der Republik tätig. Viele seiner bekanntesten Gedichte gaben den Soldaten Mut und Zuversicht. Durch die Bildkraft und Phantasie seiner Lyrik, die fest im tellurischen Bereich verwurzelt ist, war er auch für breitere Kreise verständlich (»Milizsoldat der Kultur«). Aufgrund unglücklicher Umstände wurde H. nach Ende des Bürgerkriegs auf der Flucht nach Portugal gefaßt und siechte seit 1939 in der Haft an Erkältungen, Fieber, Blutsturz, Paratyphus, Lungentuberkulose dahin.

Über seinen Tod hinaus wurde er wie García Lorca und A. Machado zum Symbol des geistigen Widerstands gegen den Faschismus. Das Wiederauftauchen seiner Werke in Spanien in den 70er Jahren war ein politisches Ereignis, das ebenso wie die Gedenkfeiern in seinem Geburtsort zu bewegenden Demonstrationen gegen die Franco-Diktatur wurde.

El rayo que no cesa (dt. *Der unaufhörliche Blitz*; 1936). Meist Liebessonette unter Einfluß von Garcilaso de la Vega, Góngora, Quevedo, García Lorca und Neruda (*Residencia en la tierra*). Rural einfache, aber zugleich hermetisch verschlossene Bildwelt. Kräftiges Bild des Stiers als Liebes- und Todessymbol zugleich. Die Sonettform eignet sich zur Darstellung von Gegensätzen.

Como el toro he nacido para el luto
y el dolor, como el toro estoy marcado
por un hierro infernal en el costado
y por varón en la ingle con un fruto.

Como el toro lo encuentra diminuto
todo mi corazón desmesurado,
y del rostro del beso enamorado,
como el toro a tu amor se lo disputo.

Como el toro me crezco en el castigo,
la lengua en corazón tengo bañada
y llevo al cuello un vendaval sonoro.

Como el toro te sigo y te persigo,
y dejas mi deseo en una espada,
como el toro burlado, como el toro.

Wie der Stier bin ich zur Trauer geboren
und zum Schmerz, wie der Stier bin ich gezeichnet
durch ein höllisch Eisen in der Flanke
und, als Mann, mit einer Frucht im Weichteil.

Wie der Stier sieht mein übermäßig Herz
alles verkleinert und ich mach es,
mit dem kußverliebten Antlitz,
wie der Stier, deiner Liebe streitig.

Wie der Stier wachse ich unter dem Stachel,
die Zunge von Herzblut überströmt,
am Hals einen brausenden Sturmwind.

Wie der Stier lauf ich und stell ich dir nach,
und meine Begier läßt du an einem Degen enden,
genarrt wie der Stier, wie der Stier.

Übers. G. Siebenmann, Span. Lyrik des 20. Jh.s,
Stuttgart: Reclam, 1985, S. 217 (RUB 8035).

Viento del pueblo (dt. *Wind des Volkes*; 1937). Kriegslyrik.
Der stark rhetorische Rhythmus (»¡Ay España de mi vida /
ay España de mi muerte!«) trägt zur dynamischen Wirkung

dieser Verse bei und legt ergreifendes Zeugnis von der unmittelbar schmerzlichen Anteilnahme des Dichters ab.

Ausg.: Obra completa, 2 Bde., Hrsg. A. Sánchez Vidal [u. a.], Madrid 1992 [krit. Ausg.].
Lit.: K. Barck, M. H., in: Zur Gegenwartslit. in den romanischen Ländern. Studien und Berichte 5/6, Berlin 1970, S. 99–177; J. Manresa, Recuerdos de la viuda de M. H., Madrid ²1981; F. J. Díez de Revenga Torres [u. a.], El teatro de M. H., Alicante ²1986; A. Sánchez Vidal, M. H. Biografía, Barcelona 1992.
Deutsch: Der Oelbaum schmeckt nach Zeit, Übers. E. Arendt / K. Barck, Berlin 1972; u. a. Übers.

Pedro Salinas (1892 Madrid – 1951 Boston). Nach dem Studium in Madrid schlug er die akademische Laufbahn ein (Spanischlektor an der Sorbonne, 1914–17, Universitätsprofessor in Sevilla, 1918), die jedoch durch den Bürgerkrieg unterbrochen wurde, der S. zur Emigration in die USA zwang. – Lyriker, Dramatiker, Essayist, Literarhistoriker (schrieb über J. Manrique, Meléndez Valdés, R. Darío u. a.), Übers. aus dem Engl. und Franz. (Proust u. a.). Sein »tema vital« ist das Verhältnis des Künstlers zur Realität, bes. in den frühen Gedichten. »Ich schätze in der Lyrik vor allem die Glaubwürdigkeit. Dann die Schönheit. Danach den Geist« (Selbstaussage).

La voz a tí debida (dt. *Die Stimme, die ich dir verdanke*; 1933). 2462 meist siebensilbige Verse in 70 Gedichten. Liebeslyrik zwischen den Höhen der Abstraktion und greifbarer Körperlichkeit, teilweise Mystiknähe. Der Titel ist ein Zitat aus der 3. Ekloge Garcilaso de la Vegas. Im Gegensatz zur unerwiderten Liebesklage Garcilasos findet die Liebe bei S. ein Echo.

Ausg.: Teatro completo, Hrsg. J. Marichal, Madrid 1957; Poesías completas, Vorw. J. Guillén, Barcelona 1971; Narrativa completa, Barcelona 1976.
Lit.: H. Baader, P. S. Studien zu seinem dichterischen und krit. Werk, Köln 1956, J. F. Cirre, El mundo lírico de P. S., Granada 1982; P. Moraleda, El teatro de P. S., Madrid 1985.
Deutsch: Die Rätselbombe, Übers. E. Frey, Wiesbaden ²1960 [Prosa]; Gedichte, Übers. R. Wittkopf, Frankfurt a. M. 1990 [zweispr. Ausg.]; u. a. Übers.

60. Drama

Salontheater

Jacinto Benavente y Martínez (1866 Madrid – 1954 ebd.).
Nach abgebrochenem Jurastudium, journalistischer Tätigkeit
und Bildungsreisen durch ganz Europa widmete er sich der
Bühne und wurde im theaterfreudigen Madrid im ersten Drittel
des 20. Jh.s bald zu einem gefeierten Erfolgsautor (172
Stücke), der 1922 sogar den Literaturnobelpreis für die »Erneuerung
der ruhmvollen Tradition des span. Theaters« erhielt.
Sein schulbildendes Werk stellte eine Reaktion auf den
melodramatischen Schwulst Echegarays dar und zeichnete
sich unter dem Einfluß Ibsens durch lebendigen Stil, psychologische
Vertiefung der Charaktere und distanzierte Satire an
gesellschaftlichen Mißständen aus. In seinen besten Stücken
gewinnt die Kritik an der Heuchelei der bürgerlichen Gesellschaft
überzeitliche Bedeutung, ohne allerdings je eine tiefgründige
und erbarmungslose sozialkrit. Dimension zu erreichen.
Seine pessimistische Grundhaltung ist Erbschaft des
fin de siècle und zugleich Ausdruck der politischen Ohnmacht
der Intellektuellen während der Monarchie und der Militärdiktatur
Primo de Riveras. – Schrieb auch Bauerndramen, die
in der Sphäre stilisierter Ländlichkeit spielen. Nach seinem
Vorbild arbeitete eine Reihe von lit. nicht sehr bedeutenden
Dramatikern, z. B. Linares Rivas (1878–1938), Martínez
Sierra (1881–1947), Suárez de Deza (geb. 1906) u. a.
Los intereses creados (dt. *Der tugendhafte Glücksritter;* Auff.
1907, ersch. 1909). Puppenkomödie in Prosa. Auf den Rat
seines Freundes Crispín gibt sich Leandro als großer Herr
aus. Als die beiden Betrüger von Schulden erdrückt werden,
heiratet Leandro mit Hilfe der Gläubiger die Tochter des reichen
Polichinela. – Handlung mit den Figuren der *commedia
dell'arte* des 17. Jh.s, andererseits enge Verbindung zur span.
comedia des *Siglo de Oro*, bes. durch den *gracioso* Crispín,
der die eigentliche Hauptfigur ist.

Ausg.: Obras completas, 11 Bde., Madrid ⁴1947–69.
Lit.: K. Pörtl, Die Satire im Theater B.s von 1896 bis 1907, München 1966;
H. Tzitsikas, La supervivencia existencial de la mujer en las obras de B.,
Barcelona 1982.
Deutsch: Der tugendhafte Glücksritter oder Crispin als Meister seines
Herrn und Die frohe Stadt des Leichtsinns, Übers. A. Haas / E. Domín-
guez Rodiño, Zürich 1968; Kleine Ursachen, Übers. F. Bralitz, München
1973 [zweispr. Ausg.]; u. a. Übers.

Jacinto Grau (1877 Barcelona – 1958 Buenos Aires). Künst-
liche Neubelebung des Theaters in klass. Tradition. Biblische
Themen und Romanzenstoffe. Vollendete Harmonie zwischen Form und Inhalt. Bühnenerfolge hauptsächlich im
Ausland.
Don Juan de Carillana (1913). – *El burlador que no se burla*
(1930). Neue Interpretationen des Don-Juan-Mythos. Am
Ende triumphiert die sinnliche Liebe, und die von Don Juan
beglückten Frauen trauern um den Toten. Ein junges
Mädchen sieht den Verführer so.: »Es scheint mir, ich sehe
ihn rasch durch die Straßen gehen, auf der Flucht, ohne sich
jemals erwischen zu lassen, wie das Glück.«
Ausg.: Teatro selecto, Hrsg. L. García Lorenzo, Madrid 1971.
Lit.: M. Navascués, El teatro de J. G., Madrid 1975.

Volkstheater

Serafín Álvarez Quintero (1871 Utrera, Sevilla – 1938 Madrid) und **Joaquín Álvarez Quintero** (1873 Utrera – 1944
ebd.). Dieses Brüderpaar verfaßte gemeinsam mehr als 200
entremeses, *sainetes* und Opernlibretti, genreartige Einakter
andalusischer Volksszenen, mit denen sie diese Gattung aus
dem 18. Jh. und das romantische Lokalkolorit der *costumbri-
stas* im 19. Jh. fortsetzten. Die anspruchslose Situations- und
Handlungskomik erfreute bes. ein kleinbürgerliches Publikum, das Entspannung vom zunehmend konfliktreicheren
Arbeitsalltag suchte. Bis heute wegen Humor und Dialog-
frische beliebte Stücke, obwohl es der »petite bourgeoisie«,
»die ruhig ihre Siesta hielt im Vertrauen auf den eigentlich

nur konventionellen Wert des aus Kasten, Glaubensüberzeu-
gungen und Sitten gebildeten Gemäuers« (M. Sánchez del
Arco) den Spiegel vorhielt.

Ausg.: Obras completas, 7 Bde., Madrid 1948–54 [u. ö.]
Lit.: M. Sánchez del Arco, Algo más que Andalucía (Estudio del teatro
quinteriano), Madrid 1945; J. M. Rodríguez Méndez, Lo que queda de los
hermanos Q., in: RdO, Nr. 117 (1972) 307–329.

Carlos Arniches (1866 Alicante – 1943 Madrid). A. wirkte
bes. auf dem Gebiet der dramatischen Kurzgattung der *sainetes*, einer unterhaltsamen Typenkomödie, die ihre Vorläufer in den *entremeses* und *pasos* des 16. und 17. Jh.s und ihren
Höhepunkt im 18. Jh. hatte. Er nahm in seinen Einaktern den
phantasievollen Sprachschatz des Madrider Kleinbürgertums
um die Jahrhundertwende auf und entwickelte ihn spiele-
risch mit zahlreichen Neologismen und Wortspielen weiter.
Inhaltlich variierte er Alltagsstoffe, die eine Fundgrube für
Kulturhistoriker darstellen. Einige seiner Stücke wurden
vertont und werden bis zum heutigen Tage auf Kleinbühnen
gespielt. – Seit 1910 auch Neigung zu ernsteren Stücken, bes.
zur *tragedia grotesca* (1916–30). Bereits zu Lebzeiten zahlreiche Verfilmungen seiner Theaterstücke.

Ausg.: Teatro completo, 4 Bde., Madrid 1948–49.
Lit.: M. Lentzen, C. A. Vom *género chico* zur *tragedia grotesca*, Genève /
Paris 1966; M. Seco, A. y el habla de Madrid, Madrid / Barcelona 1970.

Federico García Lorca (1898 Fuentevaqueros bei Granada –
1936 Schlucht von Viznar, Prov. Granada, ermordet). Bereits
während seiner Studienzeit (Philosophie und Jura) in Granada und Madrid trat G. L. in Verbindung mit den führenden
span. und lateinamerikan. Schriftstellern und Künstlern seiner Zeit, mit denen er bis zu seinem gewaltsamen Ende
befreundet blieb: Dalí, Falla, Guillén, Alonso, Aleixandre,
Alberti, Neruda u. v. a. Auf Europa- und Amerikareisen
(1929–30) erweiterte er seinen Horizont und feierte erste
Theatererfolge. Mit der Ausrufung der II. Republik nahm
sein lyrisches und dramatisches Werk eine gesellschafts-
bezogenere Funktion an. Als Leiter des Studententheaters La

Barraca (Theater der sozialen Aktion) zog er im Auftrag
des Erziehungsministeriums durch ganz Spanien, um der
jahrhundertelang in geistiger Unterentwicklung gehaltenen
Landbevölkerung ihr kulturelles Erbe (Cervantes, Lope de
Vega, Calderón u. a.) zu vermitteln. Im Jahre 1936 gehörte er
mit Alberti und Bergamín zu den Mitbegründern des Bundes
Antifaschistischer Intellektueller. Voller Unruhe und Vorah-
nung seines Todes kehrte er bei Ausbruch des Bürgerkriegs
von Madrid nach Granada zurück. Einen Monat später
wurde er verhaftet und am 19. August 1936 ohne Prozeß von
einer »Todesschwadron« der Falangisten in der Schlucht von
Viznar bei Granada erschossen. Ein falangistischer Denunziant bekannte: »Er hat mit seiner Feder mehr Unheil ange-
richtet als andere mit der Pistole.«

Berühmtes Nekrologgedicht von Antonio Machado im Auszug (1937):

> Man sah ihn schreiten zwischen den Gewehren
> auf der langen Straße
> hinaus auf das kalte Feld,
> noch unterm Sternenhimmel in der Morgenfrüh.
> Sie haben Federico ermordet,
> als das Licht hervorbrach.
> Das Henkerkommando
> wagte ihm nicht ins Gesicht zu schaun.
> Alle verschlossen die Augen.
> Und beteten: Auch Gott wird dich nicht retten!
> Tot fiel er hin, Federico,
> blutend die Stirn, Blei in den Eingeweiden.
> In Granada geschah das Verbrechen,
> sollt ihr wissen, armes Granada, in seinem Granada
> […].
>> Übers. H. Meier / P. Ramírez, F. G. L. Bilder und
>> Texte, Frankfurt a. M.: Insel Verlag, 1986, S. 239.

Die überragende lit. Bedeutung seines Gesamtwerks liegt
in der formalen Verbindung jahrhundertelanger span. Gat-
tungstradition mit neuer inhaltlicher Füllung und in der spielerischen Leichtigkeit, Musikalität und Phantasie, mit der

G. L. seine Bilder und Gedanken entfaltete. Volkstümliche lyrische Anfänge aus dem Beginn der 20er Jahre: *Libro de poemas* (1921), Einflüsse von J. R. Jiménez, A. Machado, S. Rueda, *Poema de cante jondo* (1931), meist volkstümliche Kurzlyrik, *Llanto por Ignacio Sánchez Mejías* (1935), Stierkämpfer-Elegie, *El poeta en Nueva York* (1940, entst. 1935), pessimistisches Großstadt und Zivilisationserlebnis (»American way of life«), Bekenntnis zum Surrealismus.

Lyrik:

Romancero gitano (dt. *Zigeunerromanzen*; 1928, entst. zwischen 1924–27). Zyklus von 18 Romanzen, in dem die Welt der einfachen Andalusier und Zigeuner (als Symbole der Freiheit und kreativen Phantasie) sich gegen die alten Repressionsmächte wie Klerus, Polizei und Denunzianten behauptet. Am bekanntesten: Romance de la luna (Todeszaubertanz), Preciosa y el aire (a D. Alonso), Romance sonámbulo (»Verde que te quiero verde …«), La casada infiel (symbol- und metaphernreicher Sensualismus), Prendimiento de Antoñito el Camborio en el camino de Sevilla, Romance de la Guardia Civil. – Motivpaare: Leidenschaft – Ehre, Tod – Leben, Kollektiv – Individuum, Freiheit – Macht (sozialkrit. Ton).

Drama:

G. L.s Theaterstücke sind fast alle zur Zeit der II. Republik in den letzten Lebensjahren des Dichters entstanden. Sie führten über *Mariana Pineda* (1928, Auff. 1927), eine dramatische Romanze um eine hist. Freiheitsheldin von Granada, über eine Farce wie *La zapatera prodigiosa* (1938, Auff. 1930), über ein Marionettenspiel wie den *Retablillo de don Cristóbal* (1938, entst. 1931), über ein Prosakammerspiel wie *Amor de don Perlimplín y Belisa en su jardín* (1938, entst. 1931), über einen surrealistischen Dreiakter zum Thema unglücklicher Liebe wie *Así que pasen cinco años* (1931) und über *Doña Rosita la soltera o El lenguaje de las flores* (1938,

Auff. 1935) zu den reifen Tragödien *Yerma* (1937, entst. 1934), der Tragödie der Unfruchtbarkeit, *Bodas de sangre* (1935, entst. 1933) und *La casa de Bernarda Alba* (1945, entst. 1933–36); Bauerntrilogie).

In allen diesen Werken stellte G. L. mit kargen Strichen die veralteten Konventionen und die Scheinmoral einer noch semifeudalen Landhierarchie dar. Allein lyrische Elemente wie Musik, Tanz und Gesang mildern die beklemmende Atmosphäre. Ihre allzu starke Hervorhebung führte bei vielen Aufführungen – bes. im Ausland – zur Folklorisierung des Theaters G. L.s, wobei die Konflikte verharmlost oder harmonisiert wurden. Die äußerst bühnenwirksamen Stücke müssen auch vor dem Hintergrund der sozialen und kulturpolitischen Reformen der Republikaner gesehen werden, die z. B. die Veränderung der sozialen Rolle der Frau, die Aufhebung oder Abmilderung des Gegensatzes zwischen Stadt und Land, die Hebung des Bildungsniveaus der breiten Bevölkerung u. a. zum Ziel hatten.

Bodas de sangre (dt. *Bluthochzeit*; 1935). Eine Braut flieht an ihrem Hochzeitstag mit dem früheren Verlobten, der ebenfalls verheiratet ist. Der Entführer und der Bräutigam fallen im Duell. Blutrache der Familie des Bräutigams. – Harte Kritik an rückständiger Gesellschaftsordnung. Verschlungene Motive. Lyrisch-dramatische Struktur.

Yerma (dt. *Yerma*; 1937). Wird meist als »Tragödie der unfruchtbaren Frau« bezeichnet, ist aber in Wirklichkeit die »Tragödie des unfruchtbaren Mannes« mit einer Kritik an den patriarchalisch-feudalen Machtverhältnissen auf dem Lande, deren Opfer Frauen sind.

La casa de Bernarda Alba (dt. *Bernarda Albas Haus*; 1945, entst. 1933 bis 19. Juni 1936). Untertitel: Drama de mujeres en los pueblos de España. Die Witwe Bernarda Alba hält ihre geistesgestörte Mutter, zwei Mägde und ihre fünf Töchter nach dem Tod ihres zweiten Mannes von der Umwelt abgeschlossen. Nach der Entdeckung einer heimlichen Zusammenkunft der jüngsten Tochter Adela mit Pepe el Romano, dem Verlobten der ältesten Schwester Angustias, erhängt sich Adela. Denn ihre eifersüchtige Schwester Martirio log ihr vor, der flüchtende Pepe sei durch einen Flintenschuß Bernardas ums Leben gekommen. Bernarda Alba unterdrückt despotisch selbst jede Klage. – Sozialkritik an der Heuchelei in einer halbfeudalen Gesellschaft. Die teilweise Realität des Stoffes von G. L. zugegeben. Es habe eine Doña Bernarda in Valderrubio, einem Dorf bei Granada gegeben, wo seine Eltern einen kleinen Besitz hatten. – An der Deutschen Oper in Berlin wurde 1986 das Ballett *Las Hermanas* von Kenneth Mac Millan mit der Musik von Frank Martin (Konzert für Cembalo und kleines Orchester) nach G. L.s Vorlage aufgeführt.

Ausg.: Obras completas, Hrsg. A. del Hoyo, Madrid ¹⁵1969 [u. ö.].
Lit.: B. Frazier, La mujer en el teatro de F. G. L., Madrid 1973; J. Gorman, The reception of F. G. L. in Germany, Madrid 1973; C. Rincón, Das Theater G. L.s, Berlin 1975; F. Colecchia (Hrsg.), G. L. A selectively annotated bibliography of criticism, New York 1979; H. Rogmann, G. L., Darmstadt 1981 (Erträge der Forschung, 158); R. Blaeser, F. G. L. als Zeichner, Köln 1986; Boletín de la Fundación F. G. L., Madrid 1986 ff.; H. Meier / P. Ramírez, F. G. L. Bilder und Texte, Frankfurt a. M. 1986; I. Gibson, F. G. L. Eine Biographie, Frankfurt a. M. / Leipzig 1991.
Deutsch: Werke, Übers. E. Beck, 3 Bde., Frankfurt a. M. 1986 [vielkritisierte Übers.]; Briefe an Freunde. Briefe, Interviews, Äußerungen über Dichtung und Theater, Übers. E. Beck, Frankfurt a. M. 1986; Dichtung vom Cante Jondo. Dichtung vom tiefinneren Sang, Übers. E. Beck, Frankfurt a. M. ²1988; Bernarda Albas Haus. Frauentragödie in span. Dörfern, Übers. E. Beck, RUB 8525; u. a. Übers.

61. Prosa

Manuel Azaña (1880 Alcalá de Henares – 1940 Montauban). Ministerpräsident in der schwierigen ersten Phase der II. Republik (1931–33) und Präsident der Republik (1936–39). »Er war ein Bewunderer des bürgerlichen Frankreichs und träumte von einer Republik der Ordnung und des Gleichgewichts« (Broué/Témime). Glänzender Redner, der in den 20er Jahren schon im Madrider Ateneo seine geistigen Waffen schärfte.

Nach der Plünderung seines Hauses in Südfrankreich durch die Gestapo wurden rund 5000 Dokumente erst im Februar 1984 in der *Escuela Superior de Policía* in Madrid wiedergefunden. Es handelte sich um lit. und politische Zeugnisse, Vortragstexte, unpublizierte Werke wie *El cielo y el infierno*, *La vara* und *Silva de aventuras*, Erzählungen, Essays, Briefe und Fotos. Sie sind heute der Forschung wieder zugänglich. In großen Gedenkausstellungen nach Francos Tod wurde seines Lebenswerks gedacht.

El jardín de los frailes (dt. *Der Garten der Mönche*; 1927). Jugenderinnerungen aus der strengen Zucht des Augustinerkollegs von San Lorenzo im Kloster Escorial. Der Autor erzählt mit Humor und feiner Ironie die Widersprüche zwischen der geistigen, körperlichen und sexuellen Entwicklung eines jungen Mannes und den orthodoxen, weltfremden Maximen seiner Erzieher. In den Betrachtungen über die Geschichte und das Wesen Spaniens steht dieser Kurzroman noch den bohrenden Fragen der *98er Generation* nahe.

Fresdeval (dt. *Fresdeval*; 1931 begonnen, 1966 ersch.). Unvollendeter Roman, den A. zu schreiben begann, als er sich im Dezember 1931 nach dem Scheitern des Putsches von Jaca vor der Polizei versteckte. Angeregt von einem Besuch im Jahre 1926 im verfallenen Kloster Fresdelval (so richtig!) bei Burgos, das A. im Roman in die Nähe seiner Heimatstadt Alcalá de Henares verlegt. Die Familiengeschichte der Anguix und Budía entfaltet sich mit teils autobiogr. Reminiszenzen seit dem 18. Jh. in der Tradition des bürgerlichen Gesellschaftsromans, der alle Klassen als Produkt der Geschichte in ihrem Auf und Ab vorführt.

Ausg.: Obras completas, Hrsg. J. Marichal, 4 Bde., México 1966–68; Apuntes de memoria (inéditos) y cartas (1938, 1939, 1940), Hrsg. E. de Rivas, Valencia 1990 (dazu Bd. 2: Comentarios y notas, Valencia 1990). *Lit.:* J. Marichal, La vocación de M. A., Madrid ²1982; S. Juliá, M. A., una biografía política. Del Ateneo al Palacio Nacional, Madrid 1990; J. M. Marco, A., Madrid 1990.

Ramón Gómez de la Serna (1888 Madrid – 1963 Buenos Aires). In der lit. Welt Madrids wurde er durch seinen Stamm-

tisch im »Café Pombo« (»Don Ramón«) bekannt, wo sich
die avantgardistische »jeunesse dorée« sammelte, um Bewegung in die kleinbürgerliche Monotonie des span. Alltagslebens zu bringen. »Ein Leben außerhalb des Wettbewerbs,
ein Leben ohne Pedanterie oder Ehrgeiz, zwischen Zuschauer, Spaziergänger und Schauspieler, ein optimistisches
und herzzerreißendes Leben, weil man es allmählich zum
Tode hin gehen sieht, mit der naiven Freude, nicht zu gehen«
(Selbstaussage). – Umfangreiches und vielseitiges Werk, das
rund 100 Bde. umfaßt. Romane, Biographien (u. a. von O.
Wilde, Goya, El Greco, Valle-Inclán, Lope de Vega), Kunst-
und Literaturkritik, Erzählungen und Theater.

Greguerías (dt. *Greguerias*; 1917). Ideenassoziationen in
barocker Tradition, scheinbar irrationalen Inhalts. Rezept:
Humor (Ironie) + Metapher = *greguería*. Beispiele: »En
otoño debían caer las hojas de los libros« (»Im Herbst sollten
die Blätter aus den Büchern fallen«). »El rayo es una especie
de sacacorchos encolerizado« (»Der Blitz ist eine Art in Zorn
geratener Korkenzieher«). »El cocodrilo es un zapato descla-
vado« (»Das Krokodil ist ein ungenagelter Schuh«). »El arco
iris es la cinta que se pone la Naturaleza después de haberse
lavado la cabeza« (»Der Regenbogen ist das Band, das sich
die Natur umlegt, nachdem sie sich den Kopf gewaschen
hat«).

Über Gründe und Wirkung dieser Gattung ist das letzte
Wort noch nicht gesprochen, jedoch ist ihr Einfluß auf die
damaligen avantgardistischen Bewegungen in Lit. und Kunst
unbestritten.

Ausg.: Obras completas, 2 Bde., Barcelona 1956–57 [unvollst.].
Lit.: W. Krauss, R. G. de la S. und die Revolution der Greguería, in: Limes-
Lesebuch, Wiesbaden 1958, S. 28–39; R. Daus, Der Avantgardismus R. G.
de la S.s, Frankfurt a. M. 1971; M. del C. Serrano Vázquez, El humor en
las greguerías de R.: recursos lingüísticos, Madrid 1991.
Deutsch: Der Traum ist ein Depot für verlegte Gegenstände. Greguerías,
Übers. M. Mies, Berlin 1989; Die Wahrheit über Picasso und den Kubismus, Übers. E. Wehr, Berlin 1990; Sechs falsche Novellen, Übers. M. López, Frankfurt a. M. 1992; u. a. Übers.

Gabriel Miró (1879 Alicante – 1930 Madrid). Nach dem Besuch des Jesuitenkollegs von Orihuela (bei Murcia) studierte M. Jura in Valencia und Granada. Anschließend arbeitete er als Verwaltungsbeamter in seiner Heimatstadt, bis er 1920 als freier Journalist und Schriftsteller nach Madrid übersiedelte. – Seine Stärke lag in autobiogr. gehaltenen, impressionistischen Landschaftsbildern seiner Umgebung. In seinem Alterswerk (*Nuestro Padre San Daniel*, 1921, *El obispo leproso*, 1926) entwarf er leicht antiklerikale und satirische Prosaskizzen, in denen er anschaulich das Alltagsleben in den verschlafenen span. Provinzstädten schilderte. Lyrische Beschreibungen, die an Azoríns Stimmungsbilder erinnern. *Figuras de la Pasión del Señor* (dt. *Gestalten aus der Passionsgeschichte des Herrn Jesus Christus*; 1916–17). 15 Passionsszenen von eindringlicher psychologischer Inspiration. Idealisierung der Gestalt Christi. Das tragisch-dramatische Geschehen wird durch Farbe, Licht und Duft der palästinensischen Landschaft gemildert. Die ästhetische Absicht des Schriftstellers zielt nicht auf die Handlung, sondern auf das Bild.

Ausg.: Obras completas, Hrsg. C. Miró, Madrid ⁴1961.
Lit.: Y. E. Miller, La novelística de G. M., Madrid 1975; K. Meyer-Minnemann, G. M.s *Oleza*-Romane: öffentliche Rezeption als Kritikerstreit im Madrid der zwanziger Jahre, in: S. Horl [u. a.], Homenaje a Rodolfo Grossmann. Festschrift zum 85. Geburtstag, Frankfurt a. M. [u. a.] 1977, S. 171–206; R. Landeira (Hrsg.), An annotated bibliography of G. M. (1900–1978), Lincoln 1978.

Ramón Pérez de Ayala (1880 Oviedo – 1962 Madrid). P. de A. war Jesuitenschüler. Danach studierte er Jura in seiner Heimatstadt, wo Clarín als Lehrer großen Einfluß auf ihn gewann. 1928 wurde er Mitglied der Span. Akademie. Botschafter der Span. Republik in London (1931–36). 1936 gründete er mit Ortega y Gasset eine republikanische Partei. Zu Beginn des Span. Bürgerkriegs emigrierte er nach Argentinien (1936–51). 1954 kehrte er aus dem Exil nach Madrid zurück. – Sein lit. Schaffen – Roman, Lyrik, Essay – lag hauptsächlich vor 1926. Seine ersten Romane waren stark autobiogr. geprägt. So gab er in *A. M. D. G.* (*Ad maiorem Dei gloriam*) eine satirisch-krit. Darstellung seiner Schulzeit bei den Jesuiten. Humor und Pessimismus, psychologische Vertiefung und realistisch-satirische Darstellungsweise, zuletzt auch eine Neigung zur Symbolik, kennzeichneten seine späteren Romane.

Las máscaras (dt. *Die Masken*; 1919). Zweibändige Essaysammlung. Kritik am zeitgenössischen Theater. Lob der schöpferischen Volksbühne (Arniches, Brüder Quintero). Polemik gegen das seiner Meinung nach unfruchtbare Theater Benaventes.

Belarmino y Apolonio (dt. *Belarmino und Apolonio*; 1921). Im Mittelpunkt stehen zwei skurrile Schuhmacher, die als Typen den philosophischen Betrachter und den schöpferischen Menschen verkörpern. Beide haben ihren Beruf verfehlt und fühlen sich als passive Helden, die nicht handeln, sondern »erleiden«. Die Nähe zu den extravaganten Figuren der *Esperpentos* (1924–30) Valle-Incláns ist auffällig. Die zahlreichen Zeitanspielungen und die dualistische Konzeption sind häufig mit dem *Don Quijote* verglichen worden.

Tigre Juan (dt. *Tiger Juan*; 1926). Der donjuaneske Held verbürgerlicht und geht eine späte Ehe mit Kind ein. Die Neudeutung des Mythos im Sinne des verweiblichten Frauenhelds liegt auf der Linie der späteren psychoanalytischen Mythenzerstörung des Don Juan durch die Studien des Medizinprof. G. Marañón (Don-Juan-Essay, 1940).

Ausg.: Obras completas, Hrsg. J. García Mercadal, 4 Bde., Madrid 1965–73.
Lit.: R. Derndarsky, R. P. de A. Zur Thematik und Kunstgestalt seiner Romane, Frankfurt a. M. 1970; A. Amorós, La novela intelectual de R. P. de A., Madrid 1972 (BRH II,170); M. Best, R. P. de A. An annotated bibliography of criticism, London 1980.
Deutsch: Belarmino und Apolonio, Übers. W. Muster, Frankfurt a. M. ²1964 (Fischer-Bücherei, 663); Tiger Juan, Übers. W. Muster, Frankfurt a. M. ²1966 (Fischer-Bücherei, 773); u. a. Übers.

62. Proletarisch-revolutionäre Literatur

Die Werke von Arconada, Arderíus, Carranque de Ríos,
Díaz Fernández u. a. stehen im gesamteuropäischen Zusammenhang der Schaffung eines neuen Typs von Lit., die sich an
den Zielen der Arbeiterklasse orientierte, sich jedoch vom
Proletkult als pseudorevolutionärer linksbürgerlicher Bewegung abgrenzte. Im Gegensatz zum krit. und bürgerlichen
Realismus des 19. Jh.s, der nur die Widersprüche der bürgerlichen Gesellschaft aufzeigte, ging das Menschenbild der
proletarisch-revolutionären Schriftsteller von marxistischen
Entwicklungsgesetzen und Gesellschaftsprognosen aus. Mit
Parteilichkeit und Volksnähe sollten typische, fortschritts-
optimistische und kollektive Eigenschaften an Personen,
Vorgängen und Milieus (Erbe des naturalistischen Romans)
herausgearbeitet werden.
Diese Lit. mündete in den sozialistischen Realismus, wie
er auf dem I. Sowjetischen Schriftstellerkongreß (1934)
Schriftsteller aus allen Ländern zum Kampf gegen den
Faschismus (allzu spät!) zu organisieren versuchte. Die
schlechteren Werke dieser Lit. zeichneten sich durch Sche-
matismus, Eintönigkeit, Schwarzweißzeichnung (positiver
Held – negative Sumpfblüte), Neigung zur ideologischen
Sentimentalität und Schulmeisterei aus. Entsprechend der
Internationalen Vereinigung Revolutionärer Schriftsteller
(IVRS, 1930–35) und des Bundes proletarisch-revolutio-
närer Schriftsteller (BPRS, 1928–35) gründete sich auch in
Spanien eine *Alianza de Intelectuales Antifascistas*. Ihre Erzählungen und Romane erschienen teilweise in Heftchen-
form oder in Zeitungen, um den *circuit lettré* zu durchbre-
chen und an ein breiteres Publikum heranzukommen. Die
Blütezeit dieser Lit., deren prominentester Autor R. J. Sender war, lag zwischen 1927 und 1936, wenn man von den har-
ten Zensurbestimmungen des *bienio negro* (1933–35) absieht.

Lit.: V. Fuentes, La marcha al pueblo en las letras españolas, 1917–1936, Madrid 1980; M. Töpfer, Die *novela proletaria* oder: Die vergessene Lit. der II. Span. Republik, in: Hispanorama 41 (1985) 27–33 und Hispanorama 42 (1986) 35–41.
Anthologien: Los novelistas sociales españoles, Hrsg. J. Esteban / G. Santonja, Madrid 1977; La novela proletaria (1932–1933), Hrsg. G. Santonja, 2 Bde., Madrid 1979.

César M(uñoz) Arconada (1898 Astudillo, Prov. Palencia – 1964 Moskau). Hauptvertreter des sozialistisch-proletarischen Romans, der sich als Bauernsohn und Autodidakt in den Dienst der II. Republik stellte. Gründete mit Rafael Alberti und María Teresa León zusammen 1933 die Zeitschrift *Octubre,* das Kulturorgan der KP, in die A. 1931 eingetreten war. Seine Auffassung von der Rolle des Schriftstellers entwickelte sich von Ortegas Konzept der »Entmenschlichung der Kunst« (1925) bis zur Gestaltung einer engagierten Lit., die A. seit etwa 1930 in seinem Werk vertrat. Nach seiner Emigration 1940 über die südfranz. Internierungslager in Moskau Chefredakteur der span. Ausg. der Zeitschrift *Literatura Soviética* (urspr. Titel *La Literatura Internacional*). Übers. von Puschkin und Tschechow. Wandte sich im Exil auch stärker dem Theater zu. Sein umfangreiches Werk als Lyriker, Essayist, Romancier und Dramatiker ist erst in Ansätzen ediert.
Während *La turbina* (1930), Konflikt zwischen technischem Fortschritt und Aberglauben auf dem Lande, *Los pobres contra los ricos* (1932), *Reparto de tierras* (1934) noch in Spanien erschienen, kam eine geplante Trilogie über den Kampf des span. Volkes gegen den Faschismus mit ihrem Erstling *Río Tajo* (Nationalpreis für Lit. 1938) nicht mehr in die Buchhandlungen. Alle Texte spiegelten die Klassenauseinandersetzungen während der II. Republik wider, die auf jahrhundertelangen Spannungen beruhten.
La turbina (dt. *Die Turbine;* 1930). Der Einbruch der Technik um 1910 in die abgeschiedene Dorfwelt Kastiliens gibt Anlaß zu dramatischen Szenen zwischen Anhängern von

Fortschritt und Verteidigern der Tradition. Mit »luz« (Licht) ist hier auch die geistige Aufklärung (*Siglo de las Luces*) im weitesten Sinne gemeint. In der Typisierung der Figuren, in der positiven Bewertung der Wachstumstechnologie und der negativen Einstellung gegenüber den konservativen Vergangenheitsaposteln (einschließlich Kirche) ist der Verf. nicht einem gewissen Schematismus und eintöniger Schwarzweißzeichnung entgangen. Sein Bemühen um das treffende Wort (*mot juste*) rückt diese *novela social* jedoch eher in die Reihe der Nachahmer des Naturalismus als in die Gefahrenzone stereotyper sozialistisch-realistischer Konstruktionen.

Los pobres contra los ricos (dt. *Die Armen gegen die Reichen*; 1932). Klassenkämpferischer Roman mit tragischem Ausgang in der Umbruchphase von der Militärdiktatur zur Republik Anfang der 30er Jahre. Den Jubelszenen über die Ausrufung der II. Republik in Madrid steht zum Schluß das blutige Dorfmassaker der Guardia Civil in einem Streik der Landarbeiter gegenüber. Der alte *tío* Ayuca und sein Sohn Quico, die beide ums Leben kommen, symbolisieren den generationenlangen Kampf der »braceros« gegen Ausbeutung und Unterdrückung durch die Feudalherren. Dramatische Szenen und bewegende Figurenporträts in der Tradition des Naturalismus stehen neben weniger gelungenen Schwarzweißklischees und melodramatischen Einlagen. Spannungen zwischen Anarchisten, Sozialisten und Kommunisten deuten bereits auf Konflikte im Bürgerkrieg hin.

Joaquín Arderíus (1890 Madrid – 1969 Mexiko). Verf. von 14 Romanen und 2 Biographien. Studierte in Lüttich Ingenieurwiss. und bewegte sich dort in exilrussischen Anarchistenkreisen, aber auch in der Romanwelt Dostojewskis und Gorkijs. Mitglied der KP. Im Bürgerkrieg Präsident der span. Sektion der Internationalen Roten Hilfe. Nach dem Krieg Exil in Frankreich und in Mexiko.

Campesinos (dt. *Bauern*; 1931). Schildert die Ausbeutung der Landarbeiter zu Beginn der II. Republik und plädiert für eine Zerschlagung des Staatsapparats zur Errichtung eines Arbeiter- und Bauernstaats. In lockerer Episodenfolge um die Vaterfigur des Blas herum entwickeln sich die Klassenkämpfe bis zum deprimierenden Ausgang, als die republikanische Guardia Civil das Rathaus besetzt. In seinem letzten Roman, *Crimen* (1934), setzt sich nach A.s Austritt aus der KP diese pessimistische Linie fort.

Lit.: V. Fuentes, De la novela expresionista a la revolución proletaria: en torno a la narrativa de J. A., in: Papeles de Son Armadans 179 (1971) 197–215.

Andrés Carranque de Ríos (1902 Madrid – 1936 ebd.). Tischler, Maurer, Schiffsheizer, aber auch Filmschauspieler. Als Anarchist verschiedene Male inhaftiert. Begann als Lyriker, bis er zu vielgelesenen Romanen fand: *Uno* (1934), *La vida difícil* (1935), *Cinematógrafo* (1936). Einfluß der neuen Medien auf Kultur und Politik. Nach J. L. Fortea, dem besten Kenner seines Werks, finden sich bei C. de R. alle Strömungen der 30er Jahre: Populismus, Sehnsucht nach Heldentum, Kritik am Banausenbürgertum, Schilderung der Klassenkämpfe usw.

Lit.: J. L. Fortea, La obra de A. C. de R., Madrid 1973 (BRH II,195).

Manuel Hilario Ciges Aparicio (1873 Enguera, Prov. Valencia – 1936 Ávila, ermordet). Engagierter, fruchtbarer Romancier, Erzähler und Journalist, der in zahlreiche Polemiken seiner Zeit verstrickt war und am Aufbau der span. Arbeiterbewegung mitarbeitete.
Del cautiverio (dt. *Von der Gefangenschaft*; 1903, rev. 1930). Teil einer Tetralogie, in der seine 28monatige Gefangenschaft (1896–98) in der Festung La Cabaña an der Hafeneinfahrt von Havanna geschildert wird. Grund für die Inhaftierung war seine Kritik an den Kriegsmethoden des Generals Weyler, Einrichtung von Konzentrationslagern zur Zerschlagung der Guerrilla im Befreiungskrieg der Kubaner gegen die Spanier u. a.

Lit.: J. Arribas, C. A.: la narrativa de testimonio y denuncia, Fuenlabrada/Madrid 1984; S. Truxa, Texto y contexto de *Del cautiverio.* M. C. A., in: Iberoamericana 22/23 (1984) 48–62.

José Díaz Fernández (1898 Aldea del Obispo, Prov. Salamanca – 1941 Toulouse). Journalist und Romancier. Politisierte sich wie R. J. Sender im Marokkokrieg.
El blocao (dt. *Der Bunker;* 1928). Entlarvung der neokolonialistischen Ideologie des Marokkokriegs in 7 Erzählungen.
La Venus mecánica (dt. *Die mechanische Venus;* 1929). Der idealistische Revolutionär Víctor Murias versucht, seine Sozialutopien zu realisieren.
El nuevo romanticismo (dt. *Die neue Romantik;* 1930). Manifest sozial engagierter Kultur als Gegenschrift gegen Ortega y Gassets spätbürgerliche Schwanengesänge, nach denen der Roman alle seine Möglichkeiten erschöpft habe.

Lit.: J. M. López de Abiada, J. D. F.: narrador, crítico, periodista y político, Bern 1980; H. L. Boetsch Jr., J. D. F. y la otra generación del 27, Madrid 1985.

63. Essay und Philologie

José Bergamín (1895 Madrid – 1983 San Sebastián). Essayist, Lyriker und Dramatiker. Mitarbeiter an den bedeutendsten Kulturzeitschriften der 30er Jahre: *Revista de Occidente, Los cuatro vientos, Tierra Firme.* In der neukatholischen Tradition von Jacques Maritain gründete er 1933 die Zeitschrift *Cruz y Raya,* die er bis Ausbruch des Bürgerkriegs leitete. Danach emigrierte er nach Mexiko, wo er über alle Bereiche der span. Kultur in Essayform schrieb. Versuchte, von 1959 bis 1963 erneut in Spanien zu leben, bis er aufgrund seines Protestes gegen die Folterungen an asturischen Dissidenten erneut ins Ausland gehen mußte, diesmal nach Paris bis 1970. *El cohete y la estrella* (dt. *Die Rakete und der Stern;* 1922). Geistreiche Aphorismen in der Tradition Pascals. Beispiel: »Una misma manzana hizo reflexionar a Adán y a Newton de muy diferente manera. Donde la naturaleza fue caída, el pensamiento puso gravitación« (»Derselbe Apfel ließ Adam und Newton sehr verschieden überlegen. Wo die Natur ein [Sünden]fall war, setzte das Denken die Schwerkraft«).

Mangas y capirotes (1933). Auch u. d. T. *España en su laberinto teatral del siglo XVII*. Theateressays.

Duendecitos y coplas (1963). 665 drei- und vierzeilige Epigramme, ähnlich den *Tréboles* (1964) von J. Guillén.

Lit.: N. Dennis, J. B. A critical introduction 1920–1936, Toronto [u. a.] 1986.

Ernesto Giménez Caballero (1898 Madrid – 1988 ebd.). Gab 1929 bis 1932 die *Gaceta Literaria* heraus, die ein frühes Sprachrohr faschistischer Ideen war.

Genio de España (dt. *Das Wesen Spaniens*; 1932). Appell an die »Söhne und Enkel« der *98er Generation*, die gesellschaftliche Lähmung zu überwinden und sich für die Wiedererlangung der Größe der Nation einzusetzen. Auf der Linie des 27-Punkte-Programms der Falange vom November 1934. Seit dem gebietsverlustreichen Westfälischen Frieden von 1648 ist die Geschichte Spaniens für G. C. eine einzige Kette von 98er Niederlagen, zuletzt im kolonialen Afrika (1921) und im Desaster der Ausrufung der II. Republik. Was für die Vertreter der *Generation von 1898* noch im individuellen Bereich angesiedelt war, trat jetzt als unverhüllter neoimperialistischer Anspruch zutage: »Wir haben den Willen zum Imperium. Wir bekunden, daß die geschichtliche Erfüllung Spaniens das Imperium ist. Wir fordern für Spanien einen hervorragenden Platz in Europa. Wir dulden keine internationale Isolierung. Ausländische Einmischungen sind uns unerträglich.« Die spanienzentrierte Öffnung nach Europa fand im Gedanken der »Hispanidad« ihre Entsprechung. Denn trotz der verlorenen überseeischen Kolonien blieb Spanien die geistige Ziehmutter der iberischen Völker, meint G. C. Hinter dem Anspruch auf geistige Einheit aber stand das kulturimperialistische Wunschdenken der jahrhunderte-

langen Kolonialherrschaft. Was Costa noch als »Wiederbelebung« (»regeneración«) bezeichnete, nannte G. C. »nationale Wiederauferstehung« (»resurrección nacional«). Der
Ruf der Toten aus den Gräbern habe Hitler als Führer vor-
herbestimmt. Allein Hitler und die germanische Rasse seien
geeignet, das Reich Karls V. (»unser Hitler«!) wiederherzu-
stellen.

Lit.: M. Scotti-Rosin, E. G. C. – un nieto del 98? Ein Beitrag zur span.
Ideologiegeschichte, in: Festschrift für W. T. Elwert, Wiesbaden 1980,
S. 405–420; D. W. Foard, The revolt of the aesthetes. E. G. C. and the ori-
gins of Spanish fascism, New York [u. a.] 1989.

Salvador de Madariaga (1886 La Coruña – 1978 Muralto
bei Locarno). Diplomat und Gelehrter, der während der Militärdiktatur Primo de Riveras und während der II. Republik
bedeutende politische Ämter wahrnahm: Leiter der Abrü-
stungskommission im Genfer Völkerbund (1922–27), Botschafter in Washington (1931) und Paris (1932–34), Parlamentsabgeordneter u. a. Seit 1936 lebte er im Exil in Oxford
und in der Schweiz, aus der er erst nach Francos Tod besuchs-
weise nach Spanien zurückkehrte. – Geistiger Mittelpunkt der
span. Emigranten. War während der Jahrzehnte im Exil in Ar-
tikeln, Vorträgen und Podiumsdiskussionen unermüdlich gegen Unterdrückung und Terror in Spanien tätig. Erhielt 1967
den Goethe-Preis, 1976 das Große Bundesverdienstkreuz.
Eleganter Causeur in Span., Engl., Franz., den Briand zu den
zehn geistreichsten Köpfen zählte, denen er in seinem Leben
begegnet sei. »Es geht mir mit der dt. Sprache wie mit meiner
Frau: Ich kenne sie, ich liebe sie, aber ich beherrsche sie
nicht« (Bonmot Don Salvadors). In seinem umfangreichen
Werk, das in viele Sprachen übersetzt ist, vertrat er einen
konservativen Liberalismus, in dessen Mittelpunkt der Gedanke eines Vereinten Europa stand (Paneuropäische Bewegung), das auf ideellen und hist. Gemeinsamkeiten beruhe.
Neben belletristischen Werken hat er vor allem Essays und
Biographien veröffentlicht, die durch ihren originellen An-

satz und ihre Tendenz zur Mythen- und Legendenzer-
störung einflußreich für eine neue Sicht bestimmter Probleme der span. und lateinamerikan. Geschichte wurden.
Seine hist. Arbeiten standen unter dem Einfluß der Kultur-
morphologie Toynbees.
España (dt. *Spanien*; 1930). Analyse der hist. Entwicklung
Spaniens von 1898 bis etwa 1950 (in späteren Aufl.). Anre-
gender Einfluß auf das Spanienbild des Auslandes.
Colón (dt. *Kolumbus*; 1940). – *Hernán Cortes* (dt. *Cortés*,
Eroberer Mexikos; *Bolívar* (dt. *Bolívar*; 1949). M. betrieb für
diese Biographien umfangreiche hist. Quellenstudien, die
sich gegen jede Legendenbildung richteten. Er zerstörte den
Mythos vom Entdecker, Eroberer und Befreier, um als echter
Humanist den Menschen wieder hervorzuheben.

Lit.: G. Cangiotti, Un testimone della libertá rivoluzionaria: S. de M.,
Bologna 1980 [mit Bibliogr.].
Deutsch: Spanien. Wesen und Wandlung, Übers. A. Dombrowsky /
M. Schaefer-Rümelin, Stuttgart ²1955 [erw. Aufl.]; Morgen ohne Mittag.
Erinnerungen 1921–1936, Übers. A. und G. Hufnagel, Frankfurt a. M.
[u. a.] 1972; Simón Bolívar. Der Befreier Spanisch-Amerikas, Übers. H.
Lindemann. Mit einem einleitenden Essay von G. Mann, Zürich 1986;
u. a. Übers.

Gregorio Marañón (1887 Madrid – 1960 ebd.). Nach dem
Medizinstudium in Madrid, Frankfurt a. M. u. a. war M. Professor für Endokrinologie (Lehre von der Funktion innerer Drüsen) in Madrid. Mitglied der Span. Akademie und
zahlreicher anderer Akademien in Europa. Schüler des berühmten Gehirn- und Nervenhistologen Ramón y Cajal
(1852–1934), der 1906 den Nobelpreis erhielt. M.s Nachlaß
– darunter die umfangreiche Korrespondenz – wird von der
Fundación M. in Madrid verwaltet.
Seine medizinischen und philologischen Interessen verband
M. in einer Reihe anregender, gut dokumentierter Biographien über Enrique IV. de Castilla, über den Conde-Duque
de Olivares, über Tiberius, über Antonio Pérez und Essays
miteinander, die unter dem Blickwinkel biologistischer Ge-
schichtsforschung lebhafte Diskussionen auslösten.

Don Juan. Ensayo sobre el origen de su leyenda (dt. *Don Juan. Essay über den Ursprung seiner Legende*; 1940). M. ging den biogr. Ursprüngen dieses Typs nach und vertrat die Auffassung von einer geringen Männlichkeit, wie sie sich in der unsteten und ausschließlich sexuellen Veranlagung Don Juans ausdrücke.

Ausg.: Obras completas, Hrsg. A. Juderías, 10 Bde., Madrid 1971–82.
Lit.: P. Laín Entralgo, G. M. Vida, obra y persona, Madrid 1973.
Deutsch: Olivares. Der Niedergang Spaniens als Weltmacht, Übers. L. Pfandl, München ²1948; Don Juan. Legende und Wirklichkeit, Übers. H. Schmiedt, Darmstadt / Genf 1954; Antonio Pérez, der Staatssekretär Philipps II., Übers. D. Deinhard, Wiesbaden 1959; u. a. Übers.

Ramón Menéndez Pidal (1869 La Coruña – 1968 Madrid). Führte als Schüler von Manuel Milà i Fontanals (1818–64) und Marcelino Menéndez y Pelayo (1856–1912) die traditionelle Hispanistik an neue Methoden heran und wirkte bahnbrechend auf vielen Gebieten, vor allem der Epen- und Romanzenforschung, der Sprachgeschichte, Sprachgeographie, der Geschichte des Mittelalters und der beginnenden Neuzeit. Wandel vom Polyhistor der vorherigen Forschergeneration zum Fachspezialisten. Von 1899 bis zu seiner Emeritierung 1939 Professor für Romanische Philologie in Madrid. Direktor der *Real Academia Española* (1925–39 und erneut seit 1947). Elemente seiner Ideologie, wie die Glorifizierung der Vorherrschaft Kastiliens in Verbindung mit den germanischen Ursprüngen, die imperialen Ideen der Habsburger und katholischer Messianismus fielen in der Francozeit auf fruchtbaren wissenschaftspolitischen Boden. Gründer der traditionsreichen *Revista de Filología Española* (RFE, seit 1914) und des *Centro de Estudios Históricos* in Madrid, wo er eine bedeutende Schule in hist.-krit. Forschungsmethoden ausbildete: Tomás Navarro Tomás (1884–?), den Begründer der modernen span. Phonetik, den Historiker Américo Castro (1885–1972), Verf. von *El pensamiento de Cervantes* (1925) und *La realidad histórica de España* (1954, dt. Übers. Köln / Berlin 1957), Amado Alonso

(1896–1952), Stilforscher und Linguist, Dámaso Alonso
(1898–1990), Lyriker und Philologe, Joan Corominas (1905),
den katalan. Etymologen und Lexikographen, den Schriftsteller Alfonso Reyes (1889–1959), der über die Gründung
einer *Casa de España* zur Etablierung des international angesehenen *Colegio de México* beitrug. Auch bei der Gründung des *Instituto Caro y Cuervo* (1942) in Bogotá stand
M. P. Pate. M. P. war Ehrendoktor zahlreicher Universitäten,
u. a. Bonn, Hamburg, Tübingen.

Ausg.: Obras completas, 12 Bde., Madrid 1944 ff.; Manual elemental de
gramática histórica española, 1904; El Cantar de Mio Cid, 1908–12
[Grammatik, Glossar, Text]; La España del Cid, 1920; Orígenes del
español. Estado lingüístico de la Península Ibérica hasta el siglo XI, 1926;
Historia de España, 1935; Los españoles en la historia, 1951; El Padre Las
Casas. Su doble personalidad, 1963.
Lit.: J. A. Maravall, M. P. y la historia del pensamiento, Madrid 1960;
H. Meier, R. M. P. und die Methoden der Sprachgeschichte, in: ASNSL
205 (1969) 418–430.
Deutsch: Die Spanier in der Geschichte, Übers. K. A. Horst, 1955 [Einl.
zur *Historia de España*]; Dichtung und Geschichte in Spanien. Aufsätze
und Vorträge, Übers. U. Kunzmann, Leipzig 1984 [Hrsg. und Nachw.
K. Schnelle]; u. a. Übers.

Eugenio d'Ors (1881 Barcelona – 1954 Vilanova i la Geltrú).
O., der katalan.-kubanischer Herkunft war, arbeitete nach
seinem Jura- und Philosophiestudium unter dem Pseudonym Xenius für die Zeitung *La Veu de Catalunya* im Sinne
einer politischen und geistigen Erneuerung Kataloniens.
1920 brach er mit dieser Richtung und bekannte sich zur
span. Sprache und Kultur. Dreisprachiger Schriftsteller, der
Katalan., Span. und Franz. schrieb. Er gilt als bedeutender
Essayist, der vor allem im Barock eine das gesamte Leben
umfassende Kulturform erblickte. Einige sehen in ihm sogar
einen Vorläufer des Strukturalismus.
Glosario (urspr. katalan. *Glosari*) (1906–20). – *Nuevo glosario* (1921–30). – *Novísimo glosario* (1946). Für sein Werk
charakteristische Form. Meist um einen epigrammatischen
oder aphoristischen Kern gruppiert, Kurzkommentare zu

Lit., Kunst, Politik u. a., die zuerst in der Tagespresse erschienen und erzieherische Funktion haben sollten.

Ausg.: Obra catalana, Barcelona [11]1987.
Lit.: H. Rothert, E. d'O. Gestalt und Werk. Diss. Köln 1978; N. Bilbeny, E. d'O. i la ideologia del noucentisme, Barcelona 1988.

José Ortega y Gasset (1883 Madrid – 1955 ebd.). Nach dem Philosophiestudium in Madrid (1898–1902), Marburg, Berlin und Leipzig (1905–07, Einfluß der Neukantianer H. Cohen und P. G. Natorp) war er von 1910 bis 1936 als Prof. für Metaphysik in Madrid tätig. »Zehn Jahre lang habe ich im kantianischen Denken gelebt. Ich habe es wie eine Atmosphäre geatmet; und es ist zugleich mein Heim und mein Gefängnis gewesen.« 1923 gründete er die *Revista de Occidente* (ersch. bis 1936, danach seit 1963), die ebenso wie die von ihm gegründete *Biblioteca de Ideas del Siglo XX* über die Grenzen Spaniens hinaus bekannt wurde und von beträchtlichem Einfluß auf die junge Generation war. Nach Ausbruch des Bürgerkriegs ging er ins Exil nach Frankreich, Peru, Argentinien und Mexiko, aus dem er 1945 zurückkehrte. Das letzte Lebensjahrzehnt verbrachte er in Madrid im Kreis seiner Schüler und Schülerinnen oder auf Vortragsreisen in ganz Europa, Nord- und Lateinamerika.
O.s Philosophie ergibt kein geschlossenes Gebäude, sondern beruht auf den vielfältigsten Einflüssen (»Eklektizismus«), die von den verschiedenen philosophischen Strömungen der Antike bis in die Gegenwart (Nietzsche, Bergson) reichen. Sein Gesamtwerk ist in viele Sprachen übersetzt und hat wegen seiner originellen, anschaulichen und spielerischen Art der Darstellung in Essayform ein breites Publikum erreicht. Allerdings reizt sein Werk häufig auch zum Widerspruch, und seine Thesen halten einer gründlichen hist. Überprüfung gelegentlich nicht stand, jedoch läßt sich sein Œuvre unter dem Aspekt der Zeitgebundenheit wegen des geringen chronologischen Abstands noch nicht gerecht beurteilen.
Seine Forderung nach einer geistigen Elite (»Imperativ der

Auswahl«) für die seiner Meinung nach führungsunwilligen Massen, seine voluntaristische Definition des Staates als Spiel der freien Kräfte und seine partikularistische Geschichtskonzeption trugen unbeabsichtigt zum ideologischen Überbau des damals entstehenden Falangismus und des späteren *Estado Nuevo* Francos bei (der Gründer der Falange, Primo de Rivera, war O.s Hörer). Obwohl O. sich am 15. November 1930 in einem berühmten Artikel in der Zeitschrift *El Sol* zur Republik bekannt hatte (»Delenda est Monarchia«), geriet er durch seine altliberale Haltung in einer Phase der Desillusionierung ideell in die Nähe jener Kräfte, welche die junge span. Demokratie zerstören und zum Exodus der Intelligenz beitragen sollten.

Meditaciones del Quijote (dt. *Meditationen über »Don Quijote«*; 1914). Keine literaturhist. Studien, sondern Anlaß zur philosophischen Kritik am span. Wesen im allgemeinen. Trotz des fragmentarischen Charakters anregende interdisziplinäre Ansätze.

España invertebrada (dt. *Spanien ohne Rückgrat*; 1921). These: Fehlen einer Elite und allzu krasser Individualismus seien die Hauptgründe für die geistig-politische Dekadenz Spaniens. Forderung nach einer geistigen Elite. Weiterführung von Ideen der *98er Generation*, aber auch unfreiwilliger Wegbereiter faschistischer Ideologien (germanophile Vererbungstheorien, Herrenmenschentum u. a.).

El tema de nuestro tiempo (dt. *Die Aufgabe unserer Zeit*; 1923). Lehre des Perspektivismus, nach der alle Weltanschauungen zu tolerieren seien, weil es auf den relativen Standpunkt des Betrachters ankomme. Jeder individuelle Blickpunkt vermittelt Wahrheit. O. forderte gegenüber dem Rationalismus die *razón vital*.

La deshumanización del arte (dt. *Die Entmenschlichung der Kunst*; 1925). An diesem Essay schieden sich künftig die Geister zwischen einer gesellschaftsfernen und einer sozial engagierten Kunst und Lit. O. untersuchte Grundzüge der modernen Kunst und sah in der abstrakten Entmenschlichung der Wirklichkeit einen wesentlichen Faktor für die geringe Popularität der modernen Kunst. Er vertrat einen heiteren und spielerischen Kunstbegriff, welcher dem »Ernst des Lebens« entgegengesetzt sein müsse.

La rebelión de las masas (dt. *Der Aufstand der Massen*; 1930). Impressionistische Diagnose des Krankheitszustands der europäischen Kultur mit pessimistischem Unterton wie in Spenglers *Untergang des Abendlandes* (1918–22). Nach einer hist. Analyse des Massenmenschen, einer Kritik an der Barbarei des Spezialistentums und einer Klage über das Fehlen sittlicher Normen sieht O. allein in der Berufung des einzelnen eine Hoffnung für die Zukunft Europas.

In Krisenzeiten der bürgerlichen Gesellschaft hat es immer eine intensive theoretische Beschäftigung mit Phänomenen der Massenpsychologie gegeben. Aufgrund der Erfahrungen mit dem revolutionsreichen 19. Jh. und der Pariser Commune verfaßte Gustave Le Bon seine *Psychologie des foules* (1895). Dort schon sah die »Revolte des spät-bürgerlichen Individualismus« (P. R. Hofstätter, *Gruppendynamik*, 1957) den Kulturzerfall als Folge der Vermassung.

Pidiendo un Goethe desde dentro (dt. *Einen Goethe von innen erbittend*; 1932). Gedenkessay zum 100. Todesjahr Goethes, dem sich O. wesensverwandt fühlte. Denn Goethe galt ihm als Beispiel eines *uomo universale* im humanistischen Sinne, der den »Kampf mit seiner Berufung« vorbildlich überstanden habe. Die Klassik wird nach O. nur durch Bezug auf die Gegenwart aus ihrer gegenwärtigen Isolierung gerettet.

Ausg.: Obras completas, 11 Bde., Madrid 1946–69 [u. ö.]
Lit.: J. L. Aranguren, La ética de O., Madrid 1957; J. Marías, O. Circunstancia y vocación, Madrid 1960; K. Barck, J. O. y G. Ein Beitrag zum Problem der nationalen Selbsterkenntnis in Spanien (1898–1936), Diss. Rostock 1966, Referat in: Lateinamerika, Frühjahrssemester 1967, S. 5–22; M. Walter, J. O. y G. und das Traditionsproblem in der span. Geschichte und Lit., Diss. Berlin 1972; N. R. Orringer, O. y sus fuentes germánicas, Madrid 1979; R. Schmolling, Faschistische Umdeutung und franquistische Rezeption der Staatsphilosophie J. O. y G.s: *España invertebrada* und *La rebelión de las masas* zwischen 1932 und 1956, in: Ibero-

americana 13/14 (1982) 38–57; A. Donoso / H. C. Raley, J. O. y G.: A
bibliography of secondary sources, Bowling Green (Ohio) 1986.
Deutsch: Gesammelte Werke, Übers. H. Flessa [u. a.], 6 Bde., Stuttgart
1978; Aufstand der Massen, Übers. H. Weyl (rde 409); Elend und Glanz
der Übersetzung, Übers. K. Reiss, München 1983 (dtv zweispr. 9123);
Ästhetik in der Straßenbahn [versch. Übersetzer], Berlin 1987 [Essays;
Nachw. K. Barck und S. Dietzsch]; u. a. Übers.

64. Der Spanische Bürgerkrieg und seine literarische Widerspiegelung

Neruda bemerkt in seinen Memoiren (*Confieso que he vi-
vido*, 1974), der Span. Bürgerkrieg habe vor allem die Lyriker
an die Front der Feder gerufen. In der Gattung der mittelalterlichen Romanze kehrte nach Jh. die Lyrik zum Volke
zurück. Die epischen Heldentaten im Bürgerkrieg waren ihr
Thema. Der musikalische Achtsilbler reizte zur Vertonung.
Viele Romanzen wurden zur Gitarre an der Front gesungen.
Die Gedichte Nerudas, Albertis und Hernández' gingen teilweise handschriftlich bei den Soldaten im Graben von Hand
zu Hand. Gebrauchslyrik, Lyrik mit öffentlichem Nutzen,
nennt sie daher Neruda im wortwörtlichen Sinne.
Es ist Usus geworden, die Spanienkriegslit. nach der Herkunft ihrer Verf. zu gliedern. In den wenigsten Fällen hat
diese Lit. aber bisher Eingang in die Darstellungen der
verschiedenen Nationalliteraturen gefunden. Wenn man sich
nicht nur auf die großen Namen (Malraux, Bernanos,
Hemingway, Orwell, Koestler, Regler u. a.) konzentriert,
lassen sich noch Entdeckungen machen. Ein noch weithin
ungeschriebenes Kapitel ist der Einsatz lateinamerikan.
Schriftsteller für die Verteidigung der II. Republik (Neruda,
N. Guillén, Vallejo, Paz, Carpentier, Marinello u. a.).
Während die deutschsprachige Spanienkriegslit. in der früheren DDR primär der Traditionspflege des kulturellen Erbes
in der Bündnistradition diente und teilweise lit. Vorbilder für
einen sozialistischen Realismus abgeben sollte, wurde sie

in der BRD weitgehend totgeschwiegen. Auch heute noch
muß man nach dieser Exillit. in Literaturgeschichten mit der
Lupe suchen. In der BRD haben auf lit. Gebiet Kantorowicz
und Souchy bis zu ihrem Tod als unmittelbare Augenzeugen
am tiefgreifendsten jeder Geschichtklitterung entgegenge-
wirkt. Das *Span. Tagebuch* (später *Kriegstagebuch*, 1966) von
Kantorowicz ist ein Klassiker dieser Lit. Die überzeitliche
Lehrfunktion dieser Lit. und der »moralische Gewinn der
Niederlage« sind dort unter dem 20. Juni 1937 an der span.
Südfront eingetragen: »Man muß illusionslos leben. Die einzige Hoffnung ist die, daß künftige Geschlechter sich erinnern werden, daß der Schriftsteller vielleicht der eine unter
tausend sein wird, dessen Handlungen als Exempel statuiert
werden.«

Von dieser Resignation ist nichts im Werk des Anarchosyndikalisten Augustin Souchy (1894–1984) zu spüren, der in
seinen Memoiren (*Vorsicht Anarchist!*, Darmstadt 1977)
schrieb: »Das war die Sozialrevolution, von der ich seit
meiner Jugend geträumt hatte.« Mit Enzensbergers Doku-
mentarroman *Der kurze Sommer der Anarchie. Buena-
ventura Durrutis Leben und Tod* (1972) erfreuen sich die
Bücher Souchys (*Nacht über Spanien*, 1955, später u. d. T.
*Anarcho-Syndikalisten über Bürgerkrieg und Revolution
in Spanien*, 1969) einer immer noch wachsenden Leserge-
meinde.

Die Einordnung der Spanienkriegslit. in das Gesamtwerk eines Autors bietet sich bes. bei Kantorowicz, Renn (*Der span.
Krieg*, 1955), Souchy, Koestler (*Menschenopfer unerhört*,
1937, *Span. Testament*, Zürich 1938), Regler (*Das Ohr des
Malchus*, 1958, *Das große Beispiel*, 1976) an. Generell läßt
sich auch heute sagen, daß der deutschsprachigen Exillit.
über den Span. Bürgerkrieg der Charakter eines Prüfsteins
für das Demokratieverständnis in Vergangenheit und Gegenwart zukommt. Aus der Bewertung dieser Lit. läßt sich auf
die eigene und kollektive politische Ethik und Moral
schließen.

II. Internationaler Schriftstellerkongreß zur Verteidigung der Kultur in Barcelona, Valencia, Madrid, Paris vom 2. bis 17. Juli 1937. Teilnehmer rund 200 Schriftsteller aus etwa 30 Ländern. Ziele: Solidarität mit dem span. Volk und moralische Unterstützung gegen den Faschismus. Führungsrolle der KP. In einer Reihe von Ländern gab es antifaschistische Organisationen von Intellektuellen. Im Juni 1935 hatte in Paris der I. Schriftstellerkongreß zur Verteidigung der Kultur stattgefunden.

Teilnehmer u. a. R. del Valle-Inclán, A. Machado, R. Alberti, J. Bergamín (Spanien), A. Malraux, J. Benda, T. Tzara (Frankreich), W. H. Auden, St. Spender (England), L. Hughes (nicht in Spanien), L. Fischer (USA), P. Neruda, V. Huidobro (Chile), C. Vallejo (Peru), R. González Tuñón (Argentinien), O. Paz, S. Revueltas, C. Pellicer (Mexiko), A. Carpentier, N. Guillén (Kuba), I. Ehrenburg, M. Kolzow, A. N. Tolstoi (UdSSR), W. Bredel, L. Renn, A. Seghers, L. Feuchtwanger, B. Brecht (nicht in Spanien), E. E. Kisch, E. Weinert, H. Mann (Deutschland).

Trotz der Einmütigkeit der Schriftsteller in ihrem kulturellen Engagement gegen den Faschismus, herrschten weitgehend unausgesprochene Kontroversen über die Rolle der Sowjetunion. Die negativen Seiten des Stalinismus warfen bereits ihre Schatten nach Spanien, und man diskutierte A. Gides enttäuschte Reiseskizzen *Retour de l'URSS* (1936). Diktatur und Personenkult schien der Stalinismus mit dem Faschismus gemeinsam zu haben. Auch Trotzkij, das »Gedächtnis der Revolution« (Semprún) und seine Anhänger blieben dem Kongreß fern. Die Auseinandersetzungen innerhalb der Linken spiegelten nach der blutigen Maiwoche 1937 in Barcelona zwischen Anarchosyndikalisten und Kommunisten die Zerrissenheit im republikanischen Lager wider. So blieb diese »Party verwöhnter Kinder« und dieser »Intellektuellenzirkus« (St. Spender) im weitgehend deklamatorischen Rahmen stecken.

Diskussionsthemen waren: das kulturelle Erbe, der Huma-

nismus, Nation und Kultur, Individuum, die Würde des
Denkens, die Rolle des Schriftstellers in der Gesellschaft, das
lit. Schaffen, das Handeln der Schriftsteller für die Verteidigung der Kultur.

Wenn man diesen Kongreß aus dem Abstand von mehr als
einem halben Jh. beurteilt, stellt man fest, daß er das letzte
größere Treffen aller Verteidiger einer engagierten Kultur
war. Man muß bis zu den großen Begegnungen der afro-asia-
tischen Schriftsteller in den späten 50er Jahren und zu den
internationalen Kulturkongressen in Havanna warten, um zu
sehen, wie in den Ländern der III. Welt eine ähnlich verant-
wortliche Rolle des Intellektuellen erwuchs wie seinerzeit in
Spanien.

Im Sommer 1987 fand in Valencia ein Kongreß zur Erinnerung an die 50. Wiederkehr des II. Schriftstellerkongresses
statt, an dem von den Veteranen noch O. Paz und St. Spender teilnahmen. Alberti fehlte wegen der antikommunistischen Tiraden, die – schon im Vorfeld der Auflösung des real
existierenden Sozialismus in Europa – auch die kubanische
Delegation vorzeitig zur Abreise zwangen.

Lit. und Bürgerkrieg: F. R. Benson, Schriftsteller in Waffen. Die Lit. und
der Span. Bürgerkrieg, Zürich / Freiburg i. Br. 1969; A. Kantorowicz, Die
Exilsituation in Spanien, in: M. Durzak, Die dt. Exillit. 1933–1945, Stuttgart 1973, S. 90–100; M. Rubio Cabeza, Los intelectuales españoles y el 18
de Julio, Madrid 1975; L. M. Schneider / M. Aznar Soler (Hrsg.), II. Congreso Internacional de Escritores Antifascistas (1937), 3 Bde., Barcelona
1978–79 [mit Abdruck der wichtigsten von 61 Reden]; M. Bertrand de
Muñoz, La Guerra Civil Española en la novela. Bibliografía comentada,
3 Bde., Madrid 1982–87; B. Pérez-Ramos, Intelligenz und Politik im Span.
Bürgerkrieg 1936–1939, Bonn 1982; H. Kreuzer (Hrsg.), Spanienkriegslit., Zeitschrift für Literaturwiss. und Linguistik (LiLi) 60 (1985); M. Lentzen, Der span. Bürgerkrieg und die Dichter. Beispiele politischen Engagements in der Lit., Heidelberg 1985; R. Görling, »Dinamita cerebral«. Po-
litischer Prozeß und ästhetische Praxis im Span. Bürgerkrieg (1936–1939),
Frankfurt a. M. 1986; P. Monteath / E. Nicolai, Zur Spanienkriegslit. Die
Lit. des Dritten Reiches zum Span. Bürgerkrieg. Mit einer Bibliogr. zur internationalen Spanienkriegslit., Frankfurt a. M. [u. a.] 1986; G. Schmigalle
(Hrsg.), Der Span. Bürgerkrieg. Lit. und Geschichte, Frankfurt a. M. 1986;
F. Mundi Pedret, El teatro de la guerra civil, Barcelona 1987; G. Thomas,
The novel of the Spanish Civil War (1936–1939), Cambridge 1990.

Anthologien: D. Puccini (Hrsg.), Le romancero de la résistance espagnole, Bd. 1, Paris 1970 [zweispr. Ausg.]; G. Colomer (Hrsg.), Les poètes ibéro-américains et la guerre civile espagnole (1936–1939), Villemomble 1980 [zweispr. Ausg.]; E. Hackl / C. Timón Solinís, Geschichten aus der Geschichte des Span. Bürgerkriegs. Erzählungen und Berichte deutschsprachiger Autoren, Darmstadt / Neuwied 1986; H. L. Teweleit (Hrsg.), No pasarán! Romanzen aus dem Bürgerkrieg, Berlin 1986; Es klingt ein Ton wie geschliffener Stahl. Lieder und Gedichte aus dem Span. Bürgerkrieg, München / Wien 1986; P. Lataster-Czisch (Hrsg.), Eigentlich rede ich nicht gern über mich. Lebenserinnerungen von Frauen aus dem Span. Bürgerkrieg 1936–1939, Leipzig / Weimar 1990.

D.

Die Literatur während der Franco-Ära (1939–1975)

65. Charakteristik der Epoche in Spanien

Historischer Überblick

Der Span. Bürgerkrieg endete mit einer der längsten Diktaturen Europas (1939–75), deren Folgen noch heute in Spanien spürbar sind. Was für die dt. und it. Faschisten als Probegalopp für einen Weltkrieg mit über 55 Millionen Toten galt, war für die span. Republikaner und ihre Verbündeten die letzte Chance, den europäischen Siegeszug des Faschismus aufzuhalten und gleichzeitig eine soziale Revolution weiterzuführen, welche die jahrhundertelang andauernden Klassengegensätze in Spanien abzubauen begann.

Nach dem Bürgerkrieg blutige Abrechnung der Sieger mit den Verlierern. Zahlreiche republikanische Spanier wurden auch von dem Vichy-Regime an das Dt. Reich ausgeliefert, wo sie zur Zwangsarbeit gezwungen oder in Konzentrationslager eingeliefert wurden. Im KZ Mauthausen (Oberösterreich) kamen über 5000 Spanier ums Leben; Jorge Semprún wurde nach Buchenwald (bei Weimar) deportiert. Scheinneutraler Kurs Spaniens im II. Weltkrieg, span. Freiwilligendivision an der Ostfront (*División Azul*, 47 000 Mann), die Pyrenäenhalbinsel Tummelfeld der dt. Spionage, Präferenzlieferungen von Rohstoffen (vor allem Wolfram) an das Dt. Reich. Im »Neuen Staat« des Caudillo und Generalissimus Franco Einheit von Partei, Staat, Militär und Kirche. Weitgefächerte institutionelle Erfassung der Bevölkerung. Bis 1959 radikale Importsubstitution und Schutzzollgesetzgebung, die Spanien vom Weltmarkt weitgehend abkoppelte. Hungerjahre (1939–51) und Staatsterror. Rationierung von Lebensmitteln, Seuchengefahr. Referendum über das Nachfolgegesetz (1947): künftige Staatsform Monarchie, Thronprätendent Juan Carlos (geb. 1938). Lockerung des internationalen Boykotts als Folge des »Kalten Kriegs«, u. a. da die USA im Korea-Krieg (1950) die Azoren als Zwischenlandebasis benötigten. Spanien als traditionelles Bollwerk gegen den Kommunismus. Allmähliche Aufnahme Spaniens in internationale Organisationen: UNESCO (1953), UNO (1955). Seit 1956 organisierter Widerstand im Innern, Streikbewegungen. Seit etwa 1960 Liberalisierungstendenzen aufgrund zunehmenden inneren und äußeren Drucks. Seit 1957 Einflüsse des *Opus Dei* (»Werk Gottes«) in der Regierung, technokratische, neoliberale katholische Laienorganisation mit international bedeutendem Einfluß (Bankwesen, Presse, Erziehungssektor), 1928 von Escrivá i Balaguer gegründet. Ein Höhepunkt des Staatsterrors war der Burgos-Prozeß (1970) gegen 16 ETA-Mitglieder und großer Protestwelle im Ausland. Als späte Antwort das tödliche Attentat auf Regierungschef (und möglichen Franco-Nachfolger) Admiral Luis Carrero Blanco (1973). Trotz Versuchen der *apertura* (Öffnung) beschleunigtes Ende des Frankismus als Regierungssystem. Nach langer Agonie Tod Francos am 21. November 1975.

Politisierend für ein breites, meist jugendliches Zielpublikum waren in der Schlußphase des Frankismus und in der *transición* (Übergang zur Demokratie seit 1975) die Sänger und Sängerinnen der *nueva canción*: Raimón, Paco Ibáñez, Manuel Serrat, Lluis Llach, María del Mar Bonet, Labordeta u. a., die auch zur Identität ihrer Völker wesentlich beitrugen, z. B. katalan. *Nova cançò* (vgl. T. D. Stegmann, Hrsg., *Diguem no – Sagen wir nein. Lieder aus Katalonien*, Berlin 1979).

Literaturgeschichte: G. Sobejano, Novela española de nuestro tiempo (en busca del pueblo perdido), Madrid ²1975; G. E. Wellwarth, Spanish Underground drama. Teatro español underground, Madrid 1978; B.-S. Kulenkampff, Theater in der Diktatur. Span. Experimentiertheater unter Franco, München 1979; M. L. Abellán, Censura y creación literaria en España (1939–1976), Barcelona 1980; S. Sanz Villanueva, Historia de la novela social española (1942–1975), 2 Bde., Madrid 1980; S. Truxa, Die Frau im span. Roman nach dem Bürgerkrieg. C. J. Cela – C. Laforet – A. M. Matute – J. Goytisolo, Frankfurt a. M. 1982; J. W. Pérez (Hrsg.), Novelistas femeninas de la posguerra española, Madrid 1983; M. P. Pérez-Stansfield, Direcciones del teatro español de posguerra: Ruptura con el teatro burgués y radicalismo contestatorio, Madrid 1983; M. Saalbach, Span. Gegenwartstheater, Unterdrückung und Widerstand im Endstadium der Franco-Diktatur, Bonn 1984; J. Rodríguez Puértolas, Literatura fascista española, 2 Bde., Madrid 1986–87 [Geschichte und Anthologie]; V. García de la Concha, La poesía española de 1935 a 1975, 4 Bde., Madrid 1987; S. Mangini, Rojos y rebeldes. La cultura de la disidencia durante el franquismo, Madrid 1987; C. Oliva, El teatro español desde 1936, Madrid 1989; R. Schmolling, Lit. der Sieger. Der span. Bürgerkriegsroman im gesellschaftlichen Kontext des frühen Franquismus (1939–1943), Frankfurt a. M. 1990; F. Cantalapiedra, Estudio socio-económico del Teatro Español 1960–1975, Kassel 1991; E. Díaz, Intellektuelle unter Franco. Eine Geschichte des span. Denkens von 1939 bis 1975, Frankfurt a. M. 1991; H. J. Neuschäfer, Macht und Ohnmacht der Zensur. Lit., Theater und Film in Spanien (1933–1976), Stuttgart 1991.
Anthologien: Poesía femenina española, 2 Bde., Barcelona 1967–71; J.-C. Mainer (Hrsg.), Falange y literatura, Barcelona 1971; F. Boso / R. Bada (Hrsg.), Ein Schiff aus Wasser. Span. Lit. von heute, Köln ²1991.
Sozialgeschichte: R. Tamames, La República. La Era de Franco, Madrid ⁶1977 (Historia de España Alfaguara, 7); J. A. Biescas / M. Tuñón de Lara, España bajo la dictadura franquista (1939–1975), Barcelona 1980; H.-W. Franz, Der Frankismus. Zur politischen Herrschaftssoziologie Spaniens während der Franco-Ära, Frankfurt a. M., Bern 1981; W. L. Bernecker, Spaniens Geschichte seit dem Bürgerkrieg, München ²1988.

66. Lyrik

Gabriel Celaya, d. i. **Rafael Múgica** (1911 Hernani/Guipúzcoa – 1991 Madrid). Nach dem Ingenieurstudium in Madrid und lyrischen Anfängen während der Zeit der II. Republik wurde er erst nach 1945 als Romancier, Essayist, Dramatiker, Übersetzer und vor allem als Lyriker bekannt, der zahlreiche nationale und internationale Literaturpreise erhielt. Einige seiner Gedichte wurden von bekannten Interpreten (Paco Ibáñez u. a.) vertont und werden viel gesungen (z. B. »La poesía es un arma cargada de futuro«), weil sie der Erinnerung an das demokratische »andere Spanien« über 36 Jahre Franco-Faschismus hinweg künstlerischen Ausdruck verliehen haben. Als Äußerungen gegen die modernistische Poetik des *l'art pour l'art* sind die folgenden Sätze zu verstehen: »La poesía no es un fin en sí misma, sino un instrumento para transformar el mundo« (»Die Dichtung hat keinen absoluten Zweck, sondern ist ein Mittel zur Veränderung der Welt«). »La belleza es un ídolo metafísico« (»Die Schönheit ist ein metaphysisches Götzenbild«).
Marea del silencio (1935). – *Paz y concierto* (1953). – *Pequeña antología poética* (1957). – *Poesías 1934–1961* (1962). – *Episodios nacionales* (Paris 1962), u. a. Bde.
Aus dem Nachruf von W. Haubrich in der FAZ, 19. April 1991: »C. war Ingenieur, auch Direktor einer großen Fabrik für Tankwagen, Kommunist und vor allem und während seines ganzen Lebens Dichter. Seine Unterschrift stand unter Verträgen über Kapitalerweiterungen, Gedichten in Lyrikzeitschriften und zahlreichen Manifesten gegen die Franco-Diktatur. Das konnte auf die Dauer nicht gutgehen, und als C. in dem Roman *Die guten Geschäfte* dann auch noch die Geschichte der Fabrik, die er im heimatlichen Baskenland geerbt hatte, erzählte, nahm ihm der Aufsichtsrat seinen Direktorenposten. C. war dann nur noch stiller Teilhaber, und da die Tankwagen auch ohne ihn sehr gut verkauft wurden, hatte er genug Geld zum Leben und auch noch, um seine

notleidenden politischen und literarischen Freunde zu unter-
stützen.«

Das folgende, auszugsweise wiedergegebene berühmte und
von Paco Ibáñez vertonte Gedicht stammt aus den *Cantos
Iberos* (1955). Es spiegelt C.s Bekenntnis zur »poesía social«
wider, wie es eindringlicher nur in der Poetik Nerudas gestaltet ist.

La poesía es un arma cargada de futuro

[…]
Tal es mi poesía: Poesía herramienta
a la vez que latido de lo unánime y ciego.
Tal es, arma cargada de futuro expansivo
con que te apunto el pecho.

No es una poesía gota a gota pensada.
No es un bello producto. No es un fruto perfecto.
Es algo como el aire que todos respiramos,
y es el canto que espacia cuanto dentro llevamos.

Son palabras que todos repetimos sintiendo
como nuestras, y vuelan. Son más que lo mentado.
Son lo más necesario: Lo que no tiene nombre.
Son gritos en el cielo; y en la tierra son actos.

Das Gedicht ist eine Waffe, mit Zukunft geladen

[…]
Das ist meine Poesie: Werkzeug-Poesie
und gleichzeitig das Pulsen blinden Einverständnisses.
Das ist sie: eine mit dem Streugeschoß der Zukunft geladene
        Waffe,
mit der ich auf deine Brust ziele.

Es ist keine Poesie, die Tropfen durch Tropfen durchdacht
        wurde.
Nichts Schönes. Nicht eine ausgereifte Frucht.
Etwas wie die Luft, die wir alle atmen,
wie der Gesang, der all das hinstreut, was wir in uns tragen.

Es sind die Wörter, die wir alle immer wieder brauchen und
    die wir
als eigene empfinden und die weit reichen. Sie meinen mehr,
    als sie sagen.
Sie sind das Allernotwendigste: das was keinen Namen hat.
Schreie sind es zum Himmel, und auf der Erde Taten.

> Übers. G. Stocker, Span. Lyrik des 20. Jh.s, Hrsg. G. Sie-
> benmann / J. M. López, Stuttgart: Reclam, 1985, S. 242
> bis 247 (RUB 8035).

Ausg.: Poesías completas, Madrid 1969 [Vorw. V. Aleixandre].
Lit.: A. Chicharro Chamorro, Producción poética y teoría literaria en
G. C., Granada 1985.

José Agustín Goytisolo (1928 Barcelona – 1999 ebd.).
Lyriker und Übers. von Pavese, Pasolini, Ungaretti, Quasi-
modo, Montale, A. Neto, Espriu u. a. Hrsg. von Lyrikantho-
logien (Borges, Lezama Lima, katalan. und kubanische
Lyrik). Heute Verlagsleiter in Barcelona.
Palabras para Julia y otras canciones (dt. *Worte für Julia
und andere Lieder*; 1979). Mit einem persönlichen Vorwort
von M. Vázquez Montalbán, der G.s Lyrik als »Alternative
gegen die verborgene Barbarei in einer Welt, in der die
ausgeklügeltsten Kriege jeden idealistischen Humanismus
ruiniert haben« ansieht. Daraus das folgende Gedicht, das
auf die portug. »Nelkenrevolution« vom April 1974 an-
spielt:

> En Lisboa yo vi un clavel
> cuyo nombre es el de Isabel
> por las calles anda esa flor
> y allí la llaman Revolución.
>
> Mas la muchacha tiene miedo
> ya que es muy linda por defuera
> pero muy frágil por adentro:
> sobra malicia que la rompiera.

Hoy pienso en ella y también temo
porque abrasando entró en mis ojos
porque fascina igual que un sueño
porque quiero sus pétalos rojos

y porque ella me quiere a mí también.

In Lissabon sah ich eine Nelke,
die Isabel heißt.
Diese Blume geht durch die Straßen
und heißt dort Revolution.

Aber das Mädchen hat Angst,
denn es ist äußerlich sehr schön,
aber drinnen sehr zerbrechlich;
Genug Böswilligkeit zerbrach sie.

Heute denke ich an sie, und auch ich habe Angst,
denn als Glut trat sie mir in die Augen,
weil sie wie ein Traum fasziniert,
weil ich ihre roten Wimpern liebe

und weil auch sie mich liebt.

Los pasos del cazador (dt. *Die Schritte des Jägers*; 1980). Liebes- und Jagdlyrik in schlichten, volkstümlichen Kurzzeilern, die an die mittelalterlichen *cantigas* und Strophenformen des *Siglo de Oro* anknüpft.

Lit.: J. M. Castellet, La poesía de J. A. G., in: Papeles de Son Armadans 69 (1961) 302–335.

Blas de Otero (1916 Bilbao – 1979 Madrid). Nach dem Bürgerkrieg ließ O. sich in Madrid nieder, wo D. Alonso den jungen Lyriker förderte. Mitglied der KP seit 1952 und engagierter Vertreter der sozialen Lyrik der 50er Jahre. »Ich glaube an die soziale Dichtung unter der Bedingung, daß der Dichter diese Themen ebenso aufrichtig und ebenso intensiv wie die traditionellen empfindet« (Selbstaussage). Am postumen *homenaje* in der Stierkampfarena in Madrid nahmen im Juli 1979 rund 30 000 Personen teil. Seine Gedichte wurden gesungen von Paco Ibáñez, Soledad Bravo u. a.

Pido la paz y la palabra (1955). – *Con la inmensa mayoría*
(1960). Protestlyrik gegen jegliche Diktatur und Unterdrückung von Handlungs- und Meinungsfreiheit. Lyrik, die
weit über die Grenzen Spaniens hinweg der Emigranten-
kolonie Hoffnung und Zuversicht verlieh.
Dem Zyklus *Que trata de España* (La Habana 1964) entstammt das folgende Sonett:

Cuando digo

Cuando digo esperanza digo es cierto.
Cuando hablo del alba hablo del día.
Cuando pronuncio sombra, velaría
las letras de mi patria, como a un muerto.

Cuando escribo aire libre, mar abierto,
traduzco libertad (hipocresía
política), traduzco economía
en castellano, en plata, en oro injerto.

Cuando digo a la inmensa mayoría
digo luego, mañana nos veremos.
Hoy me enseñan a andar y ver y oír.

Y ellos ven, oyen la palabra mía
andar sobre sus pasos. Llegaremos.
Es todo cuanto tengo que decir.

Wenn ich sage

Wenn ich sage Hoffnung, sage ich, es ist gewiß.
Wenn ich spreche von der Morgenröte, spreche ich vom Tag.
Wenn ich Schatten ausspreche, würde ich Wache halten
bei den Buchstaben meines Vaterlandes wie bei einem Toten.

Wenn ich schreibe freie Luft, offenes Meer,
übersetze ich Freiheit (politische
Heuchelei), übersetze ich Ökonomie
im Klartext, in barer Münze, für die Goldwaage.

Wenn ich spreche zur überwältigenden Mehrheit
sage ich bald, morgen schon werden wir uns sehen.
Heute lehren sie mich gehen und sehen und hören.

Und sie sehen, hören mein Wort
mit ihren Schritten gehen. Wir werden ans Ziel gelangen.
Mehr brauche ich nicht zu sagen.

> Übers. S. Jüttner, Die Span. Lyrik der Moderne, Hrsg.
> M. Tietz, Frankfurt a. M.: Vervuert, 1990, S. 352.

Lit.: I. Zapiain / R. Iglesias, Aproximación a la poesía de B. de O., Madrid 1983; J. A. Ascunce Arrieta, Cómo leer a B. de O., Madrid 1990.

Dionisio Ridruejo (1912 Burgo de Osma, Prov. Soria – 1975 Madrid). Jurist, Journalist und Universitätsdozent. In seiner Jugend Falangist (u. a. Mitglied der *División Azul* auf seiten Dt.s in der Sowjetunion). Geriet später in zunehmende Opposition zum Regime, zeitweise im Exil. 1974 einer der Gründer der *Unión Social Demócrata Española*. – Seine Gedichte sind in Form und Gehalt der Lyrik des *Siglo de Oro*, bes. Garcilaso de la Vega, verbunden, aber auch europäische Reiseeinflüsse (Dt., Italien).
Primer libro de amor (1939). – *Sonetos a la piedra* (1943). – *Elegías* (1948). – *En once años* (1950). Sammelbd. seiner Lyrik 1935 bis 1945. – *Hasta la fecha (1934–1959)* (1962).

Lit.: H.-P. Schmidt, D. R. Ein Mitglied der span. »Generation von 36«, Bonn 1972; M. Rubio / F. Solana (Hrsg.), D. R., de la Falange a la oposición, Madrid 1976.

Luis Rosales (1910 Granada – 1992 Cercedilla bei Madrid). Freund von García Lorca, der den Faschisten nahestand, trotzdem aber nicht verhindern konnte, daß G. L. in seinem Haus verhaftet wurde. Hrsg. der bedeutenden Fachzeitschrift *Cuadernos Hispanoamericanos*. Erhielt 1982 für sein Gesamtwerk den Cervantes-Preis. Während R. in seiner frühen Liebeslyrik (*Abril*, 1936) noch unter dem Einfluß Garcilaso de la Vegas stand und in seine Sammlung *Retablo sacro del nacimiento del Señor* (1940) auch mittelalterlich-religiöse Themen einflossen, stehen später (*La casa encendida*, 1949, Neufassung 1967) autobiogr. und allgemein menschliche Themen in vollendeter Harmonie von Form und Inhalt

im Mittelpunkt, vor allem in seinen *Rimas* (1951, Vorw.
D. Alonso) und in seinem Alterswerk mit *Diario de una
resurrección* (1979) sowie *Carta entera* (1980–84).

Lit.: A. Sánchez Zamarreño, La poesía de L. R. 1935–1980, Salamanca
1986.

67. Drama

Fernando Arrabal (1932 Melilla, Spanisch-Marokko). Skan-
dalumwitterter Dramatiker, der seit 1955 in Paris lebt. Nach
Besuch einer Klosterschule und Jurastudium freiwilliges Exil
in Frankreich wegen der Zensurbestimmungen im frankistischen Spanien. Erst seit 1977 durften seine Stücke in Spanien
wiederaufgeführt werden und erregten Skandal und Unver-
ständnis, weil das internationale avantgardistische Theater
der Nachkriegszeit an den span. Bühnen vorbeigegangen
war.
Das Werk A.s kann nur aus dem geschichtlichen Kontext seiner Zeit und der gesellschaftlichen Unterdrückungsmecha-
nismen im frankistischen Spanien sowie der jahrhundertelangen Amtskirchenideologie gerecht gedeutet werden. Vor
allem bestehen enge Zusammenhänge zwischen den kindli-
chen und paternalistischen Interaktionsmustern seiner Figuren und der diktatorialen Sozialordnung. Mitbegründer der
»Panischen Bewegung« (1962), deren Lebensphilosophie er
so definiert hat: »Das Leben ist die Erinnerung und der
Mensch der Zufall [...]. Das Panische ist eine Seinsform, die
durch die Verwirrung, den Humor, den Terror, den Zufall
und die Euphorie bestimmt ist.«
Weniger glücklich und undifferenziert argumentierte A. als
politischer Pamphletist (Offene Briefe an Franco, 1972, König Juan Carlos, 1981, an Fidel Castro, 1983 u. a.), wo er in
pathetischer Form Verletzungen der Menschenrechte an-
prangerte. Der Roman *La Vierge Rouge* (*Die rote Jungfrau*,
1986) hatte eher Experimentiercharakter und trug thematisch

wenig Neues zum Gesamtwerk bei. Verfilmungen in Autorregie: ¡*Viva la muerte!* (*Baal Babylon*), 1970; *L'arbre de Guernica*, 1975; *Le cimetière des voitures*, 1982.
Et ils passèrent des menottes aux fleurs (dt. *Und sie legten den Blumen Handschellen an*; 1969). Gehört in die Reihe des »Guerilla-Theaters« und brach auf dem Höhepunkt der Studentenbewegung mit einer Reihe von Tabus, da Sexualität und Gewalt unverhüllt auf die Bühne gebracht sind. A. verarbeitet teils autobiogr. seine Gefängnishaft im Franco-Regime und bringt in verschiedenen Einblendungen Erinnerungen, Träume und Ängste der drei Zellengenossen Amiel, Katar, Pronos und später des Langzeithäftlings Tosan. Die Einbeziehung des Publikums (z. B. als Folterer) im Sinne des epischen Theaters Brechts machen dieses Stück trotz des pseudoromantischen Titels zu einem erschütternden Bekenntnis zwischen Dokumentartheater und Psychodrama. Das Titelzitat stammt aus einem Interview García Lorcas (Juni 1936): »Sage [...] den Blumen, daß sie nicht zu sehr mit ihrer Schönheit prahlen, denn man wird ihnen Handschellen anlegen und sie über den verwesenden Körpern der Toten blühen lassen.«

Ausg.: Théâtre, 16 Bde., Paris 1968–86; Eine Selbstdarstellung, Fotos von L. Arrabal-Moreau, Berlin 1989.
Lit.: H. Premer-Kayser, Das dramatische Werk des Spaniers F. A., Untersuchung der inhaltlichen und formalen Entwicklung, der psychischen und politischen Tendenzen, Rüsselsheim 1977; K.-W. Kreis, Zur Ästhetik des Obszönen. A.s Theater und die repressive Sexualpolitik des Franco-Regimes, Hamburg 1990; D. Studeny, Epische Verfahren bei F. A. *Le jardin des délices* und *Et ils passèrent des menottes aux fleurs*, Frankfurt a. M. [u. a.] 1990.
Deutsch: [fast alle Übers. aus dem Franz.] Und sie legten den Blumen Handschellen an, Übers. K. Klinger, Berlin 1984; Hohe Türme trifft der Blitz, Übers. W. Böhringer / A. Schmitt, Köln 1986; Viva la muerte. Es lebe der Tod, Übers. H. Becker, Heidelberg ²1986; Der Architekt und der Kaiser von Assyrien, Übers. K. Klinger, Berlin 1988; u. a. Übers.

Antonio Buero Vallejo (1916 Guadalajara – 2000 Madrid). Einer der führenden Dramatiker des spanischsprachigen Nachkriegstheaters, das er vor allem durch seine gesellschaftskrit. Stücke geprägt hat. Nach Hinrichtung seines Vaters im November 1936 nahm er als Soldat im Span. Bürgerkrieg auf republikanischer Seite an der Jarama-Front und später in Aragón teil. Nach Kriegsende wurde er verhaftet (Mitgefangener von Miguel Hernández in Madrid), 1940 zum Tode verurteilt, später auf 30 Jahre Gefängnis reduziert und 1946 unter Auflagen begnadigt. Angesichts der ständigen Zensur des Franco-Regimes und häufiger Attentatsdrohungen hat B. V. sich in seinem Werk bis 1975 für die »Kunst des Möglichen« (*Posibilismo*) entschieden und wurde deshalb gelegentlich kritisiert (Polemik mit dem *Imposibilista* A. Sastre 1960 ff.; es ging aber auch um verschiedene Auffassungen von Realismus). 1971 Aufnahme in die *Real Academia Española*, aber Fortsetzung seiner systemkrit. Einstellung. Einige seiner Stücke konnten in Spanien erst kurz vor oder nach Francos Tod aufgeführt werden. 1986 erhielt er den angesehenen *Premio Cervantes* als Anerkennung für sein Gesamtwerk.

Seine Stücke sind im deutschsprachigen Raum vor allem in der frühren DDR (Rostock, Berlin, Leipzig) aufgeführt worden. Manche Werke sind auch im westdt. Fernsehen gezeigt worden, z. B. *El sueño de la razón* (1970), wo die Tendenz B. V.s deutlich wird, Gegenwartsprobleme (in diesem Fall das Spannungsverhältnis zwischen Künstler und Staat am Beispiel Goyas) in ein hist. Lehrgewand zu kleiden.

Historia de una escalera (dt. *Geschichte einer Treppe*; 1949 Auff., Lope de Vega-Preis, 1950 ersch.). Die Treppe ist Symbol der sozialen und politischen Unbeweglichkeit und zeigt vor allem die Schwierigkeit für die unteren Klassen, ihr Los zu verbessern. Die Handlung spielt in den Jahren 1919, 1929 und 1949 auf der Treppe und im Hausflur des 5. Stocks eines Mietshauses in Madrid. Die Zuschauer verfolgen stellvertretend den Alltag und Leidensweg von vier Familien: dem Ehepaar Generosa und Gregorio, einem pensionierten Straßenbahnfahrer mit seinen beiden Kindern, von Don Manuel mit seiner Tochter Elvira, von Paca und Juan mit ihren Kindern und von der Witwe Doña Asunción mit ihrem Sohn.

La doble historia del doctor Valmy (dt. *Die doppelte Geschichte des Doktor Valmy*; Entwurf 1961, ausgeführt 1963, abgeschlossen Mai 1964, aus Zensurgründen gesperrt bis zur Urauff. am 29. Januar 1976 im Teatro Benavente in Madrid). Publikumsrufe: »Amnistía, libertad! Amnistía, libertad!« Bewegende Anklage gegen Folter und Terror mit deutlichen Anspielungen auf das frankistische Spanien. – Daniel Barnes, Vernehmungsbeamter bei der Geheimen Staatspolizei, sucht wegen Potenzschwierigkeiten und seine Ehefrau Mary wegen Eheproblemen den Arzt Dr. Valmy auf. Die Handlung eskaliert, als Mary von den Folterpraktiken ihres Mannes und der Polizei erfährt. Mary erschießt ihren Mann und wird zum Verhör geführt. – Nach Meinung des Autors handelt es sich um eine für die Hauptdarsteller ausweglose Tragödie, während die Zuschauer im Sinne Brechts durch den Schock zu Entscheidungen getrieben werden sollen (epische Form des Theaters im Gegensatz zur dramatischen Form).

Ausg.: Teatro, Madrid 1968.
Lit.: A. Buero Vallejo, De mi teatro, in: RJb. 30 (1979) 217–227; R. Doménech, El teatro de B. V. Una meditación española, Madrid ²1979 (BRH II,198); M. Forys, A. B. V. and Alfonso Sastre. An annotated bibliography, Metuchen (N. Y.) / London 1988; El teatro de B. V. Texto y espectáculo. Actas […], Barcelona / Málaga 1990.
Deutsch: Die Stiftung, Übers. F. R. Fries, in: W. Schuch (Hrsg.), Span. Stücke, Berlin 1976, S. 89–191; Der Traum der Vernunft, Übers. A. Gebauer, in: dass., S. 433–524.

Alejandro Casona, d. i. Alejandro Rodríguez Álvarez

(1903 Besullo, Prov. Oviedo – 1965 Madrid). C. studierte Philosophie in Oviedo und Murcia. Nach der Ermordung seines Freundes García Lorca emigrierte er 1937 nach Lateinamerika, wo er hauptsächlich in Buenos Aires bis 1962 im Exil blieb. – Sein Theater hat die lyrisch-balladeske Stimmung mit den Stücken García Lorcas gemeinsam, erscheint aber wesentlich konstruierter und abstrakter als García Lorcas Bühne. Alle Dramen kreisen um das Gegensatzpaar Illusion und Wirklichkeit und um die drei Grundkräfte Liebe, Tod und Gott. C.s Antwort auf die Existenzprobleme des

Menschen: sich der Realität zu stellen und nicht vor der Wirklichkeit in Ersatzvorstellungen zu flüchten.

La dama del alba (dt. *Die Frau im Morgengrauen*; 1944). Der Tod in Gestalt einer Pilgerin beunruhigt das Leben einer asturischen Bergbauernfamilie. Der allegorisierte Tod führt die angeblich ertrunkene, tatsächlich vor den Realitäten des Lebens davongelaufene Angélica zum Fluß, als sie zurückkehren will. Nur durch die wärmende Liebe der Kinder vergißt der Tod für einen Augenblick seine Sendung. – Realität, Traum, Mythos und Folklore sind miteinander verwoben.

La barca sin pescador (dt. *Das Boot ohne Fischer*; 1945). Gedankenmord des Börsenjobbers Ricardo Jordán an einem Fischer, weil der Teufel ihm dadurch Rettung vor der drohenden Pleite versprach. Der Teufel ist am Ende der Betrogene. – Spannung um Urkonflikte.

Los árboles mueren de pie (dt. *Die Bäume sterben aufrecht*; 1949). Spiel zwischen Phantasie, Traum und Realität um ein philanthropisches »Institut zur Seelenfürsorge«, dessen Mitarbeiter jedem Lebensmüden zu neuen Illusionen verhelfen.

Ausg.: Obras completas, Hrsg. F. C. Sáinz de Robles, 2 Bde., Madrid ⁶1967.
Lit.: H. Bernal Labrada, Símbolo, mito y leyenda en el teatro de C., Oviedo 1972; E. Schmidkonz, Die Dramen A. C.s und die span. Kritik der sechziger Jahre, Diss. München 1977.
Deutsch: Die Frau im Morgengrauen, Übers. L. Kornell / W. Oberer, Zürich / München 1949 [Bühnenms.]; Die Bäume sterben aufrecht, Übers. L. Kornell, München 1950 [Bühnenms.].

Miguel Mihura (1905 Madrid – 1977 ebd.). Verf. von 23 Theaterstücken, Sketchen und Essays, der im Genre des humoristischen Theaters schon in den 30er Jahren reüssierte. Auch Autor von Drehbüchern. Sein Theater liegt auf der Linie der Stücke von Arniches, Muñoz Seca und Jardiel Poncela, jedoch bringt er Elemente des Absurden auf die Bühne, die schon an die Stücke Ionescos erinnern. In den Konflikten zwischen Individuum und Gesellschaft, zwischen Mann und Frau spiegeln sich die zunehmenden Folgen der Entfrem-

dung durch die Industriegesellschaft und die strukturenauf-
lösende Gewalt der Kriege.

Tres sombreros de copa (dt. *Drei Zylinderhüte*; verf. 1932,
ersch. 1943, Urauff. 1952). Tragikomödie um die ehrliche
Haut Don Dionisio, der in einem Dorfgasthof die letzte
Nacht vor einer Standesheirat Unterschlupf gefunden hat.
Eine Balletttruppe bringt die Nachtruhe durcheinander. Don
Dionisio begegnet in der Artistin Paula der unkonventionellen, warmen Kreativität, nach der er sich immer sehnte. Wie
ein Lamm wird der willenlose Don Dionisio am nächsten
Morgen zum Hochzeitsritual mit einer weinerlichen Mimose
geführt. Paula wacht wie aus einem Traum auf und kehrt zu
ihrem ungeliebten Brutalo zurück. – Die (klein)bürgerliche
Welt mit ihrer Doppelmoral steht dem Flair der leichten
Bohème gegenüber. M. zeichnet tragigroteske Typen, unter
denen die echte Liebe zwischen Don Dionisio und Paula
keine Chance hat, weil die Umstände es nicht zulassen.

Lit.: E. de Miguel Martínez, El teatro de M. M., Salamanca 1979.
Deutsch: Maribel und die seltsame Familie, Übers. K. E. Schrögendorfer,
München 1960; Der Engel mit dem Blumentopf, Übers. K. E. Schrögen-
dorfer, München 1973.

Lauro Olmo (1922 Barco de Valdeorras, Prov. Orense – 1994
Madrid). In erster Linie Dramatiker, schrieb aber auch
Romane, Erzählungen und Gedichte.

La camisa (dt. *Das Hemd*; verf. 1960, Urauff. 1962, ersch.
1963). Die Handlung spielt in der erschütternden Armut
eines Vorstadtslums, wo die Menschen zwischen der Hoffnung auf einen Lotteriegewinn und dem Entschluß zur Aus-
wanderung dahinvegetieren. Das mühsam auf dem Floh-
markt erstandene Hemd symbolisiert eine bessere Zukunft,
da es für ein unerläßliches Requisit bei der Jobsuche gehalten
wird. Das Stück ist voller Zeitanspielungen und volkstüm-
licher *tacos* (umgangssprachlicher Redewendungen) in der
Tradition der *sainetes* Arniches'. Durch die Kontrastfigur des
kleinbürgerlichen geilen Spanners Paco oder durch die einge-
blendeten Nachrichten von *Radio Nacional de España* kom-

men Elend und Hunger der Slumbewohner in ihren ärmlichen *chabolas* (Hütten) noch deutlicher zum Ausdruck. Die
verschiedenen Ebenen der Realität werden nicht zuletzt
durch die unterschiedlichen Illusionen der Figuren verdeut-
licht. Diese Träume werden durch Ersatzfetische wie den
US-Satelliten am Himmel, durch Zukunftsutopien vom Eldorado Deutschland oder durch den verelendeten Tío Maravillas (Onkel Wunder!) als ambulanten Globenverkäufer verkörpert.

Lit.: A. Fernández Insuela, Aproximación a L. O. (Vida, ideas literarias y
obra narrativa), Oviedo 1986.

Alfonso Paso (1926 Madrid – 1978 ebd.). Lieblingsautor des
Theaterpublikums in den 60er Jahren, der unermüdlich seine
populären Verse und Dialoge schmiedete. Er steht in der
Tradition des *sainete* und verdankt seine Erfolge guter Beobachtung, Witz, Ironie, Patriotismus und einem Schuß
Melodrama innerhalb des Kleinbürgertums mit seinen Auf-
stiegswünschen. Sein Theater wurde auch am Broadway aufgeführt. P. versuchte sich ebenfalls als Drehbuchautor und
Chansonnier.

Los pobrecitos (dt. *Die Armen*; 1958). Der Dreiakter spielt in
einer ärmlichen Pension, wo die Menschen ihren Illusionen
nachhängen und gegen die tägliche Einsamkeit und Lieb-
losigkeit ankämpfen. Ein anonymer Geldsegen bringt jedem
die materielle Erfüllung einiger Wünsche, bis das Rätsel sich
als Bankdiebstahl eines Pensionsgastes enthüllt. Trotzdem
endet das Stück versöhnlich mit einer Liebesromanze.

Ausg.: Teatro selecto, Hrsg. J. Mathías, Madrid 1971.
Lit.: J. Mathías, A. P., Madrid 1971.

José María Rodríguez Méndez (1925 Madrid). Nach dem
Jurastudium in Zaragoza Journalist, Essayist und vor allem
Dramatiker. Seine ersten Stücke wurden 1959 bis 1966 im
Rahmen des Populärtheaters »La Pipironda« in Barcelona
aufgeführt.

Bodas que fueron famosas del Pingajo y la Fandanga (dt. *Die berühmten Hochzeitsfeiern von Pingajo und Fandanga*; 1965, Zensurverbot 1968). In der Tradition der *Esperpentos* Valle-Incláns, aber auch der *sainetes* von R. de la Cruz im 18. Jh. Die volkstümliche Handlung spielt in Madrid im Krisenjahr 1898 und endet im Soldatenmilieu mit der Erschießung des Pingajo (eine Figur zwischen Pícaro und Hofnarr). Zahlreiche Zeitanspielungen aus der Sicht der Unterprivilegierten und Marginalisierten.

Lit.: J. Martín Recuerda, La tragedia de España en la obra dramática de J. M. R. M. (Desde la Restauración hasta la dictadura de Franco), Salamanca 1979.

José Ruibal (1925 Santiago de Compostela). Fand im Café Gijón in Madrid zur Welt der Schriftstellerei und des Journalismus. Als Bühnenautor wurde er während der Zeit der frankistischen Kulturzensur von seinen Freunden in den USA durch Aufführungen, Preise, Symposien und Einladungen unterstützt.

La máquina de pedir (dt. *Die Bitte-Maschine*; entst. 1969, ersch. 1970). Am Gegensatz zwischen Arm und Reich entzündet sich ein Feuerwerk an Parodie, Ironie, Satire und Mythenzerstörung, in dessen Mittelpunkt die Dame (Kapitalismus) und ihr Gatte Tintenfisch (El Pulpo) mit seinen Saugarmen stehen. Die immer neuen Krisenstrategien des Kapitals lassen die Reichen sogar der Hölle entkommen. Die Dame verwandelt sich in eine Bitte-Maschine, die immer wieder Illusionen nährt und jeden Klassengegensatz harmonisiert.

Ausg.: J. R., Teatro sobre teatro, Madrid 1975 [Anthologie mit programmatischer Einl. des Autors].
Lit.: E. M. Phillips, Idea, signo y mito: El teatro de J. R., Madrid 1984.
Deutsch: Die Bitte-Maschine, Übers. M. Bamberg, Basel 1970.

Alfonso Sastre (1926 Madrid). Mit Buero Vallejo und Arrabal zusammen der bedeutendste span. Dramatiker der Nachkriegszeit, der sich auch mutig gegen die Diktatur Francos engagierte. Bereits mit 19 Jahren war er Mitbegründer einer Experimentierbühne und vertrat auch während seines Philologiestudiums in Madrid ein »Theater der sozialen Agitation«. Mehrfach stand er vor Gericht, kam ins Gefängnis (1956, 1974 mit seiner Frau Eva Forest, die wegen angeblicher Verbindungen zu baskischen ETA-Anhängern gefoltert wurde, weltweite Proteste) oder mußte andere Schikanen erdulden (Pfändung der Autorenrechte u. a.). Teilweise wich er auch in die Filmbranche aus und schrieb Szenarien für Bardem und José María Forqué. – Auch Übers. von Strindberg, O'Casey, Weiss, Sartre u. a.

Sein Theater steht in der Tradition von Brecht, in dessen »Verfremdungseffekten« er jedoch die Gefahr einer »Über-Fremdung« sah. In seinem »Teatro Nuevo« traten daher an die Stelle der V(erfremdungs)-Effekte A(nagnorisis)-Effekte, d. h. Mittel zur »Wiedererkennung«. In seinem konfliktgeladenen Thesentheater steht der Kampf der Unterdrückten gegen ihre Herren im Mittelpunkt.

In seinen anspruchsvollen dramen- und literaturtheoretischen Schriften und Essays (*Drama y sociedad*, 1956), *Anatomía del realismo*, 1965, *La revolución y la crítica de la cultura*, 1970) geht S. von einer engagierten gesellschaftskrit. Funktion des Schriftstellers aus, der die Welt verändern müsse, ohne über dieser politischen Mission die ästhetische Qualität seiner Werke und einen ethischen Kern außer acht zu lassen.

Escuadra hacia la muerte (dt. *Todesschwadron*; 1953). Nach der 3. Aufführung 1953 in Madrid verboten. Das spiegelsymmetrisch angelegte und symbolhaltige Stück spielt in einem imaginären III. Weltkrieg. Eine Todesschwadron auf Abruf, bestehend aus dem Zugführer Golan und 5 Soldaten, schiebt Wache im Niemandsland, bis sich am Heiligabend der Zorn gegen den Unterdrücker Golan entlädt und zu dessen Ermordung führt. Beladen mit Schuldgefühlen, dividieren sich die Soldaten im 2. Teil immer mehr auseinander, einer begeht Selbstmord, andere verschwinden, einer bleibt zurück.

Im Sinne des damals intendierten sozialen Realismus trat neben den Charakter des Antikriegsstücks auch die pazifistische Sehnsucht. Das Elend der Nachkriegszeit und der aufziehende Kalte Krieg gaben die deprimierende weltgeschichtliche Folie ab. Sartres Begriff von der inneren Freiheit des Menschen (z. B. in *Huis Clos*, 1945) und der existentialistische Wertekatalog ziehen im Hintergrund über die Bühne, aber die eher pessimistische Anlage S.s entscheidet sich gleichermaßen gegen Diktatur und Anarchismus.

La mordaza (dt. *Der Knebel*; 1953). Der »Knebel« symbolisiert die Schweigetyrannei des Bauern Isaís Krappo, der während des Bürgerkriegs zwei Frauen umbrachte und vier Jahre später in einer schwülen Sommernacht den Ehemann der Ermordeten erschießt, der – eben aus dem Gefängnis entlassen – den Mörder seiner Familie zur Rechenschaft ziehen wollte. Während der geduldigen Aufklärungsarbeit des Kommissars Roch bröckelt die verängstige Familiensolidarität. Zwei Söhne und die Schwiegertochter befreien sich durch ein Geständnis von dem Druck der Vergangenheit und dem Familiendiktator. Trotz der offenkundigen Zeitbezüge – fehlende Vergangenheitsbewältigung, Verdrängen von Unrechtsstrukturen, negative Charakterisierung von Feudalpatriarchat und Diktatur – kam das Stück in Madrid auf die Bühne, obwohl der Autor vorsichtshalber schon an der Fassung für eine Premiere in London arbeitete. – Der Stoff geht auf eine reale, lokalhist. Begebenheit in Frankreich 1952 zurück, »l'affaire de Lurs«.

Ausg.: Obras completas, Bd. 1, Madrid 1967 [enthält fast alle Dramen].
Lit.: K. Schwartz, Posibilismo and imposibilismo. The Buero Vallejo – Sastre Polemic, in: RHM 34 (1968) 436–445; H. Rien, Literatura y realidad político-social. *La Mordaza* de A. S., Bonn 1987 [didaktisches Material, Lehrerheft].
Deutsch: Warum sie schweigen (La mordaza), Übers. W. Nufer, Hamburg [o. J.] (Rowohlt Theaterverlag); Rote Erde, Übers. K. Hering, in: W. Schuch (Hrsg.), Span. Stücke, Berlin 1976, S. 315–367; Wilhelm Tell mit den traurigen Augen, Übers. A. Gebauer, in: dass., S. 369–432; u. a. Übers.

68. Exilprosa

Lit.: J. R. Marra-López, Narrativa española fuera de España (1939–1961), Madrid 1963; J. L. Abellán (Hrsg.), El exilio español de 1939, 6 Bde., Madrid 1976–78; K. Kohut, Escribir en París, Frankfurt a. M. 1983; (Interviews); F. Zueras Torrens, La gran aportación cultural del exilio español (1939), Madrid 1990.
Anthologien: D. Puccini (Hrsg.), Romancero de la resistencia española, 1936–1965, México 1967; E. Brandenberger (Hrsg.), Narradores españoles fuera de España. Span. Erzähler im Exil, München ³1983 (dtv zweispr. 9077).

Max Aub (1903 Paris – 1972 Mexiko-Stadt). Sohn eines Dt. und einer Französin, die bei Ausbruch des I. Weltkriegs ins neutrale Spanien emigrierten. Im Bürgerkrieg Kulturattaché der II. Republik in Paris, wo er Picasso den Auftrag für *Guernica* erteilte. Mit Malraux verfilmte er 1938/39 in Katalonien dessen Roman *L'Espoir* als *Sierra de Teruel*, einen der erschütterndsten Kriegsfilme. Nach Bürgerkriegsende wurde A. in Paris von den Nazis verhaftet und als Kommunist in verschiedene Internierungslager verbracht, zuletzt 1940 nach Djelfa (Algerien) (*Diario de Djelfa*, 1944). Mit Hilfe der mexikanischen Regierung und John Dos Passos' konnte er 1942 nach Mexiko emigrieren, wo er Direktor des *Instituto Cinematográfico* wurde. Bis zu seinem Tode war er dort unermüdlich als Mittelpunkt des span. Emigrantenlebens tätig und sah Spanien nur kurz 1969 wieder, um für eine Biogr. seines Freundes Luis Buñuel Material zu sammeln (*La gallina ciega*, 1969, span. Tagebuch).

In seinen Zyklenromanen, Erzählungen und den Theaterstücken (über 50) thematisierte er die Schrecken des Bürgerkriegs und die deprimierende Situation der Emigranten. Im Mittelpunkt steht sein mehrbändiges Werk über den Span. Bürgerkrieg, *El laberinto mágico* (1943–51). In seinen lit. Essays propagierte A. den Neorealismus und wandte sich gegen Ortega y Gassets Thesen von der »Entmenschlichung der Kunst«. Erst in den 60er Jahren wurde A. in Spanien entdeckt und gehört seitdem zu den meistgelesenen Exilautoren.

Ausg.: Obra completa, 6 Bde., Madrid 1984.
Lit.: I. Soldevilla Durante, La obra narrativa de M. A. (1929–1969), Madrid 1973 (BRH II,189); A. A. Borrás, El teatro del exilio de M. A., Sevilla 1975; R. Prats Rivelles, M. A., Madrid 1979.
Deutsch: Der Aasgeier, Übers. S. Felkau, Frankfurt a. M. 1966; Die Erotik und andere Gespenster. Nicht abreißende Gespräche (mit Luis Buñuel), Berlin 1985; Vivo. Eine Liebesgeschichte, Übers. L. Rollhäuser, Berlin 1991 [Bd. 1 der geplanten *Gesammelten Werke* in dt. Übers.]; u. a. Übers.

Francisco Ayala (1906 Granada). Seine Universitätskarriere – bereits mit 27 Jahren Lehrstuhl an der Juristischen Fakultät in Madrid – wurde durch den Bürgerkrieg unterbrochen, der ihn zum Exil nach Argentinien, Puerto Rico und in die USA zwang, wo er schießlich in Chicago eine Professur für Soziologie erhielt. 1960 Rückkehr nach Spanien. 1992 Verleihung des angesehenen *Cervantes-Preises* aus den Händen des Königspaars in der Aula Magna der Universität von Alcalá de Henares.
Seine Romane (*La cabeza de cordero, Muertes de perro* u. a.), Erzählungen, Essays (*Indagación del cinema, Cervantes y Quevedo* u. a.), journalistischen Beiträge und soziologischen Untersuchungen (z. B. *Tecnología y Libertad*) sowie seine Memoiren (*Recuerdos y olvidos*) sind kluge Analysen der politischen, kulturellen und sozialen Gegenwartsprobleme, in denen auch die hist. Dimension nicht zu kurz kommt. Ebenfalls Übers. von Th. Mann, Rilke, Sieyès, Constant, Moravia u. a.
España, a la fecha (dt. *Spanien heute*; 1965). Scharfsinniger Essay mit dem Ziel einer Radiographie der span. Gegenwartsgesellschaft im europäischen Kontext. Nach einem selbstkrit. Rückblick folgt eine erbarmungslose Analyse des Machtapparats (Klerus, Wirtschaft, Militär). Obwohl die Liquidierung des *Ancien Régime* noch 10 Jahre dauern sollte, sah A. im beschleunigten demokratischen Zusammenwachsen Europas die Chance für Veränderungen in Spanien. Seine liberalen Zukunftsvisionen, basierend auf streng soziologischer Argumentation, sind auch heute noch nicht alle eingelöst.

Ausg.: Obras narrativas completas, Hrsg. A. Amorós, México 1969.
Lit.: K. Ellis, El arte narrativo de F. A., Madrid 1964; R. H. Hiriart, Conversaciones con F. A., Madrid 1984; T. Mermal(l), Las alegorías del poder en F. A., Madrid 1984.
Deutsch: Der Kopf des Lammes. Erzählungen, Übers. E. Helmlé, Wiesbaden 1967; Spanien heute, Neuwied/Berlin 1966.

Arturo Barea (1897 Madrid – 1957 Faringdon, Oxfordshire). Begann als Autodidakt erst im Alter von 52 Jahren mit der Schriftstellerei. Seine autobiogr. Trilogie *La forja de un rebelde* (1951, *La forja*, *La ruta*, *La llama*) mußte zuerst im Exil auf Englisch erscheinen. Dieses Werk wurde mit großer Begeisterung von Orwell, Dos Passos, Spender u. a. aufgenommen und in acht Sprachen übersetzt, bis es endlich 1951 auch in span. Auflage in Argentinien erschien. Es schildert B.s Entwicklung von der frühen Kindheit im Madrid des »fin de siècle« über die Phase des bürgerlichen »señorito« bis zur Verteidigung des Sozialismus im Span. Bürgerkrieg. Mehr Bericht der eigenen Krisen als der kollektiven Probleme seines Volkes.

Lit.: J. Ortega, A. B., novelista español en busca de su identidad, in: Symposium 25 (1971) 377–391.
Deutsch: Auf Wegen ohne Ziel. Hammer oder Amboß sein. Romantrilogie, Übers. J. Kahner, Frankfurt a. M. [u. a.] 1955; Vom Schein des Feuers, Übers. H.-J. Hartstein, Bühl-Moos 1987.

Michel del Castillo, d. i. **Miguel Janicot del Castillo** (1933 Madrid). Sohn eines Franzosen und einer Andalusierin, der heute in Carpentras bei Montpellier lebt. Nach der Hölle des doppelten Exils im Ausland und im frankistischen Spanien zog er 1953 nach Paris, wo er an der Sorbonne auch Lit. studierte. Seine Werke sind größtenteils auf Franz. erschienen und wurden bes. vom Erfolgsverleger Juillard gefördert, in mehrere Sprachen übersetzt. C. debütierte 1957 mit drei Büchern, die alle auch auf Dt. erschienen: *Tanguy*, *La guitarre*, *Le colleur d'affiches*. Für *La noche del decreto* (1981), einen Identitätsroman aus der Endphase des Frankismus, erhielt C. 1981 den angesehenen *Prix Renaudot*.

Tanguy (dt. *Tanguy*; 1957). Autobiogr. Roman, der das schwere Schicksal des jungen C. widerspiegelt. Als Fünfjähriger mußte er mit der Mutter vor Franco fliehen und sich in Frankreich internieren lassen. Als Neunjähriger wurde er ins Konzentrationslager Mauthausen verschleppt, wo über 5000 Republikspanier ums Leben kamen. Als Zwölfjähriger machte er in einer Anstalt für schwererziehbare Kinder in Spanien die Hölle durch. Zwischen Jesuitenschule und Arbeit in einer Zementfabrik gelang ihm schließlich die illegale Flucht nach Frankreich. – Erschütterndes Zeitdokument, das 1960 den Sonderjugendpreis des Börsenvereins des Dt. Buchhandels erhielt, obwohl das Franco-Regime noch mit einem falschen Plagiatsvorwurf interveniert hatte.

Lit.: R. Supervía, Autobiografía de un gran novelista desconocido, in: Cuadernos Americanos 18 (1959) Nr. 102, 243–259.
Deutsch: Manège espagnol, Übers. L. Gescher, Hamburg 1962; Elegie der Nacht; eine Jugend in Straflagern, Übers. L. Gescher, Reinbek bei Hamburg 1980 [u. ö.]; u. a. Übers.

Rosa Chacel (1898 Valladolid – 1994 Madrid). Studierte Bildhauerei und verbrachte sechs Jahre in Rom und auf Reisen durch Europa (1921–27). Lebte seit 1937 im Exil in Buenos Aires, Paris, Alexandrien, Marseille, Genf, Bordeaux, Rio de Janeiro, New York … in großen finanziellen Nöten. Erst 1974 Rückkehr nach Spanien. Dort erschien inzwischen ihr umfangreiches Werk, das Romane, Tagebücher, Lyrik und Essays umfaßt. Der Nationale Literaturpreis 1987 war eine verdiente Ehrung; die Ehrenbürgerschaft Valladolids zu ihrem 90. Geburtstag schloß sich an. Die sozialistische Regierung hatte ihr 1984 schließlich eine Gnadenrente ausgesetzt, als sie wegen Mietproblemen fast schon wieder zu ihrem Sohn nach Brasilien ziehen wollte. – Auch Übers., z. B. der Tragödien Racines (Nationaler Übersetzerpreis 1985) und der Lyrik Mallarmés. Nach einem Interview in EL PAÍS, 29. Februar 1992, sah ihr Tageslauf mit 94 Jahren so aus: vormittags Schriftstellerei, nachmittags Ruhe, abends bis 3 Uhr morgens Fernsehen (»das Labyrinth der Freiheit«).

Memorias de Leticia Valle (dt. *Memoiren der Leticia Valle*; Kap. 1: 1939, das übrige 1946). Aus der Perspektive einer Elfjährigen werden Kindheitserinnerungen, Gefühle und Ängste geschildert. Neben der engen Gemeinschaft mit Tante und Vater haben der Stadtarchivar Don Daniel als Privatlehrer und seine Frau Einfluß auf das frühreife Mädchen. Die unausgesprochene Dreiecksgeschichte endet mit dem Selbstmord des Hauslehrers. Die pessimistische Sicht der Kindheit rührt nicht zuletzt aus den Spannungen zwischen dem damaligen Erziehungs- und Moralkodex und den aufkeimenden Ahnungen einer repressionsfreien und emanzipatorischen Utopie. »Niemals werde ich müde, den Ekel dieser Krankheit, die Kindheit heißt, zu benennen. Man kämpft, um sich von ihr wie aus einem Alptraum zu lösen, und man schafft nur einige schlafwandlerische Bewegungen und verfällt wieder der Schlafsucht« (Ed. Barcelona 1985, S. 138). – Einflüsse von Joyce auf Erzählperspektive und Stil verbinden sich schon mit Techniken, die an den späteren *nouveau roman* erinnern.

Ausg.: Obra completa, 2 Bde., Valladolid 1989; Poesía (1931–1991), Barcelona 1992.
Lit.: R. Ch. Premio Nacional de las Letras Españolas 1987, Barcelona 1990 [Essays über ihr Werk, Chronologie, Bibliogr.].
Deutsch: Memoiren einer Elfjährigen Leticia Valle, Übers. M. Meyer-Minnemann, München 1991.

Antonio Ferres (1924 Madrid). Einer der konsequentesten Vertreter des sozialkrit. Romans, dessen Bücher in mehrere Sprachen übersetzt sind. Durch Gastprofessuren im Exil in den USA und in Mexiko wirkte er unermüdlich für die Verbreitung der Emigrantenlit. und der von der offiziellen Propaganda unterdrückten »zweiten Kultur«. Verfaßte zusammen mit Armando López Salinas *Caminando por las Hurdes* (1960), mit Fotos aus dem Film Buñuels *Tierra sin pan* (*Las Hurdes*, 1932), sozialkrit. Landschaftsreportagen.
La piqueta (dt. *Die Spitzhacke*; 1959). Dieser Roman spielt im Madrider Vorstadtmilieu, wo in den überfüllten Elends-

hütten durch bürokratische Staatsdekrete Wohnraum liqui-
diert, Familien auseinandergerissen und aufkeimender Protest erstickt werden. »La piqueta« (die Spitzhacke) und »la
piqueta de ejecución« (das Exekutionskommando) symbolisieren die Staatsgewalt, die in diesem Fall die Familie eines
andalusischen Wanderarbeiters trifft. Andrés arbeitet als
Maurer, emigrierte schon aus Las Hurdes. Die Familie mit
seiner Frau, der Tochter Maruja, den Söhnen Andresillo
(6 Jahre) und Mario wird durch die Abräumung der »chabola« auseinandergerissen. G. Sobejano (*Novela española de
nuestro tiempo*, Madrid 1970, S. 319) rügt die etwas simplifi-
zierte Schwarzweißzeichnung: die guten armen Verlobten,
der böse ausbeutende Juniorchef usw.
Verwandtes Thema bei A. M. de Lera, *Los olvidados* (1957, J.
Goytisolo, *La resaca* (1958), J. L. Martín Vigil, *Una chabola
en Bilbao* (1960), R. Nieta, *La patria y el pan* (1962) u. a.
Los vencidos (dt. *Die Besiegten*; 1962 in Italien, 1965 in Paris,
da in Spanien verboten). Der innere und äußere Widerstand
der Besiegten nach dem Bürgerkrieg um 1943/44, Hunger-
streik im Gefängnis, Guerilla-Bewegung und Kampf im Untergrund in Madrid. – Die Lehrerin Asunción weiß seit län-
gerer Zeit nichts von ihrem Mann, dem Sekretär Antonio
Blanco aus Granada, einem Republikaner, den die Frankisten
verschleppten. Sie reist nach Madrid und kommt durch viele
Querverbindungen in Kontakt mit dem katalan. Arzt Federico, der in einem Gefängnis bei Madrid inhaftiert ist und ihr
die erschütternde Nachricht von der Hinrichtung ihres Mannes gibt. Wenn Federico einmal freigelassen ist, wird Asunción mit ihm ein neues Leben beginnen.
Lit.: P. Gil Casado, La novela social española (1920–1971), Barcelona
²1973, S. 374–385 [über *La Piqueta*].
Deutsch: Auf der Suche nach Antonio, Übers. E. Hartmann, Berlin, Weimar 1965.

Juan Goytisolo (1931 Barcelona). Verlor die Mutter 1938 bei
Bombardement durch die Luftwaffe Mussolinis im Bürgerkrieg. Besuch einer Jesuitenschule. Abgebrochenes Jura-

studium in Barcelona und Madrid, wo er durch seine aktive
Teilnahme an den ersten großen Studentendemonstrationen
nach dem Bürgerkrieg 1956 ins Gefängnis kam. Er emigrierte
1957 nach Paris und öffnete als lit. Berater und Verlagslektor
bei Gallimard den franz. und europäischen Markt für die
span. und lateinamerikan. Boom-Lit. in Übersetzungen.
Pendelt heute als freier Schriftsteller zwischen Paris, Barcelona und Marrakesch.
Das Exil, zahlreiche Reisen in Drittweltländer und Gastprofessuren in den USA schärften seinen Blick und seine Feder
für die Analyse der span. Nachkriegsgesellschaft, die er in ihrer jahrhundertelangen Sumpfsymbiose von Staat, Kirche
und Militär heftig kritisierte. Übers. seiner Werke in ein Dutzend Sprachen. Wesentliche Einflüsse der amerikanischen
(Joyce, Faulkner, Capote u. a.), franz. (Proust, Gide, Malraux, Camus, Sartre u. a.), it. (Pavese, Vittorini u. a.) und
lateinamerikan. (Fuentes, Cortázar, Cabrera Infante, Sarduy,
Puig u. a.) Lit. Seine Romane und Essays stehen unter dem
Einfluß von Américo Castro (1885–1972), der die Wurzeln
Spaniens aus der Symbiose von Juden-, Christentum und
Islam herleitete.

Duelo en el paraíso (dt. *Trauer im Paradies*; 1955). Symbo-
lische Erzählung vor dem realistischen Hintergrund der
Schlußphase des Span. Bürgerkriegs. Nach dem Tod seiner
Eltern wohnt der kleine Abel in einem Landhaus (»das Paradies«) in der Provinz Gerona mit seiner Großtante. Die
Atmosphäre von Haß und Gewalttätigkeit führt zu seiner
Ermordung durch eine Rotte kriegspielender Nachbars-
kinder. Die Erzählung trägt biblische Züge und deutet auf
den Brudermord von Kain und Abel hin.

Señas de identidad (dt. *Identitätszeichen*; 1966). Alvaro Men-
diola, 32 Jahre alt, ein im Exil in Paris lebender Pressefoto-
graf, kehrt nach einem Herzanfall in sein großbürgerliches
Elternhaus bei Barcelona zurück und begibt sich für drei
Tage auf die Suche nach seiner politischen, sozialen und privaten Identität. »Der lit. Ausdruck des Entfremdungsprozes-

ses eines Intellektuellen von heute im Hinblick auf sein eigenes Land« (J. G.).

Reivindicación del Conde Don Julián (dt. *Rückforderung des Conde Don Julián*; 1970). Abrechnung mit der span. Geschichte der Repression, die von der Reconquista bis Franco reicht. Symbol der Abrechnung ist der legendäre Graf Julián, mit dem G. sich identifiziert, der 711 den Arabern von Ceuta aus den Weg ins westgotische Spanien geöffnet haben soll. G., der die arabische Welt auch aus der Sicht des Emigranten kennt, schlüpft in die Rolle des neuen Grafen Julián (reivindicación = Rückforderung), zerstört die Mythen des alten Kastiliens erbarmungslos und postuliert eine neue geistige Invasion.

Juan sin tierra (dt. *Johann ohne Land*; 1975). Titelanspielung auf den glücklosen engl. König Johann ohne Land (John Lackland, 1167–1216), der hier mit dem exilierten Verf. parallelisiert ist. Bezüge zum Strukturalismus Roland Barthes' und zur lateinamerikan. Boom-Lit. (Carpentier, Fuentes, Paz).

Examen de conciencia (1964). – *Furgón de cola* (1967). – *España y los españoles* (1969). – *Disidencias* (1977). – *Libertad, libertad* (1978) u. a. Essays, die um die »dos Españas« und ihre Probleme im Laufe der Geschichte kreisen. Kritik am Kapitalismus, am Nord-Süd-Gefälle, an Erscheinungsformen des Rassismus u. a. Gedanken zur Rolle der Intellektuellen und ihrer politischen Ohnmacht. Einsatz für Minderheiten. Philologische Interpretationen zu F. de Rojas, Sarduy, Padilla, Cabrera Infante, Lezama Lima u. a. Dissidenten. Sprachanalysen zu Roland Barthes, der Gruppe *Tel Quel* und zum Strukturalismus. Die Arbeiten zeigen G.s interpretatorische Originalität, sein Engagement für unterdrückte und verfolgte Schriftsteller, für innere und äußere Emigranten vom *Siglo de Oro* bis heute, kurzum Intellektuelle, die wie er »gegen den Strom« schwammen. Der subversive Charakter der Sprache, die vor keinen Tabus zurückschrecken darf, wird als mögliche Widerstandsform des »escritor comprometido« herausgestellt.

Lit.: H. R. Romero, La evolución literaria de J. G., Barcelona 1979; N. Rivero Salavert, Geschichte und Gesellschaft im Werk J. G.s, Diss. Bamberg 1983; C. Schaefer-Rodríguez, J. G.: Del »realismo crítico« a la utopía, Madrid 1984; V. Roloff, Probleme der modernen Autobiographie am Beispiel von J. G., *Señas de identidad*, in: Iberoromania 27/28 (1988) 79–100. *Deutsch:* Spanien und die Spanier, Übers. F. Vogelgsang, Frankfurt a. M. 1982; Dissidenten, Übers. J. A. Frank, Frankfurt a. M. 1984; Identitätszeichen, Übers. J. A. Frank, Frankfurt a. M. ²1985; Rückforderung des Conde Don Julián, Übers. J. A. Frank, Frankfurt a. M. ²1986; Johann ohne Land, Übers. J. A. Frank, Frankfurt a. M. ²1988; Landschaft nach der Schlacht, Übers. G. Haefs, Frankfurt a. M. 1990; u. a. Übers.

Jorge Semprún (1923 Madrid). Aus hoher Politiker- und Diplomatenfamilie. Von 1939 bis Francos Tod meist im Exil in Paris. Besuch des Lycée Henri IV. Wegen seiner Tätigkeit in der Résistance als »Rotspanier« 1943 Deportation ins KZ Buchenwald (*Quel beau dimanche*, 1980, *Le grand voyage*, 1963). Von 1953 bis 1964 im Auftrag der span. KP gewagte Untergrundaktionen in Spanien von Paris aus unter dem Decknamen Federico Sánchez. Mitglied des ZK und ausgedehnte Reisen im sozialistischen Staatenverband. Wegen Vorwurfs des Revisionismus und Titoismus 1964 aus der Exil-KP ausgeschlossen. Von 1988 bis 1991 parteiloser Kultusminister in Spanien in der sozialistischen Regierung unter F. González. 1994 Friedenspreis des Deutschen Buchhandels – Vielseitiger zweispr. (span./franz.) Schriftsteller, Drehbuchautor und Publizist. Drehbücher: *La guerre est finie* (A. Resnais, 1966); *Z* (C. Costa-Gavras, 1968); *L'aveu* (C. Costa-Gavras, 1970); *L'attentat* (Y. Boisset, 1972) u. a.
Le grand voyage (dt. *Die große Reise*; 1963). In Madrid 1960 während einer erzwungenen Arbeitspause im Untergrund innerhalb einer Woche geschrieben. Erhielt den *Prix Formentor* und wurde in 13 Sprachen übersetzt. Der Text schildert die fünftägige Fahrt eines Gefangenentransports von Compiègne zum KZ Buchenwald bei Weimar. Der Ich-Erzähler Gérard ist zusammen mit 119 anderen Gefangenen in einem Eisenbahnwaggon eingepfercht. Die Landschaftsidylle (z. B. Fahrt durch das Moseltal am 4. Tag) kontrastiert mit dem Elend der Leidensgenossen. Statt eines chrono-

logischen Aufbaus sind die Ereignisse in der Technik des *nouveau roman* jedoch nach subjektiven Empfindungen, Assoziationen, Dialogen und Handlungsfragmenten montiert.

Auszug:

> Die SS-Leute gingen die schnurgeraden Reihen der Gefangenen durch, die in Karrees, nach Blocks getrennt, angetreten waren. In der Mitte der Karrees standen, von unsichtbaren Händen gestützt, die Toten und hielten sich ganz tapfer. Sie wurden immer ziemlich schnell starr in der eisigen Kälte des Ettersbergs, im Schnee des Ettersbergs, im Regen des Ettersbergs, der ihnen in die toten Augen lief. Die SS-Leute zählten sie ab, und die gewonnene und lieber zwei- als nur einmal nachkontrollierte Zahl diente dann zur Festsetzung der Essensrationen für den nächsten Tag. Aus dem Brot der Toten, aus der Margarineportion der Toten, aus ihrer Suppe bildeten die Kameraden einen Essensvorrat, der den Schwächsten und Kranken zugute kam. So leisteten die Leichen der tagsüber gestorbenen Kameraden auf dem Appellplatz, während ihnen der Regen des Ettersbergs in die erloschenen Augen lief und der Schnee auf ihren Wimpern und Haaren hängenblieb, den Lebenden noch einen stolzen Dienst. Sie halfen, den Tod, der allen noch Lebenden auflauerte, wenigstens vorübergehend zu besiegen.

> Übers. A. Christaller, Die große Reise, Frankfurt a. M.: Suhrkamp, 1981, S. 214 f.

In dem Fortsetzungsroman *Quel beau dimanche* (dt. *Was für ein schöner Sonntag*; 1980) schildert S. einen Wintersonntag 1944 im KZ Buchenwald zwischen Träumen und Realität. Abrechnung und Bekenntnis zur Menschlichkeit.
La deuxième mort de Ramón Mercader (dt. *Der zweite Tod des Ramón Mercader*; 1969, Prix Femina). Die Geschichte der Ermordung Trotzkis im Rahmen einer Spionagestory. Trotzki mußte laut S. sterben, weil er die kollektive Erinnerung an die Revolution verkörperte. Der Mörder Ramón Mercader reiste mit dem falschen Paß eines span. Waisen-

kinds, das im Span. Bürgerkrieg seine Verwandten verloren hatte und in die Sowjetunion evakuiert wurde, wo es bei einem Bombenangriff ums Leben kam.

Autobiografía de Federico Sánchez (dt. *Federico Sánchez. Eine Autobiographie*; 1977, Premio Planeta). Inmitten der *apertura* (Öffnung) nach Francos Tod war dieses Buch eine lit. Sensation (Aufl. allein in Spanien bis Mai 1978 209 000 Exemplare), da es Interna aus erster Hand über die Kommunistische Partei Spaniens brachte: stalinistischer Kurs im Exil, Personenkult und Christologie, undemokratische Parteistruktur, übertriebener Subjektivismus und Triumphalismus, Fehler in der Strategie der Widerstandsbewegung, die Genossen (z. B. Julián Grimau) das Leben kosteten, Irrglaube an Erfolge des Generalstreiks usw. Diese Fehler bezieht der Autor jedoch in eine ehrliche Selbstkritik ein und entgeht dadurch dem Verdacht, ein polemisches Rachepamphlet wegen seines Parteiausschlusses (1964) verfaßt zu haben. Die sich anschließende Diskussion in der Öffentlichkeit, an der sich auch zahlreiche ehemalige KP-Mitglieder (Fernando Claudín, Javier Pradera, Enrique Lister u. a.) beteiligten, fiel bereits in die Korrosionsphase der span. KP, die durch die Diskussion um das Konzept des Eurokommunismus nach heftigen Flügelkämpfen zur parlamentarischen Bedeutungslosigkeit herabsank. Aus zeitlichem Abstand gesehen, verstärkte dieses Buch den Diskussionsprozeß über die neuralgischen Punkte in der Geschichte der KP und war ein weiteres Symptom für den Verfall des stalinistisch geprägten (span.) Kommunismus.

Federico Sánchez war der Tarnname S.s im Untergrundkampf gegen die Franco-Diktatur. Der Text wird nicht direkt als Roman, sondern als *libro*, *historia*, *memorial*, *intento de reflexión* und *autobiografía* bezeichnet. Lit., Geschichte und Autobiogr. sind eng miteinander verwoben. Nach dem Prinzip der kleinen russ. Holzpuppen (Babuschka) hebt S. eine Erinnerungsschicht nach der anderen ab. Ziel ist die Rekonstruktion des kollektiven Gedächtnisses als wichtige Aufgabe der Selbstverteidigung gegen Verleumdungskampagnen und Mythenbildung. So ist das Buch Analyse, Abrechnung, Rechtfertigung und Utopie von einer gerechteren Welt zugleich. S. versucht, aus den Ereignissen allgemeingültige Lehren für die Zukunft und für einen basisorientierten, demokratischen Kommunismus als alternativer Herrschaftsform zu geben.

Lit.: K. Kohut, Die Problematik von Lit., Revolution und Exil in J. S.s *La deuxième mort de Ramón Mercador.* Ein Beitrag zur Situation der span. Exillit. in Frankreich, in: RJb. 24 (1973) 141–162; G. Schmigalle, J. S.s Kritik des Kommunismus. Die *Autobiografía de Federico Sánchez* (1977), in: Iberoamericana 12 (1981) 3–21; L. Küster, Obsession der Erinnerung. Das lit. Werk J. S.s, Frankfurt a. M. 1989.
Deutsch: (fast alle Übers. aus dem Franz) Der zweite Tod des Ramón Mercader, Übers. G. Steinmetz, Frankfurt a. M. ²1979; Federico Sánchez. Eine Autobiographie, Übers. H. Mahler-Knirsch, Frankfurt a. M., Berlin 1981; Was für ein schöner Sonntag, Übers. J. Piron, Frankfurt a. M. ²1984; Die große Reise, Übers. A. Christaller, Frankfurt a. M. ²1986; Algarabía – oder Die neuen Geheimnisse von Paris, Übers. T. König / C. Delory-Momberger, Frankfurt a. M. ²1989; u. a. Übers.

Ramón José Sender (1902 Alcolea de Cinca, Prov. Huesca – 1982 San Diego, Kalifornien). Nach dem Jurastudium in Zaragoza und Madrid wurde er mit zunehmendem politischem Engagement (Teilnahme am Marokkokrieg, 1922, unter der Militärdiktatur von Primo de Rivera zeitweise im Gefängnis, 1934 Eintritt in die KP) hauptsächlich als Journalist linkssozialistischer Blätter bekannt: *Solidaridad Obrera* (1930–33), *La libertad* (1932–36). Auch Redakteur bei der Madrider Zeitung *El Sol.* Während des Bürgerkriegs kämpfte S. in der republikanischen Armee, emigrierte anschließend 1938 über Frankreich nach Guatemala, Mexiko und 1942 in die USA, wo er eine Reihe von Gastprofessuren wahrnahm. – In seinem vielseitigen Werk als Romancier, Essayist, Lyriker und Dramatiker nahm der Span. Bürgerkrieg einen thematisch bestimmenden Raum ein. Die Formen der Auseinandersetzung reichen dabei von heftiger Anklage gegen Tyrannei und Terror bis zur Hervorhebung der

Solidarität und Menschlichkeit aller Unterdrückten und einem tiefen Glauben an den Sieg der Gerechtigkeit. Nach dem Tod Francos kehrte er als Tourist nach Spanien zurück, wandte sich jedoch entsetzt wieder ab, da das Land »keine Demokratie, ja schlimmer als die USA« sei und reiste nach Kalifornien zurück.

El rey y la reina (dt. *Der König und die Königin*; 1947). Der Bürgerkriegsausbruch am 18. Juli 1936 dient als Lehrparabel für die Umkehrung der Klassenverhältnisse. Die Herzogin von Arlanza hängt auf ihrem Luxussitz an der Peripherie Madrids plötzlich von ihrem Gärtner Rómulo ab, der zufällig gewerkschaftlich organisiert ist und nun das einzige Personal bildet. Er versorgt die Herzogin heimlich im Turm und denunziert den Herzog. Als Rómulo ihr mit einem Puppenspiel seine wahren Gefühle suggeriert, siecht sie seelisch langsam dahin und simuliert ihre Flucht. Während die Herzogin vor dem Bürgerkrieg ihren Gärtner noch auf Abstand hielt: »¿Rómulo, un hombre?« (»Ist Rómulo ein Mann?«), gelten seiner Treue jetzt ihre letzten Worte: »Tú eres el primer hombre que he conocido en mi vida« (»Du bist der erste Mann, den ich in meinem Leben kennengelernt habe«).

Mosén Millán (dt. *Mosén Millán*; 1953, seit 1960 auch u. d. T. *Réquiem por un campesino español*, *Requiem für einen spanischen Landmann*). Der Priester Mosén Millán wartet auf die Gläubigen, die am Requiem auf Paco »el del Molino«, einen aragonesischen Bauern teilnehmen wollen, der durch die Schuld des Priesters ein Jahr zuvor von den falangistischen Todesschwadronen erschossen wurde. Mosén Millán hatte Paco schon getauft, er war bei Mosén Meßknabe gewesen und wurde später auch von ihm getraut. Paco hatte sich nach Ausbruch des Bürgerkriegs der Rückgabe von Ländereien an den Herzog widersetzt und war in die Berge geflüchtet. Mosén Millán lockte ihn unter dem Versprechen freien Geleits aus seinem Versteck in die Todesfalle.

Die Handlung spielt im Sommer 1937. Aus der Retrospektive ist es eine Abrechnung mit der Doppelmoral der Kirche, mit der einseitigen Vergangenheitsbewältigung, mit Mitläufern und Opportunisten.

Lit.: M. C. Peñuelas, La obra narrativa de R. J. S., Madrid 1971 (BRH II,153); E. Weitzdörfer, Die hist. Romane R. J. S.s. Untersuchungen zum Aufbau, Frankfurt a. M. [u. a.] 1983; J. L. Castillo-Puche, R. J. S.: El distanciamiento del exilio, Barcelona 1985.
Deutsch: Die fünf Bücher der Ariadne, Übers. W. Muster, Frankfurt a. M. 1966; Der König und die Königin, Übers. M. v. Wevell, Frankfurt a. M. ²1972; Requiem für einen span. Landmann, Übers. W. Boehlich, Frankfurt a. M. ²1980; Sieben rote Sonntage, Übers. aus dem Engl. P.-P. Zahl, Zürich 1991; u. a. Übers.

69. Zensurprosa

Camilo José Cela (1916 Iria Flavia bei La Coruña – 2002 Madrid). Sohn eines Spaniers und einer Engländerin. Diente sich nach Ausbruch des Bürgerkrieges mit Schreiben vom 30. März 1938 dem faschistischen »Cuerpo de Investigación y Vigilancia« als Denunziant und Informant für Madrid an. Jurastudium in England und Madrid. Vor allem durch seine frühen Romane wurde er zum schulbildenden Vertreter des *tremendismo*, einer formal und inhaltlich kraß realistischen, brutalen, zuweilen grotesken Darstellung der Ereignisse (*La familia de Pascual Duarte*, 1942, u. a.). Die sozialkrit. Absicht setzte sich in den folgenden Büchern fort, die ein detailliertes Panorama der span. Nachkriegsbourgeoisie mit ihrem heuchlerischen Normenkatalog ergeben (*La colmena*, 1951, u. a.). Seit 1957 Mitglied der *Real Academia Española*. Ob auf dem Gebiet der Reiseerzählungen, der lit. Zeitschriften (Gründer der *Papeles de Son Armadans*, 1956–79) oder der Milieustudien (*Izas, rabizas y colipoterras*, 1964, *Diccionario secreto*, 2 Bde., 1968–71), fast immer hat C. originelle Beiträge geliefert. Ins postfrankistische Parlament wurde er von König Juan Carlos als Parlamentsabgeordneter berufen. Wegen seines schwächeren Alterswerks war die Vergabe des Nobelpreises für Lit. 1989 an ihn eine Überraschung. Die Laudatio der Schwedischen Akademie bezog sich auf seine »reiche und

eindringliche Prosa, in der mit verhaltenem Mitgefühl eine
herausfordernde Vision der Ausgesetztheit des Menschen
gestaltet wird«. Sein Gesamtwerk umfaßt über 70 Bde.

La familia de Pascual Duarte (dt. *Pascual Duartes Familie*;
1942). Bekenntnismemoiren des Bauern Pascual Duarte (55
Jahre) aus der Extremadura kurz vor seiner Hinrichtung im
Gefängnis von Badajoz im Februar 1937. Ohne Reue und
Schuldgefühl erzählt die Hauptfigur detailliert die Kette
ihrer Mordtaten, zu denen sie die strukturelle Gewalt des
Staates trieb, aber auch naturalistischer Ansatz: Das Schick-
sal ist durch Herkunft, Erziehung und Milieu bestimmt.
Dramatische Höhepunkte: Erschießung seiner Hündin
Chispa, deren anklagende Unterwürfigkeit ihn nervte, Mes-
serstecherei nach einer Hochzeitsfeier wegen Verletzung der
Familienehre, Vergewaltigung seiner späteren Frau Lola auf
dem frisch aufgeworfenen Grab seines Bruders, Mord an
einer Stute, mit der seine schwangere Frau gestürzt war,
Mord am Liebhaber seiner Schwester und seiner Frau aus
Familienehre, Mord an seiner Mutter, einer notorischen
Trinkerin, aus Ehrgefühl.

Zeitweises Zensurverbot des Buches (1943). Hauptwerk des
tremendismo, zu dem C. 1962 sagte: »Unter *tremendismo*
verstehen wir die blutige Karikatur der Wirklichkeit, nicht
aber ihr blutendes Abbild, das von dieser absurden Wirklichkeit soweit akzentuiert wird, daß sie selbst monströs und
formlos wird. Wir finden dieses Abbild selbstverständlich
genauso dumm wie das Etikett, das man ihm anheftet, wenn
es jedenfalls auch weniger lahm und steril ist.« Während für
C. hinter dem Nichts Wirklichkeit und Gewalt schreien,
bringt Sartre mit dem gleichzeitigen Existentialismus (*L'être
et le néant*, 1943) die dialektische Funktion in die Problematik.

La colmena (dt. *Der Bienenkorb*; 1951). Momentstudien und
Impressionen dreier Tage aus der Welt des Madrider Bürger-
tums, das mit einem Bienenkorb (*colmena*) verglichen wird.
Einblicke in den monotonen Rhythmus von fast 300 Men-

schen in einem typischen Madrider Café mit seinen Stamm-
gästen an drei Tagen im Winter 1942. Keine rein natura-
listisch-realistische Darstellung, sondern satirisch-ironische
Karikatur. Verwandt mit der Darstellungsform des Groß-
stadtromans und der Filmtechnik bei John Dos Passos, *Man-
hattan Transfer* (1925) und A. Döblin, *Berlin Alexanderplatz*
(1929).
Wegen Zensurverbots (Vorwürfe der Immoralität und Por-
nographie) konnte der Roman in einer veränderten Fassung
erst 1951 in Buenos Aires und 1955 in Barcelona erscheinen.
Auch verfilmt unter der Regie von M. Camús (1982, Dreh-
buch J. L. Dibildos), 1983 mit dem Goldenen Bären der Berliner Filmfestspiele ausgezeichnet.

Ausg.: Obra completa, 9 Bde., Madrid 1962–76.
Lit.: J. M. Castellet, Iniciación a la obra narrativa de C. J. C., in: RHM 28
(1962) 107–150; Sor M. J. Dyer, *L'étranger y La familia de Pascual Duarte*,
in: Papeles de Son Armadans 44 (1967) 265–304; P. Ilie, La novelística
de C. J. C., Madrid ³1978 (BRH II,65); C. J. Cela Conde, C. mi padre,
Madrid 1989.
Deutsch: Der Bienenkorb, Übers. G. Theile-Bruhns, München ²1988; Pas-
cual Duartes Familie, Übers. G. Leisewitz / G. Theile-Bruhns, Überarb.
A. Grube. Nachw. H.-J. Neuschäfer, München 1990; Mazurka für zwei
Tote, Übers. C. v. Enzenberg / H. Zahn, München/Zürich 1991.

Miguel Delibes (1920 Valladolid). Nach dem Studium von
Wirtschaftswissenschaften, Bildhauerei und Jura arbeitete
er als Karikaturist, Journalist und Chefredakteur in Valladolid, wo er 1945 auch als Dozent für Handelsrecht an der
»Escuela de Comercio« tätig war. Seit 1973 Mitglied der *Real
Academia de la Lengua.* Dr. h. c. der Universität des Saarlan-
des, Saarbrücken (1990). Neben seiner umfangreichen journalistischen Tätigkeit, die ihn durch ganz Europa, die USA
und Lateinamerika führte, hat er in seinen Romanen die
Konventionswelt des Kleinbürgertums in der Provinz, die
sozialen Probleme der Bevölkerung auf dem Lande und den
hektischen Arbeitsprozeß in der Großstadt geschildert.
Cinco horas con Mario (dt. *Fünf Stunden mit Mario*; 1966).
Rahmenhandlung, in der die fünfstündige Totenwache der

trauernden Witwe Dona María del Carmen Sotillo am Leich-
nam ihres mit 49 Jahren verstorbenen Gatten Mario Diez
Collado in Rückblende geschildert wird. Revue passieren die
23 Ehejahre, Verlobungszeit und Teile der Jugend. Der asso-
ziative Monologfluß wird nur durch Bibelzitate unterbrochen. Auch Theaterfassung (1981).

Los santos inocentes (dt. *Die heiligen Narren*; 1981). Diese
Landtragödie kreist am Beispiel der Jagd als feudaler Herrschaftsform um jahrhundertealte Klassengegensätze, um Unterentwicklung, Armut und stummen Widerstand, der sich
jedoch unvermutet auf einen dramatischen Höhepunkt zu-
spitzt. Auf der einen Seite steht der arrogante Señorito Iván
mit seinen Privilegien; auf der anderen Seite verharren die
Bauern, Pächter und das Dienstpersonal mit ihrer fatalisti-
schen Lebensweisheit: »En estos asuntos de los señoritos, tú,
oír, ver y callar« (»In diesen Angelegenheiten der Señoritos
mußt du zuhören, schauen und schweigen«).

Der Konflikt entzündet sich an der »burla« Ivàns gegenüber
dem alten Azarías, der ihm mit seiner »milana bonita«, einen
zahmen Greifvogel (hier Freiheits- und Unglückssymbol zugleich) ein Leben lang auf der Jagd treu gedient hat. In einem
Willkürakt bringt Iván den Vogel um. Als Azarías an demselben Tage wieder mit einem Lockvogel auf einen Baum
klettern soll, läßt er ein dickeres Seil herab und stranguliert
den Señorito. Die Lehre aus der Fabel gibt ein armer Landarbeiter wieder: »Reírse de un viejo inocente es ofender a
Dios« (»Wenn man über einen unschuldigen Alten lacht, be-
leidigt man Gott«). – Eindrucksvolle Verfilmung von Mario
Camús (1984) mit offenem Schluß (Azarías im Gefängnis).

Señora de rojo sobre fondo gris (dt. *Dame in Rot auf grauem
Grund*; 1991). Biogr. Hintergrund sind Leidensgeschichte
und Tod seiner Frau Ángeles, die 1974 an Gehirntumor starb.
Auch Bilanz des eigenen Lebens mit seinen Höhen und Tiefen. Pessimistische Grundhaltung der *soledad* in sehr sen-
siblen Stimmungsbildern.

Ausg.: Obra completa, 5 Bde., Madrid 1964–75.
Lit.: H.-J. Neuschäfer, M. D.: *Cinco horas con Mario*. Oder: Die Kunst der Zensurumgehung, in: Beiträge zur Romanischen Philologie 25, 2 (1986) 229–235; M. Alvar, El mundo novelesco de M. D., Madrid 1987 (BRH II,354); G. Wogatzke-Luckow, Figuren und Figurenkonstellationen im erzählerischen Werk von M. D. (1947–1987), Genève 1991.
Deutsch: Die heiligen Narren, Übers. C. Meyer-Clason, München 1987 [dazu Rez. M. Walter, in: Weimarer Beiträge 35 (1989) H. 12, 2033–43]; Fünf Stunden mit Mario, Übers. F. R. Fries, München 1989; Das Holz, aus dem die Helden sind, Übers. H. Zahn / C. v. Enzenberg, München 1990; Die Ratten, Übers. C. Meyer-Clason, München/Zürich 1992; u. a. Übers.

Jesús Fernández Santos (1926 Madrid – 1988 ebd.). Nach dem Studium an der Philosophischen Fakultät von Madrid und an der Filmhochschule wandte er sich dem Dokumentarfilm zu und schuf u. a. Malerporträts von Goya, Velázquez und El Greco. Seit dem Erfolg seiner realistischen, sozialkrit. Romane 1954 widmete er sich ausschließlich der Lit. Die Monotonie der Alltags- und Arbeitswelt auf dem Lande und in der Stadt mit ihren Folgeproblemen wie Einsamkeit und Lebensangst wurde dabei eindringlich von ihm dargestellt.
Jaque a la dama (dt. *Schach der Dame*; 1982, Premio Planeta). Thematik des Todes und des psychisch-moralischen Verfalls.
Los jinetes del alba (dt. *Die Reiter im Morgengrauen*; 1984). Verfilmt von V. Aranda. Hist. Roman von den Anfängen der Diktatur Primo de Riveras in den 20er Jahren bis zu Beginn der Nachbürgerkriegszeit aus der Sicht eines asturischen Bergdorfes um das Thermalbad Las Caldas herum. Liebesgeschichte zwischen der jungen Marián und dem Anarchisten Martín. Dramatische Höhepunkte sind die Revolution in Asturien 1934, die Februarwahlen 1936, die Erhebung der Rebellen und der Bürgerkrieg.

Ausg.: Cuentos completos, Madrid 1978.
Lit.: L. Alborg, Temas y técnicas en la narrativa de J. F. S., Madrid 1984 (BRH II,336).
Deutsch: Die tapferen Toren, Übers. D. Schellert, Köln 1961; Die Zypresse, Übers. E. Schellert, Köln 1962.

Juan García Hortelano (1928 Madrid – 1992 ebd.). Verwaltungsbeamter, der sich nach der Verleihung einiger Literaturpreise ganz der Feder zuwandte. Seine Romane geben einen realistischen und sozialkrit. Einblick in bestimmte Kreise der span. Konsumbourgeoisie mit ihren Problemen und Privilegien.

Tormenta de verano (dt. *Sommergewitter*; 1962). Schilderung des Milieus in einer Sommerkolonie am Beispiel von fünf Ehepaaren mittleren Alters und ihren Kindern. Das katalan. und Madrider Bürgertum der Nachkriegszeit wird in seiner Abkapselung von der Umwelt fast zum Symbol der abgeschiedenen Feriensiedlung. Die Identitätskrise dieser Klasse drückt sich in allen Lebensbereichen aus.

Lit.: U. Schmidt, Kritik am Bürgertum als Selbstreflexion. Untersuchungen zum Romanwerk J. G. H.s unter bes. Berücksichtigung persönlichkeitstheoretischer Fragestellungen, Frankfurt a. M. [u. a.] 1984 [mit Interviewteil]; D. Troncoso Durán, La narrativa de J. G. H., Santiago de Compostela 1985.
Deutsch: Sommergewitter, Übers. G. v. Uslar, Reinbek bei Hamburg 1962.

Francisco García Pavón (1919 Tomelloso, Ciudad Real – 1988 Madrid). Nach dem Staatsexamen und der Promotion in Romanischer Philologie lehrte er Theatergeschichte an der *Real Escuela Superior de Arte Dramático* in Madrid, bis er die Leitung eines Verlages übernahm. Sein Feld sind die Theater- und Literaturkritik, aber auch auf dem Gebiet des Romans und der Kurzgeschichte, sogar des Krimis (*Cerco de Oviedo*, 1945, *Memorias de un cazadotes*, 1953, *Las hermanas coloradas*, 1970) hat er mit sozialkrit. und humoristisch-satirischen Werken sein Lesepublikum gefunden.

Lit.: P. Ibáñez, La Mancha en G. P., Giudad Real 1987.
Deutsch: Kriminalgeschichten, Übers. E. Brandenberger, RUB 7613 [zweispr. Ausg.].

José María Gironella (1917 Darníus, Prov. Gerona). Aus unmittelbarer Teilnahme am Bürgerkrieg entstand eine Tetralogie, die ihren Autor – staatlich gefördert – weithin bekannt machte. Schilderung der Alltagsverhältnisse in Spanien während der Republik, während des Bürgerkriegs und in der Nachkriegszeit am Beispiel der in Gerona lebenden Mittelstandsfamilie Alvear.

Los cipreses creen en Dios (dt. *Die Zypressen glauben an Gott*; 1953). Darstellung der unmittelbaren Vorgeschichte des Bürgerkriegs in vier Handlungskreisen. Eine Absicht des Autors war es, Antwort auf die seiner Meinung nach allzu tendenziös-politischen Werke von Hemingway, Koestler, Malraux, Bernanos, Aub, Massip u. a. über den Bürgerkrieg zu geben. *Un millón de muertos* (dt. *Eine Million Tote*; 1961). Dokumentarische Geschichte des Bürgerkriegs aufgrund umfangreichen Quellenstudiums.

Lit.: L. E. Calvo Sotelo, Crítica y glosa de *Un millón de muertos*, Madrid 1961; J. A. Salso Suárez, J. M. G., Madrid 1981.
Deutsch: Die Zypressen glauben an Gott, Übers. D. Niebuhr, München 1957; Reif auf Olivenblüten, Übers. D. Niebuhr, München 1963; u. a. Übers.

Luis Goytisolo (1935 Barcelona). Nach abgebrochenem Jurastudium widmete er sich ganz der Lit. und dem Journalismus. Sein politisches Engagement trug ihm 1960 mehrere Gefängnismonate und wiederholtes Zensurverbot für seine sozialkrit. Romane ein. In seinem Werk behandelt er vor allem Probleme der katalan. Mittelklasse und der Entwicklung der span. Nachkriegsgesellschaft zwischen frankistischer Repression und Öffnung nach Europa.

Las afueras (dt. *Auf Wegen ohne Ziel*; 1958). Dieser Episodenroman in Form von 7 Erzählungen spielt in der Umgebung Barcelonas und schildert aus der Perspektive der Unterprivilegierten den alltäglichen Kampf ums Überleben, ohne in schulmeisterlichen sozialistischen Realismus zu verfallen.

Antagonía (dt. *Antagonie*; 1. Recuento, 2. Los verdes de mayo hasta el mar, 3. La cólera de Aquiles, 4. Teoría del conocimiento; 1973 in Mexiko, 1975 in Spanien verboten, 1976–81 in Spanien in Auszügen, 1983 vollst.). Kaleidoskop der katalan. Nachkriegsbourgeoisie. G. schrieb daran seit seiner Inhaftierung in Madrid, Autobiogr. Hauptgestalt Raúl Ferrer Gaminde.

Lit.: B. Hofmann, Von der *novela social* zur *nueva novela española*. Studien zum Werk von L. G. Ein Beitrag zur Diskussion um den span. Gegenwartsroman, Tübingen 1991.
Deutsch: Auf Wegen ohne Ziel (Las afueras), Übers. D. Deinhard, Köln 1960.

Alfonso Grosso (1928 Sevilla). Nach klassisch-humanistischer Jesuitenerziehung und Verwaltungstätigkeit im Wirtschaftsbereich seit 1958 im Kulturbetrieb als Schriftsteller, Journalist und Drehbuchschreiber u. a. tätig. Die sozialkrit. Linie durchzieht sein gesamtes Prosawerk, das in mehrere europäische Sprachen übersetzt ist. Während der Franco-Zeit mußten seine Bücher teilweise im Ausland erscheinen und wurden daher erst nach 1975 in Spanien bekannt. Am bekanntesten unter seinen Romanen, Erzählungen, Reisebeschreibungen und Essays sind: *La zanja* (1961), *El capirote* (1963), *Los días iluminados* (1965), *Inés just coming* (1968), *Guarnición de silla* (1972), *Florido mayo* (1973).

Lit.: L. M. Villar Angulo, Vida y obra de A. G., 1973.

Carmen Laforet (1921 Barcelona). In Las Palmas auf den Kanarischen Inseln aufgewachsen (1923–39), wo ihr Vater Architekt war. Nach dem abgebrochenen Jura- und Philosophiestudium in Barcelona und Madrid gewann sie bereits mit ihrem ersten Roman *Nada* den damals angesehensten span. Literaturpreis Nadal und widmete sich seitdem ganz der Lit. Die weiteren Romane *La isla de los demonios* (1952), *Una mujer nueva* (1955), nach ihrer Konversionskrise, Kurzerzählungen und ein Reisebuch über Gran Canaria (1961) erreichten kein so großes Publikum.
Nada (dt. *Nada*; 1945, Premio Nadal 1944). Der Erfolg beruhte seinerzeit auf einer überraschend neuen Auffassung von gesellschaftlicher Wirklichkeit und seelischen Erfahrungen. Die Geschichte der Desillusionierung eines jungen

Mädchens ist nicht im brutalen *tremendismo* wie bei dem gleichzeitigen C. J. Cela dargestellt, sondern die autobiogr. Erfahrungen der Autorin fließen in eine sensible, differenzierte Schilderung der Wirklichkeit ein. Das bedrückende Nachbürgerkriegsmilieu und die Korruptheit einer Gesellschaft, in der nur das Geld zählt, finden in den negativen Umwelterfahrungen einer jungen Studentin im Hause ihrer Großmutter in Barcelona ihr frühes Echo; Kontrastwelt eines miteinander versumpften, alttraditionalistisch-bigotten Familienclans.

Lit.: G. Illanes Adaro, La novelística de C. L., Madrid 1971; R. Johnson, C. L., Boston 1981.
Deutsch: Nada, Übers. R. Lackenbucher, Köln 1963; Fünfundzwanzig Peseten u. a. Erzählungen, Übers. A. v. Benda, Köln 1961: u. a. Übers.

Luis Martín-Santos (1924 Larache, Marokko – 1964 Vitoria, Autounfall). Arzt und seit 1951 Direktor des Psychiatrischen Sanatoriums von San Sebastián. Als Mitglied des damals illegalen PSOE 1958, 1959 und 1962 im Gefängnis Carabanchel in Madrid. Verf. von Romanen, Erzählungen, Essays und theoretischen Schriften.
Tiempo de silencio (dt. *Zeit der Ruhe*; 1961 Mexiko, 1962 Spanien, zensiert, vollst. Text erst 1980). Dieser Roman symbolisierte schon im Titel das erzwungene Schweigen einer ganzen Generation von Nachkriegsschriftstellern, die sich dem staatsoffiziellen Friedensslogan unterordnen mußte. Wegen seiner formalen und inhaltlichen Neuerungen stellte der Text einen Wendepunkt für die moderne span. Prosa dar. Neue Beziehungen zwischen Individuum, Umwelt und Gesellschaft unter dem Einfluß der Existenzphilosophie Sartres mit Begriffen wie »innerer Freiheit« u. a. – Verfilmt von V. Aranda. Übers. in 7 Sprachen.
Die Handlung spielt in Madrid im Herbst 1949. Im Mittelpunkt steht die Gestalt des Wissenschaftlers Don Pedro, der am Beispiel einer krebsinfizierten, nordamerikanischen Mäuseart die Alternative von Vererbungs- oder Milieufakto-

ren verfolgt. Die Ausweglosigkeit des Lebens spiegelt sich im Konflikt Don Pedros mit den Institutionen Staat (Kurzhaft nach Verwicklung in illegale Abtreibungsaffäre), Wissenschaft (Entlassung am Institut für Krebsforschung) und Familie (Don Pedros *novia* wird Opfer einer Rachetat) wider. Der Schlußmonolog endet in einem depressiven Kreislauf Pedros, der als Landarzt in die Provinz geht. – Mythenzerstörung in der Tradition von Cervantes und Goya, die der Autor beide zitiert.

Ausg.: Tiempo de silencio. Ed. definitiva, Barcelona 1984; Tiempo de destrucción, Barcelona 1975 [mit wichtigem Vorw. von J. C. Mainer].
Lit.: J. Labanyi, Ironía e historia en *Tiempo de silencio*, Madrid 1985; J. L. Suárez Granda, *Tiempo de silencio*. L. M.-S., Madrid 1986; A. Rey, Construcción y sentido de *Tiempo de silencio*, Madrid ³1988.
Deutsch: Schweigen über Madrid, Übers. E. Helmlé, Frankfurt a. M. 1991.

Ana María Matute (1926 Barcelona). Sie wurde durch Erzählungen und Romane bekannt, in denen mit stark autobiogr. Elementen der Bürgerkrieg mit seinen Folgen und die span. Nachkriegsgesellschaft mit ihren Problemen an Einzelschicksalen thematisiert waren. Die Atmosphäre der ständigen Bedrückung ist nuanciert und mit leichter Melancholie dargestellt. Die Autorin hat auch vielgelesene Jugendbücher geschrieben, die eine Reihe von Buchpreisen erhielten. – Trilogie: *Los mercaderes: Primera memoria* (1960), *Los soldados lloran de noche* (1964), *La trampa* (1967).
Primera memoria (1960, Premio Nadal 1959). Welt der Erwachsenen voll Lüge und Scheinheiligkeit, aus der Perspektive der 14jährigen Matia gesehen.

Ausg.: Obra completa, 5 Bde., Barcelona 1971–76.
Lit.: J. Díaz, A. M. M., New York 1971; N. Pascal, El niño y su circunstancia en las novelas de A. M. M., Guatemala 1980.
Deutsch: Die Rettung. Erzählungen, Übers. und Nachw. H. L. Davi, RUB 9868 [zweispr. Ausg.]; Nachts weinen die Soldaten, Übers. D. Deinhard, Stuttgart 1965; Erste Erinnerung, Übers. D. Deinhard, München 1967 (dtv 399); u. a. Übers.

Rafael Sánchez Ferlosio (1927 Rom). Sohn einer Italienerin und eines Spaniers, der Journalist in Italien war. Philosophie-studium. Nach dem großen Erfolg von *El Jarama* widmete sich S. F. ausschließlich der Schriftstellerei.

El Jarama (dt. *Am Jarama*; 1956, Premio Nadal 1955). Mit scheinbar leidenschaftsloser Distanz und genauer Wiedergabe des Gruppenjargons beschreibt sich in diesem Roman eine Gruppe von 11 jungen Leuten aus der Madrider Kleinbourgeoisie selbst. Sie entflohen der Monotonie des Arbeitsalltags aus Garagen, Fabriken, Läden und Cafeterías auf einem Sonntagsausflug an den Fluß Jarama nördlich von Madrid. Zeit- (16 Std.) und Ortseinheit. Kurz vor der Heimkehr ertrinkt ihre Gefährtin Lucita im Fluß, und die Gruppe wird wieder vom Wochenanfang verschluckt. – Filmtechnik, Dialog- und Bilderreihen. Fotografische Sicht der Wirklichkeit, die allerdings zu Unrecht manchmal mit dem Naturalismus verglichen wurde. Der Roman ist reich an damaliger Umgangssprache und daher nicht leicht verständlich. Beispiele: chulo (eigtl. Zuhälter) = fantastisch, toll, prima; chollo, choyo = die Wucht; es una partida de parchís = er ist langweilig (parchís = Mensch ärger dich nicht!); marisabidilla = altklug usw.

Eine politische Geste der Versöhnung könnte darin liegen, daß die junge Nachbürgerkriegsgeneration sich ohne Vorbehalte am Jarama-Fluß einfindet, wo die Generation ihrer Eltern in einer mörderischen Schlacht über 40 000 Tote auf dem Schlachtfeld ließ.

Textauszug:

»Was ist passiert, Leute?«
»Ach, ein Mädchen ist im Fluß ertrunken«, antwortete der Junge aus Atocha.
»Verfluchter Mist«, rief der Mann aus Alcarria und wandte den Kopf.
»Und welche Kleine war es?«
»Ich kann es Ihnen nicht sagen; ich kannte sie nicht. Sie kam mit diesen anderen. Die hier kennen sie vielleicht.«

Er zeigte auf Samuel und Marialuisa. »War es nicht die, die mit dem Motorrad kam?« »Was, mit dem Motorrad?« sagte Samuel. »Nein, die heißt Paulina: die andere war kleiner und hatte braunes Haar …«
»In blau?«
»Ach, ich weiß nicht, was sie anhatte; ich habe sie heute nicht gesehen. Man nannte sie Luci …« »Die in blau war Carmen«, fiel Marialuisa ins Wort. »Sie ist es auch nicht.«
»Sie war, ich sage Ihnen ja, ganz zart, mit einem Gesicht, nun, so ein wenig …, ach, ich weiß nicht, wie ich sie Ihnen beschreiben soll …«

Ed. Barcelona ⁴1957, S. 311 f.

Lit.: L. A. Hernando Cuadrado, El español coloquial en *El Jarama*, Madrid 1988.
Deutsch: Am Jarama, Übers. H. Frielinghaus, Wiesbaden 1960; Abenteuer und Wanderungen des Alfanhui, Übers. H. Frielinghaus, Frankfurt a. M. ²1985.

Gonzalo Torrente Ballester (1910 El Ferrol, Galicien – 1999 Salamanca). Studium der Philosophie und Geschichte in Santiago de Compostela. Später Universitätsprofessor. Obwohl er seit 1936 Mitglied der Falange war, hatte er trotz seiner antikommunistischen Ideologie und profrankistischen Haltung Zensurprobleme mit seinem ersten Roman *Javier Mariño* (1943). Vielseitiger Romancier, Essayist, Dramatiker, Journalist, Philologe und Literaturkritiker.
Dramen: El viaje del joven Tobías (1938), El casamiento engañoso (1939, Nationalpreis für Lit.), auto sacramental. Lope de Aguirre. Crónica dramática de la historia americana en tres jornadas (1941).
Romane: Javier Mariño (1943), La saga / fuga de J. B. (1972), La isla de los jacintos cortados. Cartas de amor con interpolaciones mágicas (1980).
Literaturkritik: Teatro español contemporáneo (1965), El Quijote como juego (1975).
El golpe de estado de Guadalupe Limón (dt. *Der Staatsstreich von Guadalupe Limón*; 1946). Witzig-ironische Parodie auf einen Staatsstreich mit tragischem Ausgang im Lateiname-

rika der Unabhängigkeitskriege. Liebes- und Intrigenge-
schichte, den die männerbetörende, kosmopolitische Grande
Dame Doña Guadalupe nicht überlebt. Der Schatten eines
»Märtyrers« der Unabhängigkeitskriege, Clavijo, Ränke-
spiele, Korruption und geschliffene Salondialoge zwischen
den Rivalinnen Guadalupe und Rosalía sind in pikaresker
Psychologie lebendig gestaltet. – Der Staatsstreich als lit.
Fiktion und Utopie entsprach der politischen Ohnmacht
der damaligen Intellektuellen in der frankistischen Gruft-
atmosphäre der Nachkriegszeit.

La Saga / fuga de J. B. (dt. *Die Sage / Fuge von J. B.*; entst.
1964–71, ersch. 1972). Vielschichtiges Hauptwerk, das Elemente der Mythenzerstörung des Frankismus und der Fort-
schrittsideologie, aber auch Gesellschaftsutopien und Glauben an religiöse Erlösertraditionen enthält. Da das Wort
»fuga« mit »Flucht« und »Fuge« wiedergegeben werden
kann, läßt sich die Flucht vor falschen Ideologien zweifellos
als eine Hauptabsicht des Aufklärers T. B. deuten.

Lit.: C. Becerra, Guardo la voz, cedo la palabra. Conversaciones con
G. T. B., Madrid 1990; K. Schnelle, G. T. B. – eine Begegnung im Spät-
herbst 1987, in: Weimarer Beiträge 36 (1990) 1279–94; G. Torrente Mal-
vido, T. B., mi padre, Madrid 1990.
Deutsch: Licht und Schatten. I: Die Ankunft des Herrn, II: Wo der Wind
sich dreht, III: Das Osterfest, Übers. H. Zahn / C. v. Enzenberg, Stuttgart
1990–91.

70. Essay und Kulturkritik

José Luis Aranguren (1909 Ávila – 1996 Madrid). Nach
abgeschlossenem Philosophie- und Jurastudium vertrat A.
die Fachgebiete Ethik und Soziologie an der Universidad
Complutense in Madrid. Während der Franco-Ära gehörte
er zu den oppositionellen Wissenschaftlern, die ihre Tätigkeit
im Ausland (1965 amtsenthoben), hauptsächlich in den USA,
fortsetzen mußten. – Einflußreicher Journalist und Quer-
denker. A.s philosophie-, religions- und moralwiss. Unter-

suchungen waren vor allem für die Studentengeneration seit
1953 von großer Bedeutung. Gemeinsam ist allen seinen Arbeiten das Ringen um einen Kompromiß zwischen Glauben,
Ethik und Politik.
*Titelausw.: Catolicismo y protestantismo como formas de
existencia* (1952). – *Etica* (1958). – *Etica y política* (1963). –
*Moral y sociedad. Introducción a la moral social española
del siglo XIX* (1965). – *Erotismo y liberación de la mujer*
(1973).

Ausg.: Obras, 3 Bde., Madrid 1965.
Lit.: J. Muguerza [u. a.] (Hrsg.), Ética día tras día. Homenaje al profesor
A. en su ochenta cumpleaños, Madrid 1991.
Deutsch: Soziologie der Kommunikation. Übers. E. Jüngling, München
1967; u. a. Übers.

Américo Castro (1885 Río de Janeiro, Brasilien – 1972 Lloret
de Mar, Prov. Gerona). Nach Studienzeiten in Granada und
Madrid war er Mitarbeiter am *Centro de Estudios Históricos*
von Menéndez Pidal in Madrid. Wegen des Bürgerkriegs
mußte er seinen Lehrstuhl für Spanisch an der dortigen Zentraluniversität aufgeben und lehrte danach in den USA. – C.
war einer der bedeutendsten span. Historiker, der sich in seinen Büchern vor allem um die Deutung der arabischen,
christlichen und jüdischen Strömungen in der span. Kulturgeschichte bemühte. Obwohl seine Thesen, die sich auch auf
angrenzende Gebiete wie Lit., Philosophie u. a. erstreckten,
nicht immer unumstritten waren (Kontroversen mit Sánchez-Albornoz u. a.), werden sie wegen der profunden Quel-
lenkenntnis und der scharfsinnigen Hypothesenbildung ihres
Verf.s ihren Wert behalten.

Ausg.: El pensamiento de Cervantes [1925, erw. Aufl. 1972]; España en
su historia. Cristianos, moros y judíos [1948], später u. d. T. La realidad
histórica de España [1954]; u. v. a.
Lit.: C. Sánchez-Albornoz, España, un enigma histórico, Buenos Aires
1956; J. L. Gómez-Martínez, A. C. y el origen de los españoles: historia de
una polémica, Madrid 1975 (BRH II,230).
Deutsch: Spanien. Vision und Wirklichkeit, Übers. S. Heintz, Köln/Berlin
1957.

Pedro Laín Entralgo (1908 Urrea de Gaén, Prov. Teruel).
Nach dem Studium der Medizin, Philosophie und Psychiatrie war er Arzt und Professor für Geschichte der Medizin
in Madrid. Verteidigte im Span. Bürgerkrieg in der Presse
die Werte des Frankismus. Gründete 1940 mit Ridruejo und
Marichalar die rechtskonservative Zeitschrift *Escorial*. Rektor der Universität Madrid (1951–56), wo er nach den ersten
Studentendemonstrationen unter Protest von seinem Amt
zurücktrat (vgl. Memoiren *Descargo de conciencia*, 1976).
Mitglied der Span. Akademien der Medizin und der Geschichte, der Akademien von Heidelberg und Halle, der
Royal Society in London, der Hispanic Society in New York.
La generación del 98 (1945). – *España como problema*
(1949). – *La empresa de ser hombre* (1963) u. a. – Geistesgeschichtlich anregende Essays, die in der Tradition der
98er Generation um die Zukunft Spaniens kreisen.
Lit.: J. M. Díez-Alegría, La filosofía de la esperanza de P. L., in: Revista de
Estudios Políticos, Nr. 104 (1959) 157–186.

Julián Marías (1914 Valladolid). Schüler von Ortega y Gasset und Xavier Zubiri. Mitarbeiter an den führenden Kulturzeitschriften der 20er und 30er Jahre, vor allem an der *Revista de Occidente* und an *Cruz y Raya*. Kenner der Scholastik
und Metaphysik. Während der Franco-Ära Gastprofessuren
an einer Reihe angesehener nordamerikan. Colleges. Übers.
und Kommentator von Plato, Aristoteles, Seneca, Leibniz,
Dilthey u. a.
Introducción a la filosofía (1947). – *El existencialismo en
España* (1953). – *Antropología metafísica* (1970), u. v. a.
Ausg.: Obras completas, 8 Bde., Madrid 1958–71.
Lit.: M.-R. Castro, La visión de España de J. M., New York [u. a.] 1991.
Deutsch: Einführung in die Philosophie, Übers. E. Strobl, Meisenheim am
Glan 1965.

María Zambrano (1904 Vélez-Málaga – 1991 Madrid).
Schriftstellerin und Philosophin. Mitbegründerin der antifaschistischen Allianz der Intellektuellen im Juli 1936. Elena

Garros schilderte sie auf dem Internationalen Schriftsteller-
kongreß in Valencia (1937) so: »Eine schwarz gekleidete
Dame, die einen Bubikopf trug und mit einer langen Zigaret-
tenspitze rauchte [...]. Ihre Freundlichkeit verblüffte mich.
Es war M. Z., die beste Schülerin Ortega y Gassets vor oder
gleich nach Julián Marías.« Sie verbrachte nach dem Bürgerkrieg mehr als 40 Jahre im Exil, wo sie u. a. in Mexiko, Kuba,
Chile und in der Schweiz lebte und lehrte, bis sie 1984 nach
Spanien zurückkehrte. Ihre philosophischen Werke und
Essays in der Tradition eines christlichen Existentialismus
prägten eine ganze Generation. Erhielt 1988 als erste Frau
den renommierten *Cervantes-Preis*, der sie in Spanien bekannter machte. Wichtige Arbeiten: *Hacia un saber sobre el
alma* (1950). – *El hombre y lo divino* (1955). – *Claros del bosque* (1977), u. v. a.

Lit.: J. Demetrio Jiménez, Los senderos olvidados de la historia (en M. Z.),
Madrid 1991; G. Poppenberg, Die zögernde Stunde. M. Z. als Denkerin,
in: Tranvía 25 (März 1992) 9–13.
Deutsch: Waldlichtungen, Übers. G. Poppenberg, Frankfurt a. M. 1992.

E.

Neuere Tendenzen in der spanischen Literatur (seit 1975)

71. Charakteristik der Epoche in Spanien

Historischer Überblick

Konstitutionelle Monarchie und Republik (seit 1975): Proklamation von Juan Carlos zum König von Spanien (Thronrede
vom 22. November 1975). In der schwierigen Phase des
Übergangs (*transición*) zur Demokratie wechselnde Rechts-
regierungen, bis die konservativ-klerikale Allianz, vor allem
nach einem mißglückten Militärputsch vom 23. Februar 1981

(*tejerazo* nach Oberstleutnant Antonio Tejero genannt) zerfiel. Seit 1982 PSOE unter Felipe González an der Regierung, teilweise mit absoluter Mehrheit. Bestätigung der NATO-Mitgliedschaft (1982), Beitritt Spaniens zur EG (1985). Mittlerweile zahlreiche Korruptionsskandale, hohe Arbeitslosenquote, bes. in strukturschwachen Gebieten (Galicien, Andalusien, Extremadura u. a.), ungelöstes ETA-Problem (auch Frage der baskischen Autonomie), inflationäre Entwicklung, die jedoch durch die Konzentration auf das Jubiläumsjahr 1992 noch verschleiert wurde. 500-Jahr-Feiern zur Entdeckung Lateinamerikas durch Kolumbus (Bilanz der span. Kolonisation), Weltausstellung in Sevilla, Olympische Spiele in Barcelona, Madrid Kulturhauptstadt Europas u. a. Festivitäten. Seit 1996 Rechtskoalition mit Partido Popular und katalanischen Nationalisten an der Regierung.

Kulturtrends

Die nur langsame und von zahlreichen Rückfällen begleitete Öffnung (*apertura*) nach Francos Tod brachte zunächst eine Flut von »Enthüllungslit.« und *Revistas de destape* (Pornos usw.), aber auch mit *Avui* (*Heute*) zum erstenmal nach 37 Jahren 1976 eine katalan. Tageszeitung sowie das noch heute führende liberale Organ *El País*. Nicht unwesentlich trug zu dieser frühen Entwicklung die Demokratisierung im Nachbarland Portugal nach der »Nelkenrevolution« vom 25. April 1974 bei.

Modeströmung der *movida* (mover = bewegen), die – gruppenspezifisch und auf die Metropolen beschränkt – Anfang der 80er Jahre in Madrid den Kulturaufschwung vorwiegend linksintellektueller Gruppen als Protest gegen den Provinzmief vergangener Zeiten u. a. Faktoren bezeichnete. Rasch kommerzialisiert, degenerierte sie zur Weltanschauung von apolitischen Freaks, Yuppies, Drogenabhängigen und Bohemiens, die sich in multimedialen Spektakeln austobten. Wenn auch die ursprünglich positive Intention von Popularisierung

der Kultur an massenkulturpolitische Ziele der II. Republik
anknüpfte, so gerieten die Ausdrucksformen und Inhalte der
movida jedoch rasch zum »Kulturkarneval« (M. Walter).
Nach G. Navajas (*Teoría y práctica de la novela española
postmoderna*, Barcelona 1987) zeichnet sich der postmoder-
nistische span. Roman der Gegenwart vor allem durch seine
Ablehnung analytischer Denksysteme und eines bestimmten
Literaturkanons oder humanistischer Ewigkeitspostulate
aus. Weiterhin fehle in ihm die Handlungsprogression, da
Anfang und Ende kongruierten. Die Hauptpersonen be-
säßen keine heroischen Eigenschaften und gäben sich anti-
realistisch. Im Mittelpunkt stünden Konflikte zwischen dem
Ich und seinen Mitmenschen, vor allem in der Partnerschaft.
Vgl. ähnliche Ergebnisse bei C. und P. Bürger (Hrsg.), *Post-
moderne: Alltag, Allegorie und Avantgarde*, Frankfurt a. M.
1987.

Literaturgeschichte: G. Díaz-Plaja, Sociología cultural del posfranquismo,
Barcelona 1979; F. Cabral / J. L. Alonso de Santos (Hrsg.), Teatro español
de los ochenta, Madrid 1985; K. Pörtl, Reflexiones sobre el Nuevo Teatro
Español, Tübingen 1986; M. T. Halsey / P. Zatlin, The contemporary Spanish theater. A collection of critical essays, Lanham [u. a.] 1988; M. Walter, Der span. Weg in die Moderne. Entwicklungsprobleme postfranquisti-
scher Kultur und Lit., in: Weimarer Beiträge 36 (1990) 1221–41; D. In-
genschay / H.-J. Neuschäfer (Hrsg.), Aufbrüche. Die Lit. Spaniens seit
1975, Berlin ²1993 [30 Interpretationskap. zur neuesten Lit.]; J. Siles, Ul-
timísima poesía escrita en castellano: rasgos distintivos de un discurso en
proceso y ensayo de una posible sistematización, in: Iberoromania 34
(1991) 8–31.
Anthologien: I. Echeverría [u. a.] (Hrsg.), Span. Reise. Ein lit. Führer
durch das heutige Spanien, Berlin 1987 [mit fast 40 Autoren und Schriftstellerinnen aus allen Gattungen]; M. Alcántara (Hrsg.), Span. Erzählungen, München 1992 (dtv 11 534).
Sozialgeschichte: J. M. Maravall, La política de la transición. 1975–1980,
Madrid 1981; F.-G. Trabert, Die politische Transformation Spaniens nach
Franco, Zum Problem des demokratieorientierten Wandels autoritärer
Regime, Frankfurt a. M. 1984; L. Racionero, España en Europa. El fin de
la ›edad conflictiva‹ y el cambio de rumbo de la sociedad española, Barce-
lona 1987; W. L. Bernecker / J. Oehrlein (Hrsg.), Spanien heute. Politik,
Wirtschaft, Kultur, Frankfurt a. M. 1990.

72. Lyrik

Jaime Gil de Biedma (1929 Barcelona – 1990 ebd.). Nach dem Jurastudium in Barcelona und Salamanca lebte er in Vorbereitung einer Diplomatenlaufbahn eine Zeitlang in England und Frankreich. Lyriker, Kritiker, Essayist und Übersetzer (T. S. Eliot u. a.). Sein umfangreicher Nachlaß, rund 2000 Blatt Tagebuchnotizen, Aufzeichnungen und Briefe wird in Barcelona verwaltet.

Nächte im Monat Juni
für Luis Cernuda

Gelegentlich erinnere ich mich
an manche Juninächte jenes Jahres,
fast schon verwischte Nächte meiner Jugend
(es war wohl neunzehnhundert – glaub' ich –
neunundvierzig),
denn in diesem Monat fühlte
ich immer eine Unruhe, so eine kleine Angst,
so etwas wie die Hitze, die da anfing,
bloß so was
wie der besonders volle Klang der Luft
und eine unbestimmte Anwandlung von Gefühl.
Nichts half gegen die Nächte
und die Temperatur.
Spät und einsam noch wachend: ein Student
und das unrechte Buch
an der sperrangelweit geöffneten Balkontür
(Die frisch besprengte Straße verschwand in der
Tiefe, unter dem lichtbeglänzten Laubwerk),
nichts zum Nagen und Beißen.

Wie oft erinnere ich mich an euch,
ferne Nächte im Juni,
wie oft schossen die Tränen
mir aus den Augen, Tränen der Begierde,
mehr zu sein als ein Mensch, wie heftig wollte
ich sterben

                    oder aber mich dem Teufel verkaufen,
        der mich niemals erhörte.
                            Jedoch auch das
        Leben kassiert uns, weil's nun mal nicht ist,
        wie wir es uns erhofften.

                    Aus: Compañeros de viaje (1959), Übers. F. Vogel-
                    gsang, in: F. Boso / R. Bada (Hrsg.), Ein Schiff aus
                    Wasser. Span. Lit. von heute, Köln: Kiepenheuer
                    & Witsch, 1981, S. 251.

Ausg.: Antología poética, Hrsg. S. Mangini González, Madrid 1981 [Vorw.
J. Alfaya].
Lit.: P. Aullón de Haro, La obra poética de G. de B., Madrid 1991.
Deutsch: Tagebuch eines ernsthaft kranken Künstlers (Moralidades), 1974
[Memoiren].

Jaime Siles (1951 Valencia). Studium der Klass. Philologie in
Salamanca. Fortsetzung des Studiums in Tübingen (1973–75)
bei Antonio Tovar. Professor für Klass. Philologie an der
Universität von La Laguna und Direktor des Span. Kultur-
instituts in Wien. Heute in St. Gallen (Schweiz) tätig. – S. hat
versucht, Themen und Formen der 27er Generation mit der
span. Barocktradition im Sinne eines »neobarroquismo« zu
verbinden, bezieht jedoch auch die antike Lyrik eines Pindar
oder die vorsokratischen Philosophen in seinen dichterischen Diskurs ein. Der metaphysische und chiffrierte poetische Kosmos des *poeta doctus* S. ist nicht leicht zu verstehen,
gehört aber zu der bedeutendsten span. Lyrik der Gegenwart. Auch Übers. der Werke von Paul Celan und Arno
Schmidt.

                        Palimpsesto

A lo que el texto oculta   Was der Text verbirgt
debajo de las letras.   unter den Buchstaben.
A los signos borrados   Den ausgelöschten Zeichen
y al espacio que llenan.   und dem Raum, den sie aus-
                                füllen.

A la verdad velada	Der verhängten Wahrheit
y a lo que la revela	und dem, was sie offenbart,
y al calor que converge	und der Farbe, die zerfließt
sobre la tinta negra	über der schwarzen Tinte
[...]	[...]
Palimpsesto, sintagma,	Palimpsest, Syntagma,
sones, signos, emblemas,	Klänge, Zeichen, Embleme,
de sí mismos, lenguaje,	ihrer selbst, Sprache,
negación: el poema.	Verneinung: das Gedicht.

Übers. T. Burghardt, in: Delta (Stuttgart) 10 (4. Jg. 1991),
S. 42 f.

Lit.: Litoral. Revista de Poesía y Pensamiento, Málaga 1986 [Sonderheft].
Deutsch: Musik des Schweigens. Gedichte, Übers. und Nachw. H. Hinterhäuser, Hrsg. R. / H. Heiderhoff, Eisingen bei Würzburg 1986.

José Angel Valente (1929 Orense). Nach anfänglichem Jurastudium wandte er sich in Santiago de Compostela und in Madrid der Romanistik zu. Spanischlektor in Oxford (1955–58). Danach bis 1980 Übers. für die Weltgesundheitsorganisation in Genf; 1980 bei der UNESCO in Paris. Seit 1986 wieder in Spanien. Übers. von P. Celan, John Donne u. a. ins Span. In seinem letzten Gedichtbd. *No amanece el cantor* (1992) spiegelt sich seine Lebensphilosophie des Erinnerns in dem Motto wider: »Leben ist leicht. Schwierig ist das Überleben des Erlebten.« In der Auseinandersetzung zwischen Liebe und Tod siegt immer die Liebe dank ihrer Gedächtnisfähigkeit.

Lit.: E. E. Marson, Poesía y poética de J. A. V., New York 1978; M. Mas, La escritura material de J. A. V., Madrid 1986.

73. Drama

Neben dem Staats- und Kommerztheater versuchte sich anfangs das *teatro independiente* zu halten, das keiner Institution angehörte und auf Subsistenzbasis lebte. Dieses Theater hatte schon in der Schlußphase des Frankismus einen wesentlichen

Beitrag zum politischen und kulturellen Widerstand geleistet, der aus größerem zeitlichem Abstand besser gewürdigt werden kann. Trotzdem setzte sich die Umwandlung von Theatersälen in Kinos, Fernsehstudios und Diskotheken fort. Nach Verlust seiner Widerstandsfunktion vegetierte auch das *teatro independiente* mit seinen verschiedenen Gruppen, bedeutsam *Teatro Experimental Independiente* (TEI), *Els Joglars* (seit 1962) unter Albert Boadella, einem Schüler Marcel Marceaus, im Frankismus teilweise verboten, Boadella noch 1977 wegen angeblicher Beleidigung des Militärs verhaftet, *Los Goliardos* (seit 1965), *Tábano* (seit 1970), *La Cuadra* (1970), *Els Comediants* (seit 1971), *Dagoll Dagom* (seit 1973), *Gayo Vallecano* (seit 1973), *Buho* (seit 1976) u. a. dahin.

Mit der Gründung des Kultusministeriums (1977) und des *Centro Dramático Nacional* (unter Leitung des Katalanen Lluís Pasqual) seit 1983 erhielt auch der institutionalisierte Theaterbetrieb neue Impulse, die vor allem nach dem Sieg der Sozialisten 1982 dem klass. und avantgardistischen Theater zugute kamen. In Barcelona und Madrid blüht ein – auch im internationalen Vergleich – hochrangiges Theater. Die Grenzen zwischen »unabhängigem« und kommerziellem Theater wurden dabei immer fließender. Das berühmte katalan. *Teatro Lliure* ist heute ein Kollektiv, in dem *Generalitat*, Kreistag und Stadtverwaltung Barcelonas bei Entscheidungen mitreden. Die Wiederbelebung des klass. Theaters durch die *Compañía Nacional de Teatro Clásico* (CNTC) seit 1984 unter Adolfo Marsillach und Ansätze zu einem privaten Mäzenatentum ließen sich in ihren Ergebnissen besonders auf Festivals im In- und Ausland würdigen.

Für neuere Informationen sei verwiesen auf die Theaterzeitschriften *Primer Acto*, *El Público*, *Pipirijaina*, *Estreno*, *Segismundo* und den *Anuario Teatral*.

Antonio Gala (1936 Córdoba). Dramatiker und Romancier. Hauptthemen seines Werks sind Gesellschaftsprobleme des Frankismus und der Gegenwart.

Petra Regalada (dt. *Petra Regalada*; 1980). Laut einem Interview wollte der Autor das Stück als Warnung verstanden wissen, wenn sich die hohen Erwartungen an die Übergangszeit nach dem Frankismus nicht erfüllten. Die allegorische Handlung entfaltet sich in einer früheren Klosterzelle, jetzt stilvoll dekoriertem Luxusbordell zu Beginn des 20. Jh.s. Die mystisch verklärte Liebessklavin Petra symbolisiert das span. Volk, das sich langsam von seinen Fesseln befreit und zu leben beginnt. Das Wechselspiel zwischen Täter und Opfer ist subtil und teilweise humoristisch konzipiert.

El manuscrito carmesí (dt. *Das karminrote Manuskript*; 1991, Premio Planeta). Fiktive Autobiogr. Boabdils, des letzten Königs der Araber in Granada mit aktualisierter Funktion wegen der Jubelfeiern zur 500. Jahreswiederkehr der Entdeckung Amerikas durch Kolumbus.

Ausg.: Obras escogidas, Madrid 1981.
Lit.: C. Harris, El teatro de A. G., Toledo 1986.

Jerónimo López Mozo (1942 Gerona). Vertreter des »neuen span. Theaters«, der sich seit 1965 unter den schwierigen Zensurbedingungen des Frankismus fast ausschließlich der gesellschaftskrit. Dramatik widmete. In seinen Stücken (z. B. *Moncho y Mimi*, 1967, *Crap, fábrica de municiones*, 1968, *Anarchía 36*, 1970) vereinigten sich Elemente des Absurden, des Happenings, des Dokumentar- und Experimentiertheaters mit einer Fortführung der grotesken *Esperpentos* in der Tradition Valle-Incláns. Den thematischen Hintergrund seiner Stücke bildete die span. Gesellschaft der Francozeit mit ihrer Heuchelei und ihren Repressionsmechanismen. Obwohl ein Teil seiner Stücke trotz der chiffrierten Sprache bis 1975 nicht zur Aufführung kam, lagen sie doch als Lesetheater vor. L. M. war auch in Theorie und Praxis um die Gewinnung neuer Publikumsschichten im Rahmen der Laienspielbewegung des »teatro de barrio«, »teatro campesino« und »teatro independiente«, Formen der nichtkommerzialisier-

ten Kultur, bemüht (Essay: *Teatro de barrio / Teatro campe-*
sino, 1976).

Lit.: M. Saalbach, Span. Gegenwartstheater. Unterdrückung und Widerstand im Endstadium der Franco-Diktatur, Bonn 1984.

José María Martín Recuerda (1922 Granada). Verbindet als
langjähriger Direktor des Universitätstheaters von Granada
Theorie und Praxis miteinander. Heute Professor für Thea-
terwiss. in Salamanca.
Las ilusiones de las hermanas viajeras (dt. *Die Illusionen der*
Reiseschwestern; 1955). Einakter, der sich in strikter Einheit
von Ort, Zeit und Handlung in einem Haus mit drei Schwe-
stern und einer alten Frau als Gast abspielt. Im Mittelpunkt
der Gespräche stehen die unerfüllten Lebensträume zwischen Utopie und Wirklichkeit. Zwischen Melancholie und
Resignation, die nicht zuletzt in der Friedhofsruhe der
Nachkriegsjahre begründet sind, schließt sich die Lebens-
bilanz zum Jahresende.

Lit.: S. Martín, J. M. R.: El drama ibérico, in: CuH 140 (1985) 120–127.

Carlos Muñiz (1927). Engagierter Dramatiker, der zwischen
Dokumentartheater und Neoexpressionismus experimen-
tiert und sich der Probleme des Kleinbürgertums und hist.
Stoffe angenommen hat.
La tragicomedia del serenísimo príncipe don Carlos (dt. *Die*
Tragikömödie des Erlauchten Fürsten Don Carlos; 1974).
Mythenzerstörung um den dramatischen Stoff des Span-
nungsverhältnisses zwischen Philipp II. und seinem Sohn
Don Carlos, vgl. F. Schiller, *Don Carlos* (1785) im Dekor der
Gegenreform (Brutalität des Autodafés, Prunk des Palast-
und Hoflebens, innere Macht der Kirchenfürsten u. a.). Der
Habsburgerkönig ist als heuchlerischer Dramatiker, Don
Carlos als delirierender Außenseiter der Gesellschaft darge-
stellt. Zeitbezüge sind mit Skepsis zu betrachten.

Lit.: L. L. Zeller, La evolución técnica y temática en el teatro de C. M., in:
Estreno (Miami) 2, 2 (1976) 41–49.

Francisco Nieva (1927 Valdepeñas, Prov. Ciudad Real). Erlebte als Kind die Schrecken des Bürgerkriegs aus der Sicht des liberalen Bürgertums. Tauchte 1953 mit einem Stipendium des Institut Français in die existentialistische Bohème des Quartier Latin in Paris ein und bewegte sich in der Caféhaus- und Kellertheaterszene mit Beckett, Ionesco, Adamov, Butor und Roberto Matta. Am stärksten von Genet beeinflußt. Eigene Einteilung seines Theaters in »Farsa y calamidad« (Farce und Unglück) und »Teatro furioso«.

Ausg.: Teatro completo, Hrsg. J. Martín Rodríguez, 2 Bde., Madrid 1991.
Lit.: J. M. Barrajón, La poética de F. N., Ciudad Real 1987.

Miguel Romero Esteo (1930). Experimentierfreudiger Andalusier, der alle Bühnenformen der Volkskultur seit dem Mittelalter in seinen Stücken verschmolz und mit dem offiziellen Salontheater brach. Seine Werke laufen in temperamentvollen Sequenzen in einer bildreichen Sprache mit grotesken und absurden Elementen ab. In den stark typisierten Figuren spiegeln sich Vertreter von Bürgertum, Klerus, Adel und Großindustrielle in ihren Ritualen und Schwächen wider, z. B. in dem zweiteiligen Stück *El vodevil de la pálida, pálida, pálida losa* (1979) mit einer »Einleitung, die nichts einleitet«.

Lit.: P. Aullón de Haro, El texto del teatro: M. R. E., in: Revista de Literatura 42 (1980) Nr. 83, 159–172.
Deutsch: Pasodoble. Pathetische Groteskomachie, Übers. S. Scheffzek / D. Steffen, Frankfurt a. M. 1978.

74. Frauenliteratur

Lit. von Schriftstellerinnen mit meist spez. weiblicher Schreibweise und Thematik. Im Mittelpunkt stehen häufig die Suche nach einer weiblichen Identität und die Darstellung unterdrückter Gefühle im gesellschaftlichen Kontext. Als Modetrend auch in Spanien vom kommerzialisierten

Kulturbetrieb aufgenommen. Da zahlreiche Autorinnen sich
im Medienbereich ihren Lebensunterhalt verdienen müssen,
raschere Verbreitung feministischer Ideen. Noch nicht untersuchte Zusammenhänge zwischen Journalismus und Frauenlit. Zwischen »neuer Subjektivität«, erotisch freizügigen und
sinnlichen Texten sowie sozialpolitisch engagierter Prosa
bricht die Frauenlit. viele notwendige Tabus in der span.
Männergesellschaft, weil sie die »Geschichte der Frauen
ohne Geschichte« darstellt.

Literaturgeschichte: C. L. Galerstein, Women writers of Spain. An annotated bio-bibliographical guide, New York [u. a.] 1986; B. Ciplijauskaité,
La novela femenina contemporánea (1970–1985). Hacia una tipología de
la narración en primera persona, Barcelona 1988 [Standardwerk]: R. Manteiga / C. Galerstein / K. McVerney (Hrsg.), Feminine concerns in contemporary Spanish fiction by women, Madrid 1988; A. López / M. Á. Pastor (Hrsg.), Crítica y ficción literaria: mujeres españolas contemporáneas,
Granada 1989 (Fiminae, 2); M. J. Mayans Natal, Narrativa feminista
española de posguerra, Madrid 1991.
Anthologien: Y. Navajo (Hrsg.), Doce relatos de mujeres, Madrid ²1983;
Las diosas blancas. Antología de la joven poesía española escrita por
mujeres, Madrid 1985; Meine Schwester Elba. Neue span. Erzählerinnen,
Frankfurt a. M. 1985 [Nachw. M. Strausfeld]; M. Alcántara (Hrsg.),
Frauen in Spanien. Erzählungen, München 1989.
Sozialgeschichte: M. Nash, Mujeres Libres 1936–1978, Berlin 1979
(Frauen in der Revolution, 4); M. A. Ferrer i Bosch, La mujer en la histo-
ria de España (siglos XVI–XX), Madrid 1984; C. Martín Gaite, Usos
amorosos de la postguerra española, Barcelona 1987; R. Weißenfels, Feminismus in Spanien. Bestandsaufnahme und Exkurs über den Sexismus
in der span. Sprache, Basel 1988; M. Bosse, Illustrierte span. Frauenzeit-
schriften (1975–1985). Ein empirisches Presse- und Medienprojekt, Biele-
feld 1989; P. Folguera, El feminismo en España: Dos siglos de historia,
Madrid 1990; K.-W. Kreis, Zur Entwicklung der Situation der Frau in
Spanien nach dem Ende der Franco-Ära, in: W. L. Bernecker / J. Oehrlein
(Hrsg.), Spanien heute. Politik, Wirtschaft, Kultur, Frankfurt a. M. 1990;
neueste Informationen zu erfragen im Instituto de la Mujer, c /Almagro
36, E-28010 Madrid.

Cristina Fernández-Cubas (1945 Arenys de Mar, Barcelona). Nach Jura- und Journalismus-Studium Reporterin in
drei Kontinenten. In ihren Romanen (darunter ein Kinderbuch) und Erzählungen geht sie von alltäglichen Situationen
aus und stößt dann in die phantastische Welt vor.

El año de Gracia (dt. *Das geschenkte Jahr*; 1985). Der abge-
brochene Priesterseminarist Daniel erhält von seiner Schwester Gracia ein Auslandsjahr finanziert. Im März 1981 rettet
er sich als Schiffbrüchiger auf eine Hebrideninsel, die noch
durch einen biologischen Kampfstoff aus dem II. Weltkrieg
verseucht ist. Eine Gruppe von Ökologen bringt ihn nach
Glasgow, wo er von stinkenden Geschwüren geheilt wird.
Parallelen zu Daniel Defoes *Robinson Crusoe* (1719), nur daß
hier das frühaufklärerische Vorbild in beklemmenden Visionen endet.

Lit.: A. Rueda, C. F. C. – una narrativa de voces extinguidas, in: Mono-
graphic Review 4 (1988) 257–267.
Deutsch: Das geschenkte Jahr. Eine Robinsonade, Übers. E. Schikorski,
Frankfurt a. M. 1989.

Consuelo García (1935 Pribera de Molina, Prov. Murcia).
Lebte nach dem Philologiestudium in Murcia, Madrid, Berlin und München.
Las cárceles de Soledad Real. Una vida (dt. *Die Gefängnisse
von Soledad Real. Ein Leben*; 1982). Autobiogr. einer Kom-
munistin von ihrer Kindheit im Hafenviertel von Barcelona bis zu ihren Erfahrungen im Krieg, in der Ehe, in den
Konzentrationslagern der Nazis, Verhaftung und Folter in
den Gefängnissen des Frankismus immer mit dem Mut und
der Kraft zum Widerstand. Nach der 2. Ehe führt der Weg
in die Elendsviertel von Madrid. Der »testimonio« endet mit
einem Bekenntnis zur politischen und persönlichen Identität.
Luis en el país de las maravillas (dt. *Luis im Wunderland*;
1982). Ironische und pikareske Kritik am *Machismo*, an den
Ritualen bestimmter Partnerschaftsbeziehungen und an In-
selutopien. Der Monolog des Macho Luis vor dem Jüngsten
Gericht sieht folgendermaßen aus:

> Habe ich etwa jemals zu einer Frau gesagt, sie hätte Fal-
> ten? Und wann habe ich von irgendeiner Frau behauptet:
> Sie wird allmählich alt. Ganz im Gegenteil! Wann habe

ich einmal eine Frau als häßlich bezeichnet? Ganz im Gegenteil! Wann habe ich von einer gesagt, sie hätte Hängebrüste oder ihr Busen sei zu klein? Ganz im Gegenteil! Habe ich jemals gesagt, daß mir irgendein Hintern nicht gefällt? Habe ich jemals einen Unterschied gemacht zwischen einer Dunkelhaarigen und einer Blonden? Ganz im Gegenteil! Und was ist mit der Arbeit? Habe ich etwa nicht mein Scherflein zur Emanzipation beigetragen, indem ich bei der Arbeit stets einer Frau den Vorrang einräumte?

Übers. H. Zahn, Luis im Wunderland, Reinbek bei Hamburg: Rowohlt, 1982, S. 92.

Deutsch: Die Hand des Herzens. Leben und Kämpfe der Spanierin Soledad Real, Übers. V. Cordes und K. v. Waberer, München 1981; Luis im Wunderland, Übers. H. Zahn, Reinbek bei Hamburg 1982 (rororo 5049); u. a. Übers.

Adelaida García Morales (1946 Badajoz). Philologieexamen in Madrid (1970). Lehrerin, Übersetzerin in Algerien, Mannequin, Film- und Theaterschauspielerin. Lebte fünf Jahre zurückgezogen in einem Dorf in den Alpujarras bei Granada, heute in Madrid. Lyrik, Erzählungen, Romane. Die Erfolge der Autorin liegen weder im Stoff noch in der Handlungsspannung als in der Darstellung subtiler, unsagbarer Seelennuancen der weiblichen Figuren zwischen Utopie, Traum, Trance und Wirklichkeit.

El sur, seguido de Bene (dt. *Der Süden. Bene*; 1985). Erinnerungsvignetten im inneren Monolog eines jungen Mädchens an seinen Vater, der sich aus innerer Einsamkeit erschoß. In Rückblenden und in der Erinnerung an Episoden rekonstruiert die Tochter ihre Geschichte und forscht auch über den Tod des Vaters hinaus nach seinen Beziehungen zu Umwelt und Personen, die sich auf teilweise mysteriöse Weise mit der Biographie der Tochter verknüpfen. Erfolgreiche Verfilmung von Víctor Erice (Spanien, Frankreich 1983). Fortsetzung in *Bene*, der Klage um den verlorenen Bruder.

El silencio de las sirenas (dt. *Das Schweigen der Sirenen*;
1985, entst. 1979–80). Der Titel bezieht sich nach einer Erzählung von Kafka auf den antiken Mythos des hartherzi-
gen Odysseus, dem sich nach dieser Umdeutung die Sirenen durch Schweigen im Tod entziehen. In einem Dorf der
Alpujarras gruppieren sich um die »Aussteigerin« Elsa, die
einer unerwiderten Liebe mit Agustín Valdés in Barcelona nachtrauert, zwei Frauen. Die Lehrerin María versucht durch ihre recht dilettantischen Hypnosekünste eine
Wiederbegegnung zwischen Elsa und Agustín herbeizuführen. Zwischen Traumvisionen und Trance spielt in Tagebuchnotizen diese Geschichte der enttäuschten Illusionen
zwischen Mann und Frau und Frau zu Frau, bis der Vorhang
zerreißt und Elsa den Tod in den Schneegipfeln der Sierra
sucht.
Aus dem Tagebuch Elsas werden im inneren Monolog der
Seelenkonflikt und die Todesahnungen deutlich:

> Ich höre gerne immer, was dasselbe ist, was sich nie
> ändert, wie der Windstoß oder das Schweigen der Berge.
> Wenn ich nichts beanspruchen könnte ... nichts wün-
> schen könnte ... Der Tod bedroht mich von allen Seiten.
> Wie ärgerlich, alt zu werden und zu sterben! Der Wind-
> stoß trägt mich immer sehr weit und hilft mir auszuruhen
> wie in meiner Kindheit. Nicht einmal der alleinige Gott
> hat es in der Hand, dich mir nahezubringen. Oder viel-
> leicht hindert ihn daran nur seine Gleichgültigkeit. Die
> Welt scheint überall die gleiche zu sein, aber so ist es
> nicht. Denn hier in diesem Dorf, fern von der Geschichte
> und denen, die das menschliche Schicksal lenken, scheine
> ich in eine andere, rätselhafte und grausame Welt gefallen
> zu sein. Hier vergehen die Tage wie die Blätter in einem
> Buch. Ich habe den Eindruck, das Ende schon mit einer
> Hand zu berühren. Ich bin zu schwach, und meine Ver-
> zweiflung ist dagegen zu groß für diese Bergeinsamkeit.
> Ich fühle mich auf eine seltsame Luftplattform gehoben
> und schon zum Tode geschleudert. Und du, Agustín, zer-
> störst mich. Sieh, wie du mich krank machst: Ich bin dei-

netwegen schwach, deinetwegen verrückt, weil du mir
nur dein Schweigen gibst. Aber endlich habe ich gelernt,
deine Stimme zu hören, ohne daß du zu mir sprichst, und
das ist das Schlimmste. Denn jetzt weiß ich, daß dein
Schweigen kein Schweigen ist und deine Gleichgültigkeit
keine Gleichgültigkeit. Oder vielleicht ist es nur meine
irrsinnige Verzweiflung, die mich mit meinen Wunsch-
gefühlen ein Gespenst wie dich erfinden läßt.

Ed. Barcelona ⁶1986, S. 117–118.

Lit.: B. Ciplijauskaité, Intertextualidad y subversión en *El silencio de las
sirenas,* de A. G. M., in: RHM 41, 2 (1988) 167–174.
Deutsch: Der Süden. Bene, Übers. A. Sorg-Schumacher / I. Bergmaier,
Frankfurt a. M. ²1989; Das Schweigen der Sirenen, Übers. A. Sorg-Schumacher, Frankfurt a. M. 1991.

Almudena Grandes (1960 Madrid). Nach Besuch einer
Nonnenschule Studium der Geographie und Geschichte.
Freie Verlagsmitarbeiterin. Der folgende Bestseller war ihre
Befreiung von einer einschüchternden Sozialisation, er-
reichte aber auch in der Verfilmung von Bigas Luna (mit dem
Mißverständnis als Yuppie-Porno) breite Bevölkerungs-
kreise im In- und Ausland.
Las edades de Lulú (dt. *Die Altersstufen von Lulú*; 1989, Premio de la Sonrisa Vertical). In Spanien bis März 1991 etwa
200 000 verkaufte Exemplare, weltweit ¹/₂ Mio. Aufl. Auf
den Bestsellerlisten in Spanien, Frankreich, Italien und Dt.
Auch Filmerfolg. – »*Lulu* ist die provokante Abrechnung mit
dem Mythos des Kuschelweibchens« (Besprechung in der
Zeitschrift *VIVA*, 1990). Der Erfolg des Werkes hatte auch
außerlit. Ursachen, die im einzelnen noch erforscht werden
müssen, da sie in den diffizilen Bereich der Publikumssozio-
logie fallen.
Beziehungskiste zwischen der Ich-Erzählerin Lulú (María
Luisa) und der Vatergestalt Pablo, einem erfolgreichen Intellektuellen über die bekannten Stufen: Verführung der Kind-
frau, Ehe (mit Tochter), Trennung wegen Emanzipation der
Frau. Panorama der sexbesessenen Madrider Schickeria in

allen Schattierungen der Perversion. Dieser Tabubrecher war zugleich ein Schlag ins Gesicht der Frauenbewegung (in einigen ihrer Facetten), denn Lulú wird als lustbesessenes Objekt der männlichen Begierde vorgeführt. Wenn Lit. künstlerische Widerspiegelung der gesellschaftlichen Wirklichkeit ist, worin liegen dann die ästhetischen Aspekte? Zweifellos in der flotten, direkten und anschaulichen Art der Darstellung. Zwischen Eigenaktivität der Figuren und Voyeurismus fließt die Zeit angenehm dahin. Die Jury »Das vertikale Lächeln« meinte dazu: »G. ist der weiblichen Sexualität auf der Spur und dringt tief in die Problematik und Komplexität langjähriger Liebesbeziehungen ein. Ihr besonderes Augenmerk gilt dabei den erotischen Phantasien und Begierden, die Liebende zwingen, die Grenzen des Gewöhnlichen zu überschreiten, wenn sie diese Phantasien nicht sterben sehen wollen.«
Te llamaré Viernes (1991). Liebesgeschichte um das potthäßliche Paar Benito und Manuela.

Deutsch: Lulú. Die Geschichte einer Frau, Übers. C. Rasche, Hamburg 1990; Ich nenne dich Freitag, Übers. C. Rasche / H. Riemann, Hamburg 1991.

Carmen Martín Gaite (1925 Salamanca – 2000 Madrid). Erst nach dem Frankismus bekanntere engagierte Journalistin und Schriftstellerin, die für ihre Romane und Kurzgeschichten eine Reihe von Literaturpreisen erhielt. Ihre sozialgeschichtlichen Essays mit zahlreichen Originalzitaten *Usos amorosos del dieciocho en España* (1972) und *Usos amorosos de la postguerra española* (1987) gehören zu den Klassikern einer hist. orientierten Frauenlit.
Entre visillos (dt. *Zwischen Scheibengardinen;* 1958). Die soziale Problematik am Beispiel der Benachteiligung junger Menschen in der Provinz mit ihren traditionellen Machtträgern. Die pessimistische Sicht der Verhältnisse wirkt in der nüchternen, experimentellen Sprache der Autorin noch eindringlicher. Unter dem Pseudonym Sofía Veloso errang M. G. mit diesem Roman den angesehenen Premio Nadal,

obwohl ihr Schriftstellergatte R. Sánchez Ferlosio von der
Einsendung wegen angeblich schlechter Qualität abgeraten
hatte!

Nubosidad variable (dt. *Wechselnde Bewölkung*; 1992). Wiederbegegnung zweier Jugendfreundinnen nach Jahrzehnten
des Vergessens. In der Form des Brieftagebuchs entwickelt
sich der Bekenntnisdialog zwischen Mariana und Sofia, der
erfolgreichen Psychiaterin und der Ehefrau und Familienmutter mit ihren Krisenhöhepunkten. Die anderen Frauengestalten (Dienstpersonal, Schwägerin, Mutter, Tochter) sind
stärker in ihrer Rollenfunktion als in ihrer individuellen Ausprägung gezeichnet, so daß männliche Leser das Verdikt der
Stereotypisierung leicht auf den Lippen haben könnten.

Lit.: J. Lipman Brown, Secrets from the back room: The fiction of C. M.
G., Mississippi 1987.

Rosa Montero (1951 Madrid). Lebt seit ihrem 18. Lebensjahr als Journalistin und Schriftstellerin, u. a. scharffedrige
Kolumnistin in *El País* und wortgewandte Medienkritikerin.
Nach ihren Erstlingen *Crónica del desamor* (1979) und *La
función Delta* (1981) kam der große Erfolg mit *Te trataré
como a una reina* (1983), 50 000 verkaufte Exemplare in $^1/_2$
Jahr. Weniger Anklang fanden *Amado amo* (1988) und der
Experimentierroman *Temblor* (1990) mit Science-fiction-
Elementen. Die hohen Auflagenziffern dieser Romane deuten darauf hin, daß R. M. mit ihrem Werk offensichtlich den
geschlossenen »circuit lettré« durchbrochen hat und auch
das Kioskpublikum erreicht.

Te trataré como a una reina (dt. *Ich werde dich behandeln
wie eine Königin*; 1983). Der Roman gibt in collageartigen
Einzelkapiteln einen Einblick in das deprimierende Alltagsmilieu um den abgewirtschafteten Nachtklub »El Desiré« am
Stadtrand von Madrid. Um die 46jährige Bolerosängerin und
Bardame Isabel López (»La Bella«) gruppieren sich der spannerhafte Klubbesitzer Vicente Menéndez und dessen Vater,
der abgehalfterte Fremdenlegionär Poco, weiterhin Vanessa,

ein 18jähriges Naivchen vom Lande, der Zuhälter »El Chico«
u. a. Zum Stammpublikum gehört der 49jährige Ministerial-
beamte Antonio Ortiz, den »La Bella« aus Zorn auf seinen
selbstherrlichen Machismo und aus Solidarität mit seiner
unterdrückten Schwester Antonia aus dem 4. Stock seines
Hauses stürzt.

Inmitten eines ausweglosen Alltags versuchen die Personen
auf unterschiedliche Weise, ihre Einsamkeit zu bewältigen.
Das Boleromotto »Te trataré como a una reina« verkehrt sich
in der Gewalt Pocos, der seine Traumfrau Vanessa mit den
Füßen halbtot tritt, statt sie auf Händen zu tragen, in das
Gegenteil. Poco versucht mit seiner Utopie von einer Rückkehr ans Kabarett »Tropicana« ins Havanna der 50er Jahre,
dem Milieu wenigstens gedanklich zusammen mit den Bar-
mädchen zu entfliehen. Zwischen Einsamkeit, Heuchelei
und Gewalt (auch vermittelt durch Polizei und Armee) treibt
eine scheinbar monotone Handlung der dramatischen Kata-
strophe entgegen.

Die Aneignung lit. Wirklichkeit orientiert sich auch an lit.
Vorbildern. Für die Geschichte der weiblichen »illusions
perdues« hat sich M. an Flauberts *Madame Bovary* (1857) erinnert. Die dort angestrebte Universalisierung des Themas
bricht sich immer wieder an den Grenzen einer patriarcha-
lischen Gesellschaftsstruktur, die beklemmend beschrieben
ist. Während bei Flaubert Emma Bovary an gebrochenem
Herzen stirbt, ist bei M. das Opfer-Täter-Verhältnis umge-
kehrt: Frau antwortet auf die erlittene strukturelle Gewalt
des Patriarchats mit *woman power*. M. macht Frauen Mut
zur aktiven Gestaltung ihrer Zukunft und Abrechnung mit
der Vergangenheit; sie bringt männliche Leser zum Nach-
denken, weil auch sie als Opfer der Verhältnisse gezeichnet
sind.

In einem Interview sagte R. M.: »In dem Roman [...] gibt
es einige Personen, die mit mir gar nichts zu tun haben, es
sind Menschen, die an den Rand der Gesellschaft gestoßen
sind: arm, häßlich und traurig. Ich habe um sie gekämpft, bis

sie ein Teil von mir wurden. Dann habe ich wie sie gefühlt, gelebt und gelitten. Diese Leidenschaft erfüllt mich dann, und die gebe ich dann auch in aller Ehrlichkeit wieder, und das ist es, glaube ich, was den Leser erreicht, die Offenheit kann er begreifen, erfassen.« (*Tranvía*, Nr. 10, Sept. 1988, S. 27).

Lit.: E. de Miguel Martínez, La primera narrativa de R. M., Salamanca 1983; J. M. Navarro, El lenguaje coloquial en »Te trataré como a una reina«, de R. M., in: K.-H. Joppich / W. Hillen (Hrsg.), Lengua, literatura, civilización en la clase de español, Bonn 1986, S. 13–24; E. Gascón Vera, R. M. ante la escritura femenina, in: Anales de literatura española contemporánea 12 (1987) 191–202.
Deutsch: Geliebter Gebieter, Übers. S. Ackermann, Wuppertal 1988; Ich werde dich behandeln wie eine Königin, Übers. S. Ackermann, Wuppertal 1990; Zittern, Übers. S. Ackermann, Wuppertal 1991.

Soledad Puértolas (1947 Zaragoza). Journalistin, Erzählerin und Romanautorin, die vier Jahre in Norwegen und in den USA verbrachte.
Todos mienten (dt. *Alle lügen*; 1988). Familiengeschichten aus der Sicht eines heranwachsenden Jugendlichen zwischen Tratsch, Beziehungskisten, Generationskonflikten, Angst vor Einsamkeit, Heuchelei und Rollenspielen. Die Auflösung der bürgerlichen Großfamilie ist in knappen Dialogen oft bewußt trivial und plakativ gezeichnet. »Alle lügen, sagte ich mir, alle strengen sich an, alle verstecken etwas, vielleicht dasselbe: die Angst, die Ohnmacht, die Einsamkeit, den Tod« (Ed. Barcelona [3]1988, S. 181 f.).
Bei der jüngeren Generation überwiegt die Yuppie-Mentalität, bei der älteren die verlogene Konvention: »Heute wollen die Leute zwei Dinge: Spaß haben und Geld verdienen. Schnell Geld zum Ausgeben. Nicht weil sie es ausgeben wollen; sie wollen es verdienen. Das Geld hat sich entwertet. Sobald es durch eine Tür hereinkommt, geht es schon zur anderen heraus. Es gibt eine Explosion des Verbrauchs, das ist klar. Das Geld brennt in den Händen« (Ed. Barcelona [3]1988, S. 128 f.).

Die Autorin beschreibt leidenschaftslos Alltagsphänomene und hinterläßt eine offene Lebensphilosophie.

Queda la noche (dt. *Es bleibt die Nacht*; 1989, Premio Planeta). Innere Erfahrungen der 30jährigen Aurora im Spannungsfeld zwischen der Suche nach Unabhängigkeit und Engagement. Aurora entflieht mit einem Freund nach Indien und verstrickt sich dort in einen internationalen Spionagering. Der Emanzipationsversuch endet mit dem einsamen Blick auf das Nachtpanorama am heimischen Fenster.

Corín Tellado (d. i. *María del Socorro Tellado López*; 1929 bei Gijón). Erfolgsautorin von Massenlit., die in Form von Heftchen und *fotonovelas* auch in Lateinamerika viel gelesen wird. Die meist weibliche Leserschaft läßt auf einen starken Grad der Identifikation zwischen Publikum und Werk schließen, der sich nicht allein aus dem Evasionscharakter der Lektüre erklären läßt. Das durchaus der Zeitkonjunktur angepaßte Rollenverhalten der Figuren, die echten und scheinbaren Gefühlskonflikte münden meist in einer harmonisierenden Lösung, in der Utopien Wirklichkeit werden. Die Figuren lavieren zwischen dem Moralkatechismus der Erziehungsmächte Familie, Staat und Kirche und einer generationenbedingten Rebellion in den sicheren Hafen der Ehe. Emanzipatorische Elemente müßten in der postfrankistischen span. Übergangsgesellschaft im Detail untersucht werden. Nach einer Umfrage der UNESCO aus dem Jahre 1962 ist C. T. mit bisher über 2000 Titeln nach Cervantes die meistgelesene Autorin in span. Sprache auf der Welt.

In Interviews gibt C. T. sich eher skeptisch gegenüber der Institution Ehe (»Die Liebe ist ein Wunder. Nur wenn man heiratet, tut es mir etwas leid«) und leicht feministisch (»Ich habe keinen Mann gebraucht, um mein Leben zu führen. Ich trennte mich nach vier Jahren Ehe; ich habe meine beiden Kinder aufgezogen und allein gekämpft«) (*Cambio 16*, 1983, S. 98).

Lit.: A. Amorós, Sociología de una novela rosa, Madrid 1968; V. Erhart, Amor, ideología y enmascaramiento en C. T., in: Casa de las Américas 77 (1973) 93–111; M. Franzbach, Zur Interpretation von Texten der Massenlit. am Beispiel C. T.s, in: M. F., Plädoyer für eine krit. Hispanistik, Frankfurt a. M. 1978, S. 78–89.

Esther Tusquets (1936 Barcelona). Besuchte bis zum 10. Lebensjahr die Dt. Schule. Philologiestudium in Madrid und Barcelona. Seit 1960 Verlegerin in Barcelona (Editorial Lumen). Auch Journalistin und Kinderbuchautorin (*La conejita Marcela*, 1981). Verf. viel gelesener Romane und Kurzgeschichten (1978).

El mismo mar de todos los veranos (1978). – *El amor es un juego solitario* (1979). – *Varada tras el último naufragio* (1980). Trilogie, die um Fragen der Identität, um Partnerschaftsbeziehungen, neue Lebensformen und -erfahrungen, um Einsamkeit und persönliche Krisensituationen als Ausdruck der Krise des Bürgertums kreisen. Eine ganz eigene Bildwelt der Erotik mit vieldeutiger Funktion steht auch im Dienste teils ironischer Kritik an der Institution Familie, an Machismo und katholischer Bigotterie. Im letzten Roman endet z. B. die Ehekrise zweier befreundeter Paare mit einem alternativen Schluß: Wiederherstellung des *status quo* in dem einen, Auflösung der Ehe in dem anderen Falle. Der Liebesbegriff der Autorin schwankt zwischen den Polen Sehnsucht, Ängsten und Selbstfindung. Für psychologische und soziologische Erklärungsversuche ihres Werks sind noch viele Einzelarbeiten erforderlich, obwohl E. T. sich »weder Väterchen Marx noch Väterchen Freud« zuordnet.

Lit.: J. M. Perceval, E. T. – ein Porträt, in: Tranvía1 (1986) 18–23; G. Navajas Navarro, *Siete miradas en un mismo paisaje* de E. T.: un estudio del erotismo frustrado, in: Hispanic Journal 10 (1988) H. 1, 117–125; M. Mazquiarán de Rodríguez, *Para no volver*: Humor vs. phallocentrism, in: Letras femeninas (Lincoln, Neb.) 16 (1990) 29–35.
Deutsch: Aller Sommer Meer, Übers. M. López, Reinbek bei Hamburg 1981; Die Liebe ist ein einsames Spiel, Übers. M. López, Reinbek bei Hamburg ²1984.

75. Prosa

Carlos Barral (1928 Barcelona – 1989 ebd.). Verleger und
Schriftsteller, der sich bereits während der Franco-Ära für
die Wahrung der Menschenrechte, die Wiedererlangung der
demokratischen Grundrechte und die katalan. Kulturautono-
mie einsetzte. Scharte zwischen 1945 und 1959 eine Gruppe
von Schriftstellern und Kritikern (Gil de Biedma, Ferrater,
Brüder Goytisolo, Castellet, Sacristán u. a.) um sich, die
künftige »Schule von Barcelona«, die er in dem Verlag Seix-
Barral (später von *Planeta* aufgekauft) förderte. Machte dem
geistig und politisch isolierten Spanien der Nachkriegszeit
in der »Biblioteca Breve« die avantgardistische europäische
Lit. zugänglich (u. a. Eliot, Svevo, Robbe-Grillet, H. Miller,
Frisch, Böll) und die lateinamerikan. Boom-Autoren. Nach
Francos Tod Parlamentssitz als Senator für PSOE.
Años de penitencia (1975; 1982 Fassung letzter Hand). – *Los
años sin excusa* (1978).Viel gelesene Memoiren.
Lit.: C. Riera, La escuela de Barcelona (C. B., J. Gil de Biedma, J. A. Goy-
tisolo), Barcelona 1988; C. Riera, La obra poética de C. B., Barcelona 1990
(Nexos, 41).

Juan Benet (1927 Madrid – 1993 ebd.). Straßen-, Kanal- und
Hafeningenieur. Während des Frankismus mehrfach wegen
seines politischen Engagements inhaftiert. Nahm in seinem
Romanwerk unter dem Einfluß von Borges zunehmend den
Weg von der Wirklichkeit zum phantastisch-realistischen
handlungsarmen Œuvre. Durch zahlreiche Anspielungen auf
die antike und spätere Bildungstradition erschließen sich
seine Bücher vor allem dem geduldigen und belesenen Publikum.
Volverás a Región (dt. *Du wirst nach Región zurückkehren*;
1967). In dem hermetisch abgeriegelten fiktiven Ort Región
spiegeln sich die Bürgerkriegsereignisse in den inneren und
äußeren Biographien der Figuren um so gespenstischer. Gefühle wie Hoffnungslosigkeit, Angst und Verzweiflung ver-

dichten sich in immer wiederkehrenden Zyklen zu einer erschütternden Chronik des Unsagbaren.
Herrumbrosas lanzas (dt. *Rostige Lanzen*; 1983–86). Im
Mittelpunkt steht die innere Geschichte des Bürgerkriegs um
den fiktiven Ort Región, wo jahrhundertelange Gegensätze
und gesellschaftliche Widersprüche aufeinanderprallen. Die
rostigen Lanzen symbolisieren das anachronistische Phänomen des Krieges in einer angeblich zivilisierten Welt.

Ausg.: Cuentos completos, 2 Bde., Madrid 1981.
Lit.: R. C. Manteiga [u. a.], Critical approaches to the writings of J. B.,
Hannover / London 1984; K. M. Vernon (Hrsg.), J. B., Madrid 1986 (Col.
Persiles, 170).
Deutsch: Rostige Lanzen, 6 Bücher, Übers. G. Poppenberg, Frankfurt a. M.
1986–91; Du wirst es zu nichts bringen, Übers. G. Poppenberg, Frank-
furt a. M. 1990; Im Halbschatten, Übers. G. Poppenberg, Frankfurt a. M.
1991; u. a. Übers.

Luis Landero (1948 Albuquerque, Badajoz). Lebt seit 1961
in Madrid, wo er Philologie studierte. Gymnasiallehrer.
Juegos de la edad tardía (dt. *Spiele im reiferen Alter*; 1989).
Die Handlung spielt auf verschiedenen Realitätsebenen, die
in ihrem Symbol- und Parabelcharakter tiefere Bedeutung
gewinnen. Die Figuren haben den Kampf gegen die Monotonie des Alltags, gegen den Frust der Arbeitswelt, gegen
soziale Zwänge und Rituale gemeinsam. Sie flüchten sich in
Nischen und Utopien, die sie in ihrer Phantasie zu realen
Situationen ausgestalten und in die sie immer wieder wie hinter einem Paravent verschwinden können.
So führt Gregorio Olías, 46 Jahre alt, in seinem kleinbürgerlichen Leben Aushilfe in einer Versicherungsgesellschaft, ein
Doppelleben unter dem Pseudonym Augusto Faroni, der
Dichter, Schriftsteller, Musiker und mehrsprachiges Genie in
einer Person ist. Sein *alter ego* ist Gil, Reisevertreter der
Firma Requena & Belson in der Provinz, der sich der All-
tagsmisere als Reisender, Chemiker und Philosoph unter
dem Namen Dacio Gil Monroy entzieht. Ähnlich wie Don
Quijote (der Identifikationsfigur ist) ziehen beide auf ihre

Phantasieabenteuer aus. Um aber durch die Alltagsrealität nicht desillusioniert zu werden, führen beide ihre Fluchtspiele nur am Telefon durch. Ausgehend von vordergründigen Erlebnissen, gipfelt das Vexierspiel mit der Realität in der Frage nach dem Sinn des Lebens und der Identität des Menschen. Am Schluß begegnen sich der flüchtende Gregorio/Faroni und sein Spiegelbild Gil/Monroy persönlich. Beide halten die Fiktion aufrecht und wandern im Epilog als Mythenbildner durch die Lande.

Julio Llamazares (1955 Vegamián, Prov. León). Bewegt sich wie der Fisch im Wasser des span. Medienbereichs (Presse, Rundfunk, Fernsehen). Debütierte als Lyriker (*La lentitud de los bueyes*, 1979, *Memoria de la nieve*, 1982), bis er seinen ersten Romanerfolg feierte.
Luna de lobos (dt. *Wolfsmond*; 1985). Fiktive Geschichte von vier anarchosyndikalistischen Milizionären, die im Herbst 1937 in die Berge flüchteten (»los del monte«) und sich dort bis 1946 versteckt hielten, nachdem die Faschisten in ihre Dörfer eingebrochen waren. Die span. Tagespresse berichtete bis Mitte der 70er Jahre über solche »topos« (Maulwürfe), die sich teilweise jahrzehntelang an den abenteuerlichsten Orten verbargen. Im Mittelpunkt der inneren dramatischen Spannung stehen die ständige Flucht und die Angst vor Entdeckung.
Der große Erfolg des Romans im postfrankistischen Spanien beruht u. a. auf der versöhnlichen Grundeinstellung des Autors und vielleicht auf der leicht nostalgischen Symbiose zwischen Mensch und Natur, die sich auch in der erfolgreichen Verfilmung widerspiegeln. Mit »Wolfsmond« bezeichnete man früher die Monate November bis Februar, wenn Hunger und Kälte die Wölfe in die Dörfer trieben. Der Begriff könnte sich aber auch auf die rasche Umlaufphase beziehen, in welcher der Mond wie ein »Wolf« das Siebengestirn verdunkelnd aufzufressen droht. Schließlich kann im Titel auch Hobbes' Satz vom »Menschen, der dem Menschen ein Wolf ist«, zum Ausdruck kommen.

Zum hist. Kontext vgl. J. Torbado / M. Leguineche, *Los
topos – Die Maulwürfe. Wie Republikaner Franco-Spanien
überlebten*, Frankfurt a. M. 1979.
La lluvia amarilla (dt. *Der gelbe Regen*; 1988). Geschichte
des letzten Bewohners eines Geisterdorfes in den aragonesischen Pyrenäen. Das soziale Phänomen der Landflucht mündet in die langsame Agonie von Mensch und Dingen.
El río del olvido (dt. *Der Fluß des Vergessens*; 1990). Reisebuch von einer Sommerwanderung am Río Curueño in der
Provinz León.

Lit.: Interview mit M. J. Obiols, in: El País, 28. Januar 1990, S. 4.
Deutsch: Wolfsmond, Übers. W. Böhringer, Frankfurt a. M. 1991; Gelber
Regen, Übers. W. Böhringer, Frankfurt a. M. 1991.

Juan Madrid (1947 Málaga). Nach dem Studium der Philologie Journalist und Krimi-Autor, der im Nachtleben der
Altstadt von Madrid seiner Stoffsuche nachgeht. Schreibt
auch Polizeiberichte für *Cambio 16*. Einige Titel: *Un trabajo
fácil, Un beso de amigo, Las apariencias no engañan, Nada
que hacer.*
Die Berliner Journalistin und Romanistin D. Nolte charakterisierte seine Krimis folgendermaßen: »Ob (der Privatdetektiv) Toni Romano sich mit Wirtschaftskriminellen, mit Sek-
tenführern und Spekulanten herumschlägt oder mit kleinen
Drogenhändlern und Zuhältern [...], immer spielt sich sein
Leben auf der Straße ab, in unzähligen Bars und Restaurants,
wo er skurrile Freunde und Informanten trifft [...]. Seine
Gabe, in Kneipengesprächen Atmosphäre einzufangen und
jedes einzelne von vielleicht zwanzig Lokalen pro Roman so
zu beschreiben, daß es vor dem inneren Auge des Lesers
etwas Unverwechselbares erhält, ist erstaunlich. Sie kann
süchtig machen: Man liest immer weiter, um in dieser Welt zu
bleiben und nicht aus Toni Romanos unordentlicher Woh-
nung und aus seinen urwüchsigen Lokalen verscheucht zu
werden« (D. Nolte, Die fremden Federn abgelegt. Span. Krimis in dt. Übers., in: *Tranvía*, Nr. 16, März 1990, S. 61).

Deutsch: Ein Geschenk des Hauses, Übers. H.-J. Hartstein, Moos/Baden-Baden 1988 [Nachw. W. Haubrich]; Nichts zu machen, Übers. H.-J. Hartstein, Moos/Baden-Baden 1991; Dschungel. Großstadtgeschichten, Kassel 1991; u. a. Übers.

Javier Marías (1951 Madrid). Sohn des Philosophen Julián Marías. Nach dem Philologiestudium Spanischlektor in Oxford (1983–85). Romancier, Erzähler und Übersetzer aus dem Engl. (L. Sterne u. a.).
Todas las almas (dt. *Alle Seelen*; 1989). Unter Anspielung auf das Oxforder College »All Souls« und auf Gogols Roman *Die toten Seelen* (1842–55) läßt der Autor in fiktiver Form seine zwanzig Monate in Oxford (»in der unwirtlichen und in Sirup konservierten Stadt«) Revue passieren. Satirisch und humorvoll schildert M. die Figuren und das Milieu dieser »Insel auf der Insel« und definiert damit auch seine eigene Position als kritischer Intellektueller außerhalb verstaubter Institutionen.
Mientras ellas duermen (1990). Zehn Erzählungen aus dem Zeitraum von 1975 bis 1989.

Lit.: M. J. Obiols, El dominio de la sensación, in: El País, 23. Juli 1989.
Deutsch: Alle Seelen oder die Irren von Oxford, Übers. E. Wehr, München 1991.

Juan Marsé (1933 Barcelona). Er stammte aus einem Arbeiterviertel in Barcelona, wuchs aber bei Adoptiveltern im großbürgerlichen Gracia-Viertel auf. Arbeitete vom 13. bis 26. Lebensjahr in einer Goldschmiedewerkstatt. Schlug sich danach als Autodidakt durchs Leben, verschlang Abenteuerlit. und Salonromane. Ging nach seinem ersten Bucherfolg (*Encerrados con un solo juguete*, 1959) 1960 für zwei Jahre nach Paris und verdiente sich seinen Lebensunterhalt mit Botengängen, Übersetzungen, Werbetexten und Filmsynchronisation. Seinen lit. Durchbruch erreichte er mit dem dritten Roman, *Últimas tardes con Teresa* (1966, Premio Biblioteca Breve), in dem das Spannungsverhältnis zwischen Bürgertum und Außenseitern der Gesellschaft dramatische Kontu-

ren bekam. Im Jahre 1978 gewann er den mit 4 Mio. Peseten
(damals rund 105 000 DM) höchstdotierten span. Literaturpreis, den Premio Planeta, mit dem Roman *La muchacha de
las bragas de oro*, einer Titelparodie auf einen Roman von
Balzac. Seitdem konnte er auf alle Jobs verzichten und von
gelegentlichem Journalismus und Schriftstellerei leben.

Eine wesentliche Konstante seines Werks ist die unerbittliche
Zerstörung von Mythen des Frankismus, aber auch der Heuchelei bestimmter Teile der span. und katalan. Bourgeoisie
reißt er die Maske vom Gesicht und geht auf Generationen-
und Klassenkonflikte ein. Nach einem leicht neidischen Satz
Vargas Llosas' sind M.s Romane trotz ihres schlechten Stils
gut.

Últimas tardes con Teresa (dt. *Letzte Tage mit Teresa*; 1966).
Die präzise Handlung reicht vom 23. Juni 1956 bis Mitte
September 1957. Der Motorraddieb und Hehler Manolo,
genannt Pijoaparte (»Schwanz beiseite«), bricht aus dem
Elendsviertel Monte Carmelo oberhalb Barcelonas im Nord-
osten aus und macht die Bekanntschaft der großbürgerlichen
linken Schickimicki-Studentin und Fabrikbesitzerstochter
Teresa Serrat von San Gervasio mit Sommersitz an der Costa
Brava. Während Manolo durch die Liebesaffäre sozial aufzu-
steigen hofft, entdeckt die Jurastudentin ihr Herz für das
Proletariat in Gestalt des marginalisierten »Exoten«. Bei Manolo zerbirst die Seifenblase vom sozialen Aufstieg (das klassische Handlungsschema im franz. Gesellschaftsroman des
Fin de siècle), bei Teresa entlarvt sich die Verlogenheit ihrer
Scheinrebellion gegen Ausbeutung und Doppelleben. Am
Ende muß Manolo mit einer 2 1/2jährigen Gefängnisstrafe
wegen Diebstahls büßen; Teresa heiratet einen ihrer Cousins.
M. decouvriert erbarmungslos den Mythos der studenti-
schen »gauche divine« und die Pseudoavantgarde gutbetuch-
ter Papasöhnchen mit ihren hohlen Worten.

La oscura historia de la prima Montse (dt. *Die obskure Geschichte der Kusine Montse*; 1970). Kritik am katholischen
heuchlerischen Scheinmilieu der 40er und 50er Jahre, in dem

junge Frauen aus dem gehobenen Bürgertum sich um Strafgefangene kümmerten. Die gutsituierte Montse verliebt sich in den entlassenen Häftling Manolo Reyes, gerät dadurch in Konflikt zum Ehrkodex ihrer Familie und Klasse, bis ihr nur noch der Selbstmord bleibt.

Si te dicen que caí (dt. *Wenn man Dir sagt, ich sei gefallen*; 1973 Mexiko, 1976 Spanien). Der Titel ist der Falangehymne »Cara al Sol« entnommen: Si te dicen que caí me fui / al puesto que tengo allí (Wenn man Dir sagt, ich sei gefallen, so bin ich auf den Posten gegangen, den ich dort habe). Der Roman erschien wegen der Zensur in Spanien (die 71 Seiten streichen wollte) zuerst in Mexiko, mit dem Internationalen Romanpreis ausgezeichnet.

Der Roman spielt auf zwei Zeitebenen: einem einzigen Tag im Jahre 1970 und in den repressiven 40er Jahren, die aus der Perspektive der Kinder des Viertels und der anarchistischen Stadtguerilla in Retrospektive ablaufen. Die Brutalität des gerade beendeten Bürgerkriegs setzt sich in Erschießungen, Untergrundkämpfen, Folterungen, Hunger, Schwarzmarkt, Korruption, Prostitution, Kälte und Rationierung fort. Die strukturelle Gewalt des Staates spiegelt sich auf allen Ebenen mit verschiedener Funktion wider. Dem Film entlehnte M. einige Erzähltechniken wie Rückblende, Perspektivwechsel, fiktive Szenen, Kontrapunkttechnik, dem Kriminalroman die Spannungselemente um das Dreieck Verfolgungsjagden, Verhöre, Verbrechen (an einer »roten« Hure).

Der Romanschluß deutet etwas pathetisch die Lehre für künftige Generationen an: »Hombres de hierro forjados en tantas batallas, soñando como niños« (»Männer aus Eisen, in so vielen Schlachten geschmiedet, wie Kinder träumend«). – Verfilmt von V. Aranda (Spanien 1989).

La muchacha de las bragas de oro (dt. *Das Mädchen mit dem goldenen Schlüpfer*; 1978). Premio Planeta 1978 für den Decktitel *Memoria maldita*. Der Titel ist die Parodie eines Romans von Balzac *La fille aux yeux d'or* (1834–35). Der

Stoff entstammt einer Erzählung von Henry James (*The Joly Corner*) sowie Laín Entralgos Memoiren *Descargo de conciencia* und kreist um die späte Reue eines Faschisten beim Abfassen seiner Memoiren. In der Auseinandersetzung mit seiner Nichte Mariana muß er seine Geschichte revidieren und von der Lüge befreien.

El amante bilingüe (dt. *Der zweisprachige Geliebte*; 1990, Premio Ateneu de Sevilla). Nachdem Joan Marés (metathetisch für den Autor Marsé) seine großbürgerliche Frau Norma Valentí i Soley *in flagranti* mit einem Schuhputzer überraschte, lebt er von ihr getrennt, liebt sie jedoch in »amor loco« weiter. Als Schuhputzer und Straßenmusikant fristet er ein elendes Leben. Seine Frau Norma (sprechender Name) arbeitet inzwischen in einer linguistischen Beratungsstelle der *Generalitat* und hat sich mit einem katalanisierenden Soziolinguisten liiert. Marés nutzt im Gewand eines Andalusiers namens Faneca die Schwäche seiner Frau für Außenseiter der Gesellschaft und erobert sie als *xarnego* (Zugezogener im rassistisch negativen Sinne) in einer elenden Pension für einige Stunden zurück. – Ironische Satire auf den Sprach- und Fremdenchauvinismus eines bestimmten Teils der katalan. Intelligentsia in einem sich multikulturell gebenden Europa.

Der Frauentyp steht in einer Linie mit Teresa und der Prima Montse, jedoch erscheinen die Klassengegensätze zwischen Mann und Frau hier durch die Pikareske ins Groteske verzerrt. Dem ersten Teil ist ein Motto von Antonio Machado vorangestellt: »Das wesentlich Karnevaleske ist nicht das Aufsetzen einer Maske, sondern das Abnehmen des Gesichts der Charaktermaske.« In it.-span. Koproduktion unter dem Regisseur V. Aranda auch verfilmt (1992).

Lit.: M. Vargas Llosa, Una explosión sarcástica en la novela española moderna, in: Ínsula, Nr. 232 (April 1966); W. M. Scherzer, J. M.: Entre la ironía y la dialéctica, Madrid 1982; S. Amell, La narrativa de J. M., contador de aventis, Madrid 1984.
Deutsch: Wenn man dir sagt, ich sei gefallen …, Übers. A. Uppenkamp / H.-J. Hartstein, Moos/Baden-Baden 1986; Letzte Tage mit Teresa,

Übers. A. Rössler, Moos/Baden-Baden 1988; Die obskure Liebe der
Montserrat Claramunt, Übers. H.-J. Hartstein, Moos/Baden-Baden 1991;
u. a. Übers.

Eduardo Mendoza (1943 Barcelona). Verbrachte die Jahre
1973 bis 1982 in New York, wo er u. a. als Simultanüberset-
zer bei der UNO arbeitete. – Erfolgsautor, der sich durch
originellen Humor, Phantasie, Suspense und Ironie auszeich-
net. Verfaßte mit seiner Schwester Cristina M., Direktorin
des Museums für Moderne Kunst in Barcelona, auch einen
Prachtbd. *Barcelona Modernista* (1989).
Werke: La verdad sobre el caso Savolta (1975, Preis der Kritik), sozialkrit. Panorama Barcelonas zur Zeit des I. Weltkriegs, *El misterio de la cripta embrujada* (1979), Krimi, *El
laberinto de las aceitunas* (1982), *La ciudad de los prodigios*
(1986), umfangreichster und bester Roman, *La isla inaudita*
(1989), *Sin noticias de Gurb* (1990), Roman aus der Perspektive eines außerirdischen Wesens, das in der Umgebung Barcelonas landet. Auch Theaterdebüt mit dem katalan. Stück
Restauració, das unter der Regie von Rosa Novell und Ariel
García Valdés am 16. November 1990 im Theater Romea in
Barcelona Premiere hatte.
El misterio de la cripta embrujada (dt. *Das Geheimnis der
verhexten Krypta*; 1979). Der Kommissar Flores beauftragt
den anonymen Ich-Erzähler mit der Aufklärung mysteriöser
Begebenheiten. Innerhalb von sechs Jahren verschwanden
aus einem katholischen Mädchenpensionat, dem Colegio de
las Madres Lazaristas de San Gervasio in Barcelona, zwei
Zöglinge und tauchten später unter merkwürdigen Umstän-
den wieder auf: 1971 Isabelita Peraplana für einige Tage; mit
15 Jahren flog Mercedes Negrer von der Schule, und zum
Zeitpunkt der Erzählung verschwand spurlos ein drittes
Kind. In dem mit zahlreichen pikaresken Elementen und
salopper Gesellschaftskritik versetzten Roman geht der
Hauptheld mit unkonventionellen Methoden an die Aufklärung der Fälle. Auch verfilmte Krimiparodie.

La ciudad de los prodigios (dt. *Die Stadt der Wunder;* 1986). Innerhalb weniger Monate 110 000 Exemplare verkauft. Auch in Frankreich und Italien mit Preisen überhäuft. – Episch-ironische Chronik Barcelonas quer durch alle Bevölkerungsschichten zwischen den Weltausstellungen von 1888 und 1929. Der junge Onofre Bouvila (geb. 1874) kommt als 13jähriger ohne eine Pesete in der Tasche vom Lande in die aufstrebende Metropole Kataloniens. Er dient sich vom Verteiler anarchistischer Flugblätter, Verkäufer von Haarwuchsmitteln durch Brutalität und Konjunkturreiterei bis zur Kanzlei eines Armenanwalts hoch, dessen Tochter er schließlich heiratet. Durch Immobilien- und Grundstücksspekulation kommt er schon mit 26 Jahren zu beträchtlichem Reichtum. Waffengeschäfte vor Ausbruch des I. Weltkriegs, der Einstieg in die beginnende Film- und Luftfahrtindustrie zwischen den Kriegen und andere dubiose Geschäfte lassen ihn zum einflußreichsten Neureichen in Barcelona werden. Trotz seines sozialen Aufstiegs bleibt er politisch und gesellschaftlich jedoch ein Außenseiter, bis er seinem Leben ein Ende setzt. Auch verfilmt.

Lit.: R. Schmitt, Der Detektiv im Irrenhaus. Die vier Romane E. M.s, in: Tranvía 11 (1988) 78–80.
Deutsch: Die Stadt der Wunder, Übers. P. Schwaar, Frankfurt a. M. 1989; Das Geheimnis der verhexten Krypta, Übers. P. Schwaar, Frankfurt a. M. 1990; Die Wahrheit über den Fall Savolta, Übers. P. Schwaar, Frankfurt a. M. 1991.

Juan José Millás (1946 Valencia). Nach dem Philosophiestudium in Madrid freischaffender Journalist und Romancier. In seinen Romanen geht es um Dreiecksbeziehungen, um Identitätssuche, Doppelgängertum und Mutter-Kind-Beziehungen im Zusammenhang mit der Auflösung der bürgerlichen Familie. Seine Krimis kreisen um harte Fakten wie Bodenspekulation und Korruption als den Kehrseiten der Medaille, die sich Modernisierung nennt.

El desorden de tu nombre (dt. *Dein verwirrender Name;* 1988). Beziehungskiste zwischen dem Verlagsredakteur Julio

Orgaz, seiner Geliebten Laura und deren Mann, dem Psychoanalytiker Carlos, in dessen Behandlung Julio sich befindet. Nachdem Laura ihren Mann vergiftet hat, erkennt Julio, daß sein konzipierter Roman von den Ereignissen des Lebens überholt ist.

La soledad era esto (dt. *Das war die Einsamkeit*; 1990, Premio Nadal). Typologie des mittelständischen Akademikers Enrique, der nach dem Linksradikalismus der 60er Jahre in Karriere und Ehe mit der 43jährigen Elena in den gutbürgerlichen Hafen der Langeweile und der *midlife-crisis* einlief. Die Alters-, Berufs- und Identitätskrisen werden von beiden mit Haschisch-Joints und Whisky verdrängt. Bei der Sinnsuche hilft ein Detektiv, der auf Ersuchen der Ehefrau (zwischen passiver Hausmaus und Drang nach Emanzipation) Zustandsberichte liefert. Tagebuchnotizen der verstorbenen Mutter vervollständigen die »unendliche Geschichte« von der Einsamkeit des Individuums. Nur Droge und Alkohol halten das Paar noch zusammen. Elena setzt ihrem seitenspringenden Mann eine Zeitlang ihr voyeuristisches Verhältnis mit dem sie heimlich beobachtenden Detektiv entgegen: »Die Einsamkeit ist eine Amputation [...], und man müßte nun, abgeschieden von allen äußeren Wahrnehmungen, von allen Bezugspunkten, nur mit dem Tastgefühl und der Erinnerung, die Welt rekonstruieren, in der man zu wohnen hat und die einen bewohnt. Was war daran Literarisches, was Vergnügliches? Warum gefiel es uns so sehr?« (dt. Übers., S. 115 f.).

Die »Verwirrungen des Herzens« enden mit dem Auszug Elenas. Den therapeutischen Diensten des Detektivs bleibt sie treu. Kafkas »Verwandlung« bildet symbolisch die Folie für diesen »Aufbruch in ein neues Leben«.

Deutsch: Dein verwirrender Name, Übers. P. Schwaar, Frankfurt a. M. 1990; Das war die Einsamkeit, Übers. P. Schwaar, Frankfurt a. M. 1991.

Antonio Muñoz Molina (1956 Úbeda, Jaén). Lebt seit 1974 in Granada. Studium der Journalistik und Kunstgeschichte. *Beatus ille* (dt. *Beatus ille*; 1986, Staatspreis für Lit.). Fiktive

392

20. Jahrhundert

Geschichte von einem im Span. Bürgerkrieg ermordeten andalusischen Dichter namens Jacinto Solana und seinem verschollenen Werk *Beatus ille*. Der junge politisch engagierte und verfolgte Madrider Literaturstudent Minaya nimmt Ende der 60er Jahre die Fährte nach dem legendären Romanmanuskript auf. Der Roman liegt auf der Linie der Mythenzerstörung falschen intellektuellen Heldentums.

El invierno en Lisboa (dt. *Der Winter in Lissabon*; 1987). Verfilmt in einer span.-franz.-portug. Koproduktion mit Dizzy Gillespie in einer der Hauptrollen. Die Mythen des Jazz und des *film noir* sind mit Elementen des Krimis verbunden. Die Verfolgungsjagd eines Paares durch Verbrecher führt nach San Sebastián, Berlin, Lissabon und Madrid.

Lit.: A. Soria Olmedo, Fervor y sabiduría: la obra narrativa de A. M. M., in: CuH 458 (1988) 107–111.
Deutsch: Beatus ille oder Tod und Leben eines Dichters, Übers. H. Adler, Reinbek bei Hamburg 1989; Die anderen Leben. Erzählungen, Übers. W. Zurbrüggen, Reinbek bei Hamburg 1991; Der Winter in Lissabon, Übers. H. Adler, Reinbek bei Hamburg 1991.

Álvaro Pombo (1939 Santander). Romancier und Lyriker aus großbürgerlichem Hause. Wuchs bis zum 13. Lebensjahr mit dt. Erzieherin auf. Abitur 1955 am Jesuitengymnasium in Valladolid. Studium der Philosophie und Lit. in Madrid bis zum Staatsexamen 1960. Militärdienst bis zum Leutnant. Arbeitsemigration und Fortsetzung des Studiums bis zum Bachelor of Arts in London (1966–77). Danach Bankangestellter in Madrid bis zum Durchbruch mit seinem Roman *El héroe de las mansardas de Mansard* (1983, Romanpreis Herralde).

In einer Selbstcharakteristik seines Werks äußerte er sich bescheiden: »Was läßt sich angeben, das ihnen allen gemeinsam und weniger trivial wäre als eine Diplomarbeit über die Auflösung des Realitätsprinzips in der zeitgenössischen Welt? Werde ich zu behaupten wagen, daß sie alle, allem zum Trotz Grazie haben? Ja, ich wage es, dies zu sagen, weil es stimmt, daß man weniger nicht verlangen kann: alle meine Romane und Erzählungen bisher waren – und ich verspreche, daß sie das in Zukunft weiterhin sein werden – komisch« (*El Urogallo*, 1. Mai 1986, S. 67 f.).

El héroe de las mansardas de Mansard (dt. *Der Held der Mansarden von Mansard*; 1983, I. Premio Herralde de Novela). Geschichte des kleinen Nicolás (Kus-Kús), der bei seiner Tante und den Dienstboten in einer nordspan. Stadt der 50er Jahre aufwächst und allmählich auf der wohlanständigen Tastatur der span. Bourgeoisie klimpern lernt. Der Roman beginnt mit der Freundschaft zwischen Nicolás und dem homosexuellen Julián, der im Elternhaus Juliáns Unterschlupf findet, die Eltern jedoch bestiehlt, flieht und zurückkehrt. Nicolás versteckt ihn in der Mansardenwohnung seiner Tante Eugenia, die er mit ihrem Verhältnis zu Manolo erpreßt. Als Nicolás, von allen zurückgestoßen, das Geheimnis des Verstecks schließlich verrät, begeht Tante Eugenia Selbstmord. Der Rollencharakter der Beziehungen, Rituale, Masken und Stereotypen führt die Auflösung der Beziehungen herbei.

El metro de platino iridiado (dt. *Der Meter aus iridiertem Platin*; 1990). Verschiedene kleine Familiendramen im Laufe von rund 17 Jahren in einer Etagenwohnung der mittleren Stadtbourgeoisie und in einem Chalet des Großbürgertums in Madrid führen zu philosophischen Grundbetrachtungen über Lebensglück und Geduld. Sparsames Figurenkabinett: ein Ehepaar, der Bruder, eine Freundin der Ehefrau und der Sohn des Hauses.

Lit.: L. E. Overesch-Maister, Echoes of Alienation in the novels of A. P., in: Anales de la literatura española contemporánea 13 (1988) 55–70; A. Rössler, Der span. Bruder von Oskar Matzerath, in: Tranvía 12 (1989) 69 (zu *El héroe*).
Deutsch: Der Held der Mansarden von Mansard, Übers. E. Wehr, München 1988; Leichte Vergehen, Übers. E. Wehr, München 1991.

Javier Tomeo (1932 Quicena, Huesca). Studierte Jura und Kriminalistik in Zaragoza und Barcelona. Verfremdet die Realität aus Überdruß vor dem Banalen und Alltäglichen bis

394   20. Jahrhundert

zum Absurden und Grotesken. Kritiker sehen ihn mit der
Feder in der Hand auf die Inspiration warten.

El castillo de la carta cifrada (dt. *Der Marquis schreibt einen
unerhörten Brief*; 1979). Nach 20 Jahren des Rückzugs auf
sein Schloß aus Verdruß über die blutrünstige Umwelt ent-
schließt sich der Marquis, einen Brief an seinen Nachbarn,
den Grafen Don Demetrio, zu schreiben. Die recht dünne
Fabel besteht in einer Instruktion seines Dieners Bautista,
der auf alle Eventualitäten für das Überbringen und die Lektüre des Briefes durch den Grafen aufmerksam gemacht
wird. »Der Brief, den Sie Don Demetrio heute nachmittag
überbringen werden, ist gleichsam ein Experiment. Vom
Ausgang dieses Experiments wird es abhängen, ob wir dergleichen Briefe auch an die übrigen Schloßbewohner der Ge-
gend schicken. In diesem Land gibt es viele, die wie eingesperrt in ihren Festungen leben« (dt. Übers., Berlin 1986,
S. 87).

Hinter dem schrulligen, schwadronierenden, philosophie-
renden und räsonierenden Monolog des Grafen soll sich
nach Meinung einiger Kritiker trotz der spärlichen Zeitanspielungen eine Parabel auf den Aufbruch Spaniens aus der
kulturellen und politischen Isolation nach Francos Tod verstecken.

El gallitigre (dt. *Der Tigerhahn*; 1990). Geschichte eines
Clowns, der sein Totemtier sucht und seine Identität inmitten der bunten Zirkuswelt findet.

Lit.: S. Horl Groenewold, Die Stunde des Lesers. Zu J. T.'s Roman *El Ca-
stillo de la carta cifrada* (1979), in: Iberoromania 27/28 (1988) 101–113.
Deutsch: Der Marquis schreibt einen unerhörten Brief, Übers. E. Wehr,
Berlin ³1991; Die Taubenstadt, Übers. P. Schwaar, Berlin 1991; Mütter und
Söhne (Amado Monstruo), Übers. E. Wehr ²1992 (auch als Premieren-
stück an der Berliner Schaubühne, 28. Juni 1990); u. a. Übers.

Manuel Vázquez Montalbán (1939 Barcelona). Vielseitiger
Journalist und Schriftsteller, der in allen Gattungen bewandert ist und für viele Zeitschriften und Zeitungen in Spanien
seine bissigen Chroniken schreibt. Nach dem Studium der

Philologie widmete er sich ganz der Feder. Krit. Mitglied der Kommunistischen Partei Kataloniens (PSUC) seit 1961. Sein scharfer Blick für soziale Ungerechtigkeiten und sein ironisches Talent der Mythenzerstörung brachten ihn während der Franco-Ära gelegentlich in Konflikt mit der Zensur. In seinen Werken hat er Probleme der Vereinsamung und Entfremdung des Menschen in der kapitalistischen Konsumgesellschaft gestaltet. Seine stilistische Gewandtheit, kreative Sprach- und Gedankenspielereien sind ein entspannender Genuß. Als brillante kulturhist. und ideologische Einführung eignet sich die *Crónica sentimental de España* (1971), ein reichdokumentiertes Panorama der »beiden Spanien« von den 40er bis zu den 60er Jahren. Seine Gegner werfen ihm eine allzu alerte Selbstvermarktung im Kulturbetrieb vor.

Kriminallit.: Bekannt geworden ist V. M. bisher vor allem durch mehr als 14 Krimis und Kriminalerzählungen um die Gestalt des Detektivs Pepe Carvalho, deren Plots teilweise über das Fernsehen liefen und in- und ausländische Literaturpreise einheimsten. Die Gattung einer eigenständigen Kriminallit. war in Spanien vor Francos Tod nahezu unbekannt. Es gab nur isolierte Vorläufer in den Erzählungen von Pedro A. de Alarcón, Emilia Pardo Bazán, bei F. García Pavón, in der katalan. Lit. bei Manuel de Pedrolo, Jaume Fuster u. a. Der seitherige Boom der Krimis hat in Spanien (bisher über 200 Titel) wie überall publikumssoziologische Gründe, er hängt aber auch mit dem Funktionswandel des Freizeitbereichs oder mit der Diskussion um die Rolle der Gewalt (strukturelle Gewalt des Staates versus Gewalt des Individuums gegen Personen und Sachen) zusammen (vgl. E. Mandel, *Ein schöner Mord. Sozialgeschichte des Kriminalromans*, Frankfurt a. M. 1987).

Entweder entstanden ganze Serien von Krimis um die Gestalt eines Detektivs oder Kommissars (Andreu Martín, Juan Madrid, Vázquez Montalbán) oder Techniken des Krimis fanden Eingang in das Werk bekannter Gegenwartsautoren:

Benet, Savater, I. Montero, E. Mendoza, G. Torrente Ballester. Die Internationalisierung des Krimis ließ die span. Vertreter auch zu beliebten Exportartikeln im Ausland werden.
Als gesellschaftlichem Bahnbrecher kommt dem Krimi gerade in Spanien eine große Bedeutung zu. Die Stufe der Kri-
miparodien wie bei E. Mendoza deutet bereits auf eine gewisse Erschöpfung und Stereotypisierung der Gattung hin.
Los mares del Sur (dt. *Die Meere des Südens*; 1979, Premio
Planeta). Erstaufl. 153 000 Exemplare. Krimi um die Aufklärung eines Massenmords an dem reichen Aussteiger Carlos Stuart Pedrell, der die »Meere des Südens« suchte, aber
für ein Jahr eine proletarische Identität im Submilieu
Barcelonas fand. Der Privatdetektiv Carvalho gelangt nach
zahlreichen ironischen Seitenhieben auf zeitgenössische
politische Persönlichkeiten, Parteien und Lebensgewohnhei-
ten der katalan. *upper-class* zu seiner eigenen Lebensphilosophie: »Vor dem eigenen Alter, vor der eigenen gesellschaftlichen Stellung zu fliehen zu versuchen, führt zur Tragödie.
Denken Sie daran jedesmal, wenn Sie in Versuchung sind, zu
den Meeren des Südens fortzuziehen« (Ed. Barcelona 1979,
S. 273 f.).
El asesinato en el Comité Central (dt. *Der Mord im Zentralkomitee*; 1981). Im Mittelpunkt steht der Mord an Garrido
(d. i. Santiago Carrillo), dem charismatischen Führer der
span. KP, welcher der Rechten und der Linken angelastet
wird. Der kommunistische Meisterdetektiv Pepe Carvalho
muß sich trotz seiner Abneigung gegen die Madrider Küche
zur Aufklärung des Falles in die span. Hauptstadt bequemen.
Die Spannung liegt in der heiklen Brisanz der politischen
Aufklärungsarbeit, die erst auf den letzten Seiten von Erfolg gekrönt ist. Der lit. Feinschmecker hat seine Freude an
den kaum verschlüsselten Figuren der Zeitgeschichte, an
dem bissigen Spott des Katalanen V. M.s gegen die Madrider
und gegen die eurokommunistische Linie seiner Partei in
der damaligen Weltsituation. Der Krimi spiegelt aber auch
den frühen *desencanto* (die Ernüchterung) der span. Links-

intellektuellen wegen der politischen Entwicklung Spaniens
nach 36 Jahren Franco-Diktatur wider. – Es gibt auch ein dt.
Hörspiel (1988), das D. Hirschberg in eine erfolgreiche zwei-
teilige Funkfassg. gebracht hat.

Der folgende Auszug gibt das Spießrutenlaufen des entlarv-
ten kommunistischen Mörders Esparza Julve wieder, der auf
der Sitzung für die Nachfolgewahl Garridos wie ein Stier in
der Arena fast zu Tode gehetzt wird:

> Esparza versuchte sich an Mir vorbeizudrücken, aber es
> gelang ihm nicht. Mir nahm seinen Arm und zog ihn
> sanft zum Versammlungssaal. Esparza lächelte bleich
> und versuchte, eine witzige Bemerkung zu machen. Car-
> valho folgte dem Paar bis in den Saal, blieb an der Tür ste-
> hen und folgte den Rücken von Mir und Esparza mit den
> Augen, bis sie bei der vordersten Tischreihe angelangt
> waren. Mir ließ Esparza los, der seinen gewohnten Platz
> aufsuchte und sich setzte. Als sei dies ein Zeichen gewe-
> sen, erhoben sich die Mitglieder des Zentralkomitees der
> Kommunistischen Partei Spaniens wie ein Mann, rückten
> lautstark ihre Stühle zurück und bildeten einen dichten
> Kreis um Esparza, in einem Abstand, als wollten sie um
> den verwesten Punkt herum eine Zone reiner Luft lassen.
> Es war ein schweigender Kreis mit harten, weinenden,
> geröteten, wütenden und verächtlichen Augen. Esparza
> Julve erhob sich langsam, nahm den Ordner, machte ein
> paar Schritte, erreichte einen Punkt des Kreises, und der
> Kreis öffnete sich vor ihm, als gehorche er einem gehei-
> men Befehl. In diesem Moment rief jemand mit erstick-
> ter Stimme: »Man merkt es, man fühlt es. Garrido ist bei
> uns!«
> Esparza Julve ging an Mir vorbei, ohne ihn anzusehen.
> Carvalho trat beiseite, damit er zur Tür hinausgehen
> konnte, der Mann drückte sich an ihm vorbei und blickte
> ihn aus den Augenwinkeln an. Er hatte Schweißperlen
> auf der Oberlippe und die Augen eines zu Tode geäng-
> stigten Tieres.

> Übers. B. Straub, Carvalho und der Mord im Zentral-
> komitee, Reinbek bei Hamburg: Rowohlt, 1986, S. 212 f.

Galíndez (dt. *Galíndez*; 1990). Rekonstruktion der Ereignisse um die Ermordung von Jesús de Galíndez Suárez (1915–56), dem Vertreter der baskischen Exilregierung in der Dominikanischen Republik und beim US-Außenministerium. Im Zusammenspiel zwischen dem Diktator Trujillo in der Dominikanischen Republik und den internationalen Geheimdiensten entwickelt sich dieser bisher umfangreichste Roman V. M.s mit zahlreichen Krimi-Elementen. Mit satirischen Seitenhieben auf noch lebende Politiker belegt der Autor aber auch seine These von den fehlenden Lehren aus der Geschichte und der Wiederholbarkeit des korrupten Machiavellismus.

Lit.: R. Daus, Pop-Lit. in Spanien als Replik auf den Franquismus: M. V. M., in: Berichte zur Entwicklung in Spanien, Portugal und Lateinamerika, Jg. 2, H. 11 (Mai/Juni 1977) 2–16; J. F. Colmeiro, La narrativa policíaca postmodernista de M. V. M., in: Anales de la literatura española contemporánea 14 (1989) 11–32; J. Paredes Núñez (Hrsg.), La novela policíaca española, Granada 1989.
Deutsch: (alle Übers. bei Rowohlt, Reinbek bei Hamburg) Carvalho und der Mord im Zentralkomitee, Tahiti liegt bei Barcelona, Der Pianist, Carvalho und die tätowierte Leiche, Carvalho und der tote Manager, Die Rose von Alexandria, Schuß aus dem Hinterhalt u. a. Übers.

76. Essay und Kulturkritik

Fernando Savater (1947 San Sebastián). Prof. für Ethik an der Baskischen Universität in San Sebastián. Nach dem Philosophiestudium in Madrid in der letzten Zeit des Frankismus seiner akademischen Tätigkeit enthoben. Sehr vielseitiger Schriftsteller, dessen Werk philosophische und lit. Essays, Erzählungen, Romane, Theaterstücke und Journalismus umfassen (bisher über 40 Bücher).

Deutsch: Versuch über Cioran, München 1985.

Enrique Tierno Galván (1917 Madrid –1986 ebd.). Philosoph, Literaturwissenschaftler, Jurist und Sozialist, der von 1979 bis 1986 ein überaus beliebter Bürgermeister in Madrid war. Während der Franco-Ära teilweise seines Amts enthoben. Seine Hauptwerke sind eine Einführung in die Soziologie und Zeitmemoiren. Philologische Arbeiten mit anregenden Thesen über die *novela picaresca*, über Gracián, Costa, Maeztu u. a.

Francisco Umbral (1935 Madrid). Als Journalist und Schriftsteller hat er vor allem durch seine Lokalchroniken und krit. Beobachtungen des Alltagslebens seiner Landsleute sein Lesepublikum gefunden. In den Biographien über berühmte Dichterpersönlichkeiten des 19. und 20. Jh.s (Larra, Valle-Inclán, García Lorca u. a.) hat er sein Talent bewiesen, auch vergangene Epochen lebendig zu gestalten. Das düstere Leben der 40er Jahre nach dem Bürgerkrieg schilderte U. am Beispiel eines »Kindes der Rechten« (*Memorias de un niño de derechas*, 1972). Amüsant liest sich seine Autobiogr. *La noche que llegué al Café Gijón* (1977).

Lit.: E. Haro Tecglen, U.: defensa de la escritura, in: CuH 450 (1987) 39–47.

Verzeichnis der Abkürzungen

RFE	Revista de Filología Española
RH	Revue Hispanique
RHM	Revista Hispánica Moderna
RJb.	Romanistisches Jahrbuch
RoPh.	Romance Philology
RUB	Reclams Universal-Bibliothek
RZLG	Romanistische Zeitschrift für Literaturgeschichte
SpFdGG	Spanische Forschungen der Görresgesellschaft
THM	Textos Hispánicos Modernos
UGT	Unión General de Trabajadores
VKR	Volkstum und Kultur der Romanen
ZFSL	Zeitschrift für französische Sprache und Literatur
ZfrPh.	Zeitschrift für romanische Philologie

Namenregister

García Tejera, María del Carmen 199
García Valdés, Ariel 389
Garcilaso de la Vega 78f., *80ff.*, 84, 113f., 128, 136, 198, 272, 282, 284, 321
Garcilaso de la Vega, El Inca *128*, 137, 153
Garibay, Angel María 104
Garros, Elena 359f.
Garve, Christian 126
Gascón Vera, Elena 378
Gaultier 175
Gautier de Châtillon 39
Gautier de Coincy 38, 42
Gay, John 196
Gebauer, Achim 325, 331
Gebser, Jean 278
Geibel, Emanuel 58, 60
Geisler, Eberhard 185
Geist, Anthony Leo 271
Gellius 90
Gelves, Graf von 113f.
Genet, Jean 369
Gérard, Jean-Ignace-Isidore, s. Grandville
Gerli, E. Michel 61
Gerstenberg, Heinrich Wilhelm 173
Gescher, Leonharda 335
Gewecke, Frauke 94, 98, 127
Gibson, Ian 291
Gide, André 311, 338
Gier, Albert 39, 47
Gies, David Thatcher 201
Giese, Wilhelm 26
Gil Albacete, Álvaro 221
Gil-Albert, Juan *280*
Gil de Biedma, Jaime *363f.*, 381
Gil y Carrasco, Enrique *225*
Gil Casado, Pablo 249, 337
Gil González, José Matías 199
Gili Gaya, Samuel 50, 62, 165f., 188
Gillespie, Dizzy 392
Gillet, Joseph E. 92

Gilman, Stephen 64, 67
Gil Polo, Gaspar 122
Giménez Caballero, Ernesto *301f.*
Gimferrer, Pere 262, 271
Giner de los Ríos, Francisco *242*
Ginés de Sepúlveda, Juan 99
Gironella, José María *350f.*
Gleim, Johann Wilhelm Ludwig 58
Glendinning, Nigel 204
Glenn, Richard F. 115
Glick, Thomas 27
Glockner, Hermann 174
Godoy, Graf 192, 201, 207
Goethe, Johann Wolfgang von 51, 58, 159, 162, 173, 222, 278, 302, 308
Gogol, Nikolaj 174, 385
Goldoni, Carlo 154, 201f.
Gomberville, Marin le Roy de 51
Gómez de Baquero, Eduardo, s. Andrenio
Gómez Canseco, Luis María 144
Gómez-Ferrer, G. 235
Gómez-Martínez, José Luis 358
Gómez de la Serna, Gaspar 208
Gómez de la Serna, Ramón 263, *292f.*
Gómez Urquiza, Z. 234
Goncourt, Edmond de 235
Goncourt, Jules de 235
Góngora y Argote, Luis de 58, 79, 113f., 132f., 136, *139ff.*, 153, 182f., 196, 198, 270ff., 276, 282
González, Felipe 340, 361
González Herrán, José Manuel 233
González Martínez, Pilar 237
González de Mendoza Mera, Pilar 16
González Palencia, Ángel 129, 188, 246
González Serrano, M. 227
González Tuñón, Raúl 311
Gorkij, Maksim 298
Görling, Reinhold 312